L'ASIE

la Pologne
la Belgique
le Luxembourg
L'EUROPE
la Moldavie
la Suisse
la France
la Roumanie
Monaco
la Bulgarie
l'Albanie
la Macédoine

la Tunisie
le Liban
la Syrie
le Maroc
l'Algérie
L'AFRIQUE
l'Égypte
Israël
le Sahara occidental
la Mauritanie
le Mali
le Niger
le Tchad
la République centrafricaine
le Laos
le Sénégal
Djibouti
le Cambodge
la Guinée-Bissau
la Guinée
Pondichéry
le Vietnam
le Burkina-Faso
le Cameroun
la Côte-d'Ivoire
le Bénin
le Togo
le Gabon
la République Démocratique du Congo
le Ruanda
le Burundi
le Congo
les Comores
les Seychelles
L'OCÉAN INDIEN
l'Angola
Mayotte (DOM)
le Mozambique
Madagascar
l'île Maurice
la Réunion (DOM)
L'AUSTRALIE

les îles St. Paul et Amsterdam
l'archipel Crozet
Terres australes et antarctiques françaises (COM)
l'archipel Kerguelen

Le monde francophone

3,000 kilomètres
3,000 milles

Terre-Adélie

L'ANTARCTIQUE

Réseau

Communication, Intégration, Intersections

Seconde édition

Jean Marie Schultz
University of California, Santa Barbara

Marie-Paule Tranvouez
Wellesley College

PEARSON

New York   Boston   San Francisco   Mexico City   Munich   Paris   Cape Town   Hong Kong   Montreal

Editor in Chief: Bob Hemmer
Senior Acquisitions Editor: Denise Miller
World Language Assistant: Millie Chapman
Program Manager: Nancy Stevenson
Project Manager: Richard DeLorenzo
Art Director: Jayne Conte
Art Manager: Bruce Kenselaar
Senior Operations Specialist: Mary Fischer
Operations Specialist: Roy Pickering

Senior Digital Program Manager: Samantha Alducin
Media/Supplements Editor: Regina Rivera
Manager, Rights & Permissions: Jacqueline Lee & Kelly Casanova
Image Permission Coordinator: Erica Gordon & Lee Scher
Senior Vice President: Steve Debow
Interior Design: Pronk and Associates
Cover Designer: Kathryn Foot
Cover Image: © Paul Thompson Images / Alamy
Printer/Binder: Courier/Kendallville

Credits and acknowledgments borrowed from other sources and reproduced, with permission, in this textbook appear on pages 495–496.

Library of Congress Cataloging-in-Publication Data

Schultz, Jean-Marie.
  Réseau : communication, intégration, intersections / Jean Marie Schultz, University of California, Santa Barbara; Marie-Paule Tranvouez, Wellesley College.—2nd edition.
      pages   cm
  Includes bibliographical references and index.
  ISBN: 978-0-205-93261-0 (alk. paper)
  1. French language—Textbooks for foreign speakers—English.   2. French language—Grammar.
I. Tranvouez, Marie-Paule.   II. Title.
  PC2129.E5S38 2014
  448.2'421—dc23

                                                            2013046080

9 8 7 6 5 4 3 2

PEARSON

Annotated Instructor's Edition, ISBN-10:   0-205-93340-8
Annotated Instructor's Edition, ISBN-13: 978-0-205-93340-2
                Student Edition, ISBN-10:   0-205-93261-4
                Student Edition, ISBN-13: 978-0-205-93261-0
            À la Carte Edition, ISBN-10:   0-205-93336-X
            À la Carte Edition, ISBN-13: 978-0-205-93336-5

Sommaire

Chapitre 4

Politique, indépendance, identité nationale   102

Gouvernements, fierté nationale, renouveau culturel, identité

Réflexion sur la France et le Canada

Chapitre 5

La France : un kaléidoscope social   144

Classes, différences socio-économiques, riches et pauvres

Réflexion sur les sans-abris et les ouvriers

Chapitre 11

La France vue d'ailleurs   382

Francophilie, francophobie, opinions
sur la France

Réflexion sur le regard des autres

Chapitre 12

La France et l'Europe   418

Vivre en Europe aujourd'hui : futur,
échanges, cultures

Réflexion sur l'Union européenne

After the highly successful launch of the first edition of **Réseau : Communication, Intégration, Intersections** with MyFrenchLab™, you hold in your hand the revised and enhanced second edition. **Réseau** is a college-level, intermediate French language program whose approach to French is based on the belief that knowledge of a second language and culture necessarily brings about a greater understanding not only of the world in an increasingly global context, but also of the individual self, as students reflect on the differences between their own and French and Francophone culture and experiment with the new identities that so many researchers suggest language learning can encourage (Huston 1999; Kaplan 1993; Kramsch 2000; Schultz 2004). The program conceives of the teaching of French as a holistic endeavor, not only in terms of language skills—speaking, listening, reading, and writing—but also in terms of cultural knowledge in the broadest sense. In short, **Réseau** focuses on multiple linguistic and cultural intersections.

What's New in this Edition?

We are very grateful to the many users who have provided feedback on the first edition. As a result, the second edition features the following changes:

- a new listening/speaking activity—*Qu'en pensez-vous ?*—has been added to each chapter of the student text and Student Activities Manual to increase opportunities for in-class guided listening. Designed to help foster students' listening and speaking skills and to reinforce the two vocabulary sections, the topics are current and provide students insight into contemporary French culture as well as specific gambits and vocabulary that they might find useful if they study abroad

- a new web search activity—*Stratégie de recherche*—has been added to each chapter to offer more web-based activities for cultural exploration

- revised and enhanced vocabulary in most chapters

- new support activities, generally focusing on input processing, were added in the *Pratiquons* sections

- Cultural information has been updated throughout. New cultural readings and support activities for Chapters 2, 4, 8 and 11:

  - Chapter 2 « 'Théorie du genre' au lycée, la crainte de dérives »

- Chapter 4 « Le message du général de Gaulle reste d'actualité »
- Chapter 8 Dany Laferrière : « Je ne suis pas obligé de crier ma créolité sur tous les toits »
- Chapter 11 « Comment les étrangers voient la France »

- new literary texts
  - Chapter 4 Gabrielle Roy: « *La Détresse et l'enchantement* (extrait) »
  - Chapter 11 « Chahdortt Djavann, *Comment peut-on être français ?* »

- new and expanded annotations were added to the Annotated Instructor's Edition

- activities in the print Student Activities Manual and MyFrenchLab were revised, updated and expanded; a new visually-based activity was added to each chapter of the SAM. A new crossword puzzle activity has been added to each chapter

- a new Testing Program was created. Testing materials are now available in MyTest in MyFrenchLab

- film discussion questions for Chapters 2, 4 and 10 in the Instructor's Resource Manual

Philosophy–The 5 Cs

A number of issues are currently at the forefront of language teaching:

- the fostering of critical thinking skills through language learning

- the vertical articulation of French programs from first through third year

- the use of L1 versus L2

- thematic issues of cultural diversity, globalization, and identity

Réseau addresses these issues by incorporating into the program the richest possible combination of the five principles of the *Foreign Language Standards:* communication, connections, cultures, comparisons, and communities. **Réseau** is thus rich in oral and written communicative activities, cultural information, comparative reflections on both linguistic and cultural elements, communities both within the classroom and extending into the global arena, and connections to knowledge beyond that of the Anglophone world.

Critical Thinking and Language Learning

A great deal has been written about the need to encourage higher-level critical thinking within a language learning context. *Réseau* is designed precisely with this goal in mind. From the *Invitation à la conversation* communicative advanced organizer sections, and the new *Qu'en pensez-vous ?* listening-speaking activities, to the grammar presentations and the *Comparaisons linguistiques*, to the pre- and post-reading sections (*Stratégie de prélecture, Stratégie de lecture, Vérifions notre compréhension du texte, Approfondissons notre compréhension du texte, Discutons ensemble*), and in the writing sections (*Stratégie d'écriture, Avant d'écrire, Collaborons*), *Réseau* keeps the need to foster critical thinking clearly in mind. All of these sections are designed to encourage students to probe the "why" and "how" of relational, sociological, cultural, political, psychological, and literary issues. Questions are sequenced from easy to more complex, and the variety of activity formats is designed to provide a wide range of linguistic resources so that instructors can tailor their curricula according to their students' interests and talents.

Issues of Vertical Articulation

For over a quarter of a century students' smooth transition from beginning language courses to advanced literature and culture courses has plagued French departments. The typical scenario is as follows: students begin their language study in the first-year class where they acquire a basic working vocabulary and the fundamentals of French grammar. Under the influence of the Oral Proficiency and Communicative movements, most textbooks encourage the development of speaking skills in practical contexts, but also include some work on writing and reading. In second-year programs, students review grammar, picking up some new points along the way, and continue to work on their speaking skills. They often also begin reading some literature, although generally with an emphasis only on the basic comprehension of texts. Most writing is of an experiential, subjective nature that draws heavily on students' personal knowledge. In their third year of study, students typically enroll in the department's transitional "Reading and Composition" or "Conversation and Composition" course, where they are first asked to read and analyze texts as literature and

to write about them as they would in an English literature class. Here is where the articulation between levels becomes problematic. As has been argued by a number of researchers (Barrette & Paesani 2004; Barnette 1991; Byrnes 2001; Schultz 1991), students' seemingly deficient linguistic skills are in reality the symptom of underdeveloped higher-level critical thinking skills within a second language context. That is to say, in their intermediate language courses students generally have not been encouraged to stretch themselves intellectually by practicing their skills in increasingly complex and cognitively challenging contexts, nor have they been provided the linguistic tools with which to do so. *Réseau* attempts to address issues of articulation by targeting speaking, reading, and writing skills in ways that systematically foster their development through the encouragement of higher-level critical thinking.

In terms of issues of vertical articulation, *Réseau* is unique in its focus on the teaching of foreign language writing skills for improved articulation to more advanced courses targeting specifically the argumentative essay, which is generally required in advanced-level literature and culture courses (Schultz 1991). Because this mode of academic writing is complex and cannot be produced without specific guidance, *Réseau* incorporates extensively tested effective mini-lessons in composition in a variety of argumentative formats. The process-based writing approach has proven its efficacy in terms of writing progress, and it contributes to building a community within the classroom. Accordingly, it is included systematically in all chapters in *Réseau* in the *Avant d'écrire* and *Collaborons* sections. The specific writing lessons and models (*Stratégie d'écriture, Modèle d'écriture*) in *Réseau* incorporate genre-based approaches to writing, which have been used with great success in the teaching of English and ESL composition. In order to address the needs of all levels of intermediate learners, however, the composition topics always include both experiential and analytical subjects.

Use of L1 and L2

The language of grammar instruction is a controversial issue. Programs that rely on explanations in English encourage students to study the grammar for themselves at home and to practice speaking in the classroom. Programs that present the grammar in the target language strive to encourage students to think in that language.

One of the goals of *Réseau* is to maximize students' use of French and to reflect on all dimensions of the language, and the presentation of grammar contributes to this goal. We have found that French grammar, with its many English cognates, can be taught very effectively in the target language.

In moving to all-French grammar presentations, *Réseau* keeps a number of issues in mind.

1. The grammar explanations themselves have been simplified to the greatest extent possible, and care has been taken with the layout so that important points visually draw the students' attention.

2. *Réseau* divides the grammar into two fundamental categories: points that are essential to know and those that present more refined usage (*Précisions*). The *Précisions* sections complement the general grammar presentations in order to provide complete presentations of French grammar within the context of what is appropriate for intermediate-level students. Depending on their curricular needs instructors can choose to ignore the more complex points of grammar, if their students need to move at a slower pace or if their curricular structure requires it. Consequently, the grammar presentations are simple and flexible, and yet not simplistic.

3. Each grammar section contains a *Comparaisons linguistiques* section that is intended to help students focus on the differences between English and French and solidify their linguistic knowledge. From this point of view, *Réseau* actively seeks to incorporate the comparisons category of the *Foreign Language Standards*, engaging students actively in the analysis of grammar points.

Presentation of the Grammar

Grammar presentations in *Réseau* are sequenced to alternate with the cultural and literary texts in order to break up the monotony that might occur in any grammar-driven program and to avoid the potential grammar overload that can arise when students are asked to deal with one point after the other. From a pedagogical perspective, this alternating format creates a more content-rich environment for the presentation of grammar. Examples illustrating specific grammar points and grammar support exercises can draw on the readings for greater contextualization. Finally, the alternating format allows students some time to reflect on and absorb the grammar presented, rather than having to deal with too many points at once.

The in-class presentation and review of grammar in *Réseau* is intended to be done entirely in French by combining inductive and input processing approaches, which are laid out in detail in the Annotated Instructor's Edition and in the Instructor's Resource Manual. In general, grammar points should be presented through a few well-chosen examples most often drawn from the students' own individual interests, followed up either with interactive practice through question/response formats that actualize the point under consideration or with questions or comments that provoke *noticing* on the part of the student. The interactive grammar presentations, the focused practice in the oral exercises of the *Pratiquons* sections, the follow-up activities in the culture and literature discussions, and the writing component are all designed to work together in the effort to target grammatical competency and integrate students' grammatical knowledge within a variety of communicative modes, including their cultural competency.

Cultural Diversity, Globalization, and Identity

Under the influence of increased globalization, immigration, and multiculturalism, French culture is undergoing numerous sociological, cultural, and political changes. In contrast to the image of a homogeneous France that could be presented a quarter of a century ago, such a presentation today would be largely mythical. *Réseau* thus strives to incorporate themes that will provide a multidimensional view of French and Francophone culture. Chapters can be grouped into 3 large categories:

* **sociology:** Chapters on the family, women, gender issues, the city, sociological change, and multiculturalism focus on significant sociological and cultural shifts taking place in France and on their effects on people.

* **politics:** Texts in the chapters on politics and political identity, immigration, Francophone issues, external views of France, and France's role in European politics were selected to encourage students not

only to reach a better and more realistic understanding of France today, with both its positive and negative aspects, but also to reflect intellectually on the changes and shifts taking place in their own culture.

- **humanities:** *Réseau* incorporates a significant amount of material on French and Francophone "high culture" in the humanities chapters. This is not only because France has a long tradition of extraordinary creativity in the arts (painting, sculpture, cinema, literature) that deserves significant attention, but also because attention to the humanities sensitizes students to a key component of cultural identity. Exposure to and the study of the humanities thus makes students aware of some of the intimate aspects of the target culture and by extension of their own culture.

National Standards

Réseau strives to incorporate all five principles of the *Foreign Language Standards* (communication, culture, communities, comparisons, connections). The *Comparaisons linguistiques* are one example of this effort and address students' abilities "to understand the nature of language through *comparisons* of the language studies and their own." Other features of *Réseau* are Standards-based as well. *Réseau* endeavors to create a classroom *community* by means of the many paired- and small-group activities, the process writing work, and the use of "nous" for most chapter sections. Moreover, in that *Réseau* encourages students to reflect on French and Francophone *culture* from a sociological perspective, it encourages students to conceive of the classroom community as extending beyond the classroom. *Communication* in written formats is clearly encouraged in *Réseau*, as is it is in spoken formats not only in the *Invitation à la conversation*, in the *Qu'en pensez-vous ?* sections and the oral grammar support exercises, but also in the *Stratégie de discussion : Dialogue pratique*, the *Discutons ensemble* sections and the *Stratégie de recherche*. Students are thus constantly engaged in the exchange of information, expressing their opinions and views in a variety of modalities. *Connections* are established through multiple efforts to articulate thematically the culture and literary readings, through questions regarding the students' own experiences as they might connect to the Francophone world, and through Internet activities.

Chapter Organization

Each of the 12 chapters in *Réseau* is organized according to the following format:

- **Orientation culturelle:** Basic introduction in French to introduce the chapter theme.
- **Apprenons ces mots essentiels:** Basic vocabulary needed to discuss the chapter theme, organized by thematic and grammatical categories.
  - **Amusons-nous avec les mots:** Brief targeted vocabulary exercises.
  - **Qu'en pensez-vous ?:** Targeted listening support of the *Apprenons ces mots essentiels* vocabulary, as well as additional insight into current French cultural issues from a practical standpoint.
- **Élargissons notre vocabulaire:** More advanced vocabulary designed to expand students' linguistic repertoire.
  - **Amusons-nous avec les mots:** Brief targeted vocabulary exercises.
  - **Qu'en pensez-vous ?:** Targeted listening support of the *Élargissons notre vocabulaire* section, as well as continued insight into current French cultural issues from a practical standpoint.
- **Invitation à la conversation:** Personal knowledge–based conversational topics on the chapter theme designed to support the acquisition of the vocabulary and to serve as an advanced organizer to the chapter material.
- **Grammaire 1:** Presentation of first grammar point, with *Précisions* and *Comparaison linguistique* sections.
  - **Pratiquons:** Oral grammar support exercises to be done in class.
- **Stratégie de recherche:** Web-based cultural activity:
- **Réflexion culturelle:** Marks beginning of culture section.
  - **Introduction au texte:** Short basic introduction in French to cultural reading paired with listening practice.
  - **Texte:** Authentic cultural text with difficult vocabulary annotated in margins.
  - **Travaillons avec la langue:** Brief vocabulary exercises based on the cultural reading.

- **Vérifions notre compréhension du texte:** Comprehension check questions designed to encourage accurate reading. In order to encourage accurate and interpretative reading, activities ask students to refer specifically to the place in the text that provides the information requested.

- **Discutons ensemble:** More complex and probing interpretative questions designed to encourage the development of advanced critical thinking skills. The activities are designed to encourage discussion of the controversial aspect of the reading.

- **Stratégie orale—Dialogue pratique:** Presents specific conversation strategies, vocabulary, and oral models for carrying on a practical discussion on chapter-related topics.

- **Grammaire 2:** Presentation of second grammar point, with *Précisions* and *Comparaison linguistique* sections.

  - **Pratiquons:** Oral grammar support exercises to be done in class.

- **Réflexion littéraire:** Marks beginning of literary reading section paired with newly recorded listening practice.

  - **Introduction au texte:** Short introduction in French to the reading passage, giving basic information on the author's life and the period in which he or she wrote.

  - **Stratégie de lecture:** Presentation of a reading strategy designed to encourage accurate and interpretative reading.

  - **Stratégie de prélecture:** Presentation of a specific pre-reading strategy designed to activate students' individual schemata, mostly in paired or small group formats, also designed to foster discussion and interchange.

  - **Texte:** Authentic literary reading with difficult vocabulary annotated in margins.

  - **Vérifions notre compréhension du texte:** Comprehension check questions designed to encourage accurate reading.

  - **Approfondissons notre compréhension du texte:** Interpretative questions designed to introduce students to literary analysis. Designed to be done in small groups to encourage multiple interpretations and advanced discussion.

  - **Discutons ensemble:** Discussion topics that expand beyond the text in order to generalize students' findings, showing particularly their relevance for today. Questions are also of a comparative nature, synthesizing the content of both the cultural and literary readings and encouraging comparative thinking.

- **Grammaire 3:** Presentation of third grammar point, with *Précisions* and *Comparaison linguistique* sections.

  - **Pratiquons:** Oral grammar support exercises to be done in class.

- **Writing Component:**

  - **Stratégie d'écriture:** Presentation of mini-composition lesson.

  - **Sujets de composition:** Writing topics on literary text, with at least one comparing the literary and cultural readings and one on a more general topic that draws on the themes of both literary and cultural texts.

  - **Avant d'écrire:** Process-based pre-writing strategy implementing the mini-composition lesson in the *Stratégie d'écriture* section.

  - **Collaborons:** Specific writing activity based on the Process Approach and encouraging the creation of a Writing Portfolio.

  - **Modèle d'écriture:** Professionally written model of the targeted composition strategy created in accordance with a genre-based approach to writing. Section thus provides a model of good writing for students to analyze and to emulate.

Program Components

Instructor Resources

Annotated Instructor's Edition (AIE). Extensive, clearly labeled annotations make the AIE an indispensable handbook for the novice as well as the experienced instructor. Notes offer ideas for presenting material, for initial form-based practice, for implementation of activities, and for expansion, alternative practice, and review.

Complete scripts for listening activities and answer keys to many exercises are provided. Other notes give in-depth linguistic and cultural information that the instructor may find useful.

Instructor's Resource Manual (IRM). The IRM is available in downloadable formats via the Instructor's Resource Center. Sample syllabi are outlined, along with sample lesson plans. The IRM provides further information about topics introduced in the textbook, as well as an expanded version of the AIE Teacher Notes that can be used for classroom presentations. In addition, the IRM provides the scripts for the audio activities of the Student Activities Manual and the questions for the films (Chapters 2, 4, 10) that instructors may wish to show in class.

Testing Program. A highly flexible testing program allows instructors to customize tests by selecting the modules they wish to use or changing individual items. Pre-prepared tests are available in paper and electronic formats, and modules are available on-line. All audio listening material is recorded for the instructor's use in a classroom or laboratory setting. The testing program is now available within MyLanguageLab on the MyTest tab. MyTest allows quick and easy creation of online quizzes and tests.

Instructor's Resource Center. The IRC is located at www.pearsonhighered.com and provides password-protected instructor access to the downloadable Instructor's Resource Manual and Testing Program.

Student Resources

Student Activities Manual (SAM). The Student Activities Manual contains both workbook and lab exercises. The exercises, many of which are machine-gradable, are grouped according to essential grammatical points so that instructors can assign exercises according to the points covered, thus either spreading out the amount of written work to be done or assigning it to be done all at once. The Student Activities Manual contains a variety of exercise formats designed to bolster learners' acquisition of the grammatical structures and the vocabulary in a targeted, efficient manner. The range of exercise formats for the listening program includes pronunciation practice, sound discrimination, intonation practice, grammar support exercises, and a final dictation exercise that serves as a capstone activity synthesizing grammar and vocabulary lessons with listening and writing skills. The written exercises involve a variety of meaning-based, contextualized activities, including form- and meaning-focused completion exercises, sentence constructions, and logic-based reformulations. Each chapter also includes at least one journal writing activity based on the cultural reading in *Réseau* and in some chapters on the literary reading, as well. The journal writing activity is designed to provide students practice in more creative and personal uses of the language. In that *Réseau* seeks to foster learners' acquisition of French through a holistic approach to language learning, all activities are contextualized and theme-based. A new crossword puzzle activity has been added to each chapter.

Answer Key to Accompany the SAM. A separately bound Answer Key is available for optional inclusion in course packages; it includes answers for all discrete and short answer exercises in the SAM.

Audio CDs to Accompany the Student Activities Manual. Students and instructors have access to the audio recordings for the SAM in several formats: Audio CDs, the Companion Website, and MyFrenchLab.

Audio CDs for Text. Recorded material is indicated by an icon in the textbook.

Online Resources

MyFrenchLab™. This award-winning, nationally hosted online learning system was created specifically for students in language courses. It brings together—in one convenient, easily navigable site—a wide array of language-learning tools and resources, including an interactive version of the Student Activities Manual and all materials from the audio program. Readiness checks and grammar tutorials presented in English individualize instruction to meet the needs of each student. Instructors can use the system to make assignments, set grading parameters, listen to student-created audio recordings, and provide feedback on student work. Instructor access is provided at no charge to adopting institutions. Students can purchase access codes online or at their local bookstore.

Companion Website. The Companion Website (CW) offers the complete audio program for the textbook and the Student Activities Manual.

Acknowledgments

The publication of **Réseau** represents the accumulated experience of many years of classroom instruction, planning, testing, and fine-tuning the approaches to grammar and to the development of listening, speaking, reading, and writing skills to which many instructors and students have contributed. We wish to thank our colleagues and students for their participation in this process, for their comments, and for their encouragement.

We wish also to extend our sincere thanks and appreciation to colleagues who reviewed the manuscript at various stages of development. We gratefully acknowledge their participation and candor:

Eilene Angelini, *Canisius College*
Monica Baez-Holley, *St. Mary of the Woods College*
Kathleen Doig, *Georgia State University*
Isabelle Drewelow, *University of Alabama*
Robert Kilpatrick, *University West Georgia*
Laetitia Knight, *University of North Texas*
Amanda LaFleur, *Louisiana State University*
Lara Lomicka Anderson, *University of South Carolina*
John Moran, *New York University*
Desiree Pries, *University of California - Berkeley*
Cheryl Schaile, *Texas A&M University*
Heloise Console Seailles, *University of Florida*
Julia Simon, *University of California, Davis*
Cristina Toharia, *University of Illinois, Urbana-Champaign*
François Wolman, *Los Angeles Valley College*

At the University of California, Berkeley, Jean wishes to thank Professor Richard Kern for his support and guidance in the early stages of the project, as well as the many colleagues—graduate student instructors, lecturers, and students—who provided crucial feedback on the effectiveness of the approaches to literature and writing that we have incorporated in **Réseau**. At the University of California, Santa Barbara, Jean also wishes to extend her thanks to colleagues and students who have tested the materials and who have been enthusiastic in their encouragement. She would especially like to thank Kathryne Adair, Julien Guillemet, and Karen Turman who piloted **Réseau** and who have contributed significantly to the development of the test bank. At Wellesley, Marie-Paule would like to thank Venita Datta for letting her use her material for the film *M. Ibrahim et les fleurs du Coran*.

We would also like to acknowledge the many people on our Pearson team who contributed their ideas, talents, time, and publishing experience to this project. Thanks to Senior Vice President for World Languages, Steve Debow, and Editor in Chief, Bob Hemmer, for their continuing support. Many thanks to Rachel McCoy and Denise Miller, Senior Acquisitions Editors. Our special thanks go to our Copy Editor at PreMediaGlobal who did an excellent job throughout all phases of production. We are also indebted to the Program and Project management teams at Pearson: Melissa Feimer, Program Manager Team Lead, Amber Mackey, Project Manager Team Lead, Nancy Stevenson, Program Manager, and Richard DeLorenzo, Project Manager.

We would also like to thank Samantha Alducin, Senior Digital Program Manager, for her thoughtful guidance with building MyFrenchLab. Thanks also to Bill Bliss, Development Editor for Assessment, for carefully overseeing the preparation of the Student Activities Manual and Testing Program. We thank Millie Chapman, World Languages Assistant, for her attention to so many important details. Thanks also go to William Mandigo for his photography and to Carol Ann Treweek for her superb artwork, which has greatly enriched the book. Finally, we wish to thank our families, who have patiently supported us as we worked many long hours on **Réseau**.

1 Les relations familiales

LES OBJECTIFS

En famille : parents, enfants, éducation, vie sociale

Réflexion sur la famille

Français-Américains, Ces différences qui nous rapprochent

Eugène Ionesco : *Quatrième conte pour enfants de moins de trois ans*

Comment formuler l'idée principale d'un essai

Orientation culturelle

La famille française et le mariage changent actuellement. Le nombre de familles monoparentales augmente ; beaucoup de femmes sont maintenant chefs de famille et travaillent au-dehors de la maison, tout en élevant leurs enfants. Il existe aussi beaucoup de familles recomposées dont les enfants vivent avec le parent biologique et un beau-parent.[1] Le nombre de mariages diminue mais le nombre de couples se multiplie. De plus en plus d'hommes et de femmes décident de vivre ensemble et de signer un PACS.[2] Par ailleurs, si les gens se marient plus tard — les hommes à trente et un ans, les femmes à vingt-neuf — le taux de divorce a augmenté et un mariage sur deux finit en divorce. La notion de famille se transforme donc[3], même si le sentiment de la famille perdure. Les liens familiaux restent très forts et les enfants vivent plus longtemps avec leurs parents.

1. Quels types de familles augmentent ?
2. Qu'est-ce qu'une famille recomposée ?
3. Qu'est-ce que le PACS ? Est-ce que quelque chose de pareil existe aux États-Unis ?
4. À quel âge est-ce que les hommes et les femmes se marient en général ?
5. Décrivez les liens familiaux en France.

---

[1] Selon l'INSEE (Institut National de la Statistique et des Études Économiques), en 2006, 1,2 million d'enfants de moins de 18 ans vivaient au sein d'une famille recomposée en France métropolitaine.

[2] Pacte civil de solidarité. Le Pacte est un contrat signé par deux personnes majeures, de sexe différent ou de même sexe, qui souhaitent organiser ensemble leur vie commune. Il établit des droits et des obligations entre les deux contractants, en termes de soutien (*support*) matériel, de logement (*housing*) et d'impôts (*taxes*).

[3] Depuis le 17 mai 2013, le mariage entre deux personnes de même sexe est légal en France.

Apprenons ces mots essentiels

La famille

Noms

l'aîné *(m.)*, l'aînée *(f.)*	*elder, eldest*	les grands-parents	*grandparents*
les arrière-grands-parents	*great-grandparents*	le jumeau, la jumelle	*twin*
l'arrière-grand-mère	*great-grandmother*	le mari	*husband*
l'arrière-grand-père	*great-grandfather*	le marié	*groom*
le beau-frère	*brother-in-law*	la mariée	*bride*
le beau-père	*father-in-law*	la mère	*mother*
la belle-mère	*mother-in-law or stepmother*	le neveu	*nephew*
la belle-sœur	*sister-in-law*	la nièce	*niece*
le compagnon	*companion*	l'oncle *(m.)*	*uncle*
la compagne	*companion*	l'orphelin *(m.)*,	
le/la conjoint(e)	*spouse*	l'orpheline *(f.)*	*orphan*
le cousin *(m.)* la cousine *(f.)*	*cousin*	les parents	*relatives*
un couple	*couple*	le père	*father*
le demi-frère	*half-brother*	la tante	*aunt*
la demi-sœur	*half-sister*		
un/une enfant	*child*	**Verbes**	
(un/une) enfant unique	*only child*	avoir, élever des enfants	*to have, to bring up children*
la famille nucléaire,	*nuclear, extended,*	divorcer (de quelqu'un)	*to divorce (someone)*
élargie, monoparentale	*single-parent family*	épouser	*to marry (someone)*
la femme	*wife*	être enceinte	*to be pregnant*
la femme au foyer	*homemaker*	se fiancer à	*to get engaged (to)*
la fille	*daughter*	flirter	*to flirt*
le fils	*son*	se marier	*to get married*
le/la gosse *(fam.)*	*kid*	se marier avec	*to marry (someone)*

▲ Décrivez la famille!

Amusons-nous avec les mots

 1-1 Devinez les mots. Créez des mots à partir des lettres mélangées.

RÉEPSOU

PNOIRLHE

UUMEAJ

REFLTIR

ÈECNI

 1-2 Jean parle de sa famille. Complétez chaque phrase avec un des mots suivants. N'oubliez pas de faire les accords.

enfant unique	jumeau	aîné
traditionnel	enceinte	recomposé

Je suis très heureux d'avoir une famille _____. Par rapport à mes amis qui ont une famille _____ et n'ont qu'une mère et un père, j'ai deux pères et deux mères et beaucoup de frères et de sœurs. Quand mon père et ma mère biologiques étaient mariés, j'étais le seul enfant. Je n'aimais pas être _____. Je me sentais trop seul. Après leur divorce, mes deux parents se sont remariés. Leurs époux avaient leurs propres enfants. Tout d'un coup, j'avais des frères et des sœurs, tous plus âgés que moi. Il est très utile d'avoir des frères et sœurs _____ parce qu'on peut toujours demander leur avis. Ma mère est maintenant _____ et le médecin dit qu'elle va avoir deux enfants. Il sera très intéressant d'avoir des _____ dans la famille. Bien sûr, je ne serai plus le bébé de la famille !

Qu'en pensez-vous ?

1-3 Jill et Sylvia, deux jeunes étudiantes américaines qui viennent d'arriver à Bordeaux, se promènent dans un jardin public. Écoutez leur conversation sur leurs premières impressions de Bordeaux et répondez aux questions.

A. Maintenant répondez aux questions que vous entendez en indiquant la lettre qui correspond à la réponse correcte :

1. a)   b)   c)   d)

2. a)   b)   c)   d)

3. a)   b)   c)   d)

4. a)   b)   c)   d)

B. Maintenant répondez aux questions suivantes.

1. Est-ce que vous venez d'une grande famille ou d'une petite famille ?
2. Qui sont les membres de votre famille ?
3. Est-ce que vous préférez une grande ou une petite famille ? Pourquoi ?
4. Est-ce que vous préférez la famille de Jill ou celle de Sylvia ? Pourquoi?

Élargissons notre vocabulaire

Rapports familiaux

Noms

une dispute	*quarrel*
le fossé entre les générations	*generation gap*
le foyer	*home*
le manque de communication	*lack of communication*

Verbes

admirer	*to admire*
avoir de bons (mauvais) rapports avec	*to have a good (bad) relationship with*

se disputer	*to quarrel*
s'entendre avec (quelqu'un)	*to get along with (someone)*
faire des sacrifices pour	*to make sacrifices for*
faire la cour à quelqu'un	*to court someone*
faire une sortie en famille	*to go on a family outing*
fonder un foyer	*to set up a household*
mériter l'amour de	*to deserve, to earn the love of*
respecter	*to respect*
se séparer de	*to separate from*
soigner	*to care for, to take care of*

L'éducation

Noms

l'éducation	*upbringing*
la formation	*education*

Adjectifs

bien élevé	*well-behaved*
compréhensif *(m.)*, compréhensive *(f.)*	*understanding*
exigeant	*demanding*
gâté	*spoiled*
indulgent	*lenient*
ingrat	*ungrateful*
irresponsable	*irresponsible*

mal élevé	*badly brought up*
négligé	*neglected*
poli	*polite*
responsable	*responsible*
sage	*well behaved*
strict	*strict*

Verbes

désobéir à	*to disobey*
gâter	*to spoil*
négliger	*to neglect*
obéir à	*to obey*

La discipline

Verbes

être juste (injuste) envers	*to be fair (unfair) to*
gronder	*to scold*
punir	*to punish*

Amusons-nous avec les mots

1-4 Trouvez les paires de mots.

1. _____ s'entendre avec quelqu'un	**a.** flirter
2. _____ gronder	**b.** bien élevé
3. _____ mal élevé	**c.** avoir un bon rapport
4. _____ faire la cour	**d.** réprimander
5. _____ sage	**e.** impoli

1-5 Expliquez en français les expressions ou mots suivants.

1. faire une sortie en famille

2. des parents exigeants

3. le fossé des générations

4. fonder un foyer

5. un enfant gâté

Qu'en pensez-vous ?

1-6 Jill et Sylvia continuent leur discussion sur la famille. Écoutez leur conversation sur la façon dont on élève les enfants en France et aux États-Unis, et ensuite répondez aux questions.

A. Maintenant indiquez si les phrases suivantes sont vraies (Vrai) ou fausses (Faux) :

1. Vrai / Faux

2. Vrai / Faux

3. Vrai / Faux

4. Vrai / Faux

B. Maintenant répondez aux questions suivantes.

1. Si un étranger essayait de discipliner vos enfants, quelle serait votre réaction?

2. L'intervention d'un étranger peut-elle être utile ? Dans quelles circonstances ?

3. Imaginez que vous ayez des enfants. Comment allez-vous les élever ?

◀ **Promenade au parc, Paris**

En petits groupes, posez quelques questions à vos partenaires en vous servant du vocabulaire ci-dessus. Ensuite, présentez vos idées à toute la classe.

1. Présente-moi ta famille. Si tu as des photos avec toi, montre-les-moi.

2. Es-tu enfant unique ? Quels sont les avantages / les inconvénients d'être enfant unique ? Regrettes-tu de ne pas avoir de frères et de sœurs ? Pourquoi oui ? Pourquoi non ?

3. Combien de frères et de sœurs as-tu ? As-tu une bonne relation avec eux ? Sors-tu avec eux ? Fais-tu du sport avec eux ? Quels sports ? Quelles autres activités aimes-tu faire avec eux ? Pourquoi ? Décris-les.

4. Es-tu l'aîné(e) ou le dernier / la dernière ? Est-ce que tes parents te traitent différemment parce que tu es l'aîné(e) ou le/la plus jeune ? Quels sont les avantages et les désavantages d'être l'aîné ou le/la plus jeune ?

5. As-tu des oncles ou des tantes ? Où habitent-ils ? Est-ce que tu les vois souvent ? Est-ce que vous faites des sorties en famille ? Décris ta relation avec eux.

6. Tes grands-parents sont-ils en vie ? Vois-tu souvent tes grands-parents ? Sont-ils actifs ? Te gâtent-ils ?

7. Dans ta famille, faites-vous souvent des fêtes ? À quelles occasions ?

8. Jusqu'à quand comptes-tu vivre avec tes parents ? Pourquoi ?

Repas en famille ▶

Grammaire

Le présent de l'indicatif

Le présent de l'indicatif en français, comme en anglais, s'emploie pour exprimer une action ou un état qui se passe au moment où l'on parle.

1 Les verbes réguliers

Il y a trois conjugaisons principales définies par l'infinitif du verbe. Les verbes de la première conjugaison se terminent en **er,** de la deuxième conjugaison en **ir,** et de la troisième conjugaison en **re.** Voilà les trois conjugaisons des verbes réguliers :

	Regard**er**	Chois**ir**	Entend**re**
je (j')	regard**e**	chois**is**	entend**s**
tu	regard**es**	chois**is**	entend**s**
il/elle/on	regard**e**	chois**it**	entend
nous	regard**ons**	chois**issons**	entend**ons**
vous	regard**ez**	chois**issez**	entend**ez**
ils/elles	regard**ent**	chois**issent**	entend**ent**

A. Particularités de la première conjugaison:

  1. Les verbes en **ger,** comme **voyager, manger,** et **nager,** ajoutent un **e** à la première personne du pluriel : nous voyag**e**ons, nous mang**e**ons, nous nag**e**ons.

  2. Les verbes en cer, comme commencer, ajoutent une cédille (ç) à la première personne du pluriel : nous commençons.

  3. Plusieurs catégories de verbes ont des changements orthographiques liés à la prononciation de la terminaison (nous, vous).

   a. Les verbes comme **appeler** et **jeter :** j'appe**ll**e, mais nous appe**l**ons ; tu je**tt**es, mais vous je**t**ez.

   b. Les verbes comme suggérer, préférer, acheter, lever : je suggère, mais nous suggérons ; tu achètes, mais vous achetez ; je me lève, mais nous nous levons.

   c. Les verbes comme essayer, aboyer, envoyer : j'essaie, mais nous essayons ; tu envoies, mais vous envoyez.

B. Particularités de la deuxième conjugaison :

Les verbes **sortir, partir, mentir, servir** et **dormir** se conjuguent de la manière suivante.

Sortir – go out	Servir – serve
je sors	je sers
tu sors	tu sers
il/elle/on sort	il/elle/on sert
nous sortons	nous servons
vous sortez	vous servez
ils/elles sortent	ils/elles servent

Pratiquons

1-7 Deux jeunes parlent de leurs week-ends en famille. Pour chacune des remarques, remplacez le sujet par les sujets entre parenthèses et faites les modifications qui conviennent.

Modèle : Je déteste les longs repas de famille ! (mes petites sœurs)
Mes petites sœurs détestent les longs repas de famille !

1. J'aime prendre le train pour aller voir ma famille. (nous, tu, vous, on, Justin)
2. Je pars normalement à 8 heures quand je leur rends visite. (vous, on, Marc)
3. Je choisis toujours d'arriver avant 19 heures, ainsi je dîne avec mes petits frères qui dorment tôt. (nous, on, Marie)
4. Tu ne sens jamais le poids de ces rituels en famille ? (vous, il, Jeanne)
5. Non, j'attends toujours avec impatience ces réunions familiales. (nous, on, mes parents)

 1-8 Répondez aux questions suivantes et expliquez votre réponse.

1. Préférez-vous les parents sévères ? Indulgents ? Justes ? Copains ?
2. Qu'est-ce qui exaspère les parents ?
3. Qu'est-ce que les parents apprennent à leurs enfants ?
4. L'éducation d'un enfant varie de famille en famille. Idéalement, quelle sorte d'éducation préférez-vous pour un enfant ?
5. Les adolescents mûrissent-ils trop tôt aujourd'hui ? Pourquoi ?
6. Mentez-vous à vos parents ? Dans quelles circonstances ?
7. Les familles mènent souvent une vie mouvementée. Quel type de vie voulez-vous mener plus tard ? Une vie au rythme accéléré ou lent et décontracté ?

1-9 Dites ce que pensent ces différents groupes de personnes. Choisissez une des expressions suivantes :

aimer la liberté
respecter les règles sociales
aimer la discipline
ressentir l'influence de la famille

insister sur le respect des usages de la société
détester les enfants mal élevés
sortir avec leurs amis tous les week-ends
grandir comme une mauvaise herbe

1. Mes parents …
2. Nous …
3. Les jeunes enfants …
4. Ma mère …
5. Mes oncles et tantes …
6. Moi et ma sœur …
7. Mon père …
8. Je …

2 Verbes pronominaux

Beaucoup de verbes ont une forme pronominale où le verbe est conjugué avec un pronom personnel qui se réfère au sujet. Un verbe pronominal peut avoir un sens **réfléchi,** où le sujet agit (fait l'action) sur lui-même, un sens **réciproque** où l'action du verbe est mutuelle ou un sens **idiomatique** (voir chapitre 9). Les verbes pronominaux sont conjugués avec le pronom personnel qui correspond au sujet.

Se laver	S'entendre
je me lave	je m'entends
tu te laves	tu t'entends
il/elle/on se lave	il/elle/on s'entend
nous nous lavons	nous nous entendons
vous vous lavez	vous vous entendez
ils/elles se lavent	ils/elles s'entendent

Pratiquons

1-10 Reformulez les phrases, en mettant les verbes à la forme pronominale et en remplaçant la/les partie(s) en gras par les mots entre parenthèses.

Modèle : Je lave **les cheveux de ma petite sœur.** (le matin)
Je me lave le matin.
Il voit **son copain dans la caféteria.** (ils / après les cours)
Ils se voient après les cours.

1. Maman réveille **mon petit frère à 7h30.** (à 6h)
2. Nous parlons **avec notre grand-mère tous les dimanches.** (chaque soir)
3. **Je** cherche **ma jeune sœur à l'école.** (mon frère et moi, nous / après les cours)
4. **Vous** écrivez souvent **à vos grands-parents.** (vous et Georges)
5. Je lève **la main quand je veux parler.** (je / pour parler)
6. **Il** bat **son copain** dans la cour de l'école. (ils)

1-11A Les matins sont souvent difficiles dans les familles avec des enfants. Écoutez ce que dit cette maman et notez les verbes pronominaux que vous entendez.

1. _____   7. _____
2. _____   8. _____
3. _____   9. _____
4. _____   10. _____
5. _____   11. _____
6. _____

1-11B Sur le même modèle, parlez des matins dans votre famille en utilisant autant de verbes pronominaux que possible. Voilà une liste de verbes utiles : **se lever, se réveiller, se doucher, se laver, se raser, se brosser** (les cheveux, les dents), **se maquiller, s'habiller.**

3 Verbes irréguliers

Comme vous le savez déjà, il y a des verbes irréguliers en français, dont les plus communs sont **aller, avoir, connaître, devoir, être, faire, mettre, ouvrir, prendre, savoir, voir** et **vouloir.** Une liste complète apparaît dans l'appendice 1.

Aller– to go	**Avoir** –to have	**Connaître**– to know
je vais	j'ai	je connais
tu vas	tu as	tu connais
il/elle/on va	il/elle/on a	il/elle/on connaît
nous allons	nous avons	nous connaissons
vous allez	vous avez	vous connaissez
ils/elles vont	ils/elles ont	ils/elles connaissent
Devoir – must	**Être**– to be	**Faire** – to make
je dois	je suis	je fais
tu dois	tu es	tu fais
il/elle/on doit	il/elle/on est	il/elle/on fait
nous devons	nous sommes	nous faisons
vous devez	vous êtes	vous faites
ils/elles doivent	ils/elles sont	ils/elles font

Mettre - to put	Ouvrir - to open	Prendre - to take
je mets	j'ouvre	je prends
tu mets	tu ouvres	tu prends
il/elle/on met	il/elle/on ouvre	il/elle/on prend
nous mettons	nous ouvrons	nous prenons
vous mettez	vous ouvrez	vous prenez
ils/elles mettent	ils/elles ouvrent	ils/elles prennent

Savoir - to know	Voir - to see	Vouloir - to want
je sais	je vois	je veux
tu sais	tu vois	tu veux
il/elle/on sait	il/elle/on voit	il/elle/on veut
nous savons	nous voyons	nous voulons
vous savez	vous voyez	vous voulez
ils/elles savent	ils/elles voient	ils/elles veulent

Comparaison linguistique

Comment conjugue-t-on les verbes réguliers en anglais ? Y a-t-il des verbes irréguliers ? Lesquels ?

Pratiquons

1-12 Jacques, un journaliste français, a fait une enquête sur l'évolution de la famille américaine moderne. Aidez-le à écrire son article avec les verbes suivants : **aller, avoir, être, exister, former, pouvoir, prendre, savoir, valoir, venir, vivre, vouloir.**

Le mariage aux États-Unis n' _____ plus très stable aujourd'hui. Dès que les choses ne _____ pas bien, les gens _____ la décision de divorcer. Les divorcés _____ ensuite se remarier et _____ des familles recomposées. Par ailleurs, beaucoup de jeunes ne _____ pas se marier. Par conséquent, la structure de la famille traditionnelle n' _____ plus. Cinquante pourcent des enfants américains _____ dans une famille non-traditionnelle. La complexité des familles _____ s'accentuer dans les années à venir et il _____ mieux voir les avantages et le dynamisme de ces changements que regretter le passé. Toutes les familles _____ la possibilité de créer un environnement familial chaleureux et je _____ que l'affection réciproque _____ en premier dans le succès des histoires familiales.

1-13 Complétez le dialogue avec un des verbes suivants. Faites attention à la conjugaison du verbe : **acheter, appeler, avoir, dépendre, devoir, dire, élever, essayer, être, étudier, faire** (deux fois), **nettoyer, occuper, partager, payer, préférer, promener, rentrer, travailler.** Puis, jouez le dialogue.

Josiane parle avec Claudine, une adolescente de son âge qui est fille unique.

Josiane: Qu'est-ce que tu ___fais___ après l'école ?
Claudine: Je ___préfère___ jouer un peu avec mes copines et puis j' ___appelle___ ma mère au travail ; ensuite, j' ___étudie___. Et toi ?
Josiane: Quand je ___rentr___ à la maison, je ___dois___ aider ma mère. Je m' ___occupe___ de mes frères et sœurs parce que je ___suis___ l'aînée.
Claudine: Qu'est-ce que tu ___fais___ exactement ?
Josiane: Ça ___dépend___. Je ___promene___ mes frères qui ___ont___ 8 mois dans leur poussette ou bien j' ___achète___ des provisions pour le dîner. J' ___essaie___ de rendre service parce que, avec une famille nombreuse, ma mère n' ___a pas___ pas toujours la vie drôle.
Claudine: Ta mère ne ___travaille___ pas ?
Josiane: Si, dans la maison. Elle ___élève___ ses enfants, ___nettoie___ la maison, ___paie___ les factures. Mes parents ___disent___ toujours : « nous ___partageons___ les tâches ainsi pour avoir une vie moins stressante. »

1-14 En petits groupes, répondez aux questions suivantes.

1. Un de vos amis vit dans une famille recomposée. Imaginez cette famille. Combien de personnes y vivent ? Quel est l'âge des enfants ? Quels sont les avantages de ce mode de vie ? Quelles sont les difficultés que peut susciter la recomposition de la famille ?

2. Une de vos amies est déprimée parce que ses parents vont divorcer. De quoi a-t-elle peur ? Que lui dites-vous ? Quels encouragements ou conseils partagez-vous avec elle ?

3. Vous devez faire un reportage sur une famille américaine de votre choix. Quel type de famille allez-vous interroger ? Pourquoi ? Qu'est-ce qui rend cette famille particulièrement intéressante ?

4. Vous discutez de projets d'avenir avec un / une amie. Comment imaginez-vous votre vie d'adulte ? Êtes-vous célibataire ? Avez-vous un / une partenaire ? Êtes-vous marié(e)? Avez-vous des enfants ?

5. Vous pensez au parent que vous allez être un jour. Comment voulez-vous que votre enfant se conduise ? Qu'est-ce qui est important pour vous dans l'éducation d'un enfant ?

Emplois idiomatiques du présent de l'indicatif

A. Être en train de :

L'expression **être en train de + l'infinitif** met l'accent sur l'action **en cours.**

> Je suis en train d'écrire une lettre à ma mère.

Dans cet exemple, j'insiste sur le fait que **j'écris en ce moment** la lettre.

> Maman : « Ne dérange pas ton frère ! Marc est en train d'étudier pour son examen de mathématiques. »

Dans cet exemple, la mère dit au petit frère de Marc de ne pas le déranger et elle insiste sur le fait que Marc **étudie très sérieusement au moment présent.**

Comparaison linguistique

Comment traduit-on **être en train de** en anglais ?

B. Venir de :

L'expression **venir de + l'infinitif** au présent de l'indicatif exprime un passé très récent.

> Je viens d'envoyer une carte d'anniversaire à ma mère.

Dans cet exemple, j'ai juste fini d'envoyer ma carte.

Comparaison linguistique

Comment exprime-t-on la même idée en anglais ? Quel temps utilise-t-on en anglais ?

Pratiquons

1-15 Conversation en famille. Complétez les phrases à l'aide de l'expression **être en train de,** à la forme qui convient.

Papa:　　Josiane, qu'est-ce que tu _____ faire ?

Josiane:　Je _____ écrire à Grand-mère. Et toi, Papa ? Est-ce que tu _____ faire le dîner ?

Papa:　　Non, c'est Maman qui _____ préparer le repas. Et tes sœurs et frères ? Est-ce qu'ils _____ étudier ?

Josiane:　Oui, je crois.

1-16 Deux amis parlent de leurs parents et de toutes les mauvaises décisions que ceux-ci ont prises récemment. Complétez les phrases à l'aide de l'expression **venir de,** à la forme qui convient.

Modèle:　E1: Mes parents viennent de divorcer.
　　　　　　　E2: C'est vraiment dommage.

E1:　Mes parents _____ prendre la décision de déménager.

E2:　C'est pas vrai ! Où ça ? Dans la même ville ou dans une autre ?

E1:　Dans la ville à côté de la nôtre mais je ne vais pas pouvoir aller dans la même école. Mon père _____ m'inscrire dans ma nouvelle école. Je _____ rencontrer le directeur et déjà je n'aime pas cette école.

E2:　Écoute, cela va peut-être s'arranger. On restera amis. Mes parents sont moins durs quand même ; ils _____ de décider de nous emmener en vacances dans un village perdu à la campagne.

E1:　Mais qu'est ce que tu vas faire sans amis, sans cinéma, sans magasins?

E2:　Je ne sais pas. Nous _____ apprendre cette nouvelle et je n'ai pas encore pensé à mes activités de vacances. Ah ! J'ai une idée. Peut-être pourrais-tu venir avec nous. Ce serait plus sympa. Mes parents ne vont pas dire non maintenant que tu _____ me dire que tu ne vas pas être avec moi l'année prochaine.

1-17 Marielle est très occupée avec ses préparatifs de mariage. Elle explique à sa sœur, Christine, tout ce qu'elle est en train de faire. Imaginez ce qu'elle lui dit.

Modèle : Je suis en train d'écrire les invitations. Maman, elle, est en train de commander les fleurs chez le fleuriste. Papa est en train de réserver la limousine …

 1-18 Quelles décisions les personnes de votre famille ont-elles prises récemment ? Quelles décisions sont-elles en train de prendre ?

Modèle : Mon frère vient de se fiancer. Lui et sa fiancée sont en train de faire tous les préparatifs pour le mariage.

Que voyez-vous sur cette photo ? ▶

Stratégie de recherche

1. « Selon l'INSEE (Institut national de la statistique et des études économiques), en 2006, 1,2 million d'enfants de moins de 18 ans vivaient au sein d'une famille recomposée en France métropolitaine. »

Allez sur le site de l'Insee et recherchez dans la catégorie « thèmes » les statistiques sur la population et la composition des familles françaises (les ménages) : insee.fr. Regardez la structure des familles avec enfants. Combien d'enfants vivent dans des familles monoparentales aujourd'hui ?

2. En France, les enfants commencent l'école maternelle à trois ans. L'école facilite leur intégration à la société.

a. Allez sur le site youtube.com et cherchez un petit documentaire sur une école maternelle et présentez-le au reste de la classe. Que font les enfants ? Que dit la maîtresse ou le maître ? Décrivez les activités et le rapport entre les enfants et l'instituteur ou l'institutrice.

b. Trouvez sur youtube.com, un clip sur les relations parents enfants. Vous pouvez choisir des conseils donnés par un(e) psychologue ou un échange entre un parent et un enfant et présentez le clip à la classe en disant ce que vous pensez du clip.

La famille française et la famille américaine ont une optique et des valeurs différentes que l'éducation des enfants révèle. Les parents américains sont généralement plus décontractés° et moins à cheval sur les principes° que les parents français. Ils laissent leurs enfants explorer plus le monde environnant et s'adaptent au rythme de l'enfant. Au lieu de multiplier les interdits, ils ont tendance à créer un milieu qui permette à l'enfant d'observer et de se découvrir. En revanche, les parents français, eux, veulent que leur enfant soit très vite intégré à la société et sache bien se conduire en public, d'où les règles et les restrictions qui accompagnent l'enfance. Selon les Français, la façon dont un enfant se comporte reflète les aptitudes parentales de l'adulte, presque plus que son propre développement psychologique. Dans cet extrait de *Français-Américains, Ces différences qui nous rapprochent,* Gilles Asselin et Ruth Mastron évoquent ces différences.

décontracté *laid-back*

à cheval sur les principes *rigid about rules*

1. Est-ce que les familles françaises et les familles américaines ont une même optique sur l'éducation des enfants ?
2. En général, quels parents sont les plus rigides ?
3. Qu'est-ce que les parents américains laissent leurs enfants faire ?
4. Pour les parents français, que doit faire un enfant ?
5. Que reflète le comportement d'un enfant selon les Français ?

« Français Américains: Ces différences qui nous rapprochent »

En France, les parents ne se contentent pas « d'élever » ou de « faire grandir° » leurs enfants. Le mot qui vient le plus fréquemment aux lèvres pour décrire ce processus est « éducation ». On n'élève pas ses enfants, on les éduque, et ce mot a une connotation beaucoup plus large que sa traduction littérale américaine *to educate*
5 qui se limite à l'éducation scolaire. L'éducation englobe° à la fois l'apprentissage° de la vie de famille, de la vie en société et également les études. La responsabilité de transmettre à l'enfant ce qui va lui servir et faire de lui un futur gagnant° dans la vie incombe° presque exclusivement aux parents. Ceci est beaucoup moins vrai aux États-Unis.

10 ...

grandir *to grow*

englober *to include*
l'apprentissage *(m.) learning, training*
un gagnant *a winner*
incomber *to be someone's responsibility*

En général, aux États Unis, les parents dévouent° toute leur attention à l'enfant ; en France, l'enfant compte aussi, bien sûr, mais il s'inscrit° dans un cadre social et familial plus contraignant qui comporte ses propres règles et ses propres limites. Les parents américains donnent à l'enfant toute possibilité de s'exprimer. Ils essaient de se mettre à sa place° et font tout ce qui est en leur pouvoir pour encourager son épanouissement°, quitte à° renoncer à leur propre confort. Les parents français de leur côté aiment tout autant leur enfant, mais ils pensent que leur devoir est avant tout de lui apprendre à vivre en société et à s'adapter au monde des adultes : ce sont eux qui ont la responsabilité de guider l'enfant jusqu'à sa maturité et de l'aider à appréhender le monde avec un regard adulte. En France, les enfants sont généralement propres° dès deux ans — sans, de toute évidence, d'effet nocif° sur leur sexualité adulte — pour le meilleur confort et la réputation de leurs parents. Cet âge varie aux États-Unis en fonction des familles et des pratiques mais il se situe généralement aux alentours de trois ans. 15 20

On a par ailleurs° en France une piètre° opinion des méthodes et capacités d'éducation des parents dont les enfants ne se tiennent° pas correctement en public. Les parents ont un devoir à remplir envers la société : celui d'exercer un contrôle sur leurs enfants et de leur apprendre à vivre en société. S'ils n'y parviennent° pas, n'importe quel inconnu pourra se permettre de faire des réflexions sur le comportement du rejeton° et parfois même le réprimander directement pour compenser les lacunes° de l'éducation parentale. 25 30

Glossary (margin):

dévouer *to devote*

s'inscrire *to come within the scope of*

se mettre à sa place *to be in someone's shoes*

l'épanouissement *(m.) blooming, well-being*

quitte à *even if it means*

propre *potty trained*

nocif *harmful*

par ailleurs *moreover*

piètre *poor, very mediocre*

se tenir *to behave*

parvenir *to reach, to achieve*

le rejeton *offspring*

des lacunes *(f.) deficiencies*

Travaillons avec la langue

Expliquez les phrases ou expressions suivantes.

1. « On n'élève pas ses enfants, on les éduque … »

2. dévouer son attention

3. se mettre à la place de quelqu'un

4. s'adapter au monde des adultes

5. parvenir

Vérifions notre compréhension du texte

Dites si ces déclarations sont justes. Expliquez en vous référant aux passages spécifiques du texte.

1. En France, élever ses enfants veut dire « éduquer » ses enfants.

2. L'éducation, c'est l'apprentissage de la vie familiale et sociale.

3. Le but des parents français est de faire de leur enfant « un gagnant ».

4. Aux États-Unis, l'enfant est le centre de l'attention.

5. Les parents français donnent à leur enfant toute possibilité de s'exprimer.

6. D'après les Français, le rôle des parents est de guider l'enfant jusqu'à sa maturité.

7. Les enfants sont propres plus tôt en France.

8. Les adultes français ne réprimandent jamais les enfants des autres parents.

1. Avez-vous observé des parents américains avec leurs enfants ? Décrivez leur interaction. Donnez des exemples précis.

2. Un Français « éduque » son enfant. Que veut dire éduquer ? Que pensez-vous de cette idée ?

3. Pour un Américain, que veut dire élever son enfant ? Quelles valeurs, quels principes sont importants pour lui ?

4. En France, les adultes se permettent de réprimander les enfants des autres. Que pensez-vous de cette habitude ? Approuvez-vous ?

5. À votre avis, qu'est-ce qu'un enfant bien élevé ?

6. En France, on a tendance à vivre beaucoup plus longtemps avec ses parents, pendant les études et même quand on commence à travailler. Quels sont les avantages et les inconvénients de ce genre d'arrangement ?

7. Autre valeur française, le repas familial. Pourquoi cette idée du repas en famille cadre-t-elle bien avec les principes d'éducation à la française ? Quels sont les avantages de ce choix ?

8. Quel type de parent aimeriez-vous être ?

Stratégie orale

Comment parler d'un problème familial à un spécialiste. Dans le dialogue suivant remarquez le rhythme des échanges, la forme des questions et l'emploi de l'impératif.

Dialogue pratique

Les parents d'un enfant de neuf ans s'inquiètent pour leur fils qui semble avoir du mal à rester en place et qui ne réussit pas très bien à l'école. Ils parlent à leur pédiatre.

Parents: Bonjour, docteur. Nous venons vous consulter au sujet de notre fils, Rémy. Sa maîtresse nous dit qu'il ne tient pas en place et qu'il distrait constamment le reste de la classe.

Médecin: Quel âge a votre fils ?

Mère: Il a neuf ans.

Père: C'est un garçon très actif qui aime courir et faire du sport.

Médecin: Est-ce qu'il lit bien ? Est-ce qu'il réussit à comprendre l'arithmétique ?

Père: Oui, mais il est très désorganisé. Il perd ses devoirs et oublie souvent son travail.

Médecin: Et à la maison, comment se comporte-t-il ?

Mère: C'est très difficile de le faire s'asseoir pour travailler. Il fait tout à la dernière minute.

Médecin: Écoutez, avant de lui prescrire des médicaments et avant de dire que votre fils souffre d'hyperactivité ou de déficit d'attention, j'aimerais qu'il voie un neuropsychologue qui pourra identifier l'origine de ses difficultés.

Père: Est-ce vraiment nécessaire ?

Médecin: À travers des questionnaires et des jeux avec votre enfant, il pourra évaluer son développement et ses fonctions cognitives. C'est très important de le faire …

Sur le même modèle, vous êtes jeunes parents. Imaginez un dialogue dans lequel vous posez des questions à un pédiatre ou à un psychologue sur l'éducation de votre enfant.

Voici quelques suggestions pour vous aider à formuler des questions :

- Je vais bientôt retourner travailler ; à votre avis, à quel âge peut-on mettre un enfant dans une garderie ?
- Mon fils est jaloux de son frère. Que me suggérez-vous ?
- Ma fille est timide. Comment pouvons-nous l'encourager à jouer avec d'autres enfants ?

▲ La petite fille à la trompette

Les expressions temporelles

1. Les expressions **depuis, depuis que, il y a … que, voici … que, voilà … que, cela (ça) fait … que** s'emploient avec un verbe **au présent** pour indiquer une action qui a commencé dans le passé mais qui continue au moment où l'on parle.

   > J'attends mon mari **depuis** un quart d'heure. Il est maintenant 4h30.

   Dans cet exemple, la femme a commencé à attendre à 4h15 et elle attend toujours.

2. Les expressions **depuis, il y a … que, voici … que, voilà … que, cela (ça) fait … que,** expriment toutes la même idée. Comparez :

   > Mes grands-parents sont mariés **depuis** plus de 50 ans.
   > **Il y a** plus de 50 ans **que** mes grands-parents sont mariés.
   > **Voici** plus de 50 ans **que** mes grands-parents sont mariés.
   > **Voilà** plus de 50 ans **que** mes grands-parents sont mariés.
   > **Cela (Ça) fait** plus de 50 ans **que** mes grands-parents sont mariés.

   Ne confondez pas **depuis** et **depuis que. Depuis que** exige toute une proposition, c'est-à-dire, un sujet et un verbe. On peut employer n'importe quel temps après **depuis que,** mais le verbe de la proposition principale est généralement au présent.

   > **Depuis que** ma famille a déménagé, je n'ai plus d'amis.
   > **Depuis que** je vois mon grand-père régulièrement, j'ai plus d'idées précises sur l'histoire de ma famille.

Précisions sur les expressions temporelles

1. Dans les phrases négatives, on peut employer le passé composé avec **depuis.**

   > Ma mère ne m'a pas téléphoné depuis une semaine.

2. Pour poser une question sur **la durée** d'une action, on dit, « **Depuis combien de temps … ?** »

   > Depuis combien de temps habitez-vous ici?
   > J'habite ici depuis trois ans.

3. Pour poser une question sur **la date** ou **le moment** où une action a commencé on dit, « **Depuis quand …?** »

   > Depuis quand habitez-vous ici ?
   > J'habite ici depuis le 15 janvier.

4. L'expression **il y a** indique un moment passé et correspond à *ago* en anglais. Cette locution s'emploie avec un temps du passé.

   > Mes parents ont divorcé, il y a 3 ans.

5. **Pendant** met l'accent sur la durée d'une action dont on peut déterminer le début et la fin. On peut employer n'importe quel temps avec **pendant** selon le contexte, mais, au passé, on utilise très souvent le passé composé (voir chapitre 4).

   > J'ai vécu à Paris pendant 15 ans, mais maintenant j'habite à Marseille.

Comparaison linguistique

Comment traduit-on les phrases suivantes ? Quels temps et expressions utilise-t-on en anglais ?

- Depuis combien de temps tes parents sont-ils mariés ?
- Il y a plus de 30 ans qu'ils sont mariés.
- Depuis quand sont-ils mariés ?
- Ils sont mariés depuis 1970.
- Alors, ils se sont mariés il y a plus de 30 ans !
- Les parents de Paul ont été mariés pendant 15 ans, puis ils ont divorcé.

Pratiquons

1-19 Complétez avec une des expressions suivantes : **depuis, depuis que, voici … que, voilà … que, il y a … que, il y a** ou **pendant,** selon le cas. Remarquez que plusieurs réponses sont parfois possibles.

Modèle: Mon frère habite au Canada _____ trois ans.

Mon frère habite au Canada _____ trois ans.

Ma sœur a décidé d'aller vivre en France _il y a_____ 5 ans. Son départ reste difficile pour moi parce que j'aime lui parler ___pendant_____ des heures entières. _____ elle est partie, je me sens seule parce que j'ai perdu ma confidente. ___il y a_____ longtemps ___que____ je n'ai pas partagé mes idées les plus intimes avec quelqu'un. ___Depuis que_____ ma sœur habite à Paris, elle ne veut plus revenir aux États-Unis. Alors j'ai pris une décision. Je vais apprendre le français pour pouvoir passer toutes mes vacances avec elle. _____ un an _____ j'étudie le français, et je commence vraiment à bien le parler.

 1-20A Écoutez ce dialogue entre un journaliste et un adolescent de dix-sept ans. Écrivez l'expression de temps que l'adolescent utilise dans sa réponse au journaliste.

Vous entendez : **Journaliste:** Depuis combien de temps est-ce que tu t'intéresses à la musique ?

Adolescent: Je m'y intéresse depuis que je suis très jeune. Ma mère joue du piano et mon père joue de la guitare.

Vous écrivez : …depuis que je suis très jeune

1. _____
2. _____
3. _____
4. _____

1-20B Vous voulez connaître un peu mieux votre nouveau/nouvelle camarade et vous lui posez des questions sur sa famille. Vous pouvez inventer vos propres questions.

1. Où habite ta famille ? Depuis combien de temps habitez-vous à … ?
2. Depuis quand tes parents sont-ils mariés ?
3. Tes parents font-ils du sport ? Depuis combien de temps ?
4. Que font tes parents pour leurs loisirs ? Depuis combien de temps ?
5. Combien de frères et de sœurs as-tu ? Sont-ils étudiants ? Vont-ils à l'école ? Au lycée ? Depuis quelle année ?
6. Où ta famille va-t-elle en vacances ? Il y a combien de temps que vous allez en vacances à … ?

Eugène Ionesco

De tous les auteurs de l'Avant-Garde, Eugène Ionesco (1909–1994) est peut-être le mieux connu du public américain. Né en Roumanie, Ionesco passe son enfance en France jusqu'à l'âge de treize ans ; puis, pour des raisons diverses, jusqu'en 1942, année où il devient français, il alterne ses séjours entre la Roumanie et la France. En 1950, il fait ses débuts théâtraux avec *La Cantatrice chauve*, qui attire l'attention d'un petit groupe d'intellectuels littéraires dont bientôt, Ionesco lui-même fait partie. Ne se laissant pas décourager par le manque de succès de *La Cantatrice chauve*, Ionesco persiste à écrire des pièces de théâtre qui lui rapportent une renommée internationale.

▲ **Eugène Ionesco**

Quatrième conte pour enfants de moins de trois ans (publié en 1968) n'est pas une pièce de théâtre, néanmoins, il inclut beaucoup des motifs qui caractérisent les œuvres théâtrales de Ionesco. Un manque de communication et d'attention au langage caractérisent ce conte apparemment écrit pour les enfants. Mais n'est-il vraiment que pour les enfants ?

Stratégie de lecture

Le titre d'un texte nous donne souvent des indices importants sur son contenu. Parfois la signification du titre est évidente et nous révèle directement ce dont il est question dans le texte. D'autres fois, la signification du titre est plus obscure. Le titre peut être symbolique, ironique, problématique ou même ambivalent.

Stratégie de prélecture

Lisez le titre du texte de Ionesco. Avec un partenaire, discutez du titre en répondant aux questions suivantes : Quels renseignements le titre du texte de Ionesco nous donne-t-il ? Est-il important que ce soit le deuxième conte ? Pourquoi Ionesco spécifie-t-il que le conte vise les enfants de moins de trois ans ? Après avoir lu le titre et avant de lire le conte, avez-vous une idée sur son contenu ? Est-ce que la lecture du conte confirme vos premières idées ou est-ce que vous devez réviser vos idées ?

« Quatrième conte pour enfants de moins de trois ans »

comme d'habitude   *as usual*

frapper   *to knock*

profiter de   *to take advantage of*

empêcher de   *to prevent*

avoir mal au foie   *to have a stomachache*

Ce matin, comme d'habitude°, Josette frappe° à la porte de la chambre à coucher de ses parents. Papa n'a pas très bien dormi. Maman est partie à la campagne pour quelques jours. Alors papa a profité de° cette absence pour manger beaucoup de saucisson, pour boire de la bière, pour manger du pâté de cochon, et beaucoup d'autres choses que maman l'empêche° de manger parce que c'est pas bon pour la santé. Alors, voilà, papa a mal au foie°, il a mal à l'estomac, il a mal à la tête, et ne voudrait pas se réveiller. Mais Josette frappe toujours à la porte. Alors papa lui dit d'entrer. Elle entre, elle va chez son papa. Il n'y a pas maman. Josette demande :

— Où est maman ?

Papa répond : Ta maman est allée se reposer à la campagne chez sa maman à elle.

Josette répond : Chez Mémée ?

Papa répond : Oui, chez Mémée.

— Écris à maman, dit Josette. Téléphone à maman, dit Josette.

Papa dit : Faut pas téléphoner. Et puis papa dit pour lui-même : parce que elle est peut-être autre part…

Josette dit : Raconte une histoire avec maman et toi, et moi.

— Non, dit papa, je vais aller au travail. Je me lève, je vais m'habiller.

par-dessus   *over*

les "poutouffles" (les pantoufles)   *slippers*

les poings   *(m.) fists*

Et papa se lève. Il met sa robe de chambre rouge, par-dessus° son pyjama, il met dans les pieds ses "poutouffles"°. Il va dans la salle de bains. Il ferme la porte de la salle de bains. Josette est à la porte de la salle de bains. Elle frappe avec ses petits poings°, elle pleure.

Josette dit : Ouvre-moi la porte.

Papa répond : Je ne peux pas. Je suis tout nu, je me lave, après je me rase.

Josette dit : Et tu fais pipi-caca.

— Je me lave, dit papa.

Josette dit : Tu laves ta figure, tu laves tes épaules, tu laves tes bras, tu laves ton dos, tu laves ton "dérère", tu laves tes pieds.

— Je rase ma barbe, dit papa.

— Tu rases ta barbe avec du savon, dit Josette. Je veux entrer. Je veux voir.

Papa dit : Tu ne peux pas me voir, parce que je ne suis plus dans la salle de bains.

Josette dit (derrière la porte) : Alors, où tu es ?

Papa répond : Je ne sais pas, va voir. Je suis peut-être dans la salle à manger, va me chercher.

Josette court dans la salle à manger, et papa commence sa toilette. Josette court avec ses petites jambes, elle va dans la salle à manger. Papa est tranquille, mais pas longtemps.

de nouveau   *again*

Josette arrive de nouveau° devant la porte de la salle de bains, elle crie à travers la porte :

Josette : Je t'ai cherché. Tu n'es pas dans la salle à manger.

Papa dit : Tu n'as pas bien cherché. Regarde sous la table.

Josette retourne dans la salle à manger. Elle revient.

Elle dit : Tu n'es pas sous la table.

5

10

15

20

25

30

35

40

45

50

Papa dit : Alors va voir dans le salon. Regarde bien si je suis sur le fauteuil°, sur le canapé, derrière les livres, à la fenêtre.

55 Josette s'en va. Papa est tranquille, mais pas pour longtemps.

Josette revient.

Elle dit : Non, tu n'es pas dans le fauteuil, tu n'es pas à la fenêtre, tu n'es pas sur le canapé, tu n'es pas derrière les livres, tu n'es pas dans la télévision, tu n'es pas dans le salon.

60 Papa dit : Alors, va voir si je suis dans la cuisine.

Josette dit : Je vais te chercher dans la cuisine.

Josette court à la cuisine. Papa est tranquille, mais pas pour longtemps.

Josette revient.

Elle dit : Tu n'es pas dans la cuisine.

65 Papa dit : Regarde bien, sous la table de la cuisine, regarde bien si je suis dans le buffet, regarde bien si je suis dans les casseroles°, regarde bien si je suis dans le four° avec le poulet.

Josette va et vient. Papa n'est pas dans le four, papa n'est pas dans les casseroles, papa n'est pas dans le buffet,

70 papa n'est pas sous le paillasson,° papa n'est pas dans la poche° de son pantalon, dans la poche du pantalon, il y a seulement le mouchoir°.

Josette revient devant la porte de la salle de bains.

Josette dit : J'ai cherché partout. Je ne t'ai pas trouvé. Où tu es ?

Papa dit : Je suis là. Et papa, qui a eu le temps de faire sa toilette, qui s'est rasé,

75 qui s'est habillé, ouvre la porte.

Il dit : Je suis là. Il prend Josette dans ses bras, et voilà aussi la porte de la maison qui s'ouvre, au fond du couloir°, et c'est maman qui arrive. Josette saute° des bras de son papa, elle se jette dans les bras de sa maman, elle l'embrasse°, elle dit :

80 — Maman, j'ai cherché papa sous la table, dans l'armoire, sous le tapis°, derrière la glace, dans la cuisine, dans la poubelle°, il n'était pas là.

Papa dit à maman : Je suis content que tu sois revenue. Il faisait beau à la campagne ? Comment va ta mère ?

Josette dit : Et Mémée, elle va bien ? On va chez elle ?

Annotations: everywhere / find / I'm here / arms / throw

le fauteuil *armchair*

les casseroles *pots*
le four *oven*

le paillasson *doormat*
la poche *pocket*
le mouchoir *handkerchief*

le couloir *corridor, hall*
sauter *to jump*
embrasser *to kiss*
le tapis *rug*
la poubelle *wastebasket*

Vérifions notre compréhension du texte

Répondez aux questions suivantes et justifiez vos réponses.

chercher – to look
trouver – to find

1. Qu'est-ce que Josette fait normalement quand elle se lève le matin ? *gets in bed w/ parents*
2. Où est la mère de Josette ? *In the country*
3. Pourquoi le père n'a-t-il pas bien dormi ? De quoi est-ce qu'il souffre ? *stomach ache, drinking, being unhealthy*
4. Qu'est-ce que Josette demande à son père de faire quand elle apprend que sa mère est partie ? Qu'est-ce que le père lui répond ? *write and call mom, don't call*
5. Josette dit à son père de lui raconter une histoire. Quel serait le sujet de l'histoire ? *the history of the mom and dad*
6. Pourquoi le père refuse-t-il de lui raconter une histoire ? *he has to go to work*
7. Où va-t-il aller ? Qu'est-ce qu'il doit faire avant de partir ? *The bathroom, get ready*
8. Qu'est-ce que le père répond quand Josette frappe à la porte de la salle de bains ? *he said he was naked*
9. Qu'est-ce que le père fait dans la salle de bains ? *get ready*
10. Pourquoi le père dit-il qu'il n'est plus dans la salle de bains ? *he wanted to relax*

11. Où est-ce qu'il dit qu'il est ? Pourquoi ?

12. Où est-ce que Josette le cherche ? Est-ce qu'elle le trouve ?

13. Quelle est la réaction de Josette quand elle le trouve finalement ?

14. Qui est-ce qui arrive à la fin du conte ?

15. Quelle est la réaction de Josette quand elle voit sa mère ? Où est-ce qu'elle veut aller ?

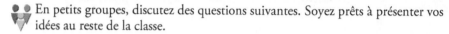

Approfondissons notre compréhension du texte

 En petits groupes, discutez des questions suivantes. Soyez prêts à présenter vos idées au reste de la classe.

1. La caractérisation : Discutez de l'image du père, de la mère et de Josette dans le texte.

   a) Est-ce que le père est un bon père ? Pourquoi ou pourquoi pas ? Que pensez-vous de sa façon de se comporter vis-à-vis de sa fille ? Est-ce que son comportement est justifié ou pas ?

   b) La mère est fondamentalement absente dans ce texte, sauf à la fin, mais est-ce qu'on a quelques idées sur sa personnalité ? Peut-on déduire son attitude envers son mari et son enfant d'après ce que le narrateur dit sur elle ? Quel type de mère ou de femme est-ce ?

   c) Que pensez-vous de Josette ? Est-ce une petite fille embêtante ? Ou est-ce qu'elle a simplement besoin d'attention ? À votre avis, est-ce que Ionesco a réussi à créer un personnage crédible ? C'est-à-dire, est-ce que Josette se conforme à votre image d'un enfant de moins de trois ans ?

2. Le style : Qu'est-ce qui caractérise le style de Ionesco ?

   a) Le style de Ionesco dans *Quatrième conte pour enfants de moins de trois ans* semble très simple. Quels sont les éléments de ce style ? Quels types de verbes Ionesco utilise-t-il ? À quel temps sont la plupart des verbes ? Ionesco utilise-t-il de courtes ou de longues phrases ? Est-ce que le vocabulaire est simple ou sophistiqué ? Ionesco réussit-il à imiter le langage d'un enfant ? Comment ? Donnez des exemples.

   b) Il y a beaucoup de répétitions dans ce conte. Quel est l'effet de la répétition ?

3. L'humour du texte : Qu'est-ce qui crée l'humour du texte ?

   a) Ce texte est très léger et plein d'humour. Quels éléments comiques contribuent à l'humour du texte ?

Discutons ensemble

 En petits groupes, discutez des questions suivantes.

1. Que pensez-vous de la relation entre Josette et son père ? Est-ce une relation normale ? Vous êtes le père de Josette, agissez-vous avec votre enfant de la même façon ?

2. Pensez aux idées émises par Gilles Asselin et Ruth Mastron et référez-vous à leur texte pour discuter des questions suivantes : Est-ce que la relation père-enfant dans *Quatrième conte pour enfants de moins de trois ans* vous semble typiquement française ? Est-ce qu'un Américain traite ainsi ses enfants ?

L'impératif

1. Quand on veut donner un ordre, on utilise l'impératif. La formation de l'impératif est très simple. On prend la forme **tu, nous** ou **vous** du présent de l'indicatif et on élimine le sujet.

	Regarder	**Finir**	**Attendre**
(tu)	Regarde !	Finis !	Attends !
(nous)	Regardons !	Finissons !	Attendons !
(vous)	Regardez !	Finissez !	Attendez !

2. Avec les verbes de la première conjugaison (-**er**), à la deuxième personne, on doit éliminer le "s" pour former l'impératif. On rajoute le **s** pour des raisons acoustiques quand le verbe est suivi par les pronoms **en** ou **y.**

   Mange des carottes ! Mange**s**-en !
   Va au cinéma ! Va**s**-y !

3. Il n'y a que 4 verbes irréguliers : **avoir, être, savoir, vouloir**

Avoir	**Être**	**Savoir**	**Vouloir[**
Aie !	Sois !	Sache !	Veuille !
Ayons !	Soyons !	Sachons !	Veuillons !
Ayez !	Soyez !	Sachez !	Veuillez !

▲ **La grande sœur et le petit frère**

4. Pour les verbes pronominaux, on élimine le sujet, mais on garde le pronom réfléchi, qui à la forme affirmative, est placé après le verbe. Remarquez que **te** devient **toi.**

Se réveiller	Se souvenir
Réveille-toi !	Souviens-toi !
Réveillons-nous !	Souvenons-nous !
Réveillez-vous !	Souvenez-vous !

5. À la forme négative, le verbe est placé entre le **ne** et le **pas.** Pour les verbes pronominaux, le pronom réfléchi est placé devant le verbe.

> Ne regarde pas cette émission !
> Ne te réveille pas trop tard !

Comparaison linguistique

Qu'est-ce qu'on écrit en anglais pour terminer une lettre officielle ?

Précisions sur l'impératif

Le verbe **vouloir** à l'impératif est très poli et formel. On l'utilise, par exemple, pour terminer une lettre officielle.

> Veuillez croire, cher Monsieur ou chère Madame, à mes sentiments distingués.

Pratiquons

1-21 Mettez à l'impératif affirmatif ou négatif les verbes suivants.

Modèle :   être sage (+ tu) :   sois sage
être impatient (– tu) :   ne sois pas impatient

1. manger du saucisson (+ nous)
2. apprendre les règles (+ tu)
3. finir le gâteau (+ vous)
4. aller au parc maintenant (– tu)
5. faire attention aux enfants (+ vous)
6. avoir de la patience (+ nous)
7. être inattentif(s) (– vous)
8. savoir bien se tenir à table (+ vous)
9. choisir un lieu de vacances touristique (– nous)
10. attendre le car (+ tu)
11. se réveiller tôt (– tu)
12. se souvenir de l'anniversaire de grand-père (vous)

1-22 Vous donnez des conseils à votre petite sœur pour la rentrée. Dites-lui de …

Modèle: prendre un bon petit déjeuner
Prends un bon petit déjeuner.

1. se lever tôt
2. s'habiller vite
3. manger bien avant de partir
4. ne pas oublier son sac à dos
5. faire attention au maître
6. prendre des notes
7. ne pas s'endormir en classe
8. ne pas avoir peur de poser une question
9. finir tous ses devoirs
10. vous attendre à l'arrêt de l'autobus

 1-23A Jacques part en vacances avec la famille de son copain, Arthur. Sa mère lui fait des recommandations avant son départ. Écrivez les impératifs que vous entendez.

1. _____
2. _____
3. _____
4. _____

5. _____
6. _____
7. _____
8. _____

1-23B Qu'est-ce que vos parents vous disent de faire (5 choses) ?

Modèle: Mes parents me disent: « Range ta chambre! »

Stratégie d'écriture

Un essai peut être défini comme un court texte en prose qui défend une idée de manière intéressante. C'est-à-dire, l'écrivain a quelque chose d'essentiel ou d'original à communiquer au lecteur; aussi est-il important de présenter l'idée de la manière la plus convaincante possible. Pensez au texte culturel et au conte de Ionesco. Imaginez que vous allez écrire un essai sur chacun de ces textes : quelle va être votre idée principale ? Pourquoi votre idée est-elle importante ? Est-elle originale ou est-elle évidente ? De quelle manière allez-vous organiser la présentation de votre idée ? Maintenant, réfléchissez aux sujets de composition suivants.

 ## Sujets de composition (225 mots)

1. **Parents – Enfants** En vous basant sur votre propre expérience, est-ce que Gilles Asselin et Ruth Mastrom utilisent trop de stéréotypes et de généralisations dans leur analyse de l'éducation des enfants ? Soyez spécifique et donnez des exemples.

2. *Quatrième conte pour enfants de moins de trois ans* Analysez la relation entre Josette et son père dans le conte de Ionesco. Utilisez des exemples du texte pour soutenir vos idées.

▲ **Famille en Provence**

 **Avant d'écrire**

Avant d'écrire votre essai, formulez votre idée principale[4]:

1. Voilà mon idée principale : _____

2. Je vais présenter mon idée de la façon suivante: _____

_____

 Collaborons

Maintenant, montrez votre idée à un ou deux autres étudiants de la classe. Expliquez-la à votre/vos partenaire(s). Dites-lui/leur pourquoi elle est importante. Demandez-lui/leur si elle est trop évidente. Ensuite, parlez de la façon dont vous allez présenter votre idée. Est-ce que votre organisation semble logique à votre/vos partenaire(s) ?

_____

[4] Ces phrases doivent vous aider à penser, elles ne sont pas à inclure dans un devoir.

Dans un essai formel, on ne peut pas annoncer abruptement son idée principale en disant « Mon idée est… » Il faut être plus subtil. Voici quelques possibilités pour la présentation de l'idée principale.

Suggestion pour sujet de composition #1: L'expérience nous dit que les enfants apprennent d'abord en imitant leurs parents plutôt que par d'autres méthodes.

Suggestion pour sujet de composition #2: La relation entre Josette et son père est basée sur des jeux constants où le gagnant reçoit toute l'attention de l'autre ou la liberté de faire ce qu'il veut.

Que pensez-vous de ces suggestions pour la présentation de l'idée principale ? Est-ce que ces suggestions seraient utiles pour votre essai ?

Maintenant, en vous basant sur ces modèles, écrivez l'idée principale de votre essai telle que vous voulez la présenter : _____ .

2 Masculin/féminin : rôles

CIC

Filbanque
service de banque à distance multimédia

SAMSUNG

▲ Prêts bancaires

LES OBJECTIFS

Identité personnelle, professionnelle

Réflexion sur les rôles masculins et féminins
« 'Théorie du genre' au lycée, la crainte de dérives »
Simone de Beauvoir : *Le Deuxième Sexe*

Comment formuler l'idée directrice d'un essai

Orientation culturelle

Never tu less

Au cours des siècles, les femmes ont joué un rôle social important. Néanmoins, pendant longtemps, les droits des femmes ont été limités et ce n'est qu'en 1945 que le droit de vote leur a été accordé en France. Aujourd'hui, les femmes et les hommes ont légalement les mêmes droits et peuvent assumer les mêmes responsabilités, grâce aux mouvements féministes[1] des années 70, particulièrement importants pour la libération des femmes. Le droit à la contraception et à l'interruption volontaire de grossesse° (IVG) datent de cette époque. Outre ces droits acquis du féminisme, de nombreuses études sociologiques, à partir des années 80, se sont penchées° sur les différences et les relations entre le genre sexuel, l'orientation sexuelle et le genre social. Ces études, appelées « théorie du genre », ne se centrent plus sur les femmes mais sur les distinctions entre homme et femme, en tant que° construction sociale et culturelle.

Outre- in addition

une grossesse   *pregnancy*

se pencher sur   *to analyze*

en tant que   *as*

1. En quelle année a-t-on accordé le droit de vote aux femmes en France ?
2. Comparez les droits des hommes et les droits des femmes.
3. Quels mouvements ont été importants pour la libération des femmes ?
4. Quelles études ont commencé dans les années 80 ?
5. Qu'est-ce que la théorie du genre ?

[1] Le « Mouvement de libération des femmes » (MLF) et le groupe *Choisir* ont été décisifs dans le changement des lois sur la contraception (1967), l'avortement (1975), les congés de maternité, le divorce, etc.

Vocabulaire

02-01 to 02-06B

Apprenons ces mots essentiels

L'éducation

Noms

un collège	*junior high school*
un contrôle	*quiz*
un cours	*class, course*
un cours magistral	*lecture course*
une dissertation	*essay, paper*
le doyen, la doyenne	*dean*
l'école élémentaire	*elementary school*
l'école maternelle	*kindergarten*
un/une élève	*student (pre-university)*
un enseignant	*instructor*
l'enseignement	*teaching, instruction*
une étude	*study*
la faculté	*(university level)*
de lettres	*division of letters*
de sciences	*division of sciences*
le lycée	*high school*
un lycéen	*highschool student*
un manuel	*textbook*
un mémoire	*short dissertation, essay, report*
une polémique	*controversy*
une rédaction	*composition, essay*
la rentrée	*return to school for a new academic year*
un séminaire	*seminar*
une thèse	*doctoral dissertation*
les travaux dirigés *(m.pl.)*	*study section (to complement large lecture courses)*

Adjectifs

controversé	*controversial*

Verbes

aborder (un sujet)	*approach/broach (a subject)*
être inscrit(e)	*to be registered*
s'inscrire à un cours	*to enroll in a course*
maîtriser	*to master*
obtenir son diplôme	*to graduate*
passer un examen	*to take an exam*
réussir un examen	*to pass an exam*
suivre un cours	*to take a course*
souligner	*to emphasize, underline*

Les rapports humains

Noms

l'amitié	*friendship*
le/la fiancé(e)	*fiancé*
la liberté sexuelle	*sexual freedom*
un petit ami	*boyfriend*
une petite amie	*girlfriend*

Adjectifs

coquet, coquette	*coquettish, flirtatious, cute*
doux, douce	*sweet, soft*
exigeant	*demanding*
fidèle	*faithful*

infidèle	*unfaithful*
jaloux/jalouse	*jealous*
mignon/mignonne	*cute*
séduisant	*attractive, seductive*
sexy	*sexy*

Verbes

divorcer de	*to divorce*
élever des enfants	*to bring up children*
embrasser	*to kiss*
s'entendre bien avec quelqu'un	*to get along well with someone*
être, tomber amoureux de amoureuse de	*to be, to fall in love with*
se fiancer	*to get engaged*
flirter	*to flirt*
se marier avec, épouser	*to get married*
partager	*to share*
sortir avec	*to go out with*
tromper	*to cheat on, to deceive*

Les tâches domestiques

Noms

les travaux ménagers	*household chores*

Verbes

bricoler	*to putter, to tinker*
cuisiner	*to cook*
épousseter	*to dust*
faire les courses	*to do the shopping*
faire la cuisine	*to do the cooking, to cook*
faire le jardinage	*to garden*
faire la lessive	*to do the wash, the laundry*
faire le lit	*to make the bed*
faire le marché	*to do the grocery shopping*
faire le ménage	*to do the housework*
faire la vaisselle	*to do the dishes*
passer l'aspirateur	*to vacuum*
s'occuper des enfants	*to take care of the children*
tondre la pelouse	*to mow the lawn*

Amusons-nous avec les mots

2-1 Donnez un synonyme de ces mots ou expressions.

être inscrit à un cours

polémique

épouser quelqu'un

faire le marché

cuisiner

2-2 Martha veut tout faire dans la vie. Complétez les phrases avec un des mots suivants. N'oubliez pas de faire les accords ni de conjuguer les verbes.

réussir ✓   se marier ✓   exigeant ✓   la rentrée ✓   à controverse ✓   lycée ✓

cours ✓   sortir ✓   s'inscrire ✓   se fiancer ✓   enseignant ✓   études ✓   obtenir son diplôme ✓

Martha comprend bien qu'aller à l'université est un vrai privilège.
À _la rentrée_ elle va _s'inscrire_ à la Faculté des lettres
à l'Université de Paris où elle étudiera la philosophie parce qu'elle aime les
sujets _à controverse_. Avant d'aller à l'université, quand elle était
au _lycée_, elle trouvait tous ses _cours_
faciles et elle avait l'habitude de _réussir_ tous ses examens.
Elle est un peu anxieuse maintenant, car elle sait que les profs d'université
seront plus _exigeant_ que ses anciens _enseignant_
au lycée. Bien que Martha veuille absolument _obtenir son diplôme_
dans trois ou quatre ans, elle souhaite aussi avoir une vie personnelle
traditionnelle. Un de ces jours, elle veut _se marie_ et avoir au
moins trois enfants. Elle _sort_ avec Jean-Marc déjà depuis
deux ans, et ils vont _se fiancer_ aussitôt qu'ils auront fini leurs
études.

Qu'en pensez-vous?

2-3 Deux étudiants, Paul et Daniel, viennent de sortir de leur cours de sociologie sur la sexualité humaine. Écoutez leur conversation.

A. Maintenant, répondez aux questions suivantes en indiquant la lettre qui correspond à la réponse correcte :

1. a)　　　b)　　　c)　　　d)

2. a)　　　b)　　　c)　　　d)

3. a)　　　b)　　　c)　　　d)

4. a)　　　b)　　　c)　　　d)

B. Maintenant, répondez aux questions suivantes en enregistrant vos réponses.

　1. Que savez-vous sur la constitution de l'identité sexuelle? Est-ce principalement une question de culture ? De biologie ? D'expérience individuelle ? Y a-t-il d'autres facteurs dont Paul et Daniel ne parlent pas ?

　2. Et dans votre famille ? Est-ce que vos parents, sœurs, et frères partagent les tâches selon des stéréotypes ?

La vie professionnelle

Noms

le/la cadre	*executive*
une crèche	*day-care center*
la discrimination	*dicrimination*
l'égalité	*equality*
un emploi, l'emploi	*a job, employment*
l'entente	*understanding*
un/une féministe	*feminist*
le harcèlement sexuel	*sexual harassment*
un métier	*a trade, line of work*
une profession	*a career*
la réussite professionnelle	*professional success*
une situation	*position*
le stéréotype féminin ou masculin	*feminine or masculine stereotype*
à travail égal, salaire égal	*equal pay for equal work*

Adjectifs

égal (*m. pl.* égaux)	*equal*
indépendant	*independent*
libéré	*liberated*

Verbes

avoir une activité professionnelle	*to have a career*
chercher, trouver un poste, un emploi	*to look for, to find a position, a job*
s'épanouir dans son travail	*to find fulfillment in one's job*
être dans la vie active	*to be in the workforce*
exercer un métier	*to have a profession*
lutter pour l'égalité	*to fight for equality*
poursuivre une carrière	*to pursue a career*
refuser les rôles féminins ou masculins traditionnels	*to refuse the traditional feminine or masculine roles*
réussir professionnellement	*to succeed professionally*
travailler à mi-temps, à temps partiel	*to work part-time*
travailler à plein temps	*to work full-time*

Amusons-nous avec les mots

2-4 Trouvez les paires de mots.

1. _____ travail égal
2. _____ travailler à mi-temps
3. _____ un métier
4. _____ réussir professionnellement
5. _____ être dans la vie active

a. s'épanouir dans son travail
b. salaire égal
c. exercer un métier
d. travailler à temps partiel
e. un emploi

2-5 Choisissez le mot ou l'expression d'**Élargissons notre vocabulaire** qui définit le fait décrit.

1. Il a promis une augmentation de salaire à sa secrétaire si elle sortait avec lui.
2. Elle est devenue cadre très rapidement sans avoir fait d'études supérieures.
3. Il a beaucoup de responsabilités. Il dirige une équipe de vingt employés.
4. Elle travaille 20 heures par semaine pour pouvoir passer plus de temps avec ses enfants.
5. Il est heureux dans son travail. Il aime ses collègues et apprécie les responsabilités qu'on lui donne.

2-6 Plus tard dans la journée, Paul et Daniel se retrouvent au café.

A. Indiquez si les phrases suivantes sont vraies (Vrai) ou fausses (Faux).

1. Vrai / Faux
2. Vrai / Faux
3. Vrai / Faux
4. Vrai / Faux
5. Vrai / Faux

B. Maintenant répondez aux questions suivantes.

1. Discutez de votre réaction à la conversation de Paul et Daniel. Est-ce qu'une femme peut réussir professionnellement et bien élever ses enfants ? Quels sont les obstacles auxquels une femme doit faire face si elle veut une carrière et une famille ?

2. Est-ce que vos deux parents travaillent ? Quels sacrifices font-ils pour être dans la vie active et avoir une famille ?

3. Et vous ? Voulez-vous travailler et avoir une famille ? Comment imaginez-vous équilibrer votre vie professionnelle et personnelle ?

Invitation à la conversation

En petits groupes, choisissez quelques questions que vous allez poser au reste du groupe en vous servant du vocabulaire des pages précédentes. Ensuite, présentez vos idées à toute la classe.

1. Pensez à vos expériences à l'école élémentaire, au collège, au lycée, et à l'université. Où avez-vous le plus appris ? Est-ce que c'était toujours dans le domaine académique ? Où étiez-vous le plus heureux ? malheureux ? Pourquoi ? Décrivez un prof ou une prof qui vous a enrichi.

2. Pensez aux hommes et aux femmes qui jouent ou qui ont joué un rôle important dans votre vie. Qui sont-ils ? Qui sont-elles ? Quelles qualités possèdent-ils ? De quelle manière ont-ils et elles influencé votre vie ou les choix que vous avez faits dans votre vie ? Est-ce qu'ils ou elles se conformaient aux rôles traditionnels : homme, femme ?

3. Pensez au mouvement féministe aux États-Unis. Que savez-vous de ce mouvement ? Grâce au mouvement féministe, de quelle manière est-ce que la vie de votre mère a changé par rapport à celle de votre grand-mère ? Est-ce que les femmes d'aujourd'hui ont plus de possibilités professionnelles et personnelles que la génération précédente ? Expliquez.

4. Discutez de l'influence du mouvement féministe sur les relations entre les hommes et les femmes. Quand un homme et une femme sortent ensemble, qui est-ce qui invite normalement ? Est-ce qu'on partage les frais ? Est-ce qu'on doit les partager ou est-ce que l'homme doit payer pour tout? Est-ce que la femme doit payer si elle invite l'homme? Pour les femmes : avez-vous jamais invité un homme à sortir avec vous ? Pour les hommes : une femme vous a-t-elle jamais invité pour une sortie ? Décrivez la situation et vos réactions.

5. Discutez de l'influence du mouvement féministe sur la famille. Aujourd'hui, comment se partagent les tâches domestiques ? Est-ce que les femmes continuent à *faire* la plupart des travaux ménagers ? Est-ce que les hommes participent à ce travail ?

6. Dans les familles où le couple travaille, qui est-ce qui s'occupe le plus des enfants ? Est-ce que les pères et les mères ont des styles différents dans leurs rapports avec leurs enfants ? Quel serait l'effet de ces divergences sur les filles ? Les garçons ?

7. Selon les stéréotypes traditionnels certaines professions sont réservées aux hommes et d'autres aux femmes. Décrivez la façon dont ces stéréotypes ont changé et sont en train de changer. Quelles professions « masculines » sont maintenant ouvertes aux femmes ? Quelles professions « féminines » sont ouvertes aux hommes ? Qu'est-ce qui explique ces changements ?

8. Le mouvement féministe a été accompagné de plus de liberté sexuelle. Que pensez-vous de ce changement ? Quels sont les aspects positifs et négatifs de cette liberté ? Est-ce que cette liberté comprend plus de responsabilités ? Est-ce que les hommes et les femmes trompent leurs partenaires plus souvent qu'auparavant ? Est-ce que la fidélité est importante dans un couple ?

▲ **Chefs au travail**

En français, le nom a toujours un genre. Il est masculin ou féminin. Il a un nombre. Il est singulier ou pluriel.

1 Le genre

Il faut apprendre le genre des noms mais il existe quelques règles pour reconnaître le genre d'un nom.

A. Les personnes, les animaux :

Le genre est fonction du sexe

un ami   une amie
un chien   une chienne

B. Les choses, les concepts :

Certaines terminaisons indiquent le genre.

Masculin

-age	le fromage, le lavage (exceptions : la cage, l'image, la page, la plage …)
-eau	le bureau, le couteau, le troupeau (exceptions : l'eau, la peau …)
-isme	le capitalisme, le communisme, le socialisme, le surréalisme
-ment	le bombardement, le gouvernement, le monument
-phone	le téléphone
-scope	le microscope, le télescope

Féminin

-ade	l'orangeade, la marmelade, la salade
-ance	la connaissance, la ressemblance
-ence	la différence, la préférence (exception : le silence)
-ette	la bicyclette, la maisonnette, la silhouette
-sion	la précision, la télévision
-té	la beauté, l'égalité, la réalité (exceptions : le comité, le côté, l'été …)
-tion	l'éducation, la situation
-ure	la culture, la peinture

C. Le nom des arbres, des métaux, des jours, des mois et des saisons est masculin :

    le sapin   l'argent   le fer (*iron*)   le printemps   l'automne   le lundi

D. Le nom des sciences est féminin :

    la chimie   l'économie   la physique

Pratiquons

2-7 Dites le genre des mots suivants. Vérifiez dans un dictionnaire les mots que vous ne connaissez pas.

une allocation	*une* douleur	*une* publicité
une baguette	*une* égalité	*un* réalisme
une certitude	*une* émotion	*une* reconnaissance
une culture	*un* mouvement	*un* saveur
une décision	*un* nuage	*une* système
un dimanche	*un* odeur	*une* sculpture
une discrimination	*un* programme	*un* télescope

2-8 Plusieurs étudiants discutent ensemble. Reconstituez ce qu'ils disent. Faites tous les accords nécessaires.

Modèle : Nous allons étudier _____ politique, _____ socialisme et _____ féminisme.
Nous allons étudier <u>la</u> politique, <u>le</u> socialisme et <u>le</u> féminisme.

1. _____*le*_____ féminisme est _____*le*_____ mouvement social le plus important dans _____*les*_____ années soixante-dix.

2. _____*le*_____ mouvement de libération des femmes joue _____*le*_____ rôle important dans _____*la*_____ société française *e* _____.

3. Aujourd'hui _____*les les*_____ femmes comme _____*les*_____ hommes étudient _____*la*_____ physique, _____*la*_____ biochimie, _____*la*_____ médecine, toutes _____*les*_____ sciences.

4. _____*l'*_____ attitude française envers _____*les*_____ rôles masculins et féminins est parfois différent _____ de _____*l'*_____ attitude américaine.

2 Formation du féminin

A. En général, on forme le féminin d'un nom en ajoutant un **e** au masculin :

    un Américain   une Américain**e**
    un avocat   une avocat**e**
    un marchand   une marchand**e**

Les noms qui se terminent avec un **e** ne changent pas au féminin :

    un artiste   une artiste
    un concierge   une concierge
    un élève   une élève

B. Certains noms redoublent leur consonne finale au féminin :

un cad**et**	une cadet**te**	**et** → **ette**
un bar**on**	une baron**ne**	**on** → **onne**
un champ**ion**	une champion**ne**	**ion** → **ionne**
un lycé**en**	une lycéen**ne**	**en** → **enne**
un music**ien**	une musicien**ne**	**ien** → **ienne**

C. Certains noms changent de terminaison au féminin :

un bouch**er**	une bouch**ère**	**er** → **ère**
un chant**eur**	une chant**euse**	**eur** → **euse**
un direct**eur**	une direct**rice**	**eur** → **rice**
un jum**eau**	une jum**elle**	**eau** → **elle**
un ép**oux**	une épouse	**x** → **se**
un veu**f**	une veu**ve**	**f** → **ve**

Remarque : Si vous avez un doute, vérifiez dans un dictionnaire si le mot en **eur** prend la terminaison **euse** ou **rice** au féminin. De façon générale, les professions qui dérivent d'un verbe prennent **euse** au féminin. Par exemple, une chanteuse **chante.** Une danseuse **danse.**

D. Cas particuliers :

un homme	une femme
un mari	une femme
un fils	une fille
un frère	une sœur
un père	une mère
un oncle	une tante
un neveu	une nièce
un parrain	une marraine
un roi	une reine
un dieu	une déesse
un héros	une héroïne

E. Autrefois, certains noms de professions n'avaient pas de forme féminine :

un auteur
un diplomate
un médecin
un ministre
un professeur

On pouvait dire une **femme médecin** ou une **femme écrivain** ou une **femme auteur.**

Aujourd'hui, en France, la féminisation des titres est courante. Depuis 1998, l'Institut National de la Langue française reconnaît les titres suivants: **une attachée, une cadre, une capitaine, une chirurgienne, une colonelle, une députée, une écrivaine, une ingénieur(e),**[2] **une juge, une ministre.** On dit, par exemple, Madame la ministre.

---

[2] Le féminin des noms de métier terminés en "eur" est un peu flou. Si le nom vient du latin, on peut soit garder la même forme qu'au masculin, soit ajouter un e. Par exemple, on peut dire une proviseur(e); ingénieur(e); auteur(e).

Pratiquons

2-9 Mettez au féminin les mots suivants. Vérifiez dans un dictionnaire la forme des mots que vous ne connaissez pas.

un candidat *une candidate* un instituteur *une institutrice*
un boulanger *une boulangère* un baron *une baronne*
un cousin *une cousine* un médecin *une femme médecin*
un directeur *une directrice* un neveu *une nièce*
un gardien *une gardienne* un oncle *une tante*
un héros *une héroïne* un pharmacien *une pharmacienne*
un professeur *une femme professeur* un sportif *une sportive*
un vendeur *une vendeuse*

2-10 Monique et Raoul sont allés voir un conseiller d'orientation pour essayer de penser à une profession possible. Le conseiller suggère de nombreuses professions à Raoul. Monique lui fait remarquer qu'elle aussi peut exercer ces professions. Mettez les suggestions du conseiller au féminin et écrivez la réponse.

Vous entendez : **Conseiller :** Vous pouvez devenir un grand avocat.

Vous écrivez : **Monique :** Moi aussi je peux devenir une grande avocate.

1. _____
2. _____
3. _____
4. _____
5. _____
6. _____
7. _____
8. _____
9. _____
10. _____
11. _____
12. _____

2-11 En petits groupes, établissez une liste de personnes (5 ou 6) et demandez aux autres étudiants quelle est leur profession : « qui est … ? ».

Modèles : Johnny Depp il est acteur
Vanessa Paradis elle est actrice
Paul Bocuse il est chef

3 Le pluriel des noms

En général, on forme le pluriel d'un nom (ou d'un adjectif) en ajoutant un **s** au singulier :

un emploi des emplo**is**
un professeur des professeur**s**

Remarque : Les noms de famille ne prennent pas d'**s** au pluriel : les Durand.

A. Les mots qui se terminent par **s, x, z** ne changent pas au pluriel :

un cas	des cas
un prix	des prix
un nez	des nez

B. Les mots en **al** ont un pluriel en **aux** :

un journal	des journaux
un canal	des canaux

Exceptions : bal, carnaval, final, récital, festival

un bal	des bals

C. Plusieurs noms en **ail** ont un pluriel en **aux** :

un corail	des coraux
un travail	des travaux
un vitrail	des vitraux

Les autres noms en **ail** prennent un **s** au pluriel :

un détail	des détails

D. Les mots se terminant par **au, eau, eu** prennent un **x** au pluriel :

un tuyau	des tuyaux
un bureau	des bureaux
un jeu	des jeux

Exceptions : pneu (*tire*), bleu

un pneu	des pneus

E. Les mots en **ou** prennent un **s** au pluriel :

un fou	des fous
un sou	des sous

Exceptions : bijou, caillou, chou, genou, hibou, joujou, pou qui prennent un **x** au pluriel

un bijou	des bijoux
un chou	des choux

F. Quelques noms ont un pluriel irrégulier :

un ciel	des cieux
un œil	des yeux
mademoiselle	**mes**demoiselle**s**
monsieur	**mes**sieur**s**

Mesdames

Remarque : Les adjectifs (voir chapitre 3) suivent les mêmes règles d'accord que les noms.

Pratiquons

2-12 Mettez au pluriel les mots suivants.

un bocal	un chou	un noyau
un bois	un couteau	un œil
un cheval	un fou	un pneu
un cheveu	un jeu	un prix
un choix	un journal	un vitrail

2-13 Dialogue entre deux employés, **Anne** et **Pierre**. Anne corrige constamment Pierre. Reconstituez ce qu'elle dit en mettant les phrases au pluriel. Faites tous les changements nécessaires.

Pierre : J'ai un patron merveilleux. Il a un bureau spacieux.
Anne : Nous avons _____. Ils ont _____.
Pierre : Mon collègue de travail est amical.
Anne : Nos _____.
Pierre : Je travaille sur un cas difficile et je fais un choix précis.
Anne : Nous _____ et nous _____.
Pierre : Le matin, je lis un journal sérieux et original.
Anne : Nous _____.
Pierre : Cet après-midi, je dois présenter un tableau de mes recherches.
Anne : Nous _____ de nos recherches.

2-14 Complétez le dialogue suivant puis jouez le dialogue avec un(e) camarade de classe.

E1 : Aimes-tu ton chef ?
E2 : Elle est amicale et elle fait toujours des (critique) _____ constructives. Elle donne beaucoup de (détail) _____. Elle suit tous les (cas) _____ avec attention.
E1 : Est-ce qu'elle a une attitude masculine ?
E2 : Non, pas du tout. Les (rapport) _____ sont plus (égal) _____, les (jeu) _____ de pouvoir ne l'intéressent pas. La concertation et la convivialité sont plus importantes pour elle.

2-15 Imaginez que vous parlez avec Jean-Xavier, un camarade de classe qui renchérit tout le temps. Qu'est-ce qu'il vous dit ? Mettez les mots **en gras** au pluriel.

Vous :   **Mon prof** de biologie **est excellent mais exigeant.**

Jean-Xavier :

Vous :   **Il** nous **donne un devoir écrit** chaque semaine.

Jean-Xavier :

Vous :   Nous lisons **un journal scientifique** chaque semaine.

Jean-Xavier :

Vous :   Hier, j'ai laissé tomber **un bocal** en voyant **un cheveu** dedans. Je faisais **une expérience importante. Mon prof n'était pas content.** En fait, **il était fou** de colère.

Jean-Xavier :

2-16 Écrivez un dialogue selon le modèle des exercices **2-14** ou **2-15** et jouez-le avec un(e) camarade de classe. Utilisez autant de féminins et de pluriels que possible. Voici quelques sujets possibles : les rapports entre amis, couples, membres de la famille, au travail, ou à l'école.

Stratégie de recherche

1. Le « Mouvement de libération des femmes » (MLF) et le groupe *Choisir* ont été décisifs dans le changement des lois sur l'avortement, la contraception, les congés de maternité, le divorce, etc. Allez sur un des sites féministes français contemporains : mix-cite.org, chiennesdegarde.com, mariageforce.fr, npns.fr (ni putes ni soumises) ou n'importe quel autre groupe de votre choix (afmeg. info). Choisissez une organisation. Décrivez le site et présentez les problèmes que veut résoudre ce groupe.

2. En France, il existe un Ministère de l'Éducation nationale qui organise la gestion de l'enseignement (école maternelle, élémentaire, collège et lycée). C'est lui qui choisit le contenu des programmes scolaires. Au lycée, vous avez plusieurs choix Bac général (Séries: Économique et sociale, Littéraire, Scientifique) ou Bac professionnel ou Bac Technologique.

    a. Allez sur le site du Ministère de l'Éducation nationale, education.gouv.fr et choisissez un programme d'école ou collège ou lycée que vous présenterez au reste de la classe.

    b. Sur youtube.com, choisissez un clip du film *Entre les murs* de Laurent Cantet. Que se passe-t-il dans cet extrait du film? Décrivez les relations entre le professeur et les élèves.

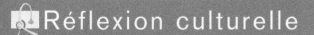

Les distinctions masculin/féminin ont toujours fait l'objet de débats, d'une part parce qu'elles dictent les rôles attribués dans la société aux hommes et aux femmes et d'autre part parce qu'elles instituent une hiérarchie entre les sexes. Le féminisme, dès sa naissance, s'est efforcé de défendre les droits des femmes et de lutter en faveur de l'égalité des sexes. Toutefois, pour une meilleure compréhension des inégalités, il convient peut-être de faire appel aux nouvelles théories du genre qui, loin de vouloir nier les réalités biologiques, les replacent dans un contexte social et culturel.[3]

1. Pourquoi les distinctions masculin/féminin font-elles l'objet de débat ?
2. Expliquez l'idée de hiérarchie entre les sexes.
3. Quel mouvement a lutté pour l'égalité entre les sexes ?
4. Quelle théorie permet de comprendre les inégalités ?

[3] Judith Butler, docteur en philosophie et professeur à Berkeley, est une pionnière de ces études.

▲ **Manifestation de lycéens à Paris**

Masculin/féminin : rôles **47**

« Théorie du genre » au lycée, la crainte de dérives

émoi *turmoil*

donner lieu *to give rise*

L'introduction par l'éducation nationale[4] d'un nouveau chapitre dans les manuels de biologie sur « l'influence de la société sur l'identité sexuelle » a provoqué un certain émoi° dans l'enseignement catholique mais aussi auprès d'enseignants du public[5]. Des théologiens et psychanalystes catholiques … expliquent en quoi une telle introduction peut donner lieu° à des dérives idéologiques de la théorie du genre.   5

Dans quelle mesure cette théorie s'intègre-t-elle aux programmes ?

classe de première *11th grade*

consacrer *to devote*

souligner *to emphasize*

À la rentrée de septembre, une partie des lycéens devra étudier en cours de biologie l'influence de la société sur l'identité sexuelle. Pour la première fois, le ministère de l'éducation nationale a introduit un chapitre intitulé « *Devenir homme et femme* » dans le programme de sciences de la vie et de la terre des classes de première° ES et L[6] pour l'année 2011-2012. Certains y voient une référence à la « théorie du   10 genre » …, qui n'est pas désignée explicitement comme telle. Le manuel édité par Hachette[7] y consacre° par exemple une page entière, sous l'intitulé « *Le genre, une construction sociale* ». Il est notamment précisé que « *la société construit en nous, à notre naissance, une idée des caractéristiques de notre sexe* » … Dans le manuel publié par Belin, les auteurs soulignent° l'existence de « *deux aspects complémentaires de la*   15 *sexualité : l'identité sexuelle qui correspond au genre masculin ou féminin et relève de l'espace social, et l'orientation sexuelle qui relève de l'intimité de la personne* ».

En quoi la polémique consiste-t-elle ?

enfler *to swell up*
diocésain *du diocèse*
manuel *textbook*

Fin mai, bien avant que la polémique n'enfle° dans les médias, la direction de l'enseignement catholique a adressé une lettre à tous les directeurs diocésains° afin d'attirer leur attention sur « *le discernement à apporter dans le choix des manuels*°   20 *pour cette discipline* ». Son secrétaire général adjoint … a dénoncé une théorie qui « *se diffuse dans notre environnement* » : « *Il est assurément indispensable d'ouvrir un débat avec les lycées sur cette question.* » Selon lui, le chapitre incriminé « *fait explicitement référence à la théorie du genre, qui privilégie le "genre", considéré comme une pure construction sociale, sur la différence sexuelle* ». Une dizaine de   25 parlementaires° ont également fait part au gouvernement de leurs inquiétudes° au sujet de ces nouveaux programmes.

un parlementaire = un sénateur ou un député
l'inquiétude (*f*) *worry*

Ces critiques sont-elles fondées ?

se livrer à *to devote onseself, to engage in*
foncièrement *fundamentally*

Pour le théologien Xavier Lacroix (1), qui s'est livré° à une étude minutieuse du manuel édité par Hachette, « *le texte est foncièrement° ambigu. D'un côté, ses affirmations prises à la lettre et une à une sont exactes ; de l'autre, ses silences et ses*   30

---

[4] En France, c'est le Ministère de l'éducation nationale qui prend les décisions en matière de programmes académiques.
[5] En France, il existe deux types d'écoles, des écoles catholiques (le privé) et des écoles publiques, laïques, gratuites que l'état français finance.
[6] La première est l'avant-dernière année d'études au lycée. Il existe plusieurs cycles d'études : ES (économique et sociale), L (littéraire), S (scientifique).
[7] Hachette et Belin sont des maisons d'édition qui publient des manuels scolaires.

insistances orientent le texte dans une certaine direction. » D'autant qu'à la lecture de ces manuels, ... le terme de « théorie » n'apparaît pas explicitement. « *Il ne faut pas faire passer pour vérité° scientifique ce qui relève avant tout d'un débat anthropologique*, souligne le psychanalyste Jacques Arènes (2). *Le moins que l'on*
35 *puisse dire°, c'est que ces manuels manquent de précaution.* » Ainsi, pour Xavier Lacroix, « *le minimum serait que le professeur de biologie s'entende°, avec le professeur de philosophie, de lettres, d'éducation civique pour que soient abordées ces graves questions. Il serait bon, aussi, que le professeur ait présent à l'esprit l'arrière-fond global de ce discours* ».

vérité *truth*

le moins que l'on puisse dire *the least we can say*
s'entendre *agree*

Quel sera le sort° de ces manuels ?

le sort *fate*

40 L'utilisation de ces manuels controversés dépendra donc désormais de chaque enseignant°. Très hostile à cette théorie, Damien, professeur dans le privé, affiche° toutefois un certain pragmatisme. « *À la rentrée prochaine, si j'ai des premières, je serai très franc avec eux. Je leur dirai : "Je suis responsable de vous et de la note que vous aurez au bac°. Vous devez maîtriser cette théorie et ce que l'on veut*
45 *entendre de vous. Mais en off, on discutera."* »
       Professeur de biologie dans le public, Dominique, la quarantaine, qui se définit comme une « *catholique pratiquante* », juge pour sa part la polémique « *très excessive* ». « *Étant donné le peu de temps imparti au sujet, dans un programme déjà chargé, il est peu probable que j'utilise ces manuels, qui sont des ressources*
50 *documentaires. C'est tellement plus riche de discuter avec les élèves de ce qu'ils savent ou croient savoir.* »

un enseignant *a teacher*
afficher *to show, to display*

le bac, le baccalauréat = diplôme de fin d'études au lycée

   1. *De chair et de parole,* Bayard, 2007.
   2. *La problématique du « genre »,* Documents Épiscopat, n° 12/2006. La Croix 7-18-2011

       par François-Xavier Maigre, Loup Besmond de Senneville, *La Croix*

Travaillons avec la langue

Expliquez les phrases ou expressions suivantes.

   1. a provoqué un certain émoi dans l'enseignement catholique
   2. des dérives idéologiques de la théorie du genre
   3. le genre, une construction sociale
   4. le discernement à apporter dans le choix des manuels
   5. un programme déjà chargé

Vérifions notre compréhension du texte

Dites si ces déclarations sont justes. Expliquez en vous référant aux passages spécifiques du texte.

   1. Le nouveau sujet d'études « l'influence de la société sur l'identité sexuelle » n'a provoqué aucune réaction chez les enseignants.
   2. Selon certains théologiens, ce sujet peut donner lieu à des dérives idéologiques.
   3. Maintenant, les élèves du collège devront étudier les facteurs biologiques de l'identité sexuelle.
   4. Dans les cours de sciences, il y aura un chapitre intitulé « Devenir homme et femme ».

Masculin/féminin : rôles **49**

5. Selon la théorie du genre, la société construit en nous, une idée des caractéristiques de notre sexe.

6. L'enseignement catholique est ravi de cette nouvelle direction dans les programmes.

7. Certains politiciens s'opposent à ce nouvel enseignement.

8. Certains théologiens ont des doutes sur cette théorie du genre.

9. La question du genre est uniquement biologique.

10. Certains professeurs organiseront dans leurs classes des débats avec leurs élèves sur le sujet du genre.

Discutons ensemble

1. Qu'est ce que la « théorie du genre » ? En avez-vous entendu parler ? L'avez-vous étudiée ? Au lycée ? À l'université ? Quelle distinction cette théorie établit-elle ?

2. Cette théorie est source de polémique en France. Et aux États-Unis ? Dans votre pays ? Quels groupes s'opposent le plus souvent à cette théorie ? Pourquoi ? Que craignent les opposants de la théorie ? Et vous, que pensez-vous de cette théorie ?

3. Cette théorie est fortement liée à des questions d'identité. De quel type ? Expliquez.

4. Comment les études de genre peuvent-elles faciliter l'égalité entre hommes et femmes ? Comment peuvent-elles affecter les rôles traditionnels (dans la famille, par exemple) et les stéréotypes masculins ou féminins ?

5. Ces études de genre ont-elles un impact sur les professions et le choix des métiers ? Qu'est-ce qu'un métier masculin ? Féminin ?

6. À votre avis, doit-on enseigner la sexualité humaine à l'école ? Ou est-ce principalement la responsabilité des parents ? Pourquoi beaucoup de gens sont-ils mal à l'aise pour en parler ? Avez-vous eu des cours de biologie sur ce sujet à l'école? À quel âge ?

7. Quand vous étiez tout petit, comment avez-vous compris la sexualité humaine ? Est-ce que vous et vos amis avez inventé des histoires imaginaires pour expliquer d'où venaient les enfants ? Racontez une de vos théories.

8. Regardez le film *Ma vie en rose* qui relate l'histoire de Ludovic, un petit garçon de sept ans persuadé qu'il est une fille. Comment réagissent les adultes face à ce petit garçon qui rêve d'être une fille ? De quoi ont-ils peur?

Un entretien d'orientation. Remarquez la façon dont le conseiller essaye de comprendre le choix de l'élève.

Dialogue pratique

Christine a décidé de devenir pilote de chasse° dans l'armée. Elle parle avec un conseiller° d'orientation.

pilote de chasse *fighter pilot*
conseiller *advisor*

Conseiller : Pourquoi voulez-vous vous engager dans l'armée de l'air et devenir pilote de chasse ?

Christine : Mon père est pilote d'hélicoptère et colonel et j'admire ce qu'il fait. Depuis toute petite, je rêve de piloter des avions.

Conseiller : Oui d'accord, mais vous pourriez devenir pilote sans être pilote de combat !

Christine : Tout à fait, mais je souhaite servir mon pays et de toute façon je veux faire une carrière militaire.

Conseiller : Bon, mais vous savez que traditionnellement, c'est un métier d'homme et qu'il y a très peu de femmes pilotes de combat. C'est un milieu masculin où vous rencontrerez sûrement des hommes qui auront du mal à vous accepter.

Christine : J'ai l'habitude de ce monde masculin. Mon père respecte mes choix et m'encourage. J'ai une forte personnalité et je ne crains personne.

Conseiller : Bien. Parlons des études que vous devrez faire après votre bac S. Vos notes sont excellentes, je vous conseille de faire une prépa pour entrer dans une grande école d'ingénieurs avant d'intégrer l'école des officiers de l'armée de l'air de Salon-de-Provence.

Vous avez décidé de choisir une carrière non traditionnelle. Vous parlez à vos parents. Préparez un dialogue. Imaginez ce que vous leur dites pour les convaincre. Voici quelques phrases que vous pouvez utiliser dans votre discussion :

Ce travail m'intéresse parce que … . Je suis motivé(e). J'ai les qualités qu'il faut pour … .

J'ai fait des études de … . J'ai une excellente formation en … . J'ai de l'expérience en management, en informatique, en droit commercial, en marketing, en sport… J'ai l'esprit d'équipe. Je suis chaleureux/chaleureuse, curieux/curieuse, intuitif/ intuitive, observateur/observatrice, rationnel/rationnelle, vigilant/vigilante …

▲ **Au bureau**

En français, l'article est défini ou indéfini, masculin ou féminin, singulier ou pluriel.

Article défini	Article indéfini
le	un
la	une } *a/an*
les	des – *some*
l' devant une voyelle ou un h muet	

the }

1 L'article défini

A. Il est utilisé devant un nom **déterminé** :

Le bureau de Paul (un bureau particulier).
Donne-moi **le** rapport (on sait déjà de quel rapport il s'agit).
Les femmes (toutes les femmes) aiment **la** concertation (une généralité).

B. Tous les verbes exprimant un goût (**aimer**, **détester**, **préférer**, etc.) sont en général suivis de noms précédés de l'article défini :

J'aime **le** calme et **la** bonne entente au bureau.

C. Il est utilisé devant un titre : **le commandant, la colonelle, le docteur, le général, la présidente,** etc.

Le docteur Bianchon est venu voir sa fille.
La ministre de la santé a fait une visite aux victimes.
Le président Kennedy a été assassiné en 1963.

D. Il est utilisé devant les noms de jours, et les expressions temporelles : **le matin, le soir, l'après-midi** pour indiquer une habitude.

Le lundi (tous les lundis), nous avons une réunion de professeurs.
L'après-midi (tous les après-midi), je fais une promenade pour oublier le bureau.

Remarque: Pour parler d'un jour spécifique, on n'utilise pas l'article.
Vendredi, il y a une réunion avec le nouveau professeur. (Ce vendredi-ci).

E. Il est utilisé devant les unités de poids et de mesure :

Les oranges coûtent 3 euros **le** kilo.
On trouve du vin pas trop mauvais à 5 euros **le** litre.

F. Il est utilisé devant les noms géographiques :

1. Pays : la France, le Mexique, les États-Unis
2. États : la Californie, le Nevada
3. Fleuves : la Seine, le Mississippi
4. Montagnes : le Mont-blanc, les Sierras

G. Contractions. L'article défini se contracte avec les prépositions **à** et **de** :

à + le →	au		de + le →	du
à + la →	à la		de + la →	de la
à + l' →	à l'		de + l' →	de l'
à + les →	aux		de + les →	des

La prof arrive **au** travail à 8 heures.
Le doyen écoute les avis **des** professeurs de temps en temps.

2-17 Deux collègues Marielle et Roger comparent leur milieu de travail. Complétez leurs phrases avec un article s'il le faut. N'oubliez pas de faire les contractions avec les prépositions.

in my opinion

Marielle : Mon chef est une femme et, à mon avis, __la__ vie est difficile pour __le__ femmes qui ont beaucoup de responsabilités.

Roger : Oui, __le__ travail, __les__ enfants, __la__ maison, il faut tout concilier. Ce n'est pas facile.

Marielle : Au __v__ bureau, __les__ femmes se sentent obligées d'en faire deux fois plus.
↑ office

Roger : Et __les__ femmes sont parfois plus exigeantes que leurs collègues masculins !

Marielle : Cependant, __l'__ organisation __du__ travail est différente. __les__ réunions tard le soir tendent à disparaître. *—disapear*

Roger : Ma chef, elle, travaille chez elle __le__ mercredi, jour des enfants.

Marielle : __La__ qualité de __la__ vie dans __l'__ entreprise est importante.

 2-18 Discutez des tâches ménagères que vous faites pendant la semaine et de ce que vous dépensez pour vivre. Utilisez l'article défini.

2 L'article indéfini

A. Il indique que la personne ou la chose est indéterminée. La personne ou la chose est présentée comme une espèce :

Elle a fait **un** excellent rapport.
Une femme peut être aussi efficace qu'**un** homme.
J'ai **des** collègues difficiles.

B. Il exprime l'unité :

J'ai **un** ordinateur (pas deux) dans mon bureau.

3 L'article partitif

L'article partitif se forme avec **de** + l'article défini :

du	**du** fromage	**du** talent
de la	**de la** confiture	**de la** patience
de l'	**de l'**eau	**de l'**autorité
des	**des** fruits	**des** aptitudes

A. Il est utilisé pour indiquer une quantité indéterminée :

Elle boit **du** vin à midi. (une certaine quantité)
Elle mange **de la** salade verte tous les midis.
Elle prend **du** café et **des** croissants le matin.

B. Il est utilisé pour les quantités qui ne peuvent pas être comptées :

Cette femme a **de la** patience avec les jeunes employés.
Il y a **du** bruit dans la rue et je ne peux pas travailler.
Comme il y a **du** soleil, j'aimerais ne pas être au travail.

C. La négation du partitif :

À la forme négative, on utilise **de/d'** au lieu du partitif ou de l'article indéfini.

Claudine a **du** travail à faire. Claudine n'a pas **de** travail à faire.
Il a **de l'**argent maintenant. Il n'a pas **d'**argent maintenant.
A-t-elle encore **du** temps pour nous parler ? Elle n'a plus **de** temps.
Elle a **un** bureau climatisé. Elle n'a pas **de** bureau climatisé.

Comparaison linguistique

Il n'y a pas d'article partitif en anglais. Cette notion est traduite par *some* ou *any* devant le nom. Comment traduiriez-vous :
Le matin, je mange des céréales et je bois du lait.

Précisions

1. Cette règle ne s'applique pas avec le verbe **être** utilisé pour identifier quelque chose ou quelqu'un :

   C'est **un** livre intéressant. Ce n'est pas **un** livre intéressant.

2. Quand un nom au pluriel est précédé d'un adjectif, l'article **des** (partitif ou indéfini) devient **de**:

   Elle incorpore toujours **des** graphes dans ses rapports.
   Elle incorpore toujours **des** graphes pertinents dans ses rapports.
   Elle incorpore toujours **de** bons graphes dans ses rapports.

Pratiquons

2-19 Marcelle et Anne ont des vies très différentes et même contraires. Écoutez Marcelle et écrivez ce qu'Anne dit.

Vous entendez :	**Marcelle :** J'ai du travail le soir.
Vous écrivez :	**Anne :** Je n'ai pas de travail le soir.

Marcelle : J'ai un ordinateur chez moi.
Anne : Je _____
Marcelle : Il y a une cafétéria dans mon entreprise.
Anne : Il _____
Marcelle : J'ai du temps libre ce soir.
Anne : Je _____
Marcelle : J'ai des ennuis avec mon chef de bureau.
Anne : Je _____
Marcelle : Mon chef n'a pas de patience
Anne : Mon chef _____

2-20 Claude décrit la directrice de son entreprise. Complétez ses phrases. Remplacez les tirets par **du, de la, de l', des** ou **de.**

Madame Cordier est très compétente, elle a _____ bonnes relations avec les employés. Elle a _____ patience et _____ talent. Elle fait souvent _____ compliments mais n'hésite pas à faire _____ critiques aussi. Elle sait choisir _____ cadres organisés qui ont _____ énergie et _____ dévotion pour leur travail. Elle pense beaucoup à la qualité de la vie et ne fait jamais _____ réunions tard le soir.

2-21 Deux étudiants, Jeanne et Philippe, parlent de leur cours de biologie. Complétez les phrases avec l'article indéfini ou partitif selon le cas. N'oubliez pas que **des** est le pluriel de **un** et **une**.

Jeanne : Est-ce que tu suis _____des_____ cours difficiles ce semestre ?

Philippe : Je suis _____une_____ cours de chimie qui est plutôt dur.

Jeanne : Comment tu trouves le cours du Professeur Loiseul ?

Philippe : C'est _____une_____ cours intéressant. J'aime surtout les discussions sur l'identité sexuelle. _____une_____ étudiante qui s'appelle Mireille prétend que seule la biologie compte. Elle a _____ opinions fortes sur cette question. _____d'_____ autres étudiants sont plus ouverts à la discussion. Ils acceptent plus facilement la théorie du genre proposée par le Professeur Loiseul.

Jeanne : Et toi, qu'est-ce que tu en penses ? Tu es d'accord avec cette idée que notre identité sexuelle a deux composantes : _____une_____ composante biologique et _____une_____ composante sociale ?

Philippe : Je ne sais pas. Ce sont _____des_____ idées intéressantes, c'est certain, mais c'est très théorique. Il faut avoir une bonne connaissance _____des_____ recherches en biologie et en sociologie pour prouver la théorie du genre. Je n'ai pas vraiment _____des_____ idées précises.

Jeanne : Moi non plus. Mais il faut toujours avoir l'esprit ouvert aux nouvelles découvertes.

2-22 Posez des questions à un(e) autre étudiant(e) sur sa carrière ou sa profession à venir et sur les qualités nécessaires pour réussir. Votre partenaire a-t-elle ces qualités ? Utilisez **du, de la, de l', des** ou **de :**

Modèle :

E1 :   Qu'est-ce que tu veux faire dans la vie ?

E2 :   Je voudrais être maîtresse d'école.

E1 :   Est-ce que tu as **de la** patience ?

E2 :   Oui, j'ai **de la** patience et **de l'**énergie. Je ne suis jamais fatigué(e) quand je travaille avec les enfants. Et toi, qu'est-ce que tu veux devenir ?

E1 :   Je ne veux pas être prof parce que je n'ai pas **de** patience du tout. Je veux faire **de la** recherche en biotechnologie. Je préfère travailler seul(e) et je ne veux pas **de** problèmes avec les autres …

2-23 En petits groupes, faites le portrait d'un de vos professeurs. Montrez ses qualités et ses défauts en utilisant **du, de la, de l', des** ou **de**. Ensuite, lisez le portrait au reste de la classe.

◀ **La Défense, Paris: Arrivée au travail**

Simone de Beauvoir

▲ **Simone de Beauvoir et Jean-Paul Sartre**

Simone de Beauvoir (1908–1986) est reconnue comme une des championnes du mouvement féministe. Bien avant que ce mouvement devienne populaire dans les années soixante, elle fait publier son essai philosophique *Le Deuxième Sexe* (1949) dans lequel elle attaque le mythe de l'infériorité féminine. Elle démontre que bien des problèmes rencontrés par les femmes sont intimement liés à la société, une société dominée par les hommes et qui impose aux femmes des règles de conduite stéréotypées. De Beauvoir croit avec passion que la vie doit offrir aux femmes bien plus que leurs rôles traditionnels.

La vie même de Simone de Beauvoir est un modèle de la vie dynamique qu'elle imaginait pour la femme libérée des contraintes imposées par la société. En 1929, elle reçoit son agrégation de philosophie, se plaçant juste après son ami Jean-Paul Sartre, le futur philosophe du mouvement existentialiste. Elle entame une carrière académique dynamique et enseigne la philosophie jusqu'en 1943, date de la publication de son premier roman, *L'Invitée*. Ensuite, elle écrit plusieurs essais et romans, dont *Les Mandarins* qui reçoit le Prix Goncourt, en 1954.

Dans l'extrait du *Deuxième Sexe II* qui suit, de Beauvoir discute l'inégalité entre les sexes et présente une partie de sa théorie sur la nature des hommes et des femmes, qu'elle voit comme déterminée principalement par des facteurs économiques et culturels.

Stratégie de lecture

La première phrase d'un paragraphe détermine souvent l'orientation du paragraphe. Elle présente souvent le sujet ou l'idée principale du paragraphe. Elle révèle parfois l'opinion de l'auteur, non seulement par l'idée présentée mais aussi par le ton de la phrase. Ceci est surtout vrai pour un texte philosophique.

Stratégie de prélecture

Lisez la première phrase des deux paragraphes suivants. Quels sont les mots-clés de chaque phrase ? Soulignez les mots-clés. À quelle catégorie grammaticale les phrases appartiennent-elles – déclarative ? interrogative ? exclamative ? impérative ? Quelle stratégie d'argument est-ce que l'auteur va probablement employer ? Est-il possible de dégager l'opinion de l'auteur à partir de la structure de la phrase et du choix de vocabulaire ?

« Le Deuxième Sexe »

Un monde où les hommes et les femmes seraient égaux est facile à imaginer … les femmes élevées et formées° exactement comme les hommes travailleraient dans les mêmes conditions et pour les mêmes salaires ; la liberté érotique serait admise par les mœurs°, mais l'acte sexuel ne serait plus considéré comme un "service" qui se
5 rémunère ; la femme serait *obligée* de s'assurer un autre gagne-pain° ; le mariage reposerait sur un libre engagement que les époux pourraient dénoncer dès qu'ils voudraient ; la maternité serait libre, c'est-à-dire qu'on autoriserait le birth-control et l'avortement et qu'en revanche° on donnerait à toutes les mères et à leurs enfants exactement les mêmes droits, qu'elles soient mariées ou non ; les congés de
10 grossesse seraient payés …

formé(e) *educated*

les mœurs (*f.*) *customs*
un gagne-pain *livelihood*

en revanche *in return*

le voyant *seer*
dépouiller *to rob, deprive*

Mais suffit-il de changer les lois, les institutions, les mœurs, l'opinion et tout le contexte social pour que femmes et hommes deviennent vraiment des semblables ? « Les femmes seront toujours des femmes », disent les sceptiques ; et d'autres voyants° prophétisent qu'en dépouillant° leur féminité elles ne réussiront pas à se changer en hommes et qu'elles deviendront des monstres. C'est admettre que la femme d'aujourd'hui est une création de la nature ; il faut encore une fois répéter que dans la collectivité humaine rien n'est naturel et qu'entre autres la femme est un produit élaboré par la civilisation ; l'intervention d'autrui dans sa destinée est originelle : si cette action était autrement dirigée, elle aboutirait° à un tout autre résultat. La femme n'est définie ni par ses hormones ni par de mystérieux instincts mais par la manière dont elle ressaisit[8], à travers les consciences étrangères, son corps et son rapport au monde ; l'abîme° qui sépare l'adolescente de l'adolescent a été creusé° de manière concertée dès les premiers temps de leur enfance ; plus tard, on ne saurait empêcher que la femme ne soit ce qu'elle *a été faite* et elle traînera toujours ce passé derrière elle ; si on en mesure le poids°, on comprend avec évidence que son destin n'est pas fixé dans l'éternité.

aboutir à *to end up in, lead to*

l'abîme (*m.*) *abyss*
creuser *to dig, hollow out*

le poids *weight*

15

20

25

Vérifions notre compréhension du texte

Répondez aux questions suivantes et justifiez vos réponses.

1. Selon Simone de Beauvoir, est-il facile d'imaginer un monde où les hommes et les femmes seraient égaux ? Expliquez.
2. Quelle sorte de travail les hommes et les femmes feraient-ils dans un tel monde ?
3. Quelle serait l'influence de l'égalité entre les sexes sur la vie intime des gens ?
4. De quelle manière est-ce que l'égalité changerait le mariage ?
5. Est-ce qu'il suffit de changer les institutions sociales et les lois pour assurer l'égalité entre les hommes et les femmes ? Pourquoi ? Pouvez-vous penser à des exemples concrets ?

prétendre *claim*

6. Qu'est-ce que les sceptiques prétendent°? Quel est leur raisonnement ?
7. Est-ce que Simone de Beauvoir partage cette opinion ? Et vous ?
8. Est-ce que la femme est une création de la nature, selon Simone de Beauvoir ? Pourquoi ?
9. Quelles sont les forces qui créent la femme ?
10. Pourquoi le destin de la femme n'est-il pas fixé dans l'éternité?

[8] La phrase est ambigüe mais a deux sens: ressaisir veut dire « reprendre possession » mais aussi saisir de nouveau, c'est-à-dire comprendre. La femme se définit par la manière dont elle comprend son rapport au monde.

En petits groupes, discutez les questions suivantes. Soyez prêts à présenter vos idées au reste de la classe.

1. L'argumentation : Discutez de la structure de l'argument dans le premier et dans le deuxième paragraphe.

Premier paragraphe :

a) Quel rôle la première phrase joue-t-elle dans la structure de l'argument ?

b) Analysez l'organisation du premier paragraphe. Quelles sont les idées principales de ce paragraphe ?

c) De quelle manière est-ce que l'auteur soutient l'idée-clé du premier paragraphe ?

Deuxième paragraphe :

a) Est-il important que la première phrase du deuxième paragraphe soit une question ? Pourquoi ?

b) De quelle manière la première phrase détermine-t-elle la structure du deuxième paragraphe ? Quelle est cette structure ?

c) Quelle est la théorie sur la nature des femmes que Simone de Beauvoir propose ?

d) De quelle manière tient-elle compte des arguments contraires aux siens ? Est-ce que cette technique est efficace ?

2. Stratégie de rhétorique : Une stratégie de rhétorique est une façon de présenter un argument pour convaincre un lecteur imaginaire sceptique. Un auteur peut utiliser des **questions rhétoriques** où la réponse à la question est implicite, des **exemples** provenant de son expérience personnelle, d'un autre auteur ou d'un spécialiste, des **spéculations,** des **constatations choquantes,** de **l'humour,** de **l'ironie,** de **l'exagération,** une **déconstruction de l'argument contraire.**

Quelles stratégies de rhétorique Simone de Beauvoir utilise-t-elle dans le texte que vous avez lu ? Est-ce qu'elles sont efficaces ? Pourquoi ? Est-ce que vous êtes convaincu par son argument ? Expliquez.

Discutons ensemble

 En petits groupes, discutez des questions suivantes :

1. Plus de soixante ans se sont passés depuis la publication du *Deuxième sexe*. Est-ce qu'on a réussi à éliminer la discrimination sexuelle en Amérique ? En France ? Dans votre pays ? Si oui, est-ce que les conséquences que Simone de Beauvoir prévoit se sont réellement produites ? Si non, qu'est-ce qui reste à faire pour avoir une société où il y aurait vraiment une égalité entre les sexes ?

2. Est-ce que la femme est un produit de la nature ou de la civilisation ? Et l'homme, est-il également un produit de la nature ou de la civilisation ? Justifiez votre réponse.

3. Simone de Beauvoir dans *Le Deuxième Sexe* déclare « On ne naît pas femme, on le devient ». Que veut dire cette formule ? Comment est-elle liée à la théorie du genre ?

▲ **Départ au travail**

1 Différences entre l'article défini, l'article indéfini et le partitif

Comparez :
1. **La** directrice de mon agence travaille tout le temps.
2. J'ai **une** femme pour chef.
3. **Les** femmes ont une relation au pouvoir moins passionnelle.
4. J'ai rencontré **des** femmes très ambitieuses.
5. **Le** travail de Paul est passionnant.
6. Il a **un** travail intéressant.
7. **Le** travail, c'est bon pour la santé.
8. J'ai **du** travail à n'en savoir que faire.

A. On utilise l'article défini lorsque le nom est précisé (phrase 1) ou représente une catégorie (phrase 3).

B. On utilise l'article indéfini lorsque le nom est indéterminé (phrase 2 et 4).

C. On utilise l'article partitif pour exprimer des quantités non comptables ou divisibles (phrase 8).

2 Avoir besoin de, avoir envie de, manquer de, se passer de

On omet l'article avec les expressions **avoir besoin de, avoir envie de, manquer de, se passer de** suivies d'un nom abstrait ou d'un nom pluriel.

Elle a besoin **de** calme pour faire un bon travail.
Il a besoin **de** livre**s**.
Nous avons besoin d'**un** ordinateur plus puissant.
Pendant la pause, j'ai envie **de** café et **de** petits biscuit**s**.
J'ai envie d'**un** morceau de fromage.
Mon chef est très capable, mais elle manque **de** patience.
Georges aime travailler dans le calme mais il ne peut jamais se passer **de** musique.

Mais : l'article est utilisé lorsque le nom est déterminé.

L'avocate a besoin **du** (de + le) livre qui est sur la table. (le nom livre est déterminé)

J'ai envie **du** gâteau au chocolat que fait cette pâtissière. (le nom gâteau est déterminé)

Pratiquons

 2-24 Lisez le passage suivant et indiquez dans le tableau la catégorie qui justifie ou explique l'emploi de l'article en gras.

Ma prof est (1) **une** très jeune femme, ce qui implique beaucoup (2) **de** choses pour (3) **les** cours qu'elle enseigne. Elle est très compétente et sympa, mais elle travaille beaucoup plus que (4) **les** autres professeurs pour prouver ses compétences. Quand elle n'est pas en cours, elle fait (5) **des** recherches à (6) **la** bibliothèque. Elle travaille sur (7) **la** théorie du genre. C'est (8) **une** théorie controversée et beaucoup (9) **de** profs ne l'acceptent pas. En général, (10) **les** profs les plus hostiles sont ceux qui ont (11) **des** convictions religieuses ou qui ne font plus (12) **de** recherches eux-mêmes et n'ont pas (13) **l'**habitude de s'ouvrir à (14) **de** nouvelles idées. Parfois ma prof manque (15) **de** tact quand elle présente son point de vue, mais, pour la plupart, elle a (16) **des** idées intéressantes qui méritent d'être écoutées.

Généralisation, catégorie	Terme spécifique, déterminé	Nom indéterminé	Quantité indéterminée	Adverbe de quantité	Nom précédé d'un adj.	Négation	Expression idiomatique, omission de l'article

2-25 Portrait d'un chef. Complétez avec l'article **défini** ou **indéfini** ou le **partitif**.

une entreprise, *fam.*

1. Le directeur de ma boîte° a _____ *de* _____ imagination. _____ *L'* imagination est utile dans une agence de publicité.

2. Il est actif et examine _____ *les* _____ projets de chaque service. Nous travaillons sur _____ *d'* intéressants projets pour _____ *des* _____ produits originaux.

3. Il a _____ *des* _____ compétences en management. Il obtient _____ *de* _____ bons résultats chaque année.

4. Pour lui, il est important d'avoir _____ *du* _____ pouvoir mais, heureusement, il n'est pas obsédé par _____ *le* _____ pouvoir.

5. Comme il a besoin _____ *d'* énergie, il boit _____ *du* _____ café chaque matin. Il aime _____ *le* _____ café.

2-26 Complétez les phrases suivantes avec l'**article défini** ou **indéfini** ou le **partitif**.

1. Cette avocate lutte contre _____ *la* _____ discrimination sexuelle.

2. Ce directeur travaille avec _____ cadres difficiles.

3. Je préfère _____ *des* _____ femmes pour chef.

4. Dans un bureau, il faut _____ convivialité.

5. La patronne a _____ ennuis avec son secrétaire.

6. _____ directrice envoie _____ fleurs à ses employés pour leur anniversaire.

7. Avez-vous _____ suggestions originales pour améliorer l'ambiance au bureau ?

8. _____ femmes ont droit à un même salaire que _____ hommes pour le même travail.

9. Je ne peux pas supporter _____ chefs arrogants.

10. Est-ce que tous _____ chefs, hommes et femmes, se ressemblent toujours ?

11. Il a _____ *de* _____ influence sur ses employés.

12. Les femmes attachent _____ importance à la qualité de la vie.

2-27 Trouvez plusieurs réponses pour les questions suivantes :

1. De quoi les femmes / les hommes qui travaillent ont-ils besoin ? De quoi ont-ils envie ? De quoi manquent-ils ?

2. De quoi les femmes / les hommes qui restent à la maison élever leurs enfants ont-ils besoin ? De quoi ont-ils envie ? De quoi manquent-ils ?

3. De quoi les hommes / les femmes qui voyagent tout le temps pour leur travail ont-ils besoin ? De quoi ont-ils envie ? De quoi manquent-ils ?

2-28 En vous basant sur l'exercice 2-25, faites le portrait d'un chef idéal ou d'un professeur idéal. Utilisez l'**article défini** ou **indéfini** ou le **partitif**.

3 Les adverbes de quantité

Les quantités peuvent être déterminées par des adverbes :

assez de	une boîte de
beaucoup de	une bouteille de
peu de	une douzaine de
plus de / moins de	un kilo de
trop de	une livre de

On omet habituellement l'article après ces quantités :

Il a beaucoup **de** travail cette semaine. (sans article)
Elle achète une boîte **de** chocolats pour ses collègues. (sans article)

Précisions

Certaines expressions de quantité sont suivies de l'article défini :
la majorité de + article + nom, **la plupart de** + article + nom, **bien de** + article +
nom, **encore de** + article + nom

La majorité **des** (de+ les) employés de cette entreprise sont étrangers.

Pratiquons

 2-29 Complétez avec le partitif ou l'article indéfini qui convient et répondez
ensuite avec une expression de quantité **beaucoup de, trop de, assez de, peu de,**
etc., ou négativement.

1. Est-ce que tu as _beaucoup de_ travail ? J'ai …
2. Est-ce que tu as _assez de_ temps pour t'amuser ?
3. Est-ce que tu bois _beaucoup de_ thé pendant que tu travailles ?
4. Est-ce que c'est une bouteille _____ whisky que je vois sur le bureau de ton chef?
5. Est-ce que tes collègues mangent _____ _de_ bonbons en travaillant ? Ils …
6. Est-ce que tes collègues commandent _____ _de la_ pizza quand ils travaillent tard le soir ?
7. Est-ce que ta société a _____ chance en affaires ?
8. Est-ce que tes collègues organisent _____ fêtes quelquefois ?

2-30 Caroline est assistante administrative. Elle doit organiser une réception pour son directeur. Elle parle au traiteur et fait une liste de ce qu'elle devra commander. Écrivez sa commande.

Vous entendez :   **Caroline :** Il me faudra des douzaines de mini-sandwichs.

Vous écrivez :   des douzaines

Il me faudra …

1. _____ de champagne
2. _____ aux fruits rouges
3. Plusieurs _____ limonade
4. _____ sirop de fraise
5. _____ fruits rouges
6. _____ fromages
7. _____ mini-quiches
8. _____ petits légumes
9. _____ foie gras
10. _____ crudités
11. _____ eau
12. _____ verres et d'assiettes

 2-31 Vous participez à un pique-nique organisé par des amis et vous devez préparer un plat. Écrivez une recette pour un plat de votre choix. Dites ce dont vous avez besoin.

 2-32 En petits groupes, faites une liste de ce que vous avez ou vous n'avez pas. Ensuite, lisez votre liste au reste de la classe. Utilisez votre imagination. Employez les adverbes de quantité : **beaucoup de, trop de,** etc.

Modèle :   J'ai peu d'argent, j'ai trop de dettes mais j'ai beaucoup de copains.

Stratégie d'écriture

Tout essai efficace contient une **idée directrice** ou **idée théorique** principale sur le sujet général du texte. L'idée directrice se trouve presque toujours au début de l'essai et fait partie de l'introduction. On l'appelle « **l'idée directrice** » parce qu'elle « dirige » ou détermine dans une certaine mesure la structure de l'argument. Quand vous écrivez, il est important de réfléchir à votre idée directrice, qui sera au cœur de votre essai. Normalement, l'idée directrice n'est pas nécessairement évidente pour le lecteur. Elle est plutôt théorique ; c'est-à-dire, le lecteur ne l'acceptera pas automatiquement. Il faut qu'elle soit bien défendue par des arguments et des **exemples concrets.** Quelle est l'idée directrice de l'article sur la théorie du genre ? Quelle est l'idée directrice de Simone de Beauvoir ?

 ### Sujets de composition (225 mots)

1. Réfléchissez aux textes *Le Deuxième Sexe* et « Théorie du genre ». Est-ce que ces deux textes sont complémentaires ? De quelle manière ? Quelles en sont les différences ? Est-ce que les deux textes présentent des idées similaires sur la compréhension de l'identité sexuelle d'une personne ou y a-t-il des divergences subtiles ? Expliquez.

2. Au premier abord, l'idée de Simone de Beauvoir que les différences de comportement masculin et féminin proviennent entièrement de la formation culturelle semble assez radicale parce qu'elle exclut tout rôle biologique. Simone de Beauvoir a-t-elle raison ? Comment peut-on comprendre son point de vue ?

3. Inspirez-vous des deux textes que vous avez lus pour écrire un essai reflétant vos idées sur l'égalité entre les hommes et les femmes. Faites attention à votre idée directrice et aux exemples que vous utiliserez pour soutenir votre théorie.

4. Pour ou contre ? Devrait-on enseigner la théorie du genre au lycée ? Choisissez avec soin votre idée directrice. Il ne suffit pas de donner votre opinion personnelle.

 ## Avant d'écrire

Avant d'écrire votre essai, complétez les directives suivantes.

1. Ma théorie : _____.

2. Pour appuyer mon idée directrice, j'utiliserai ces idées :

_____

_____

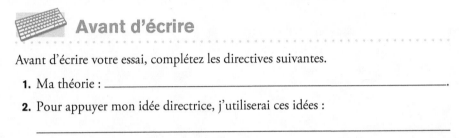 ## *Collaborons*

Maintenant montrez votre théorie et vos exemples à deux autres étudiants de la classe et discutez-en ! Sont-ils d'accord avec vos idées ? Pourquoi ? Pourquoi pas ? Est-ce que vous trouvez leurs idées intéressantes et originales ? Sur quelle théorie sont basées leurs idées ?

Modèle d'écriture

Voilà un exemple d'une théorie pour le deuxième sujet de composition. Qu'en pensez-vous ?

La théorie : Les idées de Simone de Beauvoir sont l'expression de son désir personnel d'être considérée comme l'égale de l'homme.

Voilà **l'idée directrice** (en gras) telle que l'auteur de l'essai hypothétique voudrait la présenter dans l'introduction :

Selon Simone de Beauvoir, si les femmes étaient élevées exactement comme les hommes, elles auraient les mêmes compétences et attitudes qu'eux. Cette idée suggère que de Beauvoir nie° complètement le rôle que les différences biologiques jouent dans le comportement humain. Pour comprendre sa position, il faut la situer dans le contexte de son époque où les femmes n'avaient pas les mêmes opportunités que les hommes parce qu'on les considérait biologiquement inférieures. Pour prouver que la femme est l'égale de l'homme, de Beauvoir doit montrer dans son argument que la biologie n'a aucune influence sur les capacités humaines. **Alors, l'idée radicale de Simone de Beauvoir peut être comprise comme l'expression de son désir personnel d'être considérée l'égale de ses collègues hommes, à une époque où les préjugés contre les femmes abondaient et l'affectaient elle-même.**

nier *to deny*

Que pensez-vous de cette introduction et de l'idée directrice qui se trouve à la fin du paragraphe ? Est-ce que vous en voyez la logique? Quelle est l'hypothèse de l'écrivain de l'essai ? A-t-il une idée intéressante à démontrer dans son essai hypothéthique ? Ou est-ce que son idée directrice est trop évidente ?

▲ **Ingénieurs au travail**

3 La vie urbaine

▲ Bateau-mouche sur la Seine

LES OBJECTIFS

La vie quotidienne

Vivre en ville

« Les fractures de la France : dans les banlieues françaises, le fossé des discriminations. »

Balzac : *Ferragus* Description de Paris

Comment écrire une introduction

Orientation culturelle

L'Urbanisation : l'exemple de Paris

Ville lumière, ville en mouvement, capitale de la France, Paris, attire toujours autant de monde malgré les efforts de décentralisation et ses problèmes, inhérents aux grandes villes : circulation intense, loyers° chers, transports bondés°. Aujourd'hui, 2,2 millions de personnes habitent dans les vingt arrondissements de Paris, et plus de 11,5 millions vivent dans la région parisienne, dans des banlieues° très variées, cossues° ou pauvres. Selon que l'on réside au centre ou en banlieue, l'accès à la culture ou au rayonnement° de Paris est plus ou moins facile. En fonction de ses propres revenus, la vie citadine et artistique, l'élégance, la gastronomie, les espaces verts sont plus ou moins abordables°. Pourtant, Paris, cité au charme incontestable, déborde de disparités. Certains quartiers de Paris, détériorés, vétustes°, demandent en effet à être rénovés, au nom de la solidarité. Le Ministère de la ville a pour mission de remédier à ces inégalités urbaines, de revaloriser les zones en difficulté et d'établir une politique de planification du développement urbain[1], tout en favorisant l'harmonie sociale et le respect de l'environnement.

1. Quelle image de Paris est évoquée au début de ce passage ?
2. Quels problèmes caractérisent souvent les grandes villes ?
3. Combien de personnes vivent dans la région parisienne ?
4. Si on a de l'argent, de quels avantages urbains peut-on profiter ?
5. Quel rôle le Ministère de la ville joue-t-il?

un loyer   *rent*
bondé   *crowded*

une banlieue   *suburb*
cossu   *posh*
rayonnement   *prestige*

abordable   *affordable*
vétuste   *decrepit*

---

[1] Le but est de remédier à la congestion des mégalopoles, de réduire l'écart entre les zones urbaines et rurales et également de développer chaque région en encourageant la communication entre elles.

Apprenons ces mots essentiels

La ville

Noms

la banlieue	*suburbs*	une gare	*train station*
une boîte de nuit	*nightclub*	un grand magasin	*department store*
une boutique	*shop*	les lumières *(f.)*	*lights*
le bruit	*noise*	un mendiant	*beggar*
un centre commercial	*shopping center*	le métro	*subway*
le centre-ville	*downtown*	la mode	*fashion*
la circulation	*traffic*	la pollution	*pollution*
un clochard	*bum*	un quartier	*section, district, neighborhood*
un crime	*crime*	un trottoir	*sidewalk*
la criminalité	*crime, criminality*	la vie culturelle	*cultural life*
les distractions	*entertainment*	une voiture	*car*
l'ennui *(m.)*	*boredom*	un voyou	*hoodlum, thug*
la foule	*crowd*		

▲ **Le vieux Strasbourg**

Adjectifs

aisé	*well-off*
animé	*lively*
anonyme	*anonymous*
bien conçu	*well conceived*
bien équipé	*well equipped*
bruyant	*noisy*
chic *(invariable)*	*chic*
dynamique	*dynamic*
efficace	*efficient, effective*
élaboré	*elaborate*
élégant	*elegant*
étroit	*narrow, crowded*
gothique	*gothic*
inhumain	*inhuman*
neuf *(m.)*, neuve *(f.)*	*brand new*
nouveau (nouvel) *(m.)*, nouvelle *(f.)*	*new*
osé	*risqué*
pauvre	*poor*
public *(m.)*, publique *(f.)*	*public*
rénové	*renovated*
sale	*dirty*
sinistre	*sinister*
sombre	*somber, dark*
spacieux	*spacious*
stimulant	*stimulating*
tranquille	*quiet*
vieux (vieil) *(m.)*, vieille *(f.)*	*old*

Verbes

agresser	*to assault*
s'amuser bien	*to have fun, to have a good time*
attaquer	*to attack, to mug*
chercher	*to look for*
s'ennuyer	*to be bored*
être situé	*to be located*
faire des courses	*to shop*
fréquenter (un café, un bar, etc.)	*to frequent (a café, a bar, etc.)*
garer une voiture	*to park a car*
se perdre	*to get lost*
prendre le métro	*to take the subway*
se promener	*to take a walk, to walk*
rendre visite à une personne	*to visit a person*
trouver	*to find*
se trouver	*to be located*
visiter un endroit	*to visit a place*

Amusons-nous avec les mots

3-1 Devinez les mots. Créez des mots à partir des lettres mélangées.

TTRROOIT

YUARNBT

ARGSRESE

NEINU

PUSXCIAE

3-2 Clémence préfère vivre en ville. Complétez les phrases avec un des mots suivants. N'oubliez pas de faire les accords ni de conjuguer les verbes.

centre-ville ~~grand magasin~~ garer sa voiture prendre le métro

voyou la vie culturelle ~~bien s'amuser~~ agresser

Mon amie Clémence préfère vivre au <u>centre-ville</u>. Elle prétend qu'on peut <u>bien s'amuser</u> en ville parce que <u>la vie culturelle</u>

est plus stimulante. La vie est aussi plus facile qu'à la campagne parce qu'il y a beaucoup de _grand magasin_ où on peut acheter tout ce qu'on veut. Mais, personnellement, je préfère la campagne. La vie est plus lente, mais plus calme. Quand je suis en ville, j'ai toujours peur d'être _aggressée_ par des _voyous_. Clémence dit que ça n'arrive pas souvent. Il faut faire attention, c'est tout. Je lui dis que le rythme de la vie est trop rapide dans les grandes villes. En plus, il est difficile de _garer sa voiture_. On est obligé de _prendre le métro_ où on est souvent serré comme des sardines en boîte°! Non, moi, je préfère la campagne !

squished like sardines in a can

Qu'en pensez-vous ?

3-3 Deux étudiantes, Caroline et Véronique, rentrent en métro après une longue journée à la fac à l'Université de Paris VII. Écoutez leur conversation.

A. Indiquez si les phrases suivantes sont vraies (Vrai) ou fausses (Faux) :

1. Vrai/Faux
2. Vrai/Faux
3. Vrai/Faux
4. Vrai/Faux
5. Vrai/Faux

B. Maintenant répondez aux questions suivantes.

1. À quoi est-ce que Caroline compare les gens dans le métro ?
2. À quoi faut-il faire attention en métro ?
3. Où habitent les parents de Caroline ?
4. Que pensent Caroline et Véronique des transports en commun aux heures de pointe ?
5. Et vous ? Préférez-vous les transports en commun ? Quels en sont les avantages et les désavantages ?

Élargissons notre vocabulaire

Noms

un agent immobilier	*real estate agent*	le chômage	*unemployment*
un appartement de trois pièces	*three-room apartment*	le chômeur	*unemployed person*
		le citadin	*city dweller*
un ascenseur	*elevator*	la devanture	*store front*
le béton	*concrete*	un embouteillage	*traffic jam*
un chantier	*construction site*	une émeute	*riot*
les charges	*utility bill*	un endroit	*place*
le chauffage	*heat*	les espaces verts	*parks, green spaces or areas*

un étage	*floor (i.e., first, second, third)*	**Adjectifs**		
un gratte-ciel	*skyscraper*	abimé	*damaged*	
une HLM, un grand ensemble, une cité	*housing project*	affreux *(m.)*, affreuse *(f.)*	*ugly*	
les heures de pointe	*rush hour*	bon marché	*cheap*	
un immeuble	*apartment building*	délabré	*dilapidated*	
l'insécurité	*insecurity, lack of safety*	déroutant	*confusing*	
un/une locataire	*tenant*	encombré	*busy, crowded*	
les loisirs	*leisure*	louche	*shady, suspicious*	
un loyer	*rent*	paisible	*peaceful*	
un pavillon	*house, villa*	sûr	*safe*	
la périphérie	*outskirts (of town)*	**Verbes**		
les petites annonces	*classified ads*	se balader	*to wander*	
une pièce	*room*	casser	*to break*	
un/une propriétaire	*landlord, landlady*	faire du lèche-vitrines	*to window shop*	
le rez-de-chaussée	*ground floor*	flâner	*to stroll*	
un SDF (sans domicile fixe)	*homeless person*	louer (un appartement)	*to rent (an apartment)*	
un terrain vague	*vacant lot*	piquer *(argot)*	*to steal, pickpocket*	
les transports en commun	*public transportation*	regarder les vitrines	*to window shop*	

Amusons-nous avec les mots

3-4 Trouvez les paires de mots.

1. _____ faire du lèche-vitrines
2. _____ flâner
3. _____ encombré
4. _____ un chantier
5. _____ un embouteillage
6. _____ le loyer

a. se promener sans destination précise
b. la somme qu'on paie pour louer un appartement
c. regarder les devantures des magasins
d. trop de circulation
e. une zone de construction
f. congestionné

3-5 Trouvez l'intrus. Dans chaque colonne, trouvez le mot qui ne correspond pas.

HLM	chic	mendiant	flâner
immeuble	délabré	centre-ville	faire du lèche-vitrines
trottoir	spacieux	quartier	se promener
gratte-ciel	élégant	périphérie	louer
pavillon	rénové	banlieue	se balader

3-6 Caroline et Véronique viennent de rentrer d'Auvergne où elles ont passé deux semaines de vacances. Écoutez leur conversation.

A. Maintenant répondez aux questions suivantes en indiquant la lettre qui correspond à la réponse correcte :

1. a)   b)   c)   d)
2. a)   b)   c)   d)
3. a)   b)   c)   d)
4. a)   b)   c)   d)
5. a)   b)   c)   d)

B. Répondez aux questions suivantes.

1. Qu'est-ce que vous préférez faire pour vous détendre ? Aller en ville ? Aller à la campagne ? Rester chez vous ? Pourquoi ?

2. Quand vous êtes en ville, quelles activités préférez-vous ? Faire des courses? Faire du lèche-vitrines? Aller au cinéma ? Prendre un verre ? Aller en boîte ? Pourquoi ?

3. Où préférez-vous vivre? En ville ou à la campagne ? Pourquoi ? Quels sont les avantages et les désavantages de la vie urbaine ? De la campagne ?

▲ **Montmartre**

▲ **Les Champs Élysées**

En petits groupes, choisissez quelques questions que vous allez poser au reste du groupe en vous servant du vocabulaire ci-dessus. Ensuite, présentez vos idées à toute la classe.

1. De quelle ville venez-vous ? Décrivez votre ville : les rues, le centre-ville, les quartiers intéressants, les monuments, les parcs, les magasins, les terrains de sport, etc. Quels sont les endroits les plus agréables d'après vous ?

2. Un(e) cousin(e) vient passer quinze jours avec votre famille. Qu'allez-vous visiter avec lui/elle ? Que lui montrez-vous ?

3. Préférez-vous les grandes villes ou les petites villes ? Quels sont les avantages des grandes villes ? Des petites villes ? Activités ? Loisirs ?

4. Aimeriez-vous vivre à New York ? Los Angeles ? Paris ? Londres ? Florence ? Une autre ville ? Pourquoi ?

5. Plus tard, voulez-vous vivre au centre-ville ou dans la banlieue ? Pourquoi ? Décrivez les avantages du centre-ville et ceux de la banlieue ? Les inconvénients ?

▲ **Bordeaux sous la neige**

Les adjectifs qualificatifs

Un adjectif est un mot qui modifie un nom ou un pronom et qui s'accorde en genre et en nombre avec le mot qu'il modifie.

> C'est un architecte **original.**
> Sa femme est la directrice **principale** d'un grand magasin du centre-ville.

Dans ces exemples, **original** s'accorde avec **architecte,** qui est au masculin singulier. **Principale** s'accorde avec **directrice,** qui est au féminin singulier.

Pour chaque adjectif, il faut savoir si le mot modifié est masculin ou féminin et s'il est au singulier ou au pluriel.

1 La formation du féminin des adjectifs

A. Pour la plupart des adjectifs, on forme le féminin en ajoutant un **e** au masculin. Cependant, si l'adjectif masculin se termine par un **e,** on n'ajoute rien :

> un quartier élégant → une boutique élégant**e**
> **mais :**
> un quartier pauvre → une ville pauvre

B. D'autres adjectifs forment leur féminin selon les systèmes orthographiques suivants :

M. → F.

le prem**ier** bâtiment → la prem**ière** boutique	**ier → ière**
un quartier **cher** → une maison **chère**	**er → ère**
un politicien travaill**eur** → une avocate travaill**euse**	**eur → euse**
un maire protec**teur** → une société protec**trice**	**teur → trice**
un homme heur**eux** → une femme heur**euse**	**eux → euse**
un quartier act**if** → une ville act**ive**	**if → ive**

C. Si l'adjectif se termine par une consonne, souvent on double la consonne et on ajoute un **e** pour former le féminin :

ancie**n**	ancie**nne**	**n → nne**
crue**l**	crue**lle**	**l → lle**
gro**s**	gro**sse**	**s → sse**
mue**t**	mue**tte**	**t → tte**
pare**il**	pare**ille**	**il → lle**

Exceptions :

complet	complète
discret	discrète
secret	secrète
inquiet	inquiète

D. Le féminin de certains adjectifs est irrégulier ; il faut les apprendre par cœur :

bénin	bénigne	frais	fraîche
blanc	blanche	gentil	gentille
doux	douce	long	longue
épais	épaisse	public	publique
favori	favorite	roux	rousse
fou	folle	sec	sèche

Pratiquons

3-7 Déterminez le genre de la personne décrite. Est-ce un homme ou une femme ?

Modèle: Écrivez votre réponse.

Vous entendez: Paule est légère.
Vous écrivez: féminin

1. _____
2. _____
3. _____
4. _____
5. _____

6. _____
7. _____
8. _____
9. _____
10. _____

2 Le pluriel des adjectifs

A. Pour former le pluriel de la plupart des adjectifs, on ajoute un **s** au masculin singulier ou au féminin singulier, selon le cas. Si l'adjectif se termine par un **s** au singulier, il ne change pas au pluriel :

un quartier élégant	des quartiers élégants
une boutique élégante	des boutiques élégantes
un mauvais quartier	**de** mauvais quartiers

B. Les adjectifs qui se terminent par **al** ou **au** ont un pluriel en **aux :**

un quartier spécial	des quartiers spéciaux
un nouveau bâtiment	de nouveaux bâtiments

> **Comparaison linguistique**
>
> Y a-t-il un féminin et un pluriel des adjectifs en anglais ? Quelles sont les deux questions qu'on doit se poser quand on veut utiliser un adjectif en français ?

Exceptions :

final	finals
banal	banals
glacial	glacials
natal	natals

Pratiquons

 3-8 Mettez l'adjectif du premier groupe de mots à la forme qui convient dans le deuxième groupe de mots.

Modèle : un grand immeuble … une grande maison

1. un beau quartier …   une ___belle___ ville
2. un lieu public …   une bibliothèque ___publique___
3. un nouveau quartier …   un ~~nouvelle~~ nouvel appartement
4. un tableau original …   des tableaux ___originaux___
5. le premier boulevard …   la ___première___ rue
6. un chien protecteur …   une chienne ___protectrice___
7. un quartier actif …   une avenue ___active___
8. un bâtiment ancien …   des maisons ___ancienne___
9. un homme discret …   des femmes ___discrète___
10. un bruit fou …   une foule ___folle___
11. un café spécial …   des endroits ___speciaux___
12. un trottoir sec …   des ruelles ___sèche___
13. un vif désir …   une _____ aspiration
14. un magasin cher …   une boutique _____
15. un petit garçon doux …   une _____ fille _____

 3-9 Vous venez d'arriver à Paris. Quelles sont vos premières impressions ? Inventez vos propres phrases en choisissant un adjectif de la colonne de droite et en l'accordant avec le nom dans la colonne de gauche.

Modèle : J'ai trouvé l'aéroport immense ! Je n'ai pas aimé les rues bruyantes.

aéroport *(m.)*	osé
rues *(f.)*	artistique
boutique *(f.)*	laid
quartier *(m.)*	cher
monuments *(m.)*	luxueux
parc *(m.)*	neuf
immeubles *(m.)*	spacieux
bâtiment *(m.)*	immense
gratte-ciel *(m.)*	bruyant

églises *(f.)*	haut
La vie urbaine	ancien
autoroutes *(f.)*	déroutant
trottoirs *(m.)*	actif
métro *(m.)*	étroit
gare *(f.)*	tranquille
places *(f.)*	public
jardins *(m.)*	rénové
chantiers *(m.)*	vieux
affiches *(f.)*	romain
musées *(m.)*	gothique
cathédrale *(f.)*	efficace
	spécial
	nouveau
	long
	encombré

3 La place de l'adjectif qualificatif

A. En général, on place l'adjectif après le mot qu'il modifie :

> C'est un appartement spacieux.

B. Cependant, on place certains adjectifs courts naturellement associés avec le mot qu'ils modifient **devant** le mot modifié :

> C'est un bon quartier.

Ces adjectifs sont :

> autre, beau, bon, gentil, grand, gros, haut, jeune, joli, long, mauvais, nouveau, petit, vieux

C. Quand deux ou plusieurs adjectifs modifient le même nom, on suit l'ordre habituel. Dans le cas où deux adjectifs sont placés devant (ou après) le nom qu'ils modifient, on les lie par **et,** si les deux adjectifs sont d'une importance égale :

> C'est un bel appartement spacieux.
> C'est un appartement spacieux et élégant.

Si l'un des adjectifs est plus facilement associé au mot modifié que l'autre, cet adjectif se place à côté du mot :

> C'est un joli petit appartement.
> (**Petit** est plus facilement associé au mot **appartement.**)

1. Les adjectifs **beau, nouveau, vieux,** prennent la forme **bel, nouvel, vieil** devant une voyelle.

> C'est un vieil appartement. C'est un bel opéra.

2. Certains adjectifs changent de sens selon leur place par rapport au nom modifié.

l'ancien maire	*the former mayor*
un quartier ancien	*an old quarter*
un brave homme	*a good man*
un agent de police brave	*a brave policeman*
un certain magasin	*a certain shop*
un danger certain	*definite danger*
un cher ami	*a dear friend*
une boutique chère	*an expensive boutique*
différents quartiers	*various quarters*
un magasin différent	*a different (kind of) store*
un grand homme	*a great man*
un homme grand	*a tall man*
mon propre appartement	*my own apartment*
un appartement propre	*a clean apartment*

3. Les adjectifs **dernier** et **prochain** sont placés après les expressions de temps : **an, année, semaine,** et **mois** pour indiquer une date.

> J'ai visité Paris l'année dernière.
> (C'est l'année 2014. J'ai visité Paris en 2013.)

Ils sont placés devant ces expressions quand elles indiquent une position dans une suite ou une série.

> J'ai visité le Louvre plusieurs fois pendant ma dernière semaine à Paris.
> (J'ai passé cinq semaines à Paris, et j'ai visité le Louvre pendant la cinquième semaine.)
> Elle s'arrête toujours à la dernière station de métro.
> (Il y a plusieurs stations de métro et elle sort au terminus.)

Comparaison linguistique

Quelles sont les différences principales entre l'emploi des adjectifs en français et en anglais ? À quoi doit-on faire attention quand on parle français ?

Pratiquons

3-10 Vous et votre ami cherchez un appartement dans une grande ville française (Paris, Lyon, Marseille, Strasbourg). Complétez les phrases suivantes en plaçant les adjectifs correctement par rapport au nom qu'ils modifient et faites l'accord.

Modèle: (grand, français // dynamique, cosmopolite)

Nous voilà à Marseille, une <u>ville</u> située dans une <u>région</u>.

Nous voilà à Marseille, une grande ville française située dans une région dynamique et cosmopolite.

1. (nouveau, propre, spacieux // beau, tranquille)

   Nous voulons trouver un <u>appartement</u> dans un <u>quartier</u>.

2. (certain, nécessaire // beau, convenable)

   Nous sommes prêts à faire des <u>sacrifices</u> pour avoir un <u>appartement</u>.

3. (beau, élégant // grand, bruyant)

   Un des appartements que nous regardons est très spacieux et se trouve près d'une <u>place</u>. Malheureusement, de l'autre côté de l'immeuble se trouvent plusieurs <u>chantiers</u>.

4. (prochain // beau, luxuriant // joli, blanc // doux)

   L'<u>immeuble</u> que nous allons visiter est assez médiocre, mais est situé entre deux <u>parcs</u> où des <u>cygnes</u>°nagent sur des lacs et de doux <u>canards</u>° se promènent.

   swans (m.)
   ducks (m.)

5. (brave // certain // premier)

   Comme le prix de cet appartement est raisonnable, nous allons parler au propriétaire. C'est un <u>homme</u> qui aime bien les étudiants américains, et alors pour nous, c'est une <u>affaire</u>. Nous allons louer notre <u>appartement</u>.

6. (ancien // rénové // propre)

   Il est vrai que l'appartement se trouve dans un <u>hôtel particulier</u>°qui date du XVIIème siècle, avec des <u>chambres</u>. De plus, c'est notre <u>appartement</u> à nous deux.

   private mansion

4 Emplois idiomatiques des adjectifs

A. Avoir l'air + adjectif: to look or seem

En général, avec l'expression **avoir l'air,** on accorde l'adjectif avec le sujet de la phrase. **Avoir l'air** est un synonyme de **sembler.** Dans l'expression **avoir un air + adjectif,** l'adjectif s'accorde avec **air.**

> Pauline vient de trouver un appartement à Paris. Elle a l'air heureuse !
> (Elle semble heureuse !)
> **mais :** Ces quartiers ont tous un air délabré et sombre.

B. Rendre + adjectif indique un changement d'état. C'est la traduction de *to make someone/something + an adjective* :

> Ce vieil appartement étroit me rend malheureux.
> Souvent, les appartements sombres rendent les gens tristes.

> **Comparaison linguistique**
>
> Comment traduit-on **avoir l'air** et **rendre + adjectif** en anglais ?

3-11 À l'aide des fragments de phrases donnés, décrivez la vie dans une grande ville. Choisissez l'expression qui convient : **rendre** + **adjectif** ou **avoir l'air** + **adjectif.** N'oubliez pas l'accord de l'adjectif.

Modèle : Les avenues // encombré.
Les avenues ont l'air encombrées.
Les embouteillages // la vie à Paris // oppressant.
Les embouteillages rendent la vie à Paris oppressante.

1. Le bruit des villes // la vie // stressant.
2. Les parcs // bien entretenu.
3. Une famille bruyante peut // la vie en appartement // impossible.
4. La vie culturelle à Paris // plus passionnant // qu'en province.
5. Les distractions // les grandes villes // stimulant.
6. Les boulevards // animé // le soir.

3-12 En petits groupes, décrivez votre quartier idéal. Utilisez beaucoup d'adjectifs pour expliquer ce que vous aimeriez trouver dans ce quartier.

▲ **Avenue Marceau, Paris**

Stratégie de recherche

1. Paris est une ville de contrastes aux arrondissements variés : Le XVIème, très chic, accueille des familles aisées, le XVIIIème ou le XIXème sont multiculturels et représentent une France en plein changement.

    a. Choisissez un arrondissement de la ville de Paris[2] et présentez-le au reste de la classe. Vous pouvez aller directement sur le site de la Mairie de l'arrondissement pour trouver des renseignements ou sur youtube.com pour sélectionner une petite vidéo de l'arrondissement pour le montrer aux autres et le commenter.

    b. À l'inverse des USA, les centres-villes en France sont élégants et rarement dilapidés. Les banlieues, souvent, accueillent des pauvres ou des immigrés. Trouvez sur internet des images ou des clips de Villeneuve-La Garenne (Hauts de Seine) ou de la banlieue parisienne ou lyonnaise pour les montrer à vos camarades. Que remarquez-vous ?

2. Dans *Ferragus*, Balzac parle de plusieurs rues de Paris : Rue Royale, Rue de la Paix, La Place Vendôme, etc.

    a. Retrouvez ces rues sur un plan de Paris, trouvez des photos et présentez-les au reste de la classe.

    b. Présentez à votre classe un extrait du film *Paris je t'aime*.

[2]Il existe 20 arrondissements parisiens, certains sont touristiques, d'autres moins.

▲ HLM

Les banlieues parisiennes sont très variées. Certaines aux jolis pavillons accueillent des familles aisées°, offrent des espaces verts et une grande qualité de vie, telles Versailles et Rambouillet. D'autres sont dégradées et le refuge des gens qui ont des revenus modestes. Composées de grands immeubles bon marché° et d'habitations à loyer° modéré (HLM)[3] construits dans les années 60 et 70, ces cités sont aussi aujourd'hui souvent peuplées d'immigrés non intégrés, de jeunes au chômage° et sans grand avenir[4]. Ces grands ensembles deviennent fréquemment des lieux de tension raciale et de violence, prêts à exploser comme en novembre 2005 ou en novembre 2007. Quand on entend le mot « banlieue », c'est surtout à ces cités vieillies, appauvries, surpeuplées où la vie reste précaire que l'on pense. Le texte suivant évoque ces lieux de discrimination sociale, économique et éducationnelle.

aisé *well-off*

bon marché *cheap*
un loyer *rent*
le chômage *unemployment*

1. Les banlieues parisiennes sont-elles toutes identiques ?
2. Versailles se trouve dans la banlieue. Qu'est-ce qui caractérise cette ville ?
3. À quoi pense-t-on habituellement lorsque l'on entend le mot « banlieue » ?
4. Qui habite principalement dans les banlieues précaires ?
5. Nommez quelques problèmes des banlieues.

▲ SDF près de Notre Dame, Paris

▲ SDF au centre de Paris

---

[3] « Les barres et les tours », concentrations de grands bâtiments de 500 à 1 000 appartements, donnent des logements à des familles pauvres mais ne leur offrent aucune qualité de vie. Sans transports en commun, sans centres commerciaux, parcs et écoles, ces quartiers deviennent des quartiers à problèmes.

[4] Dans les zones urbaines sensibles (ZUS), le taux de chômage des jeunes est de 38 % contre 23 % en moyenne.

« Les fractures de la France »

Dans les banlieues françaises, le fossé des discriminations.

Le soleil tape dur° sur les barres HLM de la cité de la Caravelle, à Villeneuve-la-Garenne (Hauts-de-Seine). Les façades qui ont été récemment rénovées sont immaculées, presque trop blanches. À chacun des dix étages, les fenêtres paraissent
5 de loin aussi étroites que des persiennes°. Entre deux rangées° d'immeubles, des arbres plantés en rang d'oignons apportent un peu de gaîté à cet univers de béton armé° où vivent réunies près d'une soixantaine de nationalités.

À Villeneuve-la-Garenne — « une ville difficile », qui compte 72 % de logements sociaux, selon la mairie — 30 % de la population a moins de 25 ans.
10 Baptisé « le nouveau monde », le centre socioculturel du quartier, installé au milieu de la cité, accueille ces jeunes et leur propose des animations. C'est là que Kamel, Abdoul Razak et Medhi se retrouvent dans la journée pour discuter, envoyer un CV ou tout simplement passer le temps. Aucun de ces trois jeunes de la Caravelle ne travaille. Kamel, petit dernier d'une fratrie° de neuf, a 20 ans. Immigrés
15 algériens, ses parents ont passé leurs premières années en France dans le bidonville° de Nanterre, avant de s'installer dans un HLM de Villeneuve-la-Garenne.

Titulaire d'un BEP° de maintenance automatique, Kamel ne trouve pas de travail. « J'ai cherché, j'ai envoyé des dizaines de CV, personne ne m'a jamais répondu », lance laconiquement ce jeune homme aux grands yeux noirs et au sourire
20 enjôleur°. Kamel explique qu'il a même essayé d'envoyer « un CV anonyme ». Pas de nom, pas de prénom, juste l'adresse et un numéro de téléphone. « Là, on m'a appelé, raconte Kamel. C'était pour un poste de maintenance pour des ascenseurs. Je suis allé à l'entretien°, je correspondais au profil, mais ils ne m'ont jamais rappelé. »

« C'est parce que tu as une tête d'Arabe ! », ironise son ami, Abdoul Razak. Âgé
25 de 20 ans, ce jeune de la Caravelle ne trouve pas de travail non plus. Crâne° rasé et lunettes fumées, Abdoul ne se fait aucune illusion sur son avenir, ni sur celui de ses amis du quartier. « On vient de banlieue, on est enfant d'immigrés, la société nous ferme toutes les portes, lâche°-t-il en haussant les épaules. Pour nous, le système est complètement bloqué. » Tout comme pour Mehdi, 21 ans, un « bac pro° » en
30 poche, au chômage depuis deux ans. Pour vivre, il multiplie les petits boulots : jardinier, chauffeur-livreur, cariste°. « Des métiers faits pour nous, les Noirs et les Arabes », tente-t-il de plaisanter, amer°. « À l'école, poursuit Medhi, on nous fait comprendre très tôt que nous ferions mieux de quitter les filières générales pour l'enseignement technique. On m'a dit un jour que j'avais de belles mains d'artisan.
35 Pourquoi ne m'a-t-on jamais dit que j'avais des mains de chirurgien ? » …

« Les jeunes de la Caravelle ne croient plus en rien, estime pour sa part Chaouki, éducateur au centre socioculturel du quartier. Ils se battent un temps, puis se découragent. Les discriminations, ils les vivent au quotidien°, qu'ils soient diplômés ou pas. » …
40 Pour Mokrane, instituteur en banlieue parisienne, lui-même issu d'un quartier périphérique, les enfants d'immigrés sont avant tout victimes de « discrimination sociale ». « Avant d'être perçu comme des personnes d'origine étrangère, ils sont perçus comme des jeunes de banlieue. » Ancien éducateur à l'Île-Saint-Denis, Nadir va plus loin : « Un Mathieu qui grandit dans la même tour HLM que moi
45 aura, lui aussi, des difficultés, assure-t-il. Mais j'en aurai deux fois plus que lui. Aujourd'hui, un de mes potes° — bac+5 — est au chômage alors que tous ses camarades de promotion ont déjà trouvé un travail. Il y a de quoi devenir fou. »
Royer, Solenn de *La Croix*

---

taper dur *to beat down (sun)*

les persiennes *(f.) blinds*
une rangée *a row*
le béton armé *reinforced concrete*

une fratrie *brothers and sisters*
un bidonville *a slum*

un BEP (brevet d'éducation professionnelle) *a trade degree*

enjôleur *coaxing, seductive*

un entretien *an interview*

le crâne *skull*

lâcher *(argot) to let out, to utter*
un bac pro (un bac professionnel) *technical degree*
cariste (conducteur de chariot élévateur) *forklift operator*
amer *bitter*

quotidien *daily*

le pote *(argot) pal*

Travaillons avec la langue

Expliquez les phrases ou expressions suivantes.

1. l'univers de béton armé (paragraphe 1)
2. un CV
3. un bidonville
4. une fratrie
5. être perçus comme des jeunes de banlieue

Vérifions notre compréhension du texte

Dites si ces déclarations sont justes. Expliquez en vous référant aux passages spécifiques du texte.

1. Dans la cité, les façades des bâtiments sont grises et sales.
2. La cité est ethniquement homogène.
3. Les gens de Villeneuve-la-Garenne sont aisés.
4. 30 % de la population de Villeneuve-la-Garenne a moins de 25 ans.
5. Kamel, Abdoul et Medhi se retrouvent au centre socioculturel du quartier pour discuter.
6. Kamel, Abdoul et Medhi sont au chômage.
7. Les parents de Kamel ont toujours vécu à Villeneuve-la-Garenne.
8. Kamel essaie de trouver du travail mais il ne réussit pas.
9. Kamel est technicien.
10. Les jeunes ne trouvent pas de travail parce qu'ils ne sont pas qualifiés.
11. Les discriminations affectent plus les non-diplômés.
12. Les jeunes sont uniquement l'objet de discrimination raciale.

Discutons ensemble

1. Décrivez la cité où habitent Kamel, Abdoul et Medhi. Quelle impression donne-t-elle ? Comment peut-on transformer ces cités pour les rendre plus agréables ?
2. Imaginez la vie dans une banlieue précaire, pour les enfants, les jeunes, les familles.
3. Comment se manifeste la discrimination envers les jeunes dans les banlieues dures ? Essayez d'imaginer tous les types de discriminations que subissent ces jeunes : Loisirs ? Sorties ? Police ? Quelles sont les raisons de ces discriminations ?
4. Essayez de penser à des solutions pour transformer la vie des jeunes des banlieues.
5. Imaginez que vous voulez louer un appartement ou une maison dans la région parisienne. Choisissez-vous un appartement au centre-ville ou en banlieue ? Pourquoi ? N'oubliez pas que certaines communes de la banlieue sont riches et très agréables avec leurs espaces verts et leurs pavillons élégants.

6. Comparez les désavantages de la vie dans une grande ville et les désavantages de la vie en province : pollution, crime, bruit, ennui, absence d'activités culturelles, etc.

7. Activité internet. Vous devez passer du temps à Paris et voulez plus de renseignements sur la ville. Allez sur le site www.Paris.fr et choisissez un aspect qui vous intéresse pour le présenter au reste de la classe.

Stratégie orale

Comment trouver un appartement et parler à un agent immobilier ou à un propriétaire. Remarquez le style oral des phrases et le registre.

Dialogue pratique

Kyle va passer un an à Paris comme étudiant. Évidemment, il lui faut un appartement. Il en visite plusieurs et parle au propriétaire d'un petit appartement.

Le propriétaire : Bonjour Monsieur. C'est vous qui m'avez appelé au sujet du studio ?

Kyle : Oui, c'est moi. Je cherche un appartement spacieux si possible mais pas trop cher et pas trop loin de la Sorbonne.

Le propriétaire : L'appartement que je loue n'est pas très grand mais il est bien situé. Il est dans le sixième arrondissement ce qui est très pratique pour les universités.

Kyle : Combien de pièces y a-t-il ?

Le propriétaire : C'est un studio avec salle de bains et petite cuisine aménagée.

Kyle : Combien coûte-t-il par mois ?

Le propriétaire : Je demande 750 euros.

Kyle : C'est un peu cher. Est-ce que les charges sont comprises ?

Le propriétaire : Oui, le gaz et l'électricité mais pas le téléphone évidemment.

Kyle : J'aimerais le voir.

Le propriétaire : Allons-y.

Vous voulez acheter un appartement à Paris. Vous prenez rendez-vous avec un agent immobilier. Expliquez-lui quel type d'appartement vous souhaitez.

Travaillez deux par deux (l'agent immobilier, le client). Voilà quelques mots et expressions utiles :

> un appartement de trois, quatre pièces
> proximité métro
> rez-de-chaussée
> une entrée rue et cour
> un salon
> un séjour
> une chambre
> une cuisine équipée, aménagée
> une salle de bains
> un WC
> une cave
> les charges
> le chauffage et l'eau chaude électriques, au gaz

Un adverbe est un mot qui modifie un verbe, un adjectif ou un autre adverbe.

> Marc a couru **vite** pour ne pas rater son autobus.
> C'est un **très** bel immeuble.
> Marie a **assez** bien fait son travail.

Dans le premier exemple, **vite** modifie le verbe **courir.** Dans le deuxième exemple, **très** modifie l'adjectif **bel.** Dans le troisième exemple, **assez** modifie **bien** qui est un adverbe.

Il existe plusieurs catégories d'adverbes. Il y a des adverbes de

> **quantité**, comme : **beaucoup, autant, tant, trop, peu**
> **manière**, comme : **bien, mal, vite, courageusement**
> **lieu**, comme : **ici, partout, loin, devant, où, au-delà, au-dessus**
> **temps**, comme : **souvent, quelquefois, toujours, tôt, hier, demain**

1 La formation des adverbes

En général, on forme l'adverbe en ajoutant **ment** au féminin de l'adjectif.

> Courageux → courageuse → courageuse**ment**

Remarque : Si le masculin de l'adjectif se termine par une voyelle, on ajoute **ment** directement au masculin.

> vrai → vrai**ment**   joli → joli**ment**   éperdu → éperdu**ment**
> Ce bâtiment est **vraiment** très beau.
> L'exposition sur l'art impressionniste est **joliment** présentée.
> Marc est tombé **éperdument** amoureux de Paris.

Remarque : L'adverbe qui correspond à **bon/bonne** est **bien.** L'adverbe qui correspond à **mauvais/mauvaise** est **mal.**

Comparaison linguistique

Comment forme-t-on la plupart des adverbes en anglais ? Y a-t-il des exceptions à la règle générale ? Lesquelles ?

Précisions sur la formation des adverbes

1. Pour les adjectifs en **ant** ou **ent,** comme **indépendant** ou **intelligent,** on élimine le **nt** et on ajoute **mment.**

   > indépendant → indépenda**mment**   intelligent → intellige**mment**

2. Pour des raisons acoustiques, certains adverbes ajoutent un **é** à l'adjectif.

   > aveugle → aveugl**ément**   énorme → énorm**ément**

3-13 Jeu. Formez deux équipes. Le professeur va dire un adjectif en alternant entre les deux équipes. À tour de rôle, chaque membre va donner l'adverbe qui correspond à l'adjectif donné. Si un membre ne sait pas la réponse, il s'assiéra. L'équipe avec le plus de membres debout, gagne.

1. courageux
2. heureux
3. bon
4. indépendant
5. vrai
6. sec
7. rapide
8. mauvais
9. aveugle
10. obstiné
11. bruyant
12. efficace
13. élégant
14. nouveau
15. public
16. tranquille
17. énorme
18. éperdu
19. puissant
20. seul
21. naturel
22. profond
23. décent
24. fort
25. précis
26. lent
27. objectif
28. faux
29. actif
30. long
31. frais
32. merveilleux
33. poli
34. immédiat
35. fréquent
36. constant

 3-14 Voici quelques impressions d'un touriste à Paris. À l'aide de la liste des adjectifs ci-dessus, complétez les phrases avec un adverbe qui convient et dites si ces impressions vous semblent justes ou exagérées.

1. Cette ville me plaît …
2. Les Parisiens ne répondent pas souvent très …
3. Les gens à Paris ne marchent jamais …
4. … les restaurants sont fantastiques.
5. Mais on n'est jamais servi …
6. Le métro est … bondé.
7. Les boutiques sont … trop chères.
8. Les musées sont … en grève.

 3-15 Amélie est fatiguée de vivre dans la capitale et a décidé de s'installer à la campagne. Écoutez ce qu'elle dit sur la vie à Paris. Identifiez l'adverbe qu'elle utilise et écrivez l'adjectif qui correspond.

Modèle: Vous entendez :   La vie à Paris est horriblement chère !
             Vous écrivez :   horrible

1. _____
2. _____
3. _____
4. _____
5. _____

6. _____
7. _____
8. _____
9. _____
10. _____

2 La place de l'adverbe

A. Quand un adverbe modifie un verbe, généralement, on le place directement après le verbe. Si le verbe est à un temps composé, et surtout si l'adverbe est court, on le place entre l'auxiliaire et le participe passé :

> Marceline va **souvent** au théâtre.
> Paul a **beaucoup** travaillé pour rénover son appartement.

B. Cependant, on peut placer l'adverbe au début ou à la fin de la phrase pour le mettre plus en valeur :

> Très impressionnée par la vue de Paris, Joséphine a traversé Le Pont Neuf **lentement**.
> **Malheureusement,** Philippe n'a pas vu tout ce qu'il aurait aimé au Louvre.

C. Pour les adverbes de temps ou de lieu, suivez la logique de la phrase :

> **Hier,** j'ai cherché **partout,** mais je n'ai pas trouvé d'appartement convenable.

Précisions

Certains adverbes peuvent être placés en tête de phrase et sont suivis d'une inversion. Cette structure est généralement plus formelle.

1. À peine (*hardly*) :

> J'avais **à peine** commencé ma recherche d'un appartement que j'en ai trouvé un tout à fait convenable.
> **À peine** avais-je commencé ma recherche d'un appartement que j'en ai trouvé un tout à fait convenable.

2. Aussi (*too* ou *also*) :

> J'ai visité Paris l'année dernière, et ma sœur **aussi** (également).

Aussi en tête de phrase a le sens de **donc** et est suivi d'une inversion.

> Le directeur du Musée d'Orsay a constamment écrit aux associations dévouées à l'art. **Aussi,** a-t-il obtenu l'argent nécessaire pour cette exposition.

Remarque : *Also* en début de phrase anglaise se traduit par **de plus** en français.

3. Du moins (*at least*) et **peut-être** (*perhaps*) en tête de phrase sont suivis d'une inversion. Comparez les paires de phrases suivantes :

> On accuse Paul d'impolitesse, mais il a **du moins** rendu visite à ses cousins quand il est arrivé à Paris.
> On accuse Paul d'impolitesse. **Du moins,** a-t-il rendu visite à ses cousins quand il est arrivé à Paris.
> Marc réussira **peut-être** à visiter le Louvre mercredi prochain.
> **Peut-être** Marc réussira-t-il à visiter le Louvre mercredi prochain.
> **mais : Peut-être que** Marc réussira à visiter le Louvre mercredi prochain (oral)

Pratiquons

3-16 Julie arrive à Paris. Dites ce qu'elle fait. Formez l'adverbe qui correspond à l'adjectif entre parenthèses et placez-le correctement dans la phrase.

1. (final) Après un vol de 10 heures, Julie est arrivée à Paris.

2. (énorme) Ses quelques premiers jours l'ont impressionnée.

3. (absolu) La première chose qu'elle a dû faire était de trouver un appartement.

4. (constant) Elle a cherché dans les meilleurs quartiers de Paris.

5. (rapide) Mais elle s'est rendu compte que les appartements coûteraient trop cher.

6. (fréquent) Alors, Julie est allée dans des quartiers plus modestes et même dans quelques banlieues de Paris.

7. (obstiné) Julie a persisté dans sa recherche d'un appartement.

8. (poli) Chaque fois qu'elle voyait le propriétaire d'un immeuble, elle faisait très attention de lui parler.

9. (heureux) Après beaucoup d'efforts, Julie a trouvé un appartement simple mais spacieux dans un bon quartier de Paris.

10. (élégant) Julie a meublé° son appartement.

furnished

3-17 Philippe s'installe à Paris. Placez correctement **aussi, à peine, du moins** et **peut-être** dans les phrases suivantes. Ensuite, refaites les phrases en changeant la place de l'adverbe. (Attention: Avec **aussi** il n'y a qu'une possibilité, alors soyez attentif à la logique de la phrase.)

M o d è l e :   (peut-être) Elle est fatiguée des problèmes urbains.
                       Peut-être est-elle fatiguée des problèmes urbains.
                       Elle est peut-être fatiguée des problèmes urbains.
          (aussi) Paul adore aller au Louvre, et au Musée d'Orsay.
                       Paul adore aller au Louvre, et au Musée d'Orsay aussi.
         (aussi) Paul adore l'art moderne. Il suit un cours sur Picasso.
                       Paul adore l'art moderne, aussi suit-il un cours sur Picasso.

1. (peut-être) Philippe va vivre à Paris.

2. (du moins) Il a mis assez d'argent de côté pour y vivre pendant un an sans trop s'inquiéter.

3. (aussi) D'abord, Philippe doit trouver un appartement bon marché. Il doit chercher dans les banlieues de Paris.

4. (à peine) Il avait commencé sa recherche et son ami Paul lui a téléphoné pour l'inviter à partager son appartement avec lui.

5. (peut-être) Philippe pense que c'est une bonne idée.

6. (du moins) L'appartement de Paul est en plein centre-ville.

7. (peut-être // aussi) Leurs amis leur rendront souvent visite. Ils auront une vie sociale dynamique.

8. (aussi) Ils iront au théâtre plusieurs fois par semaine.

Honoré de Balzac

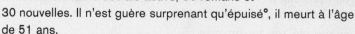

Honoré de Balzac (1799–1850) est l'un des plus grands romanciers du dix-neuvième siècle et certainement l'un des plus prolifiques. Né à Tours, il s'intéresse tôt à la littérature et décide alors de devenir écrivain. Ses premières tentatives échouent° mais à partir de 1830, il connaît le succès. Balzac écrit à grande vitesse et publie en l'espace de 20 ans, tout en menant une vie sociale active, 90 romans et 30 nouvelles. Il n'est guère surprenant qu'épuisé°, il meurt à l'âge de 51 ans.

échouer *to fail*

épuisé *exhausted*

L'imagination de Balzac semble illimitée au point de créer un monde fictif où des personnages originaux et complexes réapparaissent de roman en roman. Réunis sous le nom de *La Comédie Humaine*, les textes de Balzac donnent sa vision, teintée par son catholicisme et son monarchisme, de la société de la Restauration (1814–1830) et de la Monarchie de Juillet (1830–1848). Observateur minutieux et pénétrant de la nature humaine, Balzac remplit ses romans de descriptions détaillées de ses personnages, des maisons, et des lieux où ils habitent.

L'extrait suivant est l'ouverture de *Ferragus* (1833), un roman d'intrigue, de meurtre° et de revanche où Paris est un personnage qui sert de toile de fond° à l'histoire.

un meurtre *murder*

une toile de fond *background*

▲ **L'imprimerie de Balzac**

Stratégie de lecture

Une description est essentiellement un tableau fait de mots. Quand nous lisons une description, il est donc important d'imaginer ou de visualiser la scène décrite. En lisant l'introduction de *Ferragus*, essayez de visualiser les rues de Paris que Balzac décrit. Sont-elles larges ? Étroites ? Vivantes ? Sordides ? À quoi Balzac compare-t-il les rues de Paris ? Quelles images utilise-t-il ?

Stratégie de prélecture

Après avoir lu le texte une fois, mettez-vous en groupes de trois ou quatre personnes et choisissez une rue spécifique. Avec vos partenaires, essayez de faire un dessin de cette rue. Présentez votre dessin aux autres membres de la classe. Comparez votre dessin avec les dessins des autres membres de la classe.

Paris

Il est dans Paris certaines rues déshonorées autant que peut l'être un homme coupable d'infamie ; puis il existe des rues nobles, puis des rues simplement honnêtes, puis de jeunes rues sur la moralité desquelles le public ne s'est pas encore formé d'opinion ; puis des rues assassines, des rues plus vieilles que de vieilles douairières° ne sont vieilles, des rues estimables, des rues toujours propres, des rues toujours sales, des rues ouvrières, travailleuses, mercantiles. Enfin, les rues de Paris ont des qualités humaines, et nous impriment° par leur physionomie certaines idées contre lesquelles nous sommes sans défense. Il y a des rues de mauvaise compagnie où vous ne voudriez pas demeurer, et des rues où vous placeriez volontiers votre séjour. Quelques rues, ainsi que la rue Montmartre, ont une belle tête et finissent en queue° de poisson. La rue de la Paix est une

large rue, une grande rue ; mais elle ne réveille aucune des pensées gracieusement nobles qui

25 surprennent une âme impressible° au milieu de la rue Royale, et elle manque certainement de la majesté qui règne dans la place Vendôme. Si vous vous promenez dans les rues de l'île Saint-Louis, ne demandez raison de la tristesse

30 nerveuse qui s'empare° de vous qu'à la solitude, à l'air morne des maisons et des grands hôtels déserts. Cette île, le cadavre des fermiers-généraux[5] est comme la Venise de Paris. La place de la Bourse° est babillarde°, active,

35 prostituée ; elle n'est belle que par un clair de lune, à deux heures du matin : le jour, c'est un abrégé° de Paris ; pendant la nuit, c'est comme une rêverie de la Grèce. La rue Traversière-Saint-Honoré n'est-elle pas une rue infâme° ?

40 Il y a là de méchantes petites maisons à deux croisées, où, d'étage en étage, se trouvent des vices, des crimes, de la misère. Les rues étroites° exposées au nord, où le soleil ne vient que trois

la douairière *dowager*

imprimer *to imprint*

la queue *tail*

une âme impressible *an impressionable soul*

s'emparer de *to seize, take hold of*

la Bourse *the Stock Exchange*
babillard *babbling*

abrégé *abridged version*

infâme *infamous*

étroit *narrow*

[5] Fermier-général : financier qui sous l'Ancien Régime (avant 1789) recueillait les impôts. Au XVIIème siècle, beaucoup de ces financiers se firent construire des hôtels particuliers dans l'île Saint-Louis ; au XIXème siècle, seules les vieilles personnes vivent dans ce quartier.

impunément *with impunity*

La Justice ne s'en mêle pas
    Justice doesn't get involved

meurtrière *murderous*

récolter *to harvest, gather*

flâner *to stroll*

la jouissance *enjoyment, delight*

la muraille *thick wall*

ou quatre fois dans l'année, sont des rues assassines qui tuent impunément° ; la Justice d'aujourd'hui ne s'en mêle pas° … Pour résumer ces idées par un exemple, la rue Fromenteau[6] n'est-elle pas tout à la fois meurtrière° et de mauvaise vie ? Ces observations, incompréhensibles au-delà de Paris, seront sans doute saisies par ces hommes d'étude et de pensée, de poésie et de plaisir qui savent récolter°, en flânant° dans Paris, la masse de jouissances° flottantes, à toute heure, entre ses murailles° ; par ceux pour lesquels Paris est le plus délicieux des monstres : là, jolie femme ; plus loin, vieux et pauvre ; ici, tout neuf comme la monnaie d'un nouveau règne : dans ce coin, élégant comme une femme à la mode. Monstre complet d'ailleurs ! 45 50

Vérifions notre compréhension du texte

Répondez aux questions suivantes et justifiez vos réponses.

1. Combien de types de rues Balzac présente-t-il dans l'introduction de *Ferragus* ?

2. Quels types de rues trouve-t-on à Paris ? Dressez une liste des types de rues.

3. Expliquez ce que Balzac veut dire par « une rue déshonorée » ou « une rue noble ».

4. Regardez votre liste et expliquez ce que Balzac veut dire par tous les épithètes qu'il utilise pour décrire les rues de Paris.

5. Quelles comparaisons trouvez-vous dans le passage pour décrire les rues de Paris ? Expliquez les images suggérées par ces comparaisons.

6. Quelles qualités humaines les rues de Paris ont-elles ?

7. Quel est l'effet des rues sur les gens ?

8. Décrivez la rue Montmartre, la rue de la Paix, et la rue Royale, les rues de l'île Saint-Louis, la place de la Bourse.

9. Regardez sur un plan de Paris où sont ces rues. Sont-elles au centre ? À la périphérie ?

10. Pourquoi les observations que fait Balzac sont-elles incompréhensibles hors de Paris ?

11. Quel type de personne apprécie les rues de Paris ? Pourquoi ?

12. Pourquoi Balzac appelle-t-il Paris un « monstre » ?

13. Allez sur Internet et trouvez des photos de ces rues aujourd'hui. Comparez les changements par rapport au temps de Balzac. Regardez également le site http://www.paris-pittoresque.com.

Approfondissons notre compréhension du texte

 En petits groupes, discutez les questions suivantes. Soyez prêts à présenter vos idées au reste de la classe.

1. La personnification : La personnification est une figure de rhétorique par laquelle un auteur attribue des caractéristiques humaines à quelque chose

---

[6] La rue Fromenteau n'existe plus. Elle a été éliminée avec l'achèvement du Musée du Louvre.

d'inanimé. La personnification est souvent utilisée dans des descriptions pour rendre la scène plus convaincante.

a) Quelles personnifications trouvez-vous dans ce passage de *Ferragus* ?

b) Dressez une liste des personnifications. Quels éléments grammaticaux (adjectifs, verbes, noms) Balzac utilise-t-il pour créer ses personnifications ?

c) Quelles métaphores entre les rues et les êtres humains trouvez-vous ?

d) Quels types de personnes trouvez-vous ?

e) Qu'est-ce que ces métaphores suggèrent ? Expliquez les comparaisons.

2. Discutez du rapport entre le décor, dans ce cas les rues de Paris, et les états d'âme° qu'une personne pourrait avoir à Paris. Selon Balzac, de quelle manière l'ambiance influence-t-elle nos émotions et nos pensées ?

les états d'âme *mood*

Discutons ensemble

 En petits groupes, discutez des questions suivantes :

1. La description de Balzac et l'article de Solenn de Royer suggèrent qu'il y a des problèmes dans toutes les grandes villes. Quels sont ces problèmes ? Réussira-t-on jamais à les résoudre ? Pourquoi ou pourquoi pas ?

2. À votre avis, est-ce que l'architecture et l'apparence d'une ville peuvent influencer le comportement, les pensées et les émotions des gens ? Peut-on changer les gens en changeant leur milieu ?

▲ **Île Saint-Louis**

Le comparatif et le superlatif

1 Le comparatif de l'adjectif et de l'adverbe

A. Le comparatif de l'adjectif :

Il y a trois types de comparatifs : le comparatif de supériorité, formé avec **plus,** le comparatif d'infériorité, formé avec **moins,** et le comparatif d'égalité, formé avec **aussi.** Le deuxième terme du comparatif est **que.** Notez que l'adjectif s'accorde avec le nom qu'il modifie.

comparatif de supériorité :   La ville de Cannes est **plus** ensoleillée **que** Paris.

comparatif d'infériorité :   Ces immeubles de banlieue sont beaucoup **moins** hauts **que** les gratte-ciel qu'on trouve au centre-ville.

comparatif d'égalité :   Ces boutiques-ci sont **aussi** élégant**es que** celles-là.

Remarque : Le comparatif de supériorité de **bon** est **meilleur.**

Ce grand magasin-ci est **meilleur** que celui-là.

B. Le comparatif de l'adverbe :

Le comparatif de l'adverbe est formé de la même manière que le comparatif de l'adjectif.

Les gens conduisent **plus** lentement en banlieue **qu'**au centre-ville.

Remarque : Le comparatif de supériorité de **bien** est **mieux.**

> **Comparaison linguistique**
>
> Il y a deux moyens de former le comparatif en anglais. Quelles sont ces formes ? Est-ce qu'elles sont interchangeables ? Si non, quelles sont les différences ? Y a-t-il des comparatifs irréguliers en anglais ?

Précision

Les expressions **supérieur à, inférieur à, antérieur à, postérieur à** sont aussi des comparatifs.

La vie culturelle au centre ville est **supérieure à** la vie culturelle en banlieue.

Pratiquons

 3-18 À partir des fragments de phrases donnés, comparez la vie en ville à la vie à la campagne. Attention à l'accord de l'adjectif.

Modèle :   (plus) la circulation // être // intense :
La circulation est plus intense en ville qu'à la campagne.
(moins) les gens // conduire // vite :
Les gens conduisent moins vite à la campagne qu'en ville.

1. (moins) les maisons // coûter // cher
2. (plus) la vie culturelle // être // actif
3. (aussi) les gens // se comporter // poliment

4. (plus) le travail // être // bien // payé

5. (plus) la nourriture // être // bon et frais

6. (moins) les rues // être // bruyant

7. (plus) on // faire // des rénovations // souvent

8. (aussi) les gens // travaillent // sérieusement

9. (plus) on // pouvoir aller // fréquemment au cinéma

10. (moins) les grands magasins // être // nombreux et élégant

3-19 Vous allez entendre des comparaisons entre deux villes. Écrivez l'inverse de ce que vous entendez.

Modèle :   Vous entendez :   Paris est moins moderne que New York.

            Vous écrivez :   New York est plus moderne que Paris.

1. Paris / Londres

2. Cannes / Marseille

3. Strasbourg / Bordeaux

4. Clermont-Ferrand / Chamonix

5. Rennes / Quimper

6. Aix / Avignon

3-20 Avec votre partenaire, comparez la ville d'où vous venez à celle d'où vient votre partenaire.

2 Le superlatif de l'adjectif et de l'adverbe

A. Le superlatif de l'adjectif est formé avec **plus** ou **moins** précédé par l'article défini qui convient. Le deuxième terme du superlatif est **de :**

> C'est **la** boutique **la plus** élégante **de la** ville.
> C'est **le plus** bel immeuble **du** quartier.

Remarque : Dans le premier exemple, le superlatif est placé après le mot **la boutique** parce que l'adjectif **élégant** est normalement placé après le nom qu'il modifie.

Dans le deuxième exemple, l'adjectif **beau (bel)** est placé devant le nom qu'il modifie. Au superlatif, on respecte l'ordre normal de l'adjectif.

B. Le superlatif de l'adverbe est formé avec l'article défini **le** et **plus** ou **moins :**

> Nous voulons rester dans cet hôtel bruyant **le moins longtemps** possible.
> Cet hôtel est **le mieux** entretenu **du** quartier.

1. Le comparatif et le superlatif de **mauvais** est **plus mauvais/le plus mauvais** ou **pire/le pire.** En général, on emploie **pire** avec un nom abstrait ou avec un concept.

   La pauvreté figure parmi **les pires** injustices **de** la vie urbaine.

2. Le comparatif de **mal** est **plus mal** ou **pis.** On ne trouve **pis** que dans des expressions idiomatiques.

   Tout est allé **de mal en pis.**
   (*Everything went from bad to worse.*)

3. Le comparatif de **petit** est **moindre.** On n'utilise cette expression que dans certaines expressions idiomatiques.

   Votre frère vous a aidé à trouver un appartement ?
   Mais c'est **la moindre des choses** ! (*It's the least he could do!*)
   par contre : Ma sœur est **la plus petite** de la famille.

4. Le comparatif du nom se forme ainsi : plus de ... que, moins de ... que, autant de ... que

   Il y a **plus de** circulation à Paris **qu'**à Lyon.
   À l'heure de pointe, on voit **autant d'**embouteillages à Bordeaux **qu'**à Nantes.

5. Le comparatif du verbe se forme ainsi : plus que, moins que, autant que

   Il sort autant que sa sœur.
   Elle travaille **moins que** les Parisiens.

Pratiquons

 3-21 Georges parle de son quartier et des gens qui y habitent. Que dit-il ? Faites des phrases superlatives à partir des fragments de phrases donnés, suivant le symbole (+/−).

Modèle: (+) C'est // le quartier // grand // la ville.
   C'est le plus grand quartier de la ville.

1. (+) C'est // le quartier // tranquille // la ville.
2. (−) Mes voisins // être // bruyant // l'immeuble.
3. (−) Les gens du quartier // conduire // vite // la ville entière.
4. (+) L'architecture de mon bâtiment // être // élégant // le quartier.
5. (+) Mais les rues // être aussi // étroit // toute la ville.
6. (−) Les appartements dans mon immeuble // être // spacieux // le quartier.
7. (+) Mais ils // être aussi // somptueux // le quartier.
8. (+) Mon immeuble // être // bien // entretenu // le quartier.
9. (+) C'est en fait // l'immeuble // bon // le quartier.
10. (−) Le soir, c'est // le quartier // animé // la ville.

3-22 Décrivez votre ville, en utilisant des superlatifs. Utilisez votre imagination !

Modèle : Ma ville est la plus ennuyeuse de la région.

3-23 Vous êtes journaliste. Vous menez une enquête sur la vie urbaine en France et aux États-Unis. Pensez au moins à 5 questions différentes que vous pourriez poser à votre partenaire ; ensuite, posez-les. Présentez les résultats au reste de la classe. Utilisez le comparatif et le superlatif dans vos questions et dans les réponses.

Modèle : — Où vit-on mieux en ville ? Aux États-Unis ou en France ? Pourquoi ?
— On vit mieux en ville en France, parce qu'en général le système des transports publics est meilleur.

3 Expressions idiomatiques

Étudiez les exemples suivants :

Plus … plus // moins … moins

> **Plus** je me dépêche, **moins** je fais de progrès.
> (*The more I hurry, the less progress I make.*)

De plus en plus // de moins en moins

> La rénovation de ce quartier le rend **de plus en plus beau.**
> (*The renovation of this section of the city is making it more and more beautiful.*)

Tant mieux // tant pis

> Vous avez décidé de ne pas venir à l'opéra avec nous ? **Tant pis** !
> (*Too bad!*)
> Heureusement, vous avez décidé de nous rejoindre au restaurant après l'opéra ? **Tant mieux** !
> (*So much the better!*)

3-24 Réactions. Réagissez ou reformulez les mots et expressions en gras en utilisant **tant pis, tant mieux, de plus en plus, de moins en moins, plus … moins, aller de mal en pis, supérieur** ou **inférieur.**

Modèle : Je vis en ville depuis longtemps et **je n'aime pas davantage ce mode de vie.**

Plus je vis en ville, moins j'aime ce mode de vie.

1. La vie en banlieue est **préférable** à la vie au centre-ville.
2. **Il n'a pas pu trouver un appartement chic et bon marché.**
3. Ce quartier devient **réellement beau.**
4. **J'ai perdu mon temps aujourd'hui.**
5. **Le prix** des appartements monte et **les gens** ne peuvent pas les louer.
6. **La rénovation** de ce vieux cinéma n'est pas aussi réussie que **la construction originale.**
7. L'architecture devient moins **élégante** d'année en année.
8. **Je peux vous rejoindre après l'opéra.**

Stratégie d'écriture : L'introduction

L'introduction à une composition a trois fonctions. D'abord, l'introduction doit **orienter le lecteur**. Ensuite, elle doit **définir le problème** que la composition va aborder. Finalement, elle doit présenter d'une manière ou d'une autre **l'idée directrice** de la composition. Dans une analyse littéraire, pour orienter le lecteur, il faut donner le titre du texte dont on va parler et le nom de l'auteur du texte. Il est aussi utile de présenter quelques généralisations qui sont directement pertinentes pour le texte. Pour définir le problème, il faut établir le contexte de la discussion qui s'ensuivra. Y a-t-il un élément controversé ? Y a-t-il un problème ou une situation paradoxale ? Pour l'idée directrice, n'oubliez pas qu'elle est de nature théorique. Pour les Français, l'idée directrice a toujours **une problématique,** c'est-à-dire quelque chose qui invite à l'explication ou à l'interprétation.

Si vous imaginez la structure géométrique de votre introduction, elle forme souvent un triangle inversé qui montre la progression du général (l'orientation du lecteur) au spécifique.

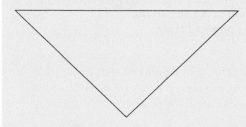

orientation du lecteur

définition du problème

idée directrice

Voici quelques expressions utiles pour une introduction : **il s'agit de, il est question de,** ou **traiter de.** Par exemple, « Dans *Ferragus* de Balzac, il s'agit d'un crime de vengeance. » Ou « *Ferragus* de Balzac traite d'un crime de vengeance. » Remarquez que **il s'agit de** et **il est question de** sont toujours impersonnels, c'est-à-dire, **il** est toujours le sujet de la phrase.

Opéra Garnier Paris ▶

 Sujets de composition (300 mots)

1. Analysez l'emploi de la personnification dans l'introduction de *Ferragus*. Dans quelle mesure la personnification révèle-t-elle les idées de Balzac sur le rapport entre un lieu et les gens qui y vivent ?

2. Dans les grandes villes, il existe de nombreux problèmes. En vous basant sur un des textes que vous avez lus, discutez de ces problèmes et de leurs origines.

3. Choisissez une ville que vous connaissez et discutez des problèmes qui y existent. Pensez au lien entre le milieu et les problèmes ou aspects positifs de la ville. Y a-t-il un rapport entre l'apparence de la ville et le comportement des gens ?

 ## Avant d'écrire

Avant d'écrire votre composition répondez aux questions suivantes :

1. Pour orienter le lecteur, je vais mentionner : _____
_____

2. Pour définir mon problème, je dois donner le contexte suivant : _____
_____

3. Voici la problématique de mon idée directrice : _____
_____

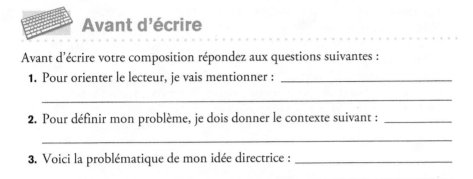 ## Collaborons

 Maintenant, montrez vos réponses à un ou deux autres étudiants de la classe. Qu'en pensent-ils ? Ont-ils des suggestions ? Offrez-leur vos suggestions.

Après avoir discuté des questions, écrivez le brouillon de l'introduction pour votre composition. Montrez votre introduction à deux autres étudiants de la classe et discutez-en ! Est-ce que vous avez suffisamment orienté votre lecteur ? Que pensent-ils de votre idée directrice ? Est-ce qu'ils trouvent l'organisation de l'introduction solide ? Ont-ils des suggestions ? Est-ce que vous trouvez leurs idées et leurs introductions bien écrites ? Est-ce que vous avez des suggestions pour eux ?

Modèle d'écriture

 Voilà un exemple d'introduction. Examinez-la et discutez entre vous des qualités ou des défauts de cette introduction.

> Dans l'introduction de *Ferragus* Balzac juxtapose des images diverses pour faire le portrait d'un Paris dynamique. Par exemple, il compare les rues de la ville à de vieilles femmes, à des jeunes de moralité problématique, à des ouvriers, à d'honnêtes gens et à un crustacé pour montrer les différentes faces de Paris. Il existe des quartiers riches, pauvres, sûrs et dangereux. Cependant, si on compte le nombre de références négatives et positives et si on les compare, on remarque que Balzac incorpore plus de références négatives que positives. Il semble alors que Balzac s'intéresse plus à la criminalité qu'à l'honnêteté parce que la criminalité, comme les rues de Paris, cache des secrets de l'âme humaine.

Que pensez-vous de cette introduction ? Quels en sont les points forts ? Les faiblesses ? Est-ce que cette introduction correspond au dessin géométrique de l'introduction présentée ci-dessus ? Que pensez-vous de la problématique exposée ?

4 Politique, indépendance, identité nationale

L'Assemblée nationale

LES OBJECTIFS

Gouvernements, fierté nationale, renouveau culturel, identité

Réflexion sur la France et le Canada
« Le message du général de Gaulle reste d'actualité »
Gabrielle Roy : *La Détresse et l'Enchantement*

Comment structurer le paragraphe d'un essai

Orientation culturelle

La politique française

Aujourd'hui encore, la politique française est influencée par le gaullisme et définie par une division formelle Droite/Gauche mais moins doctrinale que par le passé. Les partis de la droite modérée, tout comme le Parti Socialiste, sont convaincus que le gouvernement a un rôle à jouer dans l'orientation de la société et dans la vie des citoyens. De plus, leurs positions en matière de politique étrangère, d'économie ou de droits individuels sont moins guidées par des clivages idéologiques. Les deux tendances politiques croient en l'exception française. Par ailleurs, les deux groupes politiques ont partagé simultanément le pouvoir dans les périodes de *cohabitation*° et ont dû s'efforcer de résoudre les mêmes problèmes lorsqu'ils étaient à la tête du gouvernement : chômage° endémiquement élevé, augmentation d'impôts° pour alimenter les subventions sociales, croissance économique stagnante, dette, mondialisation°, érosion de l'influence française et succès du parti xénophobe, le Front National. Malgré tout, dans l'ensemble, les Français se disent heureux de leur vie et satisfaits de leur travail.[1]

La cohabitation est le partage du pouvoir par deux partis politiques de tendance opposée.

le chômage *unemployment*
les impôts *taxes*
la mondialisation
globalization

1. Selon quels partis politiques, le gouvernement a-t-il un rôle à jouer dans la vie des citoyens ?
2. Quels problèmes les partis politiques doivent-ils résoudre ?
3. Qu'est-ce que la xénophobie ? Quel parti est associé à la xénophobie ? Imaginez les caractéristiques de ce parti. Un tel parti existe-t-il dans votre pays ?
4. Qu'est-ce que « l'exception française » à votre avis ?
5. Les Français sont-ils heureux ?

[1] Selon une récente étude de l'Insee (publiée en Octobre 2011), le niveau de satisfaction dans la vie des Français est de 7,3 sur 10. La satisfaction augmente évidemment avec le niveau de vie.

Vocabulaire

04-01 to 04-07B

Apprenons ces mots essentiels

Politique

Noms

un/une adversaire	*opponent*	le scrutin	*ballot*
un candidat, une candidate	*candidate*	un sénateur	*senator*
un citoyen, une citoyenne	*citizen*	un sondage	*a poll*
une crise	*crisis*	l'Union européenne	*European Union*
un député	*representative*		
le droit de vote	*right to vote*		

Adjectifs

l'égalité (f.)	*equality*
une émeute	*riot*
les élections (f.)	*elections*

la fraternité	*fraternity, brotherhood*	conservateur, conservatrice	*conservative*
le gouvernement	*government*	de droite	*right, right-wing*
une grève	*strike*	de gauche	*left, left-wing*
la liberté	*liberty, freedom*	libéral	*liberal*
une manifestation	*demonstration*	progressiste	*liberal*
un ministre	*minister*	réactionnaire	*reactionary*
la monarchie	*monarchy*		

Verbes

le parlement	*parliament*	avoir lieu	*to take place*
un parti	*political party*	élire	*to elect*
le pays	*country*	être, arriver au pouvoir	*to be in, to come to power*
le peuple (français, américain)	*the (French, American) people*	être élu	*to be elected*
		démissionner	*to resign*
la politique	*politics, policy*	faire un discours	*to make a speech*
un président, une présidente	*president*	faire des réformes	*to make reforms*
un programme	*program, platform*	se lancer dans la politique	*to go into politics*
la république	*republic*	maintenir le statu quo	*to maintain the status quo*
		poser sa candidature	*to run for office*
		voter (pour, contre)	*to vote (for, against)*

G8, Deauville, janvier 2012. Le président Nicolas Sarkozy (2007-2012) et le premier ministre canadien, Stephen Harper ▶

Amusons-nous avec les mots

 4-1 Devinez les mots : Créez des mots à partir des lettres mélangées.

TCNIYENOE

ÉDREMNINSIOS

ROTEV

TCIEOLNÉS

IÉGLATÉ

 4-2 Mon oncle adore la politique. Complétez les phrases avec un des mots suivants. N'oubliez pas de faire les accords ni de conjuguer les verbes.

citoyen	faire des réformes	le droit de vote
conservateur	de droite	se lancer dans la politique

Mon oncle Adolphe adore la politique. Il croit que _le droit de vote_ est un droit précieux pour tous les _citoyen_, et alors il n'a pas manqué de voter dans toutes les élections. Comme il est assez _conservateur_, il vote toujours pour le parti _de droite_. Néanmoins, selon oncle Adolphe, le parti actuellement au pouvoir doit _faire des réforme_ pour résoudre les problèmes sociaux et économiques. Puisque oncle Adolphe est à la retraite, il pense lui-même _se lancer dans la politique_

Qu'en pensez-vous ?

4-3 Jean et Marc parlent de la prochaine élection. Écoutez leur conversation.

A. Répondez aux questions que vous entendez en indiquant la lettre qui correspond à la réponse correcte.

1. a) b) c) d)

2. a) b) c) d)

3. a) b) c) d)

4. a) b) c) d)

 B. Répondez aux questions suivantes.

1. Qui est-ce qui s'intéresse le plus à la politique ?

2. Contrastez les idées de Jean et de Marc sur l'importance de l'écologie.

3. À votre avis, est-ce que l'écologie doit figurer parmi les idées politiques d'un candidat ? Pourquoi ?

4. Décrivez votre candidat idéal. Est-ce un homme ou une femme ? Le sexe du candidat a-t-il de l'importance ? Quelles sont les idées politiques de votre candidat idéal ?

Gouvernement

Noms

l'anarchie *(f.)*	*anarchy*	un homme politique	*politician*
l'avis *(m.)*	*opinion*	la laïcité	*secularism*
à mon avis	*in my opinion*	le mandat	*mandate, term of office*
le bulletin de vote	*ballot*	un partisan, une partisane	*supporter, follower*
la démocratie	*democracy*	le pouvoir exécutif	*executive power*
le despotisme	*despotism*	le pouvoir judiciaire	*judicial power*
la dictature	*dictatorship*	le pouvoir législatif	*legislative power*
une femme politique	*politician*	un sondage	*poll*

Amusons-nous avec les mots

4-4 Trouvez les paires de mots.

1. _____ la laïcité
2. _____ le pouvoir exécutif
3. _____ le bulletin de vote
4. _____ la dictature
5. _____ le mandat

a. le pouvoir est détenu par une personne
b. un formulaire pour enregistrer son vote
c. la période du pouvoir politique
d. le pouvoir du président
e. le sécularisme

4-5 Répondez aux questions suivantes en vous inspirant du vocabulaire **d'Élargissons notre vocabulaire.**

1. Comment appelle-t-on le chaos politique ?
2. Comment appelle-t-on le pouvoir d'interpréter les lois ?
3. Comment appelle-t-on le chef d'une dictature ?
4. Comment appelle-t-on un système de gouvernement où la plupart des citoyens adultes ont le droit de vote ?
5. Comment appelle-t-on une personne qui se consacre à la politique ?

🔊 *Qu'en pensez-vous ?*

4-6 Jean et Marc continuent leur discussion après le débat.

A. Indiquez si les phrases que vous entendez sont vraies (Vrai) ou fausses (Faux).

1. Vrai / Faux
2. Vrai /Faux
3. Vrai / Faux
4. Vrai / Faux
5. Vrai / Faux

B. Répondez aux questions suivantes.

1. Que pense Jean de la femme politique après le débat ?
2. Selon Jean, pourquoi la laïcité est-elle un principe politique important ?
3. À votre avis, quel sujet est le plus important dans un débat politique ? L'économie ? L'écologie ? La laïcité ? La solidarité ? Pourquoi ?

▲ Christine Lagarde, première femme directrice générale du Fonds monétaire international (FMI)

Invitation à la conversation

En petits groupes, choisissez quelques questions que vous allez poser au reste du groupe en vous servant du vocabulaire des pages précédentes. Ensuite, présentez vos idées à toute la classe.

1. Est-ce que la politique vous intéresse ? Si oui, pourquoi ? Si non, pourquoi ?
2. Quels sont les partis politiques dans votre pays ? Qu'est-ce qui les différencie ?
3. Quelle est l'orientation politique de la plupart des gens dans la région d'où vous venez ? Choisissez la réponse appropriée.

    Ils sont plutôt conservateurs. Dans quels domaines ? Social ? Économique ? Impôts ?
    Ils sont plutôt au centre.
    Ils sont plutôt démocrates.

4. Chaque élu a des fonctions et des responsabilités différentes.

    Que fait le président d'un pays ?
    Quel rôle joue un député ?
    Quel est le rôle du gouverneur d'un état ?
    Quelles sont les responsabilités d'un maire ?

5. Voudriez-vous être :

> président(e)
> député(e)
> simple citoyen (citoyenne)
> ministre
> sénateur
> maire
> gouverneur

Justifiez votre réponse.

6. Si vous étiez député ou sénateur, quelles réformes aimeriez-vous instituer ? Égalité des chances ? Mariage pour tous ? Santé publique ? Augmentation du salaire minimum ? Maintien des subventions sociales ?

▲ Le président François Hollande, élu le 6 mai 2012

Le passé composé

On emploie le passé composé pour raconter des actions au passé.

Formation : **être** ou **avoir** au présent + **le participe passé** du verbe

Il **a** parlé au député.
Elle **est** allée voter.

1 Le participe passé

Le participe passé des verbes en **er** se forme avec le radical du verbe + **é.**

rencontrer → rencontr → rencontr**é**

Le participe passé des verbes en **ir** se forme avec le radical du verbe + **i.**

finir → fin → fin**i**

Le participe passé des verbes en **re** se forme avec le radical du verbe + **u.**

attendre → attend → attend**u**

Beaucoup de verbes ont un participe passé irrégulier. Il faut les apprendre par cœur.

avoir, **eu**	plaire, **plu**	rire, **ri**
devoir, **dû**	venir, **venu**	suivre, **suivi**
falloir, **fallu**	courir, **couru**	
pouvoir, **pu**	tenir, **tenu**	s'asseoir, **assis**
recevoir, **reçu**		mettre, **mis**
savoir, **su**	lire, **lu**	apprendre, **appris**
vouloir, **voulu**	vivre, **vécu**	prendre, **pris**
boire, **bu**	être, **été**	dire, **dit**
croire, **cru**	faire, **fait**	écrire, **écrit**
	naître, **né**	construire, **construit**
connaître, **connu**		
paraître, **paru**	couvrir, **couvert**	mourir, **mort**
	offrir, **offert**	

A. Le passé composé avec **avoir** :

La majorité des verbes en français sont conjugués avec l'auxiliaire **avoir.**

Voter					
j'	**ai**	voté	nous	**avons**	voté
tu	**as**	voté	vous	**avez**	voté
il/elle/on	**a**	voté	ils/elles	**ont**	voté

Accord : On ne fait pas d'accord entre le participe passé et le sujet du verbe.

Elle a écrit à son député.
Ils ont élu un président très conservateur.
Les ministres du travail et de l'environnement ont démissionné.

L'accord se fait avec **l'objet direct** lorsque celui-ci est placé **avant** le verbe.

> – Où avez-vous rencontré les candidats ?
> – Je **les** ai rencontr**és** à un débat.
>   (**les,** pronom personnel objet direct, remplace le mot « candidats »)
> Voici les décisions **qu**'ils ont pris**es** !
>   (**que,** pronom relatif objet direct, remplace le mot « décisions »)
> **Quelles villes** le président a-t-il visit**ées** ?
>   (À cause de l'adjectif interrogatif, « quelles », l'objet direct, **villes,**
> est avant le verbe.)

Précision

Il n'y a pas d'accord avec le pronom **en** ou avec un pronom **indirect.**

> Avez-vous lu des articles sur la politique française?
> – Oui, j'**en** ai l**u.**
> Elle **leur** a expliqu**é** ses idées sur l'assurance médicale.

B. Le passé composé avec **être** :

Les verbes intransitifs, c'est-à-dire sans objet direct, sont conjugués avec **être.**
(La plupart de ces verbes expriment le mouvement.)

aller	venir	passer
arriver	partir	rester
descendre	monter	retourner
entrer	sortir	tomber
naître	mourir	

Accord : Le participe passé s'accorde avec le sujet du verbe.

> Hier, **nous** sommes allé**s** voter.
> **Les candidats** sont entr**és** dans la salle.
> **Ils** sont repart**is** sans faire de discours.
> **Elle** est deven**ue** députée à trente ans.

Comparaison linguistique

Comment traduiriez-vous :
- Le ministre est vite sorti sans parler aux journalistes.
- Le ministre a sorti son discours de son attaché-case.

Précision

Certains de ces verbes : **entrer, descendre, monter, passer, retourner, sortir,** peuvent devenir transitifs et avoir un objet direct. On les conjugue alors avec l'auxiliaire **avoir.**

Comparez :

> Le ministre **est** monté sur l'estrade pour faire son discours.
> Ils **ont** monté une estrade sur la place. (Le mot **estrade** est objet direct.)
> La journaliste **est** sortie précipitamment de la salle.
> La journaliste **a** sorti son stylo de son sac. (Le mot **stylo** est objet direct.)
> Le premier ministre **est** passé par New York avant d'aller à Washington.
> Le premier ministre **a** passé ses vacances à la Martinique. (Le mot **vacances** est objet direct.)

C. Les verbes pronominaux :

Les verbes pronominaux se conjuguent avec l'auxiliaire **être.**

> La présidente **s'est** assise et la réunion a commencé.
> Les députés **se sont** mis à applaudir le ministre.

Accord : Il existe plusieurs catégories de verbes pronominaux :

1. les verbes réfléchis (le sujet fait l'action sur lui-même),

Elle s'est levée pour parler devant la foule. (réfléchi)

2. les verbes réciproques (les sujets font l'action simultanément / réciproquement),

Les députés se sont insultés. (réciproque)

3. les verbes pronominaux idiomatiques.

Christine s'est ennuyée à la dernière réunion. (idiomatique)

Le participe passé des verbes réfléchis et réciproques s'accorde avec le pronom réfléchi quand celui-ci est **objet direct.** Le participe passé des autres verbes pronominaux s'accorde (la plupart du temps mais pas toujours) avec le sujet du verbe. Les règles sont expliquées en détail au chapitre 9.

Pratiquons

4-7 Voilà ce que Marc et Sylvia ont fait le jour des élections. C'est Sylvia qui parle. Écoutez et écrivez les phrases que vous entendez. Attention aux accords.

Modèle : Vous entendez : Nous nous sommes réveillés de bonne heure.
Vous écrivez : Nous nous sommes réveillés de bonne heure.

1. _____
2. _____
3. _____
4. _____
5. _____
6. _____
7. _____
8. _____
9. _____
10. _____

4-8 Christine explique ce qu'elle et tous les autres ont fait le matin des élections. Mettez le verbe au passé composé.

1. Je sors à 8 heures. (tu, les voisins, nous)

2. J'entre dans le bureau de vote. (nous, mon frère, mes amis)

3. Je remplis le bulletin. (vous, ces citadins blasés, le vieux général)

4. Je mets le bulletin dans l'urne. (nous, ma sœur, les syndicalistes)

5. Le soir, je veux écouter les résultats. (vous, mes parents, on)

4-9 Jacqueline parle de son voyage à travers l'Europe. Transformez les phrases en utilisant le **passé composé.**

1. Je **quitte** Paris le 1er juillet.
2. Je **prends** le train Gare du Nord.
3. J'**arrive** à Bruxelles.
4. Je **descends** dans un petit hôtel pas cher.
5. Je **visite** le Parlement européen.
6. J'**assiste** à une séance sur la santé.
7. Je **vois** beaucoup de monuments et bien entendu le Manneken Pis.
8. Je **rencontre** dans les rues beaucoup de jeunes de nationalités différentes.
9. Nous **parlons** anglais parce que c'est plus facile pour tout le monde.
10. Nous **allons** au vieux marché.
11. Le 8 juillet, **je pars** pour la Hollande, un des membres fondateurs de l'Europe.
12. Dans le train, je **lis** mon guide mais un jeune, originaire d'Amsterdam, **offre** de me faire visiter la ville.
13. Il m'**emmène** au musée Van Gogh et grâce à lui je **peux** rencontrer une famille hollandaise. Ils **veulent** m'inviter chez eux et je **reste** quelques jours avec eux.
14. Ma prochaine étape **est** le Danemark. Là, je **dois** changer mes euros parce que le Danemark n'**adopte** pas encore l'euro.
15. Pendant ce voyage, je **connais** beaucoup de jeunes Européens. Bien qu'attachés à leurs pays respectifs, ils me **paraissent** tous vouloir que l'Union européenne réussisse économiquement et politiquement.

 4-10 Sylvie est journaliste et va assister au discours d'un des candidats pour la prochaine élection. Indiquez si le participe passé s'accorde avec le sujet (S) ou avec l'objet direct (OD), en mettant S ou OD dans la case correspondante.

Sylvie est (1) parti**e** très tôt le matin pour écouter le candidat du Parti Socialiste. Elle a apporté son calepin° et toutes les notes qu'elle avait (2) pris**es** sur ses idées politiques. Ainsi, elle se souviendrait des questions qu'elle voulait lui poser sur la solidarité. Quand Sylvie est (3) arriv**ée**, le candidat avait déjà commencé à parler. Les idées qu'il a (4) présent**ées** ne lui semblaient pas très originales. Sylvie mourait d'envie de lui poser ses questions, mais au moment où elle les a (5) sort**ies** de son sac, quelqu'un l'a (6) bouscul**ée**° et ses notes sont toutes (7) tomb**ées** dans une flaque d'eau. Sylvie est (8) rentr**ée** très découragée.

notebook

bumped into her

1. ☐
2. ☐
3. ☐
4. ☐
5. ☐
6. ☐
7. ☐
8. ☐

4-11 Mireille parle de sa grand-mère. Mettez les verbes au passé composé. Faites attention à l'accord du participe passé.

Ma grand-mère _____ (naître) en Provence ; toute sa vie, elle _____ (habiter) dans cette région. Elle _____ (mourir) à quatre-vingt-dix-sept ans. Elle _____ (devenir) si âgée parce qu'elle _____ (ne jamais intervenir) dans les disputes du village. Elle _____ (ne jamais critiquer) ses voisins et elle les _____ (toujours aider). Elle _____ (rester) à l'écart du monde quand elle le pouvait. Pourtant, elle _____ (toujours lire) les journaux et _____ (suivre) la politique. Elle _____ (connaître) deux guerres et _____ (voir) beaucoup de changements en France, qu'elle _____ (ne pas toujours approuver). Par contre, elle _____ (toujours essayer) de rester proche de ses petits-enfants même quand leurs décisions la surprenaient. Par ailleurs, elle _____ (vivre) longtemps parce qu'elle _____ (toujours avoir) une vie équilibrée.

 4-12 Regardez le site de l'Union européenne : http://europa.eu/abc/european_countries/index_fr.htm. Imaginez un voyage à travers l'Europe sur le modèle de l'exercice 4-9. Racontez aux autres le voyage que vous avez fait, ce que vous avez visité. Utilisez le passé composé.

 4-13 En petits groupes, demandez aux autres étudiants …

1. s'ils/si elles ont jamais visité Paris ou une autre ville européenne. Si oui, quels endroits est-ce qu'ils/elles ont visités ?
2. s'ils/si elles ont jamais visité la capitale de leur état ? Quels lieux ont-ils/elles visités ?
3. s'ils/si elles sont jamais allé(e)s au Canada, s'ils/si elles ont visité le Québec ou la ville de Québec ? Si oui, est-ce que les villes canadiennes ressemblent aux villes américaines ?
4. s'ils/si elles ont parlé avec des jeunes Européens ? avec des jeunes Canadiens ? avec des étudiants internationaux ? De quoi ont-ils/elles parlé ? Quels sont les problèmes qu'ils/elles ont mentionnés ? Pour les Européens, quels changements l'Union européenne a-t-elle apportés dans leurs vies ? Pour les Canadiens, quelles sont les différences entre le Canada francophone et le Canada anglophone ?

◀ **Le Parlement à Québec**

2 Le passé simple

Le passé simple est un temps formel du passé utilisé dans les documents historiques ou les textes littéraires.

Formation :

Le passé simple se forme en ajoutant les terminaisons suivantes au radical du verbe.

-er		-ir		-re	
penser		**finir**		**attendre**	
je	pens**ai**	je	fin**is**	j'	attend**is**
tu	pens**as**	tu	fin**is**	tu	attend**is**
il/elle	pens**a**	il/elle	fin**it**	il/elle	attend**it**
nous	pens**âmes**	nous	fin**îmes**	nous	attend**îmes**
vous	pens**âtes**	vous	fin**îtes**	vous	attend**îtes**
ils/elles	pens**èrent**	ils/elles	fin**irent**	ils/elles	attend**irent**

De nombreux verbes sont irréguliers. Vérifiez l'appendice.

avoir		**être**	
j'	**eus**	je	**fus**
tu	**eus**	tu	**fus**
il/elle/on	**eut**	il/elle/on	**fut**
nous	**eûmes**	nous	**fûmes**
vous	**eûtes**	vous	**fûtes**
ils/elles	**eurent**	ils/elles	**furent**

Pratiquons

4-14 Dans cet extrait de « Candide » de Voltaire, un philosophe du XVIIIème siècle, les verbes sont au passé simple; mettez-les au passé composé.

Le vieillard **reçut** les deux étrangers sur un sofa matelassé de plumes de colibri, et leur **fit** présenter des liqueurs dans des vases de diamant, après quoi il **satisfit** à leur curiosité …

La conversation **fut** longue. Elle **roula** sur la forme du gouvernement, sur les mœurs, sur les femmes, sur les spectacles publics, sur les arts. Enfin Candide, qui avait toujours du goût pour la métaphysique, **fit** demander par Cacambo si dans le pays il y avait une religion.

Le vieillard **rougit** un peu. « Comment donc, dit-il, en pouvez-vous douter ? Est-ce que vous nous prenez pour des ingrats ? ». Cacambo **demanda** humblement quelle était la religion d'Eldorado. Le vieillard **rougit** encore. « Est-ce qu'il peut y avoir deux religions ?, **dit-il.** Nous avons, je crois, la religion de tout le monde : nous adorons Dieu du soir jusqu'au matin.

Candide et Cacambo disent
au revoir au vieillard.

— N'adorez-vous qu'un seul Dieu ?, **dit** Cacambo, qui servait toujours
d'interprète aux doutes de Candide.

— Apparemment, **dit** le vieillard, qu'il n'y en a ni deux, ni trois, ni
quatre. Je vous avoue que les gens de votre monde font des questions bien singulières ».

    Candide ne se lassait° pas de faire interroger ce bon vieillard. Il
voulut savoir comment on priait Dieu dans l'Eldorado. « Nous ne le
prions point, **dit** le bon et respectable sage. Nous n'avons rien à lui
demander : il nous a donné tout ce qu'il nous faut. Nous le remercions
sans cesse ». Candide **eut** la curiosité de voir des prêtres.

    Il **fit** demander où ils étaient. Le bon vieillard **sourit**. « Mes amis,
dit-il, nous sommes tous prêtres. Le roi et tous les chefs de famille
chantent des cantiques d'actions de grâces solennellement tous les
matins, et cinq ou six mille musiciens les accompagnent … » Après
cette longue conversation, le bon vieillard **fit** atteler un carrosse à six
moutons, et **donna** douze de ses domestiques aux deux voyageurs pour
les conduire à la cour.

                  « Candide », Chapitre dix-huitième

se fatiguer

to smile

3 L'imparfait

L'imparfait exprime un fait qui était en train de se dérouler à un moment du passé. L'imparfait se forme en ajoutant au radical de la première personne du présent de l'indicatif les terminaisons **ais, ais, ait, ions, iez, aient.**

L'infinitif	Le radical	L'imparfait
aller	nous **all**ons	j'**all**ais
finir	nous **finiss**ons	tu **finiss**ais
dire	nous **dis**ons	il/elle **dis**ait
pouvoir	nous **pouv**ons	nous **pouv**ions
prendre	nous **pren**ons	vous **pren**iez
savoir	nous **sav**ons	ils/elles **sav**aient

Remarque : Le verbe **être** à l'imparfait est irrégulier :
J'étais, tu étais …

Les verbes qui se terminent en **cer** et en **ger** ont deux radicaux. Pour des raisons d'euphonie, les verbes en **cer** prennent un **ç** devant un **a.** Les verbes en **ger** ajoutent un **e** devant un **a.**

commencer	nous commen**ç**ons	je commen**ç**ais
		nous commencions
partager	nous partag**e**ons	je partag**e**ais
		nous partagions

Pratiquons

 4-15 Mettez les verbes à l'imparfait.

1. Nous <u>regardons</u> le journal télévisé le dimanche soir.
2. Tu <u>lis</u> les journaux régulièrement.
3. Ils <u>voyagent</u> souvent.
4. Vous <u>expliquez</u> votre plan économique.
5. Elle <u>rencontre</u> le président le matin.
6. Habituellement, nous <u>prenons</u> nos dossiers avec nous.
7. Ils ne <u>peuvent</u> pas envoyer plus de troupes.
8. Il <u>voit</u> ses ministres régulièrement.
9. Vous ne <u>dites</u> pas souvent la vérité.
10. Nous <u>sommes</u> constamment découragés.

4-16 Demandez à votre partenaire si …

Modèle: … il (elle) regardait les nouvelles à la télévision quand il (elle) était au lycée.

Est-ce que tu regardais les nouvelles à la télévision quand tu étais au lycée ?

1. il (elle) lisait le journal quand il (elle) était au lycée. Quels articles lisait-il (elle) ?

2. il (elle) regardait les actualités à la télé. Quel était son journaliste préféré ? Quels étaient ses programmes préférés ?

3. il (elle) s'intéressait à la politique, si ses parents parlaient avec lui (elle) de ce qui se passait dans le monde, si ses parents avaient des positions fermes en politique.

4. si sa mère était féministe, si sa mère avait des responsabilités politiques.

Sur le modèle précédent, inventez vos propres questions en utilisant l'imparfait.

▲ **Charles de Gaulle en train de voter**

1. En France, il existe beaucoup de partis politiques : Parti Communiste, Parti Socialiste et les Verts à gauche, Union pour un Mouvement Populaire (UMP) à droite, Front National à l'extrême droite.[2]

a. Choisissez un parti, allez sur son site. Trouvez la personne qui est à la tête de ce parti et expliquez au reste de la classe les idées du parti.

b. Actuellement, le président François Hollande appartient au Parti Socialiste. Comparez ce parti avec un des partis américains (Démocrate ou Républicain). Allez sur les sites respectifs et comparez les idées présentées.

c. Allez sur youtube.com. Sélectionnez un clip sur l'inauguration du président en France et aux USA. Comparez-les et présentez-les au reste de la classe.

2. De Gaulle a toujours voulu défendre l'identité française et les valeurs de la France.

a. Allez sur le site http://www.charles-de-gaulle.org/ ou sur le site http://www.histoire-en-ligne.com/spip.php?article184 et lisez la biographie du général de Gaulle. Discutez son chemin avec les autres étudiants.

b. Choisissez un pays ou une région où l'on parle français. Cherchez une petite vidéo dans laquelle une personne parle de ce qui fait son identité et présentez-la au reste de la classe.

c. Comparez le site de l'Assemblée nationale du Québec, assnat.qc.ca avec le site de l'Assemblée nationale française, assemblee.nationale.fr. Quelles différences remarquez-vous ? À quels sujets ces institutions s'intéressent-elles ?

---

[2] France-politique.fr a une liste des partis en France.

Réflexion culturelle

04-19

De plus en plus, les gens ont conscience de leur identité régionale, nationale, ou même européenne dans le cas de l'Union, ce qui suggère un lien solide avec une communauté politique et historique. Adhérer à une identité nationale ou régionale signifie partager une histoire, souvent une langue, une culture, quelquefois une ethnicité, un désir de forger un futur commun. Le texte suivant expose le rôle de Charles de Gaulle dans la conscience française.

1. Les gens s'identifient d'habitude de plusieurs manières. Lesquelles ?
2. Qu'est-ce qui définit l'identité nationale ?
3. Que signifie adhérer à une identité nationale ?
4. Qui est Charles de Gaulle ?

À l' occasion des 40 ans de la mort du Général, plusieurs personnalités politiques ont évoqué ce grand personnage, héros de la Résistance, chef de la France libre, architecte de la Cinquième République, de la constitution de la France depuis 1958.

« Le message du général de Gaulle reste d'actualité »

« Le Général de Gaulle est mort. La France est veuve° », annonce à la télévision Georges Pompidou[3], le mardi 10 novembre 1970. Le fondateur de la Ve République est décédé la veille dans sa propriété de la Boisserie, à Colombey-les-deux-Églises (Haute-Marne), où il s'est retiré après sa démission de la présidence
5 de la République, le 28 avril 1969.

    L'émotion est énorme. Les chefs d'État du monde entier rendent hommage à ce « héros mondial ». À l'Onu, le drapeau de l'organisation internationale est mis en berne° : seul Churchill, avant lui, avait eu droit à pareil° traitement. Le samedi, les instituteurs liront aux écoliers de France la première page des Mémoires de
10 guerre[4] :« Toute ma vie, je me suis fait une certaine idée de la France … »

    « Un état d'esprit »

    C'est Pompidou, son successeur, qui aura le mieux retracé les lignes d'un destin exceptionnel : « En 1940, de Gaulle a sauvé l'honneur. En 1944, il nous a conduits à la Libération et à la victoire. En 1958, il nous a épargné° la guerre civile.
15 Il a donné à la France actuelle ses institutions, son indépendance, sa place dans le monde. »

une veuve *a widow*

ONU *United Nations*
drapeau en berne *flag at half-mast*
pareil *identical*

épargner *to spare*

---

[3] Président de la République de 1969 à 1974

[4] L'autobiographie de Charles de Gaulle. Voir le passage ci-dessous.

Controversé de son vivant, le Général a laissé un héritage que revendiquent aujourd'hui la plupart des courants politiques. « Le gaullisme, c'est un état d'esprit face à l'adversité, mais surtout une capacité à affirmer les valeurs de la France dans un monde en pleine ébullition », a résumé … l'ancien président Jacques Chirac[5], estimant que « le message du général de Gaulle reste d'actualité ». 20

Chacun, aujourd'hui, prend un peu ce qui l'arrange dans l'héritage du gaullisme … Nicolas Sarkozy[6] … retient l'homme de la Résistance – « la vraie France » – et celui de « la rupture » qui a su « concilier la tradition et la révolution ».

Mais le gaullisme de Nicolas Sarkozy [a été] souvent contesté, notamment par 25 ceux qui lui reprochent d'avoir mis à mal° l'indépendance nationale en procédant à la réintégration de la France dans l'Otan[7]. Même l'extrême droite, longtemps hostile au Général, accuse [ce] Président d'être « le fossoyeur° de la politique d'indépendance du général de Gaulle ».

Thierry RICHARD Ouest-France, *Toutes Éditions* 30

mettre à mal *damage, hurt*
OTAN *NATO*

un fossoyeur *gravedigger, destroyer*

Travaillons avec la langue

Expliquez les phrases ou expressions suivantes.

1. la France est veuve
2. une certaine idée de la France
3. un destin exceptionnel
4. une capacité à affirmer les valeurs de la France
5. la politique d'indépendance
6. le gaullisme

Vérifions notre compréhension du texte

Dites si ces déclarations sont justes. Expliquez en vous référant aux passages spécifiques du texte.

1. Georges Pompidou a annoncé à la télévision la mort du Général de Gaulle.
2. De Gaulle est le fondateur de la Quatrième République.
3. Après sa retraite, de Gaulle s'est installé à Colombey-les-deux-Églises.
4. L'ONU honore de Gaulle en mettant son drapeau en berne.
5. De Gaulle est un héros de la première guerre mondiale.

[5] Président de la République de 1995 à 2007

[6] Président de la République de 2007 à 2012

[7] En 1966, de Gaulle décide de retirer la France du commandement militaire intégré de l'OTAN (Organisation du traité de l'Atlantique Nord) pour préserver la souveraineté nationale française.

6. C'est de Gaulle qui a donné à la France ses institutions actuelles.

7. De Gaulle défendait et soutenait l'indépendance de la France face aux autres puissances.

8. Aujourd'hui, aucun parti politique ne revendique l'héritage du gaullisme.

9. Pour le président Sarkozy, le message du général de Gaulle reste d'actualité.

10. La France, aujourd'hui, ne fait plus partie de l'OTAN.

Discutons ensemble

1. Quel rôle politique le général de Gaulle a-t-il joué en France ? Qu'est-ce qu'il a fondé ?

2. Pourquoi le monde entier a-t-il rendu hommage au général de Gaulle ?

3. Pourquoi peut-on dire que de Gaulle a eu un destin exceptionnel ? Expliquez les trois étapes de sa vie.

4. Expliquez les aspects du gaullisme que l'on retrouve encore dans la politique aujourd'hui.

5. Un des grands principes du gaullisme est l'indépendance nationale, la souveraineté nationale. Qu'est-ce que cela veut dire en matière de politique étrangère ?

6. En France, de Gaulle est considéré comme un des grands hommes politiques du XXème siècle. À qui pourrait-on le comparer dans votre pays ? Quels sont les hommes politiques qui ont marqué l'histoire de votre pays au XXème siècle ?

7. La France veut se distinguer des autres pays et insiste sur le droit à la différence. A-t-elle raison ? Donnez des exemples.

8. À votre avis, quel doit être le rôle des États-Unis dans le monde ?

Les mots de Charles de Gaulle

« Toute ma vie, je me suis fait une certaine idée de la France. Le sentiment me l'inspire aussi bien que la raison. Ce qu'il y a en moi d'affectif imagine naturellement la France, telle la princesse des contes ou la madone aux fresques des murs, comme vouée à une destinée éminente et exceptionnelle. J'ai d'instinct l'impression que la Providence l'a créée pour des succès achevés ou des malheurs exemplaires. S'il advient que la médiocrité marque, pourtant, ses faits et gestes, j'en éprouve la sensation d'une absurde anomalie, imputable aux fautes des Français, non au génie de la patrie. Mais aussi, le côté positif de mon esprit me convainc que la France n'est réellement elle-même qu'au premier rang : que seules de vastes entreprises sont susceptibles de compenser les ferments de dispersion que son peuple porte en lui-même ; que notre pays tel qu'il est, parmi les autres, tels qu'ils sont, doit, sous peine de danger mortel, viser haut et se tenir droit. Bref, à mon sens, la France ne peut être la France sans grandeur. »

Charles de Gaulle, *Mémoires de guerre, tome 1,* **Plon, 1954**

Comment exprimer ses opinions politiques. Quand on veut exprimer son opinion politique, surtout si l'on n'est pas d'accord avec son interlocuteur, on utilise des mots et des expressions pour le contredire et pour orienter la conversation selon son opinion. Dans la conversation suivante, quels mots et expressions de ce genre entendez-vous ? Remarquez également le rythme de la conversation et la rapidité des répliques dans cet échange.

Dialogue pratique

Au cours d'un repas de famille, tout le monde se met à discuter politique. Claire est de gauche ; Patrick, son frère, est plutôt de droite.

Patrick : Les élections municipales approchent et je ne sais vraiment pas pour qui voter. Je …

Claire : De toute façon, tu vas voter à droite comme d'habitude !

Patrick : Pas du tout. Je vote pour le meilleur candidat, surtout lorsqu'il s'agit du maire. Je ne vote pas pour un parti, je vote pour celui qui fera le plus pour notre ville.

Claire : C'est ce qu'on dit … Notre ville a un maire socialiste qui a fait beaucoup de choses pour l'environnement et le développement économique de notre ville. Il mérite un autre mandat.

Patrick : Je ne sais pas, il est maire de notre ville depuis 12 ans, il est à bout de souffle. Je veux un maire jeune et dynamique. Le candidat de l'UMP[8] a 35 ans, il me semble plein d'idées nouvelles. C'est un réformateur …

Claire : Tu ne crois pas que tu es influencé par tes opinions de droite ? Tu sais ce n'est pas une élection nationale, quoi qu'en dise ton parti …

Patrick : Mais si on vote pour les deux. On vote pour un programme, une équipe mais on vote aussi pour des prises de position, une idéologie.

Claire : Tu es en train de te contredire. Alors les autres, qu'est-ce que vous pensez de tout ça ?

---

[8] L'UMP : L'Union pour un Mouvement Populaire est un parti de droite. C'est le parti du président Nicolas Sarkozy et du président Jacques Chirac.

Vous assistez à un débat politique entre deux candidats de partis opposés. Vous êtes journaliste et vous animez le débat. Préparez un mini-débat que vous pouvez jouer devant le reste de la classe. Voici quelques expressions utiles :

> Vous êtes favori/favorite dans les sondages.
> Comment se passe votre campagne ? Elle est devenue virulente. Que pensez-vous des attaques de votre adversaire ? Elle est très courtoise, digne …
> Pouvez-vous expliquer votre programme politique ? Vos idées sur …
> Quelle est votre position sur …
> Votre parti est divisé sur, en matière de …

▲ **Manifestation contre le relèvement de l'âge de la retraite**

Emploi du passé composé et de l'imparfait

Quelle est la grande différence entre le passé composé et l'imparfait ?

Le passé composé répond à la question : « qu'est-ce qui s'est passé ? »
L'imparfait s'emploie pour dire comment les choses étaient.

1 Le passé composé

A. Actions successives :

> Hier, Claudine **est allée** au Sénat. Elle **s'est installée** dans la galerie des visiteurs et elle **a écouté** un débat sur l'assurance maladie.

B. Moment précis :

> Hier, le président **a fait** un discours à la télévision.
> François Hollande **a été** élu président en 2012.

C. Action qui a duré une longue période de temps mais le temps est limité :

> De 1929 à 1933, il y **a eu** une grande récession.
> La deuxième guerre mondiale **a duré** six ans.

D. Action répétée, pendant une période de temps limitée :

> Entre 1941 et 1945, la France **a été** à plusieurs reprises bombardée par l'aviation alliée.
> Pendant sa présidence, M. Sarkozy **a rencontré** M. Bush plusieurs fois.

E. Changement d'état d'esprit, prise de conscience soudaine :

> Le candidat **a eu** un peu peur quand ce type agité s'est approché de lui.
> Le premier ministre **a soudain compris** que les jeunes n'approuvaient pas sa réforme.

2 L'imparfait

A. Description :

L'imparfait sert à décrire les personnes et les choses telles qu'elles étaient dans le passé.

> Le ministre **avait** 35 ans mais il **semblait** plus âgé.
> Dans la salle, tout **était** calme, personne ne **protestait.**

B. Action habituelle :

L'imparfait s'emploie pour exprimer une action habituelle dans le passé (toujours, tous les mois, le lundi).

> Chaque fois qu'il l'**invitait** à prendre la parole, elle **refusait.**
> Après les réunions, on **allait** dîner.

C. Circonstances :

L'imparfait exprime les circonstances qui accompagnent une action principale dans le passé. Il sert à décrire le décor d'une scène, il sert de toile de fond° à une autre action.

> Le candidat est arrivé en retard parce qu'il **neigeait** et que les routes **étaient** dangereuses.
> La salle **était** remplie d'étudiants qui **voulaient** écouter le candidat.

D. Action progressive :

L'imparfait est utilisé pour une action qui progresse jusqu'au moment où elle est interrompue par une autre action.

> Elle **expliquait** son plan économique quand des jeunes ont commencé à siffler.
> Je **rentrais** chez moi quand des manifestants ont arrêté la circulation.

E. Un état d'esprit :

> Il **pensait** que le candidat **avait** tort.
> Je ne **savais** pas que tu **connaissais** ce sénateur.

°toile de fond *background*

Comparaison
linguistique

Par quelles formes
verbales traduit-on
l'imparfait en anglais ?
Comment traduit-on
le passé composé ?
Traduisez les phrases
suivantes :

- L'année dernière je
  quittais Strasbourg
  le vendredi soir et
  j'y revenais le lundi
  matin.
- J'ai rencontré Hillary
  à un rallye.

Précisions

1. Qu'est-ce qui distingue le passé composé de l'imparfait ?

La différence entre le **passé composé** et l'**imparfait** n'est pas une différence de longueur de temps ou de continuité mais

de complétude de l'action : **passé composé**

OU de progression : **imparfait.**

de répétition avec limite temporelle : **passé composé**

OU d'habitude : **imparfait.**

Votre perspective sur les événements dicte aussi le choix entre le **passé composé** et l'**imparfait.**

Hier, il a plu (action complète, achevée).

Hier, il pleuvait (action progressive, description).

2. Venir de + infinitif indique qu'une action s'est juste terminée et requiert l'imparfait au passé.

Elle **venait de** faire son discours quand l'alarme a sonné.

Pratiquons

4-17 Écoutez l'histoire suivante en entier, puis écoutez chaque phrase une autre fois et identifiez le temps utilisé.

Modèle : Vous entendez : Luc et Yolande ont mis leur réveil à sonner à huit heures.

Vous écrivez : passé composé

1. _____
2. _____
3. _____
4. _____
5. _____
6. _____

7. _____
8. _____
9. _____
10. _____
11. _____
12. _____

4-18 Répondez à chaque question par une phrase complète.

1. Quand ont eu lieu les dernières élections ?
2. De quelle élection s'agissait-il ? Présidentielle? Municipale (maire) ? Gouverneur ?
3. Est-ce que votre candidat a gagné ?
4. Avez-vous déjà écrit à votre sénateur ? Pourquoi ?
5. Avez-vous déjà téléphoné à une personnalité politique ? Quelle était la raison de votre appel ? Avez-vous reçu une réponse positive ?

6. Avez-vous déjà signé une pétition ? Pour quelle cause ?

7. Avez-vous fait du bénévolat° pour un candidat ? Pour lequel ? Quel travail faisiez-vous ?

bénévolat *volunteering*

8. Que faisiez-vous à sept heures ce matin ? Écoutiez-vous les informations ? Lisiez-vous le journal ?

 4-19 Complétez les phrases avec un verbe au passé composé pour indiquer qu'un événement a eu lieu à un certain moment. Soyez logique. Vous pouvez choisir parmi les réponses suivantes ou inventer vos propres réponses :

téléphone // sonner	guerre // éclater	jeunes // commencer à siffler
foule // applaudir	amis // arriver	panne d'électricité //avoir lieu

Modèle : Le candidat parlait quand les jeunes se sont mis à siffler.

1. Je lisais le journal quand …
2. Nous écoutions les informations quand …
3. Le président devait partir en voyage quand …
4. Le sénateur parlait quand …
5. Au moment où le président entrait …

 4-20 Complétez les phrases suivantes avec un verbe à l'imparfait pour expliquer les circonstances. Vous pouvez choisir parmi les réponses suivantes ou inventer vos propres réponses :

être // démoralisés	les électeurs // ne pas être convaincus
être // trop jeune	les gens // s'inquiéter du réchauffement
vouloir // plus d'emplois	de la planète
vouloir // des salaires plus élevés	

Modèle : La police est arrivée au moment où les manifestants jetaient des pierres.

1. Les gens n'ont pas voté parce que …
2. Les chauffeurs de camion ont fait la grève parce que …
3. Les jeunes ont manifesté parce que …
4. Le parti écologiste a reçu beaucoup de voix parce que …
5. Le candidat n'a pas été élu parce que …

 4-21 Lisez l'histoire suivante en entier, puis mettez les verbes au **passé composé** ou à l'**imparfait,** selon le cas.

Il est onze heures du matin.

Il fait beau.

Michèle, la ministre française de l'économie, en voyage au Japon, sort de l'ambassade française.

Elle rejoint son homologue allemand.

Tous deux rencontrent des représentants du gouvernement japonais.

Ils parlent de commerce international mais aussi de l'environnement.

Cette conversation est importante pour tous les participants parce que chaque pays veut développer la coopération avec les autres.

4-22 Les vœux du Président aux Français. Complétez avec un verbe à l'**imparfait** ou au **passé composé**.

Le 31 décembre, le Président _____ (présenter) ses vœux aux Français. Il _____ (essayer) de se montrer réaliste. Il _____ (dire) que la crise économique _____ (ne pas être) terminée et il _____ (demander) à tous les citoyens d'avoir de la patience. Il _____ (ajouter) qu'il _____ (ne pas falloir) nier les difficultés et il _____ (préciser) que nous _____ (devoir) être lucides. Il _____ (se montrer) ferme et _____ (affirmer) qu'il _____ (vouloir) continuer à agir.

4-23 A. Complétez cet entretien entre une journaliste et un ancien premier ministre qui vient d'écrire ses mémoires avec un verbe à l'**imparfait** ou au **passé composé,** puis jouez le dialogue.

Journaliste : Plusieurs fois, vos collègues _ont dit_ (dire) que vous _étiez_ (être) intransigeant ?

Ministre : C'est vrai. On _m'a vu_ (me voir) plus rigide que je ne le suis mais je _n'ai pas écrit_ (ne pas écrire) mes mémoires pour me justifier.

Journaliste : Pourquoi alors, *vous avez publié* (publier / vous) votre livre ?

Ministre : Je _voulais_ (vouloir) expliquer comment on devient premier ministre quand on est fils d'ouvrier et je _____ (penser) aussi pouvoir faire comprendre aux étrangers la politique de notre pays.

Journaliste : Où _____ (naître / vous) ?

Ministre : Dans une petite ville de province. Mon père _____ (être) plombier mais il _discutais_ (discuter) souvent avec ses copains de de Gaulle, de la gauche et des syndicats. Moi, je les _ae écoutais_ (écouter) attentivement parler. C'est ainsi que je _commensais_ (commencer) à m'intéresser à la politique.

Journaliste : Quelles études _____ (faire / vous) ?

Ministre : Je _____ (aller) à l'ENA. Ensuite, je _____ (être) secrétaire d'état. Le reste c'est de l'histoire.

B. À votre tour. Vous êtes journaliste ; vous interrogez une personnalité politique de votre choix sur son passé, sa jeunesse, sa formation politique, etc. Inventez trois questions que vous allez lui poser et préparez les réponses.

* alors avez-vous publié

Grammaire

Le passé composé et l'imparfait dans les récits

On emploie alternativement le passé composé et l'imparfait dans les récits au passé. Les événements et les actions sont au passé composé, les circonstances sont à l'imparfait. Regardez et analysez l'alternance des temps dans ce passage qui évoque la jeunesse de Charles de Gaulle.

Charles de Gaulle est né en 1890 à Lille, dans le nord de la France dans une famille qui était à la fois traditionaliste et catholique. Enfant, très doué°, il aimait la littérature et l'histoire. Grâce à son père, professeur de lettres, il a découvert très tôt les grands auteurs français et a lu et apprécié l'œuvre de Chateaubriand°. Néanmoins, à dix-huit ans, il est entré à l'école militaire de Saint-Cyr qui préparait à la carrière d'officier et il en est sorti quatre ans plus tard avec le grade de sous-lieutenant. Pendant la Première Guerre mondiale (1914–1918), il a été blessé plusieurs fois puis il a été fait prisonnier …

doué *gifted*

François René de Chateaubriand auteur des *Mémoires d'Outre-tombe (1768–1848)*

Pratiquons

4-24 Mettez les verbes entre parenthèses à l'**imparfait** ou au **passé composé**. Dans ce passage basé sur un extrait de son autobiographie, « Histoire de ma vie », George Sand (1804–1876) raconte comment, petite fille, elle a vu l'empereur Napoléon Ier et rencontré son fils, le roi de Rome.

Un jour, nous _avons été_ (être) interrompues dans nos jeux par une grande rumeur au dehors. On _a été_ (crier) _criais_ Vive l'empereur, on _a marché_ (marcher) à pas précipités, on _____ (s'éloigner), et les cris _____ (continuer) toujours. L'empereur _____ (passer) en effet à quelque distance, et nous _____ (entendre) le trot des chevaux et l'émotion de la foule. Nous _____ (ne pas pouvoir) voir à travers le mur mais cela _____ (être) bien beau dans mon imagination […]

Je _____ (voir) aussi le roi de Rome enfant dans les bras de sa nourrice. Il _été_ (être) à une fenêtre des Tuileries et il _riais_ (rire) aux passants ; en me voyant, il _se mis_ (se mettre) à rire encore plus … Il _ten_ (tenir) un gros bonbon dans sa petite main, et il le _la jetait_ (jeter) de mon côté. Ma mère _a voulu_ (vouloir) le ramasser pour me le donner, mais le factionnaire° qui _imp surveill_ (surveiller) la fenêtre _____ (ne pas vouloir) permettre qu'elle fasse un pas au-delà de la ligne qu'il _____ (garder).

imp

un factionnaire *a soldier*

4-25 Complétez le récit suivant avec l'**imparfait** ou le **passé composé**.

Texte basé sur la lettre 107 des « Lettres Persanes » de Montesquieu, un philosophe du XVIIIème siècle. Rica, jeune Persan visitant Paris, décrit à son ami Ibben le rôle politique des femmes en France :

Lorsque je _suis arrivé_ (arriver) en France, je _trouvais_ (trouver) le feu° roi absolument gouverné par les femmes : et cependant, dans l'âge où il _étais_ (être), je crois que c' _était_ (être) le monarque de la terre qui en _avais_ (avoir) le moins besoin. Je _entendais_ (entendre) un jour une femme qui _disais_ (dire) : « il faut que l'on fasse quelque chose pour ce jeune colonel. » Une autre _disais_ (dire) qu'il _a fallu_ (falloir) qu'un jeune abbé soit évêque. Il ne faut pourtant pas s'imaginer que celles qui _tenais_ (tenir) ces discours soient des favorites du prince : elles ne lui avaient peut-être pas parlé deux fois en leur vie … En France, je _voyais_ (voir) que les femmes _gouvernais_ (gouverner), et non seulement _pris_ (prendre) en gros, et même _se sont partagées_ (se partager) en détail toute l'autorité.

le feu *late*

▲ Ibben et Rica

Faites quelques recherches Internet sur le Manitoba. Choisissez un site qui donne des renseignements sur cette province canadienne, par exemple http://www.axl.cefan.ulaval.ca/amnord/manitoba.htm

Gabrielle Roy

▲ **Gabrielle Roy**

Gabrielle Roy naît en 1909 à Saint-Boniface, petite ville qui, de nos jours, fait partie de Winnipeg dans la province de Manitoba. À la suite de son éducation à l'Académie Saint Joseph et à l'École normale de Winnipeg, Gabrielle Roy devient enseignante dans quelques écoles rurales de la région de sa ville natale. En 1937, elle part pour l'Europe où elle étudie l'art dramatique, mais à cause de la première guerre mondiale, qui est sur le point d'éclater, elle doit retourner au Canada où elle travaille comme journaliste. En 1945, Gabrielle Roy publie son premier roman, *Bonheur d'occasion*, qui traite de la vie quotidienne de la classe ouvrière de Montréal pendant la guerre. Ce roman gagne plusieurs prix, parmi lesquels le Prix du Gouverneur Général du Canada et, en France, le Prix Fémina. En 1947, Gabrielle Roy se marie et part pour l'Europe avec son mari qui y étudie la médecine. Ils reviennent au Canada en 1950 et s'établissent définitivement à Québec. Gabrielle Roy est l'un des auteurs les plus importants de l'histoire francophone du Canada. Elle meurt en 1983. Un an après sa mort, son autobiographie, *La Détresse et l'Enchantement,* dont vous allez lire le début, est publié.

Stratégie de lecture

L'autobiographie est un genre très particulier et difficile à écrire à cause des multiples choix que l'auteur doit faire pour représenter sa vie. Doit-il commencer par ses premiers souvenirs? Par un souvenir spécifique révélateur d'un aspect important de son caractère? Doit-il commencer par la fin de sa vie et essayer de regrouper les événements importants pour créer une image cohérente de son identité? Parfois un auteur organise son autobiographie selon les gens qui ont joué un rôle important dans sa vie–ses parents, ses amis, ses enfants, ses collègues. Ce qu'il va inclure est l'une des plus grandes décisions de l'autobiographe. Faut-il faire l'effort d'être complètement honnête, même en révélant des défauts de caractère? Ou est-il préférable d'omettre certains détails pour se présenter sous une meilleure optique?

Stratégie de prélecture

En groupes, discutez des autobiographies que vous avez lues. Quels choix les auteurs ont-ils faits ? Qu'est-ce qui caractérise ces autobiographies ? Ensuite, si vous écriviez votre autobiographie, quels éléments aimeriez-vous y mettre ? Comment commenceriez-vous votre autobiographie ?

Parfois, pour mieux comprendre la vie de l'auteur, il faut également pouvoir situer l'autobiographie dans son contexte historique, sociologique, et culturel. Ceci exige un peu de recherche. Dans le cas de Gabrielle Roy, par exemple, pour bien comprendre qui elle était, il faut connaître quelques détails sur la situation des Canadiens d'origine française. Faites des recherches sur l'histoire du statut légal de la langue française au Canada. Ensuite, lisez l'extrait de Roy, *La Détresse et l'Enchantement*. Est-ce que vos recherches ont enrichi votre compréhension du texte ? Quels détails culturels, sociologiques, et linguistiques Roy incorpore-t-elle dans son autobiographie ? Quels autres choix Roy fait-elle dans ce début de son autobiographie ? Pourquoi, à votre avis ?

« La Détresse et l'Enchantement »

prendre conscience de *to become aware of, to realize*

une espèce *a species*

le trajet *journey*

le dépaysement *feeling of unfamiliarity, disorientation*

le lointain dans une région lointaine *far away*

aller au pas *to go at a walking pace*

tels *nous sommes encore ainsi*

échoir à *to fall to, become the lot of*

un rabais *a discount, a reduction (in price)*

entamer la petite somme *to make a dent in the small sum of money*

combler *to fulfill, satisfy*

pousser *to grow*

le beau *what is beautiful*

à demeure *at home*

ne…guère *hardly*

affronter *to face*

ombre *shade, darkness*

affligeant *pathetic*

un ivrogne *a drunk*

échappement de vapeur *escaping steam*

aéré *airy, well spaced*

Quand donc ai-je pris conscience° pour la première fois que j'étais, dans mon pays, d'une espèce° destinée à être traitée en inférieure? Ce ne fut peut-être pas, malgré tout, au cours du trajet° que nous avons si tant de fois accompli, maman et moi, alors que nous nous engagions sur le pont Provencher au-dessus de la Rouge[1], laissant derrière nous notre petite ville française pour entrer dans Winnipeg[2], la capitale, qui jamais ne nous reçut tout à fait autrement qu'en étrangères. Cette sensation de dépaysement°, de pénétrer, à deux pas seulement de chez nous, dans le lointain°, m'était plutôt agréable, quand j'étais enfant. Je crois qu'elle m'ouvrait les yeux, stimulait mon imagination, m'entraînait à observer.

Nous partions habituellement de bonne heure, maman et moi, et à pied quand c'était l'été. Ce n'était pas seulement pour économiser mais parce que nous étions tous naturellement marcheurs chez nous, aimant nous en aller au pas°, le regard ici et là, l'esprit où il voulait, la pensée libre, et tels° nous sommes encore, ceux d'entre nous qui restent en ce monde.

[…]

En partant, maman était le plus souvent rieuse, portée à l'optimisme et même au rêve, comme si de laisser derrière elle la maison, notre ville, le réseau habituel de ses contraintes et obligations, la libérait, et dès lors elle atteignait l'aptitude au bonheur qui échoit° à l'âme voyageuse. Au fond, maman n'eut jamais qu'à mettre le pied hors de la routine familière pour être aussitôt en voyage, disponible au monde entier.

En cours de route, elle m'entretenait des achats auxquels elle se déciderait peut-être si les rabais° étaient considérables. Mais toujours elle se laissait aller à imaginer beaucoup plus que ne le permettaient nos moyens. Elle pensait à un tapis pour le salon, à un nouveau service de vaisselle. N'ayant pas encore entamé la petite somme° dont elle disposait pour aujourd'hui, celle-ci paraissait devoir suffire à combler° des désirs qui attendaient depuis longtemps, d'autres qui poussaient° à l'instant même. Maman était de ces pauvres qui rêvent, en sorte qu'elle eut la possession du beau° bien plus que des gens qui l'ont à demeure° et ne le voient guère°. C'était donc en riches, toutes les possibilités d'achat intactes encore dans nos têtes, que nous traversions le pont.

Mais aussitôt après, s'opérait en nous je ne sais quelle transformation qui nous faisait nous rapprocher l'une de l'autre comme pour mieux affronter° ensemble une sorte d'ombre° jetée sur nous. Ce n'était pas seulement parce que nous venions de mettre le pied dans le quartier sans doute le plus affligeant° de Winnipeg, cette sinistre rue Water voisinant la cour de triage des chemins de fer, toute pleine d'ivrognes°, de pleurs d'enfants et d'échappements de vapeur°, cet aspect hideux d'elle-même que l'orgueilleuse ville ne pouvait dissimuler à deux pas de ses larges avenues aérées°. Le malaise nous venait aussi de nous-mêmes. Tout à coup, nous étions moins sûres de nos moyens, notre argent avait diminué, nos désirs prenaient peur.

[…]

Nous continuions à parler français, bien entendu, mais peut-être à voix moins haute déjà, surtout après que deux ou trois passants se furent retournés sur nous

---

[1] La rivière Rouge est une rivière qui sépare le Minnesota et le Dakota du Nord et qui se jette dans le lac Winnipeg au Canada.

[2] Winnipeg est la capitale du Manitoba où la seule langue officielle, de 1890 à 1979, était l'anglais malgré la présence de nombreux francophones dans la Province.

avec une expression de curiosité. Cette humiliation de voir quelqu'un se retourner sur moi qui parlais français dans une rue de Winnipeg, je l'ai tant de fois éprouvée
45 au cours de mon enfance que je ne savais plus que c'était de l'humiliation. Au reste, je m'étais moi-même retournée fréquemment sur quelque immigrant au doux parler slave ou à l'accent nordique. Si bien que j'avais fini par trouver naturel, je suppose, que tous, plus ou moins, nous nous sentions étrangers les uns chez les autres, avant d'en venir à me dire que, si tous nous l'étions, personne ne l'était
50 donc plus.

C'était à notre arrivée chez Eaton° seulement que se décidait si nous allions oui ou non passer à la lutte° ouverte. Tout dépendait de l'humeur de maman. Quelquefois elle réclamait un commis parlant notre langue pour nous servir. Dans nos moments patriotiques, à Saint-Boniface, on prétendait que c'était notre droit,
55 et même de notre devoir de le faire valoir, qu'à cette condition nous obligerions l'industrie et les grands magasins à embaucher de nos gens.

Si maman était dans ses bonnes journées, le moral haut, la parole affilée°, elle passait à l'attaque. Elle exigeait une de nos compatriotes[3] pour nous venir en aide. Autant maman était énergique, autant, je l'avais déjà remarqué, le chef de rayon
60 était obligeant. Il envoyait vite quérir° une dame ou une demoiselle une telle°, qui se trouvait souvent être de nos connaissances, parfois même une voisine. Alors s'engageait, en plein milieu des allées et venues d'inconnus, la plus aimable et paisible des conversations.

[…]

Ces jours-là, nous achetions peut-être plus que nous aurions dû, si réconfortées
65 d'acheter dans notre langue que l'argent nous filait des mains° encore plus vite que d'habitude.

Mais il arrivait à maman de se sentir vaincue d'avance, lasse de cette lutte toujours à reprendre, jamais gagnée une fois pour toutes, et de trouver plus simple, moins fatigant de « sortir », comme elle disait, son anglais°.

[…]

70 Quand un commis° ne la comprenait pas, il en appelait un autre à son aide, et celui-là un autre encore, parfois. Des « customers » s'arrêtaient pour aider aussi, car cette ville, qui nous traitait en étrangers, était des plus promptes à voler à notre secours° dès que nous nous étions reconnus dans le pétrin°. Ces conciliabules° autour de nous pour nous tirer d'affaire nous mettaient à la torture. Il nous est
75 arrivé de nous esquiver°. Le fou rire nous gagnait ensuite à la pensée de ces gens de bonne volonté qui allaient continuer à chercher à nous secourir° alors que déjà nous serions loin.

Une fois, plus énervée encore que de coutume par cette aide surgie de partout, maman, en fuyant, ouvrit son parapluie° au milieu du magasin que nous avons
80 parcouru au trot, comme sous la pluie, les épaules secouées de rire°. A la sortie seulement, puisqu'il faisait grand soleil, maman s'avisa° de fermer son parapluie, ce qui donna à l'innocente aventure une allure de provocation. Ces fous rires qu'elle me communiquait malgré moi, aujourd'hui je sais qu'ils étaient un bienfait, nous repêchant° de la tristesse, mais alors j'en avais un peu honte.
85 Après le coup du parapluie, un bon moment plus tard, voici que je me suis fâchée contre maman, et lui ai dit qu'elle nous faisait mal voir° à la fin, et que, si toutes deux riions, nous faisions aussi rire de nous.

A quoi maman, un peu piquée°, rétorqua° que ce n'était pas à moi, qui avais toutes les chances de m'instruire, de lui faire la leçon à elle qui avait tout juste

---

[3] Une vendeuse originaire de Saint-Boniface, la ville de la mère.

Eaton *department store in Winnipeg*

une lutte *a battle, a fight*

la parole affilée *her words well honed*

quérir *to send for, to go fetch someone*

un tel, une telle *so and so*

filer des mains *to slip through one's fingers*

"sortir" son anglais *to take out her English (figuratively speaking)*

un commis *sales person*

voler à notre secours *to rush to the rescue*

être dans le pétrin *to be in a real mess*

les conciliabules (m.) *whispered discussions, chats*

esquiver *to dodge, evade*

secourir *to help*

un parapluie *an umbrella*

les épaules secouées de rire *shoulders shaking with laughter*

s'aviser de *to decide, to risk, to dare*

repêcher *to recover, fish out*

mal voir *to frown upon*

piqué *insulted*

rétorquer *to retort, snap back*

▲ **Gabrielle Roy et sa mère au grand magasin**

sixième année *the equivalent of sixth grade*

la petite école de rang *the little country school*

toucher un salaire *to earn a salary*

les bras fauchés *les bras coupés*

parvenus là où elle aurait voulu se hausser *having attained the standing that she would have wanted*

pu terminer sa sixième année° dans la petite école de rang° à Saint-Alphonse-de-Rodriquez, où la maîtresse elle-même n'en savait guère plus que les enfants, et comment l'aurait-elle pu, cette pauvre fille qui touchait comme salaire° quatre cents dollars par année. Ce serait à moi, l'esprit agile, la tête pas encore toute cassée par de constants calculs, de me mettre à apprendre l'anglais, afin de nous venger tous. (Plus tard, quand je viendrais à Montréal et constaterais que les choses ne se passaient guère autrement dans les grands magasins de l'ouest de la ville, j'en aurais les bras fauchés°, et le sentiment que le malheur d'être Canadien français était irrémédiable.) 90

Jamais maman ne m'en avait dit si long sur ce chapitre. J'en étais surprise. Je crois avoir entrevu pour la première fois qu'elle avait cruellement souffert de sa condition et ne s'était consolée qu'en imaginant ses enfants parvenus là où elle aurait voulu se hausser°. 100

Vérifions notre compréhension du texte

Répondez aux questions suivantes et justifiez vos réponses.

1. Quand est-ce que Gabrielle Roy se rend compte qu'elle est victime de discrimination ?
2. Où vont Gabrielle et sa mère ? Qu'est-ce qu'elles vont y faire ?
3. Décrivez leurs sentiments quand elles entrent dans Winnipeg.
4. Qu'est-ce que la mère a l'intention d'acheter ?
5. Décrivez l'humeur de la mère au départ.

6. Quand est-ce que l'enthousiasme de la mère commence à changer ? Pourquoi ?

7. Quelle est « cette ombre jetée sur nous » que Gabrielle et sa mère doivent affronter ?

8. Pourquoi Gabrielle et sa mère se sentent-elles humiliées en parlant français ?

9. Pourquoi Roy appelle-t-elle faire des achats au grand magasin Eaton « une lutte » ? Qu'est-ce qui se passe au magasin ?

10. Dans quelles circonstances est-ce que la mère parle anglais? Pourquoi dit-elle qu'elle « sort son anglais » ?

11. Décrivez la scène du parapluie. Que se passe-t-il ? Pourquoi ? Est-ce que c'est comique ou triste à votre avis ?

12. Décrivez l'enfance et la formation de la mère?

13. Qu'est-ce que Gabrielle Roy découvre quand elle vient à Montréal ? Pourquoi est-ce que cette découverte est importante ? Qu'est-ce que cela montre ?

Approfondissons notre compréhension du texte

En petits groupes, discutez des questions suivantes. Soyez prêts à présenter vos idées au reste de la classe.

1. Le choix d'épisodes et de détails :

   a) Pourquoi cet épisode est-il si important?

   b) Cet épisode consiste en plusieurs « mouvements » ou ensembles de petits récits. Quels mouvements pouvez-vous trouver ? Qu'est-ce qui se passe dans chacun ? Qu'est-ce que le lecteur apprend ?

   c) Cet épisode est aussi riche en détails descriptifs. Nommez quelques détails descriptifs. Pourquoi sont-ils importants ?

2. Les caractérisations :

   a) Décrivez la mère de Gabrielle Roy. Faites le portrait de cette femme.

   b) Qu'apprenons-nous au sujet de Gabrielle Roy ? Comment la caractériseriez-vous ?

3. Le contexte culturel et historique :

   a) Décrivez le contexte historique tel que vous le comprenez dans l'extrait. Quels détails du texte vous aident à mieux comprendre le contexte historique ?

   b) Décrivez le contexte culturel tel que vous le comprenez dans l'extrait. Quels détails du texte vous aident à mieux comprendre le contexte culturel ?

4. L'importance de la langue :

   a) Quel rôle est-ce que le français joue pour les personnages suivants:

      1. la mère ?

      2. Gabrielle ?

      3. les commis ?

      4. les gens à Winnipeg ?

b) Quel rôle est-ce que l'anglais joue pour les personnages suivants :

    1. la mère ?

    2. Gabrielle ?

    3. les commis ?

    4. les gens à Winnipeg ?

Discutons ensemble

1. Dans l'article sur l'héritage laissé par Charles de Gaulle, Thierry Richard dit que le gaullisme est « un état d'esprit » et il évoque « la vraie France ». Dans *Mémoires de guerre*, de Gaulle dit qu'il a « une certaine idée de la France ». Cependant ces concepts sont vagues. Comment comprenez-vous ces termes? Pourrait-on les appliquer au texte de Roy ? Est-ce qu'une certaine idée du Canada émerge de l'extrait, surtout si l'on regarde la façon dont Roy et sa mère sont traitées par les Canadiens anglophones ?

2. Discutez de l'importance de la langue pour l'identité culturelle et nationale d'une personne. Quels autres éléments contribuent au sens d'une identité ethnique ou nationale ?

Rue de Saint-Boniface aujourd'hui ▶

Le plus-que-parfait

Le plus-que-parfait est un temps composé du passé qui exprime l'antériorité d'une action par rapport à une autre action.

1 Formation

être ou **avoir** à l'imparfait + participe passé

Les verbes utilisent le même auxiliaire qu'au passé composé et suivent les mêmes règles d'accord.

> Le ministère **avait étudié** cette question.
> Les ministres **étaient sortis** fâchés de la réunion.

2 Emploi du plus-que-parfait

Le plus-que-parfait est utilisé pour indiquer qu'une action précède une autre action dans le passé.

> Le journaliste ne savait pas que Madame Royal avait été ministre.

Dans l'exemple ci-dessus, Madame Royal était ministre bien **avant** que le journaliste ne le sache.

Le plus-que-parfait peut s'utiliser par rapport au passé composé, au passé simple ou par rapport à l'imparfait.

Pratiquons

4-26 Écoutez ce passage sur la vie de Rama Yade, Secrétaire d'État auprès du ministre des Affaires étrangères et européennes, durant la présidence de Nicolas Sarkozy. Complétez avec les verbes au passé que vous entendez.

Rama Yade _____ au Sénégal en 1976. Elle _____ en France à l'âge de onze ans parce que son père _____ un poste à l'ambassade du Sénégal en France. En 1987, sa famille _____ à Paris mais son père, lui, _____ en 1986. Au début sa vie _____ difficile parce qu'au Sénégal, elle _____ les habitudes et les codes français. Pourtant, elle _____ de complexes parce qu'elle _____ fière de sa culture et de l'histoire africaine que sa famille lui _____ durant son enfance. À l'âge de dix-huit ans, elle _____ la nationalité française parce qu'elle _____ et qu'elle _____ dans son pays d'origine. Avant de devenir Secrétaire d'État, elle _____ de brillantes études à l'Institut d'études politiques de Paris et _____ conseillère technique au Sénat.

Comparaison linguistique

Par quelle forme verbale traduit-on le plus-que-parfait en anglais ? En français, la concordance des temps est plus rigide qu'en anglais. Est-ce qu'on peut traduire le plus-que-parfait par plusieurs passés en anglais ? Lesquels ? Inventez quelques phrases françaises qui exigent le plus-que-parfait. Quels passés différents pourriez-vous utiliser en anglais pour rendre le même sens ?

4-27 Formation du plus-que-parfait. Dites pour qui ou pour quoi les personnes suivantes ont voté. Transformez les phrases.

   1. J'ai voté pour le candidat que j'avais rencontré sur le campus. (vous, tu, on, Georges, mes amies, nous)

   2. J'allais voter en faveur de l'éducation bilingue mais je n'avais pas pensé au coût. (nous, vous, tu, les professeurs, on, Martin)

4-28 Complétez les phrases et finissez-les en utilisant **un plus-que-parfait**. Vous pouvez choisir parmi les réponses suivantes ou inventer vos propres réponses.

   mes amies // déjà voir   mon professeur // recommander
   je // déjà écouter le conférencier   mes amis // trouver l'article ennuyeux
   la presse // déjà analyser ses idées

   Modèle: Je suis allée au colloque sur la laïcité que …
                Je suis allée au colloque sur la laïcité que mon université avait organisé.

   1. J'ai acheté un livre sur l'histoire acadienne que … _____
   2. Je ne suis pas allée voir ce film sur Kennedy parce que … _____
   3. Je n'ai pas voulu aller à cette conférence parce que … _____
   4. Je n'ai pas lu cet article sur la politique parce que … _____
   5. Je n'ai pas écouté le discours du président parce que … _____

4-29 En petits groupes, imaginez et racontez la journée d'un candidat à l'élection présidentielle. Utilisez le passé composé. Ensuite comparez avec ce qu'il a fait la veille (le jour précédent). Utilisez le **plus-que-parfait** selon le modèle.

   Modèle: Hier, à huit heures précises, John est descendu dans un petit café pour
                rencontrer un groupe d'électeurs ; la veille, il avait pris l'avion pour
                la Californie, il était arrivé en retard et il avait fallu changer tous ses
                rendez-vous.

4-30 Le Président défend son programme. Complétez les phrases avec le passé composé, l'imparfait ou le plus-que-parfait.

   Hier, le Président _____ (faire) un discours pour
   expliquer ce qu'il _____ (souhaiter) accomplir durant
   la dernière année de son mandat. D'abord, il _____
   (dire) qu'il _____ (vouloir) réduire la dette qui
   _____ (beaucoup augmenter) ces dernières années. Ensuite,
   il _____ (préciser) que la crise _____
   (ne pas être) finie mais que, l'année précédente, il _____
   (tout faire) pour y remédier. Il _____ (parler) du chômage
   qui _____ (constituer) une préoccupation majeure des
   électeurs. Il _____ (indiquer) que les travailleurs qui
   _____ (perdre récemment) leur emploi ne seraient pas
   oubliés. Finalement, il _____ (évoquer) les élections mais
   sans insister.

4-31 Biographie de Madeleine Albright, première femme Secrétaire d'État aux États-Unis.

Complétez les phrases avec le passé composé, l'imparfait ou le plus-que-parfait.

Je _____ (naître) à Prague en 1937. Mon père _____ (être) diplomate à Londres pendant la guerre. Ma famille _____ (émigrer) aux États-Unis quand je _____ (avoir) onze ans. D'abord, mon père _____ (travailler) à l'ONU, ensuite, nous _____ (vivre) à Denver. Avant d'arriver à Denver, je _____ (être toujours) une étrangère dans tous les pays où je _____ (habiter), mais au Colorado je _____ (devenir) une immigrée. Nous _____ (ne pas avoir) beaucoup d'argent et mes parents _____ (ne pas comprendre) bien la vie américaine. Je _____ (aller) à l'école à Denver et plus tard je _____ (obtenir) un doctorat en relations internationales à l'université Columbia. Plusieurs années auparavant, je _____ (étudier) dans le « college » de femmes de Wellesley. Avec mon doctorat, je _____ (enseigner) dans une autre université, Georgetown, et c'est ainsi que je _____ (venir) à la politique. D'abord, Bill Clinton me _____ (choisir) comme ambassadrice à l'ONU. Je _____ (rencontrer) Bill quelques années plus tôt lorsque je _____ (participer) à une autre campagne politique et Hillary et moi _____ (poursuivre) nos études dans le même « college ». Ensuite, en 1997, je _____ (devenir) première femme Secrétaire d'État de l'histoire américaine …

 4-32 Vous êtes journaliste, vous avez accompagné le président dans un de ses voyages, à l'étranger ou dans une ville américaine. Vous racontez son voyage. Où est-il allé ? Qui a-t-il rencontré ? Comment étaient les gens qui le recevaient ? Qu'a-t-il dit ? Utilisez le passé.

◄ Ségolène Royale, première femme à représenter le Parti Socialiste à la présidence en France

Stratégie d'écriture : Le paragraphe

L'unité structurale principale d'un essai est le paragraphe. Au lieu de présenter ensemble plusieurs idées qui risquent de déconcerter le lecteur dans un essai chaotique, il est préférable de diviser les idées en paragraphes. Un paragraphe ne contient qu'une seule idée que l'auteur développe par la discussion et l'analyse et dont il soutient la validité en donnant des exemples concrets et spécifiques ou des citations pertinentes et bien justifiées. Dans un bon paragraphe, l'auteur alterne souvent entre la discussion de l'idée principale (l'idée-clé) et des exemples concrets.

Il y a fondamentalement deux types de paragraphes.

Le paragraphe coordonné commence par l'idée-clé. Le reste du paragraphe est structuré selon des exemples, qui pourraient être interchangés sans vraiment rompre l'organisation du paragraphe. Si on imagine la forme géométrique du paragraphe coordonné, ce serait un cube :

> **L'idée-clé**
> Exemple #1
>   Discussion de l'exemple
> Exemple #2
>   Discussion de l'exemple
> Exemple #3
>   Discussion de l'exemple

Dans **le paragraphe subordonné** l'idée-clé se trouve souvent (mais pas toujours) dans la première ou dans la deuxième phrase, mais les phrases qui suivent dépendent chacune de la phrase précédente pour sa logique structurale. Il y a donc une interdépendance serrée entre les idées. Si on les interchangeait, le paragraphe serait très désorganisé et décousu°. Alors, au cours de la discussion, l'idée-clé du paragraphe devient de plus en plus élaborée et compliquée. La structure du paragraphe subordonné peut être conçue comme une pyramide.

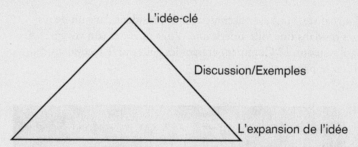

Il est possible d'inverser la pyramide et de présenter l'idée-clé à la fin. Dans ce cas, moins fréquent, la plus grande partie du paragraphe consiste en une discussion ou en une description. L'idée-clé est alors une sorte de résumé, souvent dramatique, de l'essentiel de la discussion ou de la description.

Rappelez-vous que pour tous les paragraphes, il n'y a qu'une idée-clé. Les Français disent :

« Une idée par paragraphe et un paragraphe par idée ! »

Deuxième rappel : N'utilisez pas de citations sans les justifier !

Choisissez un paragraphe soit de l'article « Le message du général de Gaulle reste d'actualité », soit de l'extrait des « Mémoires de guerre », soit d'un article sur un sujet politique que vous avez trouvé dans un journal français et analysez la structure de ce paragraphe. Identifiez l'idée-clé du paragraphe. Est-ce qu'elle se trouve au début du paragraphe ? au milieu ? à la fin ? Si elle se trouve au début, est-ce dans la première phrase ? la deuxième ? Si c'est dans la deuxième, quelle est la fonction de la première phrase ? Quel type de paragraphe est-ce ? Coordonné ? Subordonné ? Quelles stratégies est-ce que l'auteur emploie pour appuyer ses idées ? Est-ce qu'il utilise des exemples ? des citations ?

décousu *rambling*

Sujets de composition (400 mots)

1. De Gaulle avait « une certaine idée de la France » et de la nationalité française. À votre avis, et en fonction de votre compréhension de la culture française, quelle est "cette idée". Y a-t-il également une certaine idée des États-Unis ? Du Canada ?

2. Roy commence son autobiographie en parlant principalement de sa mère. Pourquoi à votre avis ? Est-ce que le portrait de la mère nous aide à mieux comprendre Gabrielle Roy, elle-même ? Comment et pourquoi?

3. Gabrielle Roy et sa mère se définissent selon leur héritage linguistique à une époque où parler français indiquait qu'un Canadien appartenait à une classe défavorisée. Dans votre essai, analysez l'importance de la langue française pour l'identité personnelle de la mère ou de Gabrielle Roy telle qu'elle se présente dans l'extrait de son autobiographie.

4. Pensez à votre héritage ethnique. Est-ce que vous vous identifiez avec un groupe de gens spécifique ? Est-ce que votre langue maternelle ou celle de vos parents ou ancêtres contribue à votre identité personnelle ? Est-ce que votre héritage est important pour vous ? Est-ce que vous vous sentez différent(e) de la plupart de vos amis ou des autres étudiants, à cause de vos racines ethniques ? Si oui, qu'est-ce qui vous rend différent(e) ? Après avoir réfléchi à toutes ces questions, écrivez un essai bien organisé sur l'importance de vos racines pour votre identité.

5. Commencez votre autobiographie en présentant un épisode-clé de votre vie qui reflète une caractéristique importante de votre identité personnelle.

 Avant d'écrire

Avant d'écrire votre essai, fournissez ces indications :

1. Dans mon essai, il y aura ———————— paragraphes.

2. Voici l'idée-clé du premier paragraphe : ————————.

3. Pour renforcer mon idée, je vais utiliser les citations ou les exemples suivants :

———————————————————————————

4. La structure de mon paragraphe sera ———————— coordonnée ———————— subordonnée.

5. Voici l'idée-clé du deuxième paragraphe : ————————.

6. Pour soutenir cette idée, je vais utiliser les citations ou les exemples suivants :

———————————————————————————

7. La structure de mon deuxième paragraphe sera ———————— coordonnée ———————— subordonnée.

8. Continuez ainsi avec tous les paragraphes.

 Après avoir complété les phrases à la page précédente, écrivez au moins les trois premiers paragraphes de votre essai (l'introduction et les deux premiers paragraphes). Apportez une copie du début de votre essai en classe et montrez-le à deux autres personnes de la classe. Vous lirez aussi le brouillon partiel de deux autres personnes. Essayez d'aider vos camarades de classe à améliorer leurs essais en faisant attention :

à l'introduction — Est-ce que l'idée directrice est claire ?

Est-ce que l'auteur oriente bien le lecteur ?

aux paragraphes — Pouvez-vous trouver facilement l'idée-clé de chaque paragraphe ?

Y a-t-il trop d'idées ?

Est-ce que l'idée-clé est suffisamment bien développée ?

Est-ce que les exemples sont clairs ?

Est-ce que les citations sont justifiées ?

Modèle d'écriture

Voilà deux exemples de paragraphes pour une composition sur le troisième sujet de composition. Lisez-les et ensuite analysez la structure des paragraphes.

La première phrase de *La Détresse et l'Enchantement* est une question qui annonce le thème principal de l'épisode d'ouverture et, en fait, de toute l'autobiographie de Gabrielle Roy. À quel moment Gabrielle s'est-elle rendu compte qu'elle appartenait à un groupe–les Canadiens français–victime, à l'époque, de discrimination linguistique et sociale? Roy ne répond pas à sa propre question, mais elle dit que ce n'était peut-être pas quand elle accompagnait sa mère à Winnipeg pour faire des achats. Pour la jeune Gabrielle, ces excursions étaient plutôt stimulantes et agréables. Mais pour sa mère ces courts voyages étaient extrêmement pénibles, car elle parlait mal l'anglais, ce qui exagérait ses sentiments d'infériorité sociale et linguistique. Alors, pour Gabrielle Roy, cet épisode joue un rôle clé parce qu'elle se rend compte pour la première fois des souffrances que ressent sa mère en raison de sa pauvreté, sa langue, sa classe sociale, et son manque d'éducation.

Dans sa description des excursions au grand magasin Eaton, Roy utilise un vocabulaire de guerre pour mettre en valeur le déchirement de sa mère. En arrivant au grand magasin, l'humeur de la mère détermine si elle va "passer à la lutte ouverte", c'est-à-dire si elle va ne parler que français pour faire valoir son identité en tant que Canadienne française. Cette lutte linguistique évolue vers une vraie "attaque" qui exige "la parole affilée". "Affilé", adjectif employé pour les couteaux, ici, transforme métaphoriquement la parole en arme. De plus, Roy appelle les commis qui parlent français "des compatriotes", un terme miliaire qui souligne la solidarité nationale des Canadiens français. Si pourtant la mère de Roy n'est pas de bonne humeur, elle abandonne tout effort pour affirmer son identité ethnique et linguistique. Roy dit que sa mère se sent "vaincue . . . lasse de cette lutte . . . jamais gagnée" et au lieu de se battre pour obliger le personnel du magasin à parler français, elle cède et essaie d'utiliser ses quelques mots d'anglais pour faire ses achats. Même dans la scène du parapluie, scène à la fois comique et triste, Roy incorpore une connotation de guerre quand elle dit que fermer le parapluie, dès que sa mère est en plein soleil, donne "une allure de provocation" à l'aventure. Tout ce vocabulaire montre alors à quel point la mère de Roy souffre d'un complexe d'infériorité à cause de son héritage français et à quel point elle doit néanmoins lutter pour faire valoir cet héritage culturel et linguistique.

Que pensez-vous de ces paragraphes? Est-ce que les paragraphes sont coordonnés ou subordonnés? Est-ce qu'ils sont une combinaison des deux structures? Trouvez l'idée-clé de chaque paragraphe. Est-ce toujours la première phrase du paragraphe? Quels exemples est-ce que l'auteur utilise pour appuyer l'idée-clé de chaque paragraphe? Est-ce qu'il développe suffisamment ses idées?

5 La France : un kaléidoscope social

▲ Café de Flore

LES OBJECTIFS

Classes, différences socio-économiques, riches et pauvres

Réflexion sur les sans-abri et les ouvriers
« Semblant de Domicile Fixe »
Annie Ernaux : *Une femme*

Comment écrire une conclusion

Orientation culturelle

Aux États-Unis, les classes sociales sont moins évidentes et importent moins que l'origine ethnique ou raciale. La classe moyenne basée sur les salaires efface° les distinctions traditionnelles entre ouvriers° et employés. Par ailleurs, bien que plus difficile aujourd'hui, la mobilité sociale, fondée sur le mérite, reste un objectif de la société américaine. En France, par contre, la conscience de classe est encore très vive bien que la société tende à se niveler°. Les Français sont très conscients de l'origine sociale et du niveau° d'instruction de chacun. Ils savent instinctivement qui appartient à l'élite, à la bourgeoisie et à la classe ouvrière. En fonction du vêtement, des loisirs ou de l'élocution, il est relativement facile d'identifier l'origine sociale de la personne que vous côtoyez°.

effacer   *to blur*
les ouvriers   *workers*

se niveler   *to level*
le niveau   *level*

côtoyer   *to be next to*

1. Comparez l'importance des classes sociales en France et aux États-Unis, ou dans votre pays.
2. Qu'est-ce qui importe le plus en Amérique, la classe ou l'origine ethnique ?
3. Sur quoi la classe sociale est-elle basée aux États-Unis ? En France ?
4. Qu'est-ce que la mobilité sociale ?
5. Comment un Français reconnaît-il la classe sociale d'une autre personne ?

Apprenons ces mots essentiels

Attitude et comportement

Noms

le complexe (d'infériorité ou de supériorité)	*inferiority or superiority complex*
le comportement	*behavior*
la condescendance	*condescension*
l'élite (f.)	*elite*
l'infériorité (f.)	*inferiority*
les mœurs (f.)	*customs*
un snob	*snob*
le snobisme	*snobbery*
la sophistication	*sophistication*
la supériorité	*superiority*

Verbes

avoir de la classe	*to have class*
être snob	*to be snobbish*
faire partie de	*to belong to*

Adjectifs

inférieur	*inferior*
poli	*polite*
raffiné	*refined*
snob	*snobbish*
sophistiqué	*sophisticated*
supérieur	*superior*

Classes sociales, éducation, et professions

Noms

la bourgeoisie	*upper middle class, bourgeoisie*
un cadre moyen, supérieur	*middle or senior management executive*
les classes défavorisées	*underpriviledged classes*
la classe moyenne	*middle class*
la classe ouvrière	*working class*
les classes privilégiées	*priviledged classes*
un héritage	*inheritance*
un héritier, une héritière	*heir*
la hiérarchie	*hierarchy*
un homme, une femme d'affaires	*businessman, businesswoman*
les inégalités sociales	*social inequities*
un mendiant	*beggar*
le mode de vie	*lifestyle*
le niveau d'instruction	*education level*

le niveau de vie	*standard of living*
un nouveau riche	*nouveau riche*
la pauvreté	*poverty*
le pouvoir	*power*
la réussite	*success*
le revenu	*income*

Verbes

être pauvre	*to be poor*
faire la charité	*to give to charity*
hériter de	*to inherit*
mendier	*to beg*

Adjectifs

bourgeois	*upper middle class, bourgeois*
moyen (m.), moyenne (f.)	*middle, average*
ouvrier (m.), ouvrière (f.)	*working class, blue-collar*

Loisirs

Noms

le ballet	*ballet*
le cinéma	*movies, cinema*

le concert	*concert*
le film	*movie*
le jazz	*jazz*

l'opéra (m.)	opera	faire de la voile	to sail
une pièce de théâtre	play	jouer au baseball	to play baseball
une soirée	party	jouer au billard	to play billiards
le théâtre	theatre	jouer au bridge	to play bridge
		jouer aux cartes	to play cards

Verbes

danser	to dance	jouer au football	to play soccer
faire du camping	to camp	jouer au football américain	to play football
faire de l'équitation	to ride horseback	jouer à un jeu	to play a game
faire de l'escrime	to fence	jouer au poker	to play poker
faire de la natation/nager	to swim	jouer au tennis	to play tennis
faire des randonnées	to hike	jouer au volleyball	to play volleyball

▲ Devant le George V, Paris

Amusons-nous avec les mots

 5-1 Devinez les mots : Créez des mots à partir des lettres mélangées.

1. OCDNEACNDNSCEE
2. MSOREU
3. EENDIMR
4. GEROUIOSBEI
5. TÉSSUIRE

5-2 Mon cousin a beaucoup changé ! Complétez les phrases avec un des mots suivants. N'oubliez pas de faire les accords ni de conjuguer les verbes.

privilégié   hériter   complexe d'infériorité   snob   héritage

Mon cousin Marc a beaucoup changé depuis qu'il _____ de nos grands-parents. Avant son _____, il souffrait d'un _____. Il pensait que tous ses amis étaient plus doués et plus riches que lui. Il aimait les sports, mais il participait surtout à ceux qui ne coûtaient pas cher. Dès qu'il a reçu tout cet argent, il est devenu très _____ et toutes ses activités ont changé. Il va à l'opéra, il fait de l'escrime et de l'équitation. Maintenant, il pense appartenir aux classes _____ et il refuse de voir ses anciens amis. Personnellement, je n'aime plus être avec lui. L'argent n'est pas toujours un avantage !

Qu'en pensez-vous ?

5-3 Jill, une Américaine qui étudie en France, rentre chez elle. Elle trouve Christine, sa colocataire française, en train de regarder son émission de télévision préférée. Écoutez leur conversation.

A. Répondez aux questions que vous entendez en indiquant la lettre qui correspond à la réponse correcte :

1. a)   b)   c)   d)
2. a)   b)   c)   d)
3. a)   b)   c)   d)
4. a)   b)   c)   d)
5. a)   b)   c)   d)

B. Maintenant répondez aux questions suivantes.

1. Que pense Christine des mariages où les deux fiancés ne sont pas de la même classe sociale ?
2. Est-ce que Jill partage son opinion ? Élaborez.
3. Quels éléments contribuent à définir la classe sociale en France ? Aux États-Unis ?
4. Comment interpréteriez-vous la situation de Rachel et Philippe ?

Élargissons notre vocabulaire

Attitude et classe sociale

Noms

un/une arriviste	*social climber*	un parvenu, une parvenue	*nouveau riche*
arriviste (péjoratif)	*climber, unscrupulously ambitious*	le savoir-faire	*savoir faire, practical knowledge*
le dénigrement	*denigration*	un SDF (sans domicile fixe)	*homeless person*
un haut fonctionnaire	*top civil servant*		
les membres *(m.)* des professions libérales	*professionals*		

Verbes

avoir bon genre ou mauvais genre	*to be distinguished or unrefined*	gravir les échelons de la hiérarchie sociale	*to move up the social ladder*
avoir de bonnes manières	*to be well-bred*	héberger	*lodge, shelter*
dénigrer	*to denigrate*	manquer de bonnes manières	*to be ill-bred*
être aisé	*to be affluent, well-off*	parvenir	*to reach*

Le voisinage

Noms

un foyer	*shelter*	un sans-logis	*homeless person*
l'hébergement *(m.)*	*lodging*	un taudis	*hovel, slum*
un/une HLM (habitation à loyer modéré)	*housing project*	une villa	*villa, second residence*

Verbes

un logis	*home, dwelling*	bâtir	*to build*
le milieu social	*social environment*	héberger	*to lodge, to house*
un quartier (riche, pauvre, estudiantin, etc.)	*neighborhood (rich, poor, student, etc.)*		

Amusons-nous avec les mots

5-4 Trouvez les paires de mots.

1. _____ le dénigrement
2. _____ un taudis
3. _____ HLM
4. _____ milieu social
5. _____ un parvenu

a. une résidence subventionnée par l'état
b. un arriviste
c. la critique
d. une maison misérable
e. groupe social

5-5 Ma ville. Complétez avec des mots **d'Élargissons notre vocabulaire.**

Dans la ville où habitent mes parents, plusieurs <u>un sans-logis/SDF</u>
dorment dans les jardins publics. Il n'y a pas assez de <u>~~de~~ foyer, d'hébergements</u>
pour héberger la nuit les gens qui n'ont pas de logis. Pourtant, dans ma ville
la plupart des gens sont <u>~~la classe moyenne~~</u> et ont de belles maisons. <u>privilégiées *aisés</u>
Ils ont même des <u>~~de~~ villas</u> à la campagne où ils passent les
week-ends. Ce sont souvent des <u>parvenus/arrivistes</u> qui ont obtenu leurs
fortunes au moment de l'essor de l'informatique et parce qu'ils viennent
souvent de <u>milieux modestes</u> modestes, ils ne comprennent pas que
les autres ne réussissent pas et ont tendance à <u>dénigrer les pauvre</u>les
pauvres. Heureusement, nous avons un maire moderne qui veut faire bâtir
plus de <u>HLM</u> mais en respectant l'environnement et la
qualité de la vie.

classe moyenne

privilégié

réussite

5-6 Plus tard, Jill veut continuer la conversation sur la perspective française et américaine en matière de classe sociale.

A. Indiquez si les phrases que vous entendez sont vraies (Vrai) ou fausses (Faux).

1. Vrai / Faux
2. Vrai / Faux
3. Vrai / Faux
4. Vrai / Faux
5. Vrai / Faux

 B. Maintenant, répondez aux questions suivantes.

1. Que pense Christine des classes sociales américaines ?
2. Comparez les idées de Christine et de Jill sur les classes sociales en Amérique et en France.
3. À votre avis, de quels éléments doit-on tenir compte quand on parle de la classe sociale d'une personne ?

Ouvriers réparant une rue ▶

Invitation à la conversation

En petits groupes, posez quelques questions à vos partenaires en vous servant du vocabulaire des pages précédentes. Ensuite, présentez vos idées à toute la classe.

1. Selon vous, existe-t-il des classes sociales aux États-Unis ?
2. Pensez-vous que dans la société où vous vivez, les différences entre les classes aient tendance à s'accentuer ou à disparaître ? Expliquez votre réponse.

3. En France comme aux États-Unis, il existe des grandes familles. Pensez aux Kennedy, aux Ford, aux Roosevelt, etc. Qu'est-ce qui distingue ces familles ?

4. Essayez de décrire la classe moyenne aux États-Unis. Qui appartient à cette classe ? Qu'est-ce qui la caractérise ? Valeurs ? Argent ? Loisirs ? Politique ? Façon de vivre ?

5. Aux États-Unis, ou dans votre pays, est-ce qu'il est facile de deviner tout de suite l'origine sociale des gens ? Donnez des exemples.

6. À votre avis, qu'est-ce qui importe le plus pour le succès dans la vie : le milieu social ou le niveau d'instruction ?

7. D'après vous, est-il plus important d'épouser quelqu'un de la même classe sociale ou quelqu'un qui a reçu la même éducation ?

8. Y a-t-il des privilèges associés à l'appartenance à un certain milieu social ?

9. Imaginez que vous faites partie de l'élite française. Votre famille riche et connue a beaucoup de contacts dans la vie publique et privée. Allez-vous vous servir de vos relations dans les situations suivantes :

   pour entrer dans une école privée ?
   pour trouver un emploi ou pour avancer dans votre carrière ?
   pour trouver un appartement ?
   pour avoir des places à la première d'un film ou à un concert ?
   pour être invité(e) à une réception privée à l'Élysée *(Résidence du président français)* ?

10. Quels loisirs sont appréciés par l'élite? Par la classe moyenne? Par la classe ouvrière ? Est-ce que cela varie selon le pays dont on parle ? Peut-on déterminer à quelle classe une personne appartient par les sports et les divertissements qu'elle préfère ? Et vous ? Quelles activités préférez-vous ? Pourquoi ?

◀ **Homme d'affaires à Paris**

Révision : Comment poser une question — Comme vous le savez déjà, il existe trois façons fondamentales de poser une question :

- l'intonation,
- « est-ce que »,
- l'inversion.

Par exemple, pour transformer en question la phrase « Mathilde est snob », vous pouvez :

1. changer l'intonation — « Mathilde est snob ? » (la voix monte) ↗
2. mettre au début de la phrase **est-ce que** — « Est-ce que Mathilde est snob ? »
3. inverser le sujet et le verbe — « Mathilde est-elle snob ? »

Remarque : Avec les adverbes interrogatifs **combien, comment, où, pourquoi** et **quand,** on utilise soit l'inversion soit **est-ce que** dans la langue courante.

> Pourquoi veut-elle s'installer dans ce quartier ?
> Pourquoi est-ce qu'elle veut s'installer dans ce quartier ? (plus oral)
> Combien a-t-il payé son appartement ?
> Combien est-ce qu'il a payé son appartement ? (plus oral)

1 Les pronoms interrogatifs

A. **Qui … ? Qui est-ce qui … ? Qui est-ce que … ? Que … ? Qu'est-ce qui … ? Qu'est-ce que … ? Quoi … ?**

Un **pronom interrogatif** sert à interroger, c'est-à-dire à poser une question. Pour choisir le pronom interrogatif correct, il faut savoir si l'on pose une question au sujet **d'une personne** ou **d'une chose** (ou d'une idée, d'un concept) et si le pronom interrogatif est **le sujet** ou **l'objet direct** de la question.

1. Pour poser une question au sujet d'**une personne sujet** de la phrase, utilisez **qui ?** ou **qui est-ce qui ?**

> **Qui** appartient à la bourgeoisie ?
> **Qui est-ce qui** appartient à la classe ouvrière ?

Remarque : Qui précède directement le verbe, parce que c'est **le sujet** de la phrase.

2. Pour poser une question au sujet d'**une personne objet direct** dans la phrase et qui sera l'objet direct dans la réponse, utilisez **qui + inversion ?** ou **qui est-ce que ?**

> **Qui** avez-vous invité à votre villa ?
> **Qui est-ce que** vous avez invité à votre villa ?

Remarque : Le verbe a déjà un sujet (**vous** dans les exemples ci-dessus).

3. Pour poser une question au sujet **d'une chose sujet** de la phrase, utilisez **qu'est-ce qui ?**

> **Qu'est-ce qui** caractérise la bourgeoisie ?
> **Qu'est-ce qui** influence le plus l'attitude de l'élite envers la classe ouvrière ?

Remarque : Qu'est-ce qui précède directement le verbe parce que c'est **le sujet** de la phrase.

4. Pour poser une question au sujet **d'une chose objet direct** dans la phrase, utilisez **que + inversion** ou **qu'est-ce que ?**

> **Que** dirais-tu à un snob ?
> **Qu'est-ce que** tu dirais à un snob ?

Remarque : Il y a déjà un sujet dans la phrase (**tu** dans l'exemple précédent).

5. Après une préposition, utilisez **qui** pour une **personne** et **quoi** pour une **chose** :

> **Avec qui** sont-ils partis en vacances ?
> **Avec qui est-ce qu'**ils sont partis en vacances ?
>
> Ils sont partis avec leurs meilleurs amis.
>
> **À quoi** pensez-vous quand on vous parle de l'élite ?
> **À quoi est-ce que** vous pensez quand on vous parle de l'élite ?
>
> Je pense au snobisme des gens qui se croient au-dessus des autres mais qui n'ont jamais travaillé un seul jour de leur vie.

Résumé des pronoms interrogatifs :

Personne	
Sujet :	qui ?
	qui est-ce qui ?
Objet direct :	qui + inversion ?
	qui est-ce que ?
Préposition :	qui ?

Chose	
Sujet :	qu'est-ce qui ?
Objet direct :	que + inversion ?
	qu'est-ce que ?
Préposition :	quoi ?

Pratiquons

 5-7 Deux étudiants, Jean-Marc et Magali, doivent écrire un mémoire sur l'exclusion sociale pour leur cours de sociologie. Ils dressent une liste de questions qu'ils aimeraient aborder dans leur mémoire. Identifiez la forme de la question et écrivez-la.

Modèle :   Vous entendez :   Qu'est-ce que l'exclusion sociale ?
                Vous écrivez :   Qu'est-ce que

1. _____ caractérise l'exclusion sociale ?

2. _____ font les politiciens pour éliminer l'exclusion sociale ?

Comparaison linguistique

En anglais, est-ce qu'on emploie des pronoms interrogatifs différents pour une personne et pour une chose ? Pour le sujet de la phrase ? Pour l'objet direct de la phrase ? Quels pronoms interrogatifs emploie-t-on ? Existe-t-il une structure en anglais qui corresponde à l'inversion en français ? Comment sait-on qu'on pose une question en anglais ?

3. _____ les maires devraient-ils parler pour mieux comprendre la situation des SDF ?

4. _____ faut aider en premier : les SDF ou les pauvres ?

5. _____ faut-il commencer pour aider les sans-abri ?

6. _____ est le plus affecté par les écarts sociaux ?

7. _____ peut faire pour élever le niveau de vie de la classe ouvrière ?

8. _____ peut-on attribuer le manque d'éducation parmi les pauvres ?

9. _____ le gouvernement doit faire pour éliminer la pauvreté ?

10. ___ a écrit la meilleure étude sociologique sur les sans-abri ?

5-8 Jean-Marc et Magali ont commencé leur enquête pour écrire leur mémoire sur l'exclusion sociale. Ils ont dressé une liste de questions qu'ils posent au maire et à de nombreuses personnes. Remplacez les tirets par **qui, qui est-ce qui, qui est-ce que, que, qu'est-ce qui, qu'est-ce que** ou **quoi,** selon le cas.

Au maire de la ville :

1. Nous avons des SDF qui vivent dans le parc. _____ la ville fait pour les aider ?

2. À votre avis, _____ doit résoudre le problème des SDF ?

3. Avoir tant de SDF dans notre ville, c'est scandaleux ! _____ comptez-vous faire pour changer cette situation ?

4. Les classes moyennes se sentent aussi menacées. _____ va les rassurer ? Le ministre de l'économie ? Le président ?

consacrer *to devote, to assign*

5. À _____ consacrez-vous° le plus de fonds : la construction d'abris ou l'éducation ?

Aux gens dans la rue :

1. _____ pensez-vous de ce problème de l'exclusion sociale ?

2. À votre avis, _____ sont les sans-abri ?

3. De _____ les SDF ont-ils besoin, selon vous ?

4. _____ a changé en matière d'exclusion aujourd'hui ?

5. _____ vous savez sur les mesures prises par notre maire pour augmenter les foyers d'hébergement ?

5-9 Raphaël vient d'hériter de l'argent de son oncle Jules. Son meilleur ami lui pose des questions sur les circonstances et sur ce qu'il va faire. Utilisez des pronoms interrogatifs pour formuler la question logique qui correspond à chaque réponse.

L'ami : _____ t'a laissé sa fortune ?

Raphaël : C'est mon oncle Jules qui m'a laissé sa fortune.

L'ami : _____ il a fait pour gagner cette fortune ?

Raphaël : Je ne sais pas ce qu'il a fait pour avoir tout cet argent.

L'ami : À _____ d'autre a-t-il laissé son argent ?

Raphaël : Il n'a laissé son argent à personne d'autre. Évidemment je suis son neveu préféré !

L'ami :	_____ l'a persuadé de te laisser tout son argent ?
Raphaël :	Je ne sais pas ce qui l'a persuadé de tout me laisser. Je crois que j'étais le seul de ses neveux et nièces à rester en contact avec lui. Je lui téléphonais chaque dimanche.
L'ami :	_____ il faisait ?
Raphaël :	Il ne faisait pas grand-chose. Il lisait. Il bricolait. Il faisait du jardinage.
L'ami :	_____ lui plaisait le plus ?
Raphaël :	Je ne sais pas ce qui lui plaisait le plus. Le jardinage, je crois. Et parler avec moi, peut-être.
L'ami :	_____ tu vas faire avec tout cet argent ?
Raphaël :	Je ne sais pas encore ce que je vais faire avec l'argent.
L'ami :	Avec _____ vas-tu partager l'argent ?
Raphaël :	Je vais partager l'argent avec les membres de ma famille, et avec mes amis, bien sûr.
L'ami :	_____ peux-tu consulter pour investir l'argent ?
Raphaël :	Je peux consulter mon père. Après tout, il est banquier.
L'ami :	À _____ penses-tu ?
Raphaël :	Je pense aux vacances que je pourrai maintenant prendre ! Au lieu de rester dans des auberges de jeunesse comme d'habitude, je pourrai descendre dans des hôtels de luxe !

5-10 Vous êtes journaliste et vous allez écrire un article sur le mode de vie des classes privilégiées. Dressez une liste de questions que vous pourriez poser à des gens appartenant à la haute bourgeoisie. Utilisez des pronoms interrogatifs. Ensuite posez les questions aux autres membres de la classe.

B. **Lequel ? Laquelle ? Lesquels ? Lesquelles ?** et leurs formes contractées

Lequel, laquelle, etc., sont des pronoms interrogatifs qui se réfèrent à des choses et des personnes déjà mentionnées et qu'on emploie quand on veut indiquer un choix. **Lequel** doit s'accorder en genre et en nombre avec le nom auquel il se réfère.

> J'ai visité deux quartiers.
> À ton avis, **lequel** est le plus beau ?
> J'ai vu deux pièces de théâtre pendant le week-end.
> **Laquelle** as-tu préférée ?

Lequel, laquelle, etc., avec les prépositions **à** et **de**, ont les formes contractées suivantes :

de + lequel = duquel	à + lequel = auquel
de + laquelle = de laquelle	à + laquelle = à laquelle
de + lesquels = desquels	à + lesquels = auxquels
de + lesquelles = desquelles	à + lesquelles = auxquelles

> Voilà deux restaurants. **Auquel** veux-tu aller ?
> Ces deux actrices ont joué dans un *James Bond*. **De laquelle** parles-tu ?

Pratiquons

5-11 Remplacez les tirets avec une forme de **lequel**.

lequel ← **1.** De ces deux quartiers, ~~lesquelle~~ _____ est le plus chic ?

2. Ces deux jeunes filles sont de milieux différents. _de duquel_ des
deux est la mieux élevée ? *laquelle*

3. Philippe a hérité d'un de ses oncles.
— ~~Desquels~~ _duquel_

4. Les Américains prétendent qu'il n'y a qu'une classe aux États-Unis, ce qui n'est
pas tout à fait vrai. De toutes les classes sociales, à _laquelle_
est-ce que tu appartiens ?

5. Les classes ont <u>des mœurs sociales distinctes</u>. _auxquelle_
t'identifies-tu le plus ?

6. Les cadres supérieurs ont toujours tous les avantages, surtout celui-là là-bas qui
reçoit tous les bénéfices offerts par sa compagnie.
— _duquelle_ _____ parles-tu ? Je ne vois pas.

7. Tu dis que tu fais partie de plusieurs équipes de sport. _desquelles_ ?

8. Tu t'intéresses à beaucoup de sports ? _auxquels/auquels_ t'intéresses-tu le
plus ?

 5-12 Vous interviewez le maire d'une ville connue pour sa diversité économique.
Dressez une liste de questions que vous pourriez lui poser en utilisant **lequel,
laquelle,** etc. Utilisez le vocabulaire d'**Apprenons ces mots essentiels.** D'autres
expressions utiles sont : **avoir besoin de, avoir envie de, s'intéresser à, appartenir
à, s'opposer à, s'intégrer à.** Après avoir dressé votre liste, jouez les rôles.

Modèle :

Intervieweur : M. le maire, vous avez décrit plusieurs quartiers de
votre ville. **Lequel** trouvez-vous le plus beau ? **Lequel**
a le plus besoin d'aide financière ?

Le maire : À mon avis, le quartier le plus élégant est celui que
nous venons de rénover. Il y a de belles boutiques et
une grande variété de restaurants. … (Continuez).

2 Les adjectifs interrogatifs

Les adjectifs interrogatifs servent à interroger, c'est-à-dire à poser une question.
Comme tous les adjectifs, l'adjectif interrogatif doit s'accorder en genre et en
nombre avec le nom qu'il modifie. Les adjectifs interrogatifs sont :

	Singulier	Pluriel
Masculin	quel ?	quels ?
Féminin	quelle ?	quelles ?

De **quel** milieu social Georges vient-il ?
Quelle pièce de théâtre préférez-vous ?
Quels loisirs sont typiques de l'élite ?
Quelles sont les grandes familles françaises ?

Pratiquons

5-13 Deux jeunes Parisiens, Marc et Joseph, viennent de faire connaissance. Remplacez le tiret par la forme de **quel** qui convient.

Marc :   De _____ quartier viens-tu ?

Joseph : Je viens du 16ème arrondissement. Et toi ?

Marc :   Moi ? Du 7ème. _____ sports est-ce que tu aimes ?

Joseph : Le football, bien sûr, et le tennis. Je fais du cyclisme. Et toi ? Est-ce que tu aimes aller au cinéma ? _____ types de films préfères-tu ?

Marc :   Oui, je fais du cyclisme aussi, mais j'aime surtout l'équitation. Quant au cinéma, oui, j'aime, mais je préfère le théâtre. C'est plus interactif.

Joseph : _____ pièce est-ce que tu as vue récemment ?

Marc :   J'ai vu « La Cantatrice chauve » de Ionesco. C'était très bien fait. _____ acteurs ! _____ actrices !

5-14 Pauline et Pierre vont au théâtre. Écrivez des questions logiques qui correspondent aux réponses données avec la forme de **quel** qui convient.

Pauline : _____ pièce de théâtre va-t-on voir ce soir ?

Pierre :   On va voir « La Leçon » de Ionesco.

Pauline : À _____ heure est-ce que la pièce commence ?

Pierre :   La pièce commence à 19h.

Pauline : _____ actrice va jouer le rôle de la bonne ?

Pierre :   C'est une jeune actrice russe.

Pauline : _____ autres rôles a-t-elle joués ?

Pierre :   Elle a joué un rôle dans toutes les pièces de Ionesco, et elle a aussi joué le rôle d'Hélène dans « La Guerre de Troie n'aura pas lieu » de Giraudoux.

Pauline : _____ autres pièces est-ce que Ionesco a écrites ?

Pierre :   Ionesco a écrit « La Cantatrice chauve » et « Rhinocéros ».

5-15 Vous invitez un(e) ami(e) à un concert, une pièce de théâtre, un opéra ou un match de sport, une activité nouvelle pour lui/elle. Inspirez-vous de l'exercice 5-14, et écrivez votre propre dialogue. Une personne invite et l'autre pose des questions sur l'activité avec les formes de l'adjectif interrogatif **quel.**

SDF dans une rue de Paris ▶

Stratégie de recherche

1. En France, on parle encore de bourgeoisie ou de classe ouvrière mais aussi d'inégalités.

    a. Cherchez sur Google des images qui représentent les inégalités en France et présentez-les au reste de la classe.

    b. Présentez au reste de la classe un extrait du film *Mademoiselle Chambon* ou *Les Femmes du 6ème étage* ou *Ressources humaines*. Comment les différences sociales apparaissent-elles dans ces extraits ?

2. Faites une recherche Internet sur Annie Ernaux.

    a. Qui est-elle ? À quelle classe sociale appartient-elle ? De quoi parle-t-elle dans ses livres ?

    b. Cherchez sur Google des photos de la ville d'Yvetot et de la campagne normande. Partagez vos recherches avec le reste de la classe.

En France, le niveau [*level*] de vie s'améliore constamment mais il reste encore un écart° énorme entre les riches et les pauvres ; et en période de chômage° élevé[1] les inégalités économiques sont flagrantes. Aujourd'hui, environ deux millions d'ouvriers vivent du salaire minimum (le SMIC)[2] que leur garantit la loi et, même si le pouvoir d'achat° a augmenté dans les années quatre-vingt-dix, le nombre de pauvres et de chômeurs s'est aussi accru. Pour aider à la réinsertion des sans-emploi dans la société, le gouvernement a décidé de leur attribuer un soutien financier° sous forme d'une allocation, le RSA (le revenu de solidarité active)[3]. Chaque année, plus d'un million de familles le reçoivent. Néanmoins, cette allocation n'empêche pas l'existence de sans-abri°, en particulier dans les grandes villes.

un écart	*gap*
le chômage	*unemployment*
pouvoir d'achat	*purchasing power*
un soutien financier	*financial support*
un/une sans-abri (n.inv.)	*homeless person*

1. Quel progrès remarque-t-on du point de vue économique en France ?
2. Quelles difficultés continuent à subsister ?
3. En France, combien d'ouvriers environ reçoivent le salaire minimum ?
4. Qu'est-ce que le gouvernement fait pour aider les chômeurs ?
5. Quels problèmes rencontre-t-on souvent dans les grandes villes ?

« Semblant de Domicile Fixe »

Sous un pont de Paris, dans un ancien local d'égoutier°, James et ses colocataires ont aménagé° un authentique lieu de vie. Chambres, salle d'eau, électricité … Un « confort » bricolé°, précaire, à l'image de leur existence, mais auquel ces SDF tiennent plus que tout endroit, évoque un emplacement de camping luxueux. Un
5 *open space* de 70 mètres carrés. Electricité, télévision, coin° cuisine. Du linge° qui sèche° à l'extérieur. Plusieurs chambres, une salle d'eau° rudimentaire. En réalité, on se trouve sous les pavés° de Paris, au bord de la Seine. On entend le brouhaha quasi ininterrompu des voitures dévalant° les voies sur berge°. Six SDF ont élu domicile ici, sous un célèbre pont parisien : James, sa compagne, Malika, ses
10 amis Marco et Gino ainsi que deux nouveaux, Raymond et Lucien. Ce qui était à l'origine un squat humide et sombre est devenu, au prix de plusieurs années de bricolage°, un authentique lieu de vie.

L'homme roule une cigarette, débouche une bouteille de bordeaux. La carcasse robuste, bien qu'un peu abîmée° par cinq années d'armée régulière et deux de
15 Légion, James accueille ses invités avec un large sourire. C'est autour de lui que s'est bâtie cette atypique colocation. Il a 49 ans, le cheveu court, une barbe de trois jours et un regard intense. Neuf ans qu'il habite ici. « Je vivais sous le pont depuis

un égoutier	*sewer worker*
aménager	*to convert*
bricoler	*to fix up*
un coin	*corner*
le linge	*laundry*
sécher	*to dry*
une salle d'eau	*bathroom*
le pavé	*cobblestone*
dévaler	*to rush*
la berge	*bank (river)*
le bricolage	*fixing up*
abîmer	*to damage, to spoil*

---

[1] Aujourd'hui, le taux de chômage atteint plus de 10 % selon les statistiques.

[2] SMIC, Acronyme pour *Salaire minimum interprofessionnel de croissance*. En 2013, le SMIC, était de 9,43 euros de l'heure.

[3] En 2013, le RSA s'élevait à 483 euros par mois pour une personne seule sans enfant.

un trou *hole*	plusieurs années déjà quand, en 1994, la préfecture m'a averti qu'il fallait partir,
calé *talented*	raconte cet ancien de la Ddass[4] de Vendée, abandonné par sa mère, avec son frère
approfondir *to deepen*	jumeau et sa sœur. Je connaissais un mec, P'tit Luc, qui vivait dans un squat de

plusieurs années déjà quand, en 1994, la préfecture m'a averti qu'il fallait partir, raconte cet ancien de la Ddass[4] de Vendée, abandonné par sa mère, avec son frère jumeau et sa sœur. Je connaissais un mec, P'tit Luc, qui vivait dans un squat de l'autre côté. C'était un trou°, un ancien local d'égoutier. J'ai fait mes affaires et je suis allé m'y installer. » Calé° en mécanique, qu'il a étudiée puis approfondie° à l'armée, James s'improvise dès lors contremaître° de travaux qui l'ont occupé, avec ses camarades, pendant des années. « Il fallait virer° tout un tas de choses inutiles, blanchir et reconstruire. Dans les chantiers où l'on pouvait s'introduire incognito, on a commencé à voler du bois et des pots de peinture, et on a fait des plans. » Première étape : fabriquer un faux plafond et réorganiser l'espace pour aménager différentes pièces (salon, chambres, cuisine, toilettes …). « On a même réussi à se brancher° sur l'électricité. »

« **Tant qu'il n'y a pas de bagarre, tant que tout reste propre à l'extérieur, ça devrait durer.** »

Pas de laisser aller, James insuffle° un esprit de discipline. Lever à 8 heures pour tout le monde. Courses, vaisselle, ménage, comptes : les tâches° sont scrupuleusement réparties entre les coloc'°, selon les capacités et la disponibilité de chacun … Dès le début de l'aventure, James a pris en charge la partie administrative : « Je tiens à jour les papiers de tout le monde : couverture maladie universelle°, demandes de revenu minimum d'insertion[5] … » La Banque alimentaire permet de remplir frigo et placards deux fois par mois. Malika, la compagne belge de James, qui les a rejoints en juillet 2000 et garde un air mystérieux, s'occupe de faire les fins de marché, où elle collecte fruits et légumes. Elle est également chargée de remplir la douzaine de bonbonnes° entreposées dans la salle d'eau — « à la fontaine de la cage d'escalier d'un immeuble », précise James.

Les ressources financières du groupe sont limitées : 1 120 euros mensuels, soit la pension d'invalidité touchée par James, séquelle° des blessures° reçues pendant ses années de service en Irak, en Iran et à Nouméa … Mais l'ancien légionnaire met une partie de cette somme de côté. Les colocataires doivent également compter sur l'argent récolté par la manche°. Là intervient Gino, l'ami de toujours. James et lui se sont rencontrés à Tours à l'âge de 20 ans. Le voilà qui sort de la salle d'eau, où il s'était retiré pour enfiler son costume de travail : un chapeau haut de forme noir et une queue de pie°, avec les mains gantées° de blanc, le visage poudré° et les pommettes° rouges. Une radiocassette à la main, il s'apprête à filer° à Notre-Dame, où, depuis des années, il s'improvise mime. Recette : « 600 euros par mois en moyenne. »

Les six SDF ont ainsi trouvé une forme d'équilibre, dans ce semblant° de domicile fixe. Un mode de vie fondé sur un savant mélange entre volonté et système D°. Une fragilité dont James a conscience. « Pour l'instant, notre présence est tolérée, précise-t-il, mais sans doute pas pour la vie, car la préfecture de police peut nous faire partir à tout moment. Tant qu'il n'y a pas de bagarre°, tant que tout reste propre à l'extérieur, ça devrait durer. » Confirmation à la préfecture, où l'on rappelle cette implacable vérité : « Etre sans domicile fixe, c'est soit une calamité, soit un choix de vie. Tant qu'ils ne sont pas en danger, qu'ils ne mettent personne en danger ou qu'une plainte n'est pas déposée contre eux, il n'y a aucune raison d'intervenir. Ils sont assez en difficulté comme ça. »[6]

par Yann Ohnona *L'Express*

Marge (lexique) :

un trou *hole*
calé *talented*
approfondir *to deepen*
un contremaître *foreman*
virer *(argot) to throw away*

brancher *to connect, plug in*

insuffler *to inspire*
une tâche *task*
un coloc' (un colocataire) *co-tenant*

la couverture maladie universelle *medical insurance*

une bonbonne *jerry can, metal container*

une séquelle *after-effect, consequence*
une blessure *wound*
faire la manche *to beg*

une queue de pie (habit) *tailcoat*
ganté *gloved*
poudré *powdered*
les pommettes *cheekbones*
filer (partir) *to dash*
un semblant *semblance*
le système D (débrouille) *self-reliance*
une bagarre *fight, quarrel*

[4] Ddass : Direction Départementale des Affaires Sanitaires et Sociales. Bureau qui s'occupe des cas sociaux et des orphelins.

[5] Ancien nom du RSA (Revenu de solidarité active)

[6] Selon plusieurs études, il existerait 200 000 SDF en France.

Travaillons avec la langue

Expliquez les phrases ou expressions suivantes.

1. bricoler — Est-ce que vous aimez bricoler ? Quels travaux faites-vous ?
2. un égoutier — Où est-ce qu'un égoutier travaille ? Quel type de travail fait-il ?
3. faire la manche — Donnez un synonyme de « faire la manche » ? Décrivez l'image.
4. s'apprêter à filer — À quel moment vous apprêtez-vous à filer ?
5. une bagarre — Qu'est-ce qu'une bagarre ?

Vérifions notre compréhension du texte

Dites si ces déclarations sont justes. Expliquez en vous référant aux passages spécifiques du texte.

1. James et ses amis vivent sous un pont de Paris.
2. Dans leur logement bricolé, il n'y a pas d'électricité.
3. Il n'y a qu'une chambre commune dans ce domicile.
4. James est un ancien militaire.
5. Il vient d'emménager dans ce lieu de vie.
6. Sa famille l'a abandonné.
7. Il n'est pas doué pour la mécanique.
8. James a pris en charge l'organisation administrative de la communauté.
9. Chacun joue un rôle dans la communauté.
10. James reçoit une pension d'invalidité.
11. Pour gagner plus d'argent, James fait la manche.
12. Gino est mime à Notre Dame.
13. Les SDF sont sûrs de pouvoir rester dans leur logement sous les ponts.
14. La préfecture de Paris ne tolère pas ces logements de fortune.

Discutons ensemble

1. Faites un résumé de la vie de James et de ses amis. Décrivez leur logement. Que pensez-vous de leur système ?
2. Faites le portrait de James.
3. Comment peut-on aider les sans-abri ? Faites une liste de solutions.
4. Vous êtes dans la rue et un SDF vous demande de l'argent. Que faites-vous ? Pourquoi ?
5. À votre avis, pourquoi le nombre des sans-abri ne diminue-t-il pas ?
6. Les gens aisés° ont-ils une obligation face aux pauvres ?   les gens aisés *well-off*
7. Qui doit résoudre le problème des sans-abri, le gouvernement, les villes ou les organismes privés ? Justifiez votre réponse.
8. Le gouvernement doit-il augmenter les prestations sociales° ? Ou, au contraire,   les prestations sociales *welfare* a-t-il raison de couper l'aide aux familles sans ressources ?

L'entretien formel et les formules de politesse. Pour un entretien formel, il est utile de savoir comment accueillir votre interlocuteur et comment le remercier de l'entretien. Dans ce dialogue, notez les formules de politesse, d'accueil et de remerciement.

Dialogue pratique

Entretien entre un journaliste et le maire d'une ville dynamique, florissante et au pouvoir d'achat élevé.

Journaliste :	Bonjour Monsieur le maire.
Le maire :	Bonjour Madame. Vous voulez m'entretenir de notre ville et de ses habitants, un sujet qui me tient à cœur, n'est-ce pas ?
Journaliste :	Oui, votre ville a une réputation de ville bourgeoise où on vit bien. À quoi attribuez-vous cette réputation ?
Le maire :	Nous sommes d'abord une ville universitaire où la biotechnologie attire de nombreux talents. Beaucoup de jeunes cadres décident de s'installer ici à cause de l'emploi et des salaires élevés.
Journaliste :	Dans quels domaines la ville crée-t-elle des emplois ?
Le maire :	Dans la pharmacologie, la biochimie et plus traditionnellement dans l'automobile.
Journaliste :	Qu'est-ce qui attire encore les jeunes diplômés dans votre région ?
Le maire :	L'immobilier est très raisonnable et les jeunes peuvent devenir propriétaires de maisons spacieuses après quelques mois dans la région. Par ailleurs, le niveau de vie, ici, est assez élevé.
Journaliste :	Est-ce difficile pour ces jeunes expatriés de s'intégrer dans une ville traditionnelle, avec une vieille bourgeoisie sévère et discrète ?
Le maire :	L'intégration est parfois difficile mais je crois que le dynamisme de la ville compense cet inconvénient.
Journaliste :	Merci Monsieur le maire de m'avoir accordé cet entretien. Au revoir Monsieur.

 Sur le même modèle, vous interrogez un maire ou une personne de votre choix sur le niveau de vie de la ville.

Vous pouvez vous inspirer des formules et des questions suivantes. Ensuite, vous pouvez écrire un dialogue et le jouer.

Salutations :	Bonjour Monsieur le maire, Madame la présidente, etc.
	Nous vous souhaitons la bienvenue.
	Nous vous remercions de votre participation à notre discussion.
	Merci d'être venu(e) / pour votre invitation.

Questions possibles : Comment expliquez-vous l'attrait de votre ville ?

Qui vient s'installer dans votre ville ?

Quelles professions dominent dans votre ville ?
Commerçants ? Fonctionnaires ? Juristes ? Ingénieurs ?

Est-ce que l'on recrute beaucoup de cadres ?

Quel est le pouvoir d'achat des familles ? Est-il supérieur
à la norme ?

Quelles sont les écoles les plus renommées ? Sont-elles
privées ?

À quels types de loisirs les habitants de la ville
s'adonnent-ils ?

▲ Épicerie fine et couple élégant

En français, l'adjectif possessif s'accorde avec le nom qu'il modifie. En anglais, l'adjectif possessif s'accorde avec le possesseur. En anglais, il n'y a pas d'ambiguïté dans une phrase telle que « Ses idées sont très sophistiquées ». En français, s'il y a une ambiguïté, il faut ajouter **à lui** ou **à elle** à la phrase.

Georges a de bonnes manières. Jacqueline manque de bonnes manières. **Son** comportement **à lui** est mille fois meilleur que **son** comportement **à elle.**

1 Les adjectifs possessifs

Les adjectifs possessifs expriment la possession. Comme tous les adjectifs, ils s'accordent en genre et en nombre avec le nom qu'ils qualifient. Les adjectifs possessifs s'accordent aussi avec la personne.

	singulier		pluriel
	masculin	**féminin**	**masculin et féminin**
je	mon	ma	mes
tu	ton	ta	tes
il/elle/on	son	sa	ses
nous	notre	notre	nos
vous	votre	votre	vos
ils/elles	leur	leur	leurs

Mon mode *(m.)* de vie simple ne convient pas du tout à Georges qui préfère manger dans des restaurants chic et partir souvent en vacances.
Ta réussite *(f.)* te permettra de vivre dans un quartier chic.
Ma mère s'occupe bien de **ses** fleurs.
Mon père et ma mère font tailler **leurs** arbres régulièrement.
J'aime la vieille maison de mes parents mais mon frère déteste **leur** maison.
Mes parents ont plusieurs voitures. **Leurs** voitures sont toujours japonaises.

Précision

Remarquez qu'on emploie **mon, ton, son** devant un nom féminin qui commence par une voyelle ou par un h muet.

Son éducation *(f.)* est moins solide que la mienne.
Je déteste **son** habitude de corriger mes fautes de français.

Pratiquons

5-16 A. Mes grands-parents. Complétez avec l'adjectif possessif nécessaire.

Je viens d'une famille nombreuse. J'ai deux frères et deux sœurs et beaucoup de cousins. ___Nos Mes___ grands-parents sont venus aux USA, en 1938. Ouvriers, ils avaient peu d'argent mais ils ont beaucoup travaillé pour que ___leurs___ enfants fassent des études. ___Mon___ oncle, Martin, est devenu avocat, ___ma___ tante, Marcelle, a choisi un métier traditionnel, institutrice et ___mon___ père, lui, a fait une carrière militaire. Ma grand-mère dit toujours que ___ses___ enfants étaient disciplinés et qu'ils aimaient tous étudier. Dans la famille, nous sommes tous fiers de ___notre___ réussite et nous remercions ___nos___ grands-parents de ___leurs___ détermination et de ___leurs___ courage. Sans eux, ___notre___ ascension sociale aurait été sans doute plus lente.

5-16 B. Votre famille. Discutez de l'origine sociale des membres de votre famille. Utilisez autant d'adjectifs possessifs que possible.

Modèle: **Mon** grand-père vient d'un milieu social modeste. **Ses** parents à lui étaient des immigrants allemands. Comme beaucoup d'enfants d'immigrants, **mon** grand-père voulait réussir et alors il a passé **sa** vie à travailler dur. Il a rencontré **sa** future épouse, **ma** grand-mère, à l'université. Ils voulaient tous les deux que **leurs** enfants aient un niveau d'instruction élevé et qu'ils soient acceptés par **leurs** voisins …

5-17 Classes sociales. Remplacez les tirets par l'adjectif possessif qui convient.

Chaque classe sociale a _____ mode de vie qui la distingue. Par exemple, au Moyen-Âge, en France, il était relativement facile de déterminer à quelle classe sociale quelqu'un appartenait. Un homme noble avait _____ vassaux° et _____ servants. Les femmes nobles avaient _____ domestiques. Au XVIIème siècle, la distinction entre les classes sociales est devenue encore plus prononcée. Chacun connaissait _____ place et se comportait selon les mœurs de l'époque. Si vous étiez noble, vous vous comportiez comme un *gentilhomme*. _____ sport préféré était peut-être l'escrime ou l'équitation. Vous essayiez de bien parler et de montrer _____ intelligence. _____ mots étaient très importants et alors vous les choisissiez avec soin. Au XIXème, la bourgeoisie est devenue de plus en plus importante parce que l'argent comptait presque autant que la naissance. De plus, avec l'argent le temps libre s'accroissait. Les bourgeois avaient alors _____ divertissements préférés. Si nous avions vécu au XIXème siècle, en France, _____ activités auraient inclus le théâtre, les musées, et les cafés. Les familles bourgeoises typiques aimaient sortir, _____ activité préférée était la flânerie°.

les vassaux *vassals*

la flânerie *strolling*

2 Les pronoms possessifs

Les pronoms possessifs remplacent un nom, tout en indiquant la possession. Le pronom possessif doit s'accorder en genre et en nombre avec le nom remplacé.

Georges : Ma mère est femme d'affaires.
Pauline : **La mienne** (la mère de Pauline) est professeur.

Nos voisins sont allés vivre dans un quartier plus chic que **le nôtre** (notre quartier).

Les pronoms possessifs sont :

(note manuscrite dans la marge : à + le > au)

	singulier		pluriel	
	masculin	**féminin**	**masculin**	**féminin**
je	le mien	la mienne	les miens	les miennes
tu	le tien	la tienne	les tiens	les tiennes
il/elle/on	le sien	la sienne	les siens	les siennes
nous	le nôtre	la nôtre	les nôtres	les nôtres
vous	le vôtre	la vôtre	les vôtres	les vôtres
ils/elles	le leur	la leur	les leurs	les leurs

Comparaison linguistique

Est-ce que les pronoms possessifs sont plus précis en anglais ou en français ? Pourquoi ?

Remarques :

1. L'article défini fait partie intégrale du pronom possessif et correspond en genre et en nombre au nom que le pronom possessif remplace. On ne peut distinguer le/la nôtre, le/la vôtre, et le/la leur que par l'article défini.

2. L'adjectif et le pronom possessif de la première et deuxième personne du pluriel se distinguent l'un de l'autre par l'accent circonflexe.

   Notre voisin est très snob, mais **le vôtre** se comporte de la même manière avec tout le monde.

3. Lorsque la préposition **de** ou **à** précède le pronom possessif, on fait une contraction avec l'article.

   Le cadre parle de ton projet, pas **du** mien.

Pratiquons

5-18 Charles et Marielle se disputent tout le temps et se comparent. Complétez les répliques de Marielle à l'aide du pronom possessif qui convient.

Modèle :   Vous entendez :   Mon père est plus riche que ton père. (Charles)

   Vous écrivez :   _____Le mien____ est plus généreux que___ le tien ___.
   (Marielle)

Charles : Ma mère est plus belle que ta mère.
Marielle : ___La mienne___ est plus sophistiquée que ___la tienne___.

Charles : Notre villa est plus spacieuse que votre villa.
Marielle : ___La nôtre___ est située au bord de la mer.

Charles :	Les amis de mes parents sont plus aisés que les amis de tes parents.
Marielle :	_Les leurs_ ont de meilleures manières.
Charles :	Mon quartier est plus chic que ton quartier.
Marielle :	_Le mien_ a été récemment rénové.
Charles :	La voiture de mon père est plus puissante que celle de ton père.
Marielle :	_La sienne_ est plus luxueuse.

5-19 Remplacez l'expression possessive par le pronom possessif qui correspond.

Modèle : **Son niveau d'instruction** est supérieur **à mon niveau d'instruction.**
Le sien est supérieur **au mien.**

1. **Ses manières** sont moins raffinées que **nos manières.**
2. **Ton complexe d'infériorité** t'empêche de gravir les échelons de la hiérarchie sociale.
3. Nous vivons selon **nos moyens,** mais ce jeune parvenu vit au-dessus de **ses moyens.**
4. **Votre sophistication** vous aidera à être accepté par l'élite.
5. Vous vous intéressez **au mode de vie des ouvriers.**
6. **Leur villa** est mille fois plus chic que **ma villa.**
7. **Son savoir-faire** est inférieur **à votre savoir-faire.**
8. **Mon revenu** ne correspond pas du tout **à ta classe sociale.**
9. **Mon héritage** est plus important que **l'héritage d'oncle Joseph.**
10. **Le mode de vie de ce mendiant** nous fait de la peine.

5-20 Pour mieux se connaître. Avec votre partenaire parlez de vos intérêts et comparez-les. Utilisez autant de pronoms possessifs que possible et utilisez le vocabulaire du chapitre.

Modèle: Vous : Ma musique préférée est le rap.
Votre partenaire : La mienne est la musique classique.

◀ Ouvriers au travail. Que font-ils?

Annie Ernaux

Annie Ernaux naît le 1er septembre 1940 à Lillebonne, en Normandie, où ses parents réussissent à sortir de la classe ouvrière en achetant un petit café-épicerie. Plus tard, la famille déménage à Yvetot et achète un café-alimentation. Pour son éducation élémentaire et secondaire, Ernaux assiste à des cours dans une école catholique privée. Ensuite, après quelques péripéties, elle entre en licence de lettres à l'université à Rouen. En 1964, Ernaux se marie avec un autre étudiant avec qui elle a deux enfants et de qui elle divorce plus tard. De 1966 jusqu'en 1977, Ernaux enseigne dans des collèges[7] . En 1971, Ernaux réussit l'agrégation de lettres modernes. Elle publie une dizaine de livres dont la plupart sont basés sur sa propre vie. Son premier roman, « Les armoires vides » (1974), traite de sa propre adolescence. Dans « La place » (1984), il s'agit de la vie de son père ; et dans « Une femme » (1988), d'où vient l'extrait ci-dessous, l'auteur écrit au sujet de sa mère, qui meurt de la maladie d'Alzheimer. Ernaux reçoit le prestigieux Prix Goncourt en 1984.

▲ **Annie Ernaux**

Stratégie de lecture

La caractérisation, ou la façon dont un auteur présente et dépeint ses personnages, est importante pour la compréhension de ses objectifs et idées. Si l'auteur réussit la création de ses personnages, nous, les lecteurs, les trouverons crédibles et intéressants. Parfois, les personnages sont tellement réalistes que nous pouvons même nous mettre à leur place ou reconnaître en eux des gens que nous connaissons. Le héros ou l'héroïne, l'anti-héros ou le personnage méchant peuvent également provoquer des émotions positives et négatives chez nous.

L'auteur peut caractériser ses personnages de plusieurs manières. Il peut nous dire **directement** comment ils sont et ce qu'ils pensent. Il peut révéler leur caractère par leur **apparence physique,** par leurs **paroles,** par leurs **actions** ou par leurs **pensées.** Les **réactions de la part des autres personnages** au personnage principal révèlent également différents aspects de son caractère.

Dans l'extrait ci-dessous, Annie Ernaux parle de sa propre mère, et surtout de la famille de celle-ci, pour nous aider à comprendre comment et pourquoi sa mère est devenue telle qu'elle était. Dans sa jeunesse, la mère d'Ernaux appartenait à la classe ouvrière rurale, mais elle a réussi à en sortir quand elle et son mari sont devenus commerçants en achetant un café-épicerie. Ernaux insiste beaucoup sur la conscience de classe de sa mère et sur son désir d'oublier ses origines d'ouvrière rurale.

Stratégie de prélecture

Avant de lire le texte, prenez une feuille de papier et faites le portrait d'un de vos parents. Au bout de cinq minutes, présentez ce que vous avez écrit à deux partenaires. Qui est-ce que vous avez choisi de présenter ? Quels aspects de leur parent est-ce que vos partenaires ont décidé de présenter ?

Après avoir lu l'extrait pour la première fois, dressez une liste des techniques qu'Ernaux utilise pour caractériser son personnage et citez des exemples de chaque type de caractérisation que vous trouvez dans le texte.

---

[7] Un collège : une école secondaire *(Junior High).*

« Une femme » (extrait)

Comme beaucoup de familles nombreuses, la famille de ma mère était une tribu° c'est-à-dire que ma grand-mère et ses enfants avaient la même façon de se comporter et de vivre leur condition d'ouvriers à demi ruraux°, ce qui permettait de les reconnaître, « les D… ». Ils criaient tous, hommes et femmes, en toutes
5 circonstances. D'une gaieté exubérante, mais ombrageux°, ils se fâchaient vite et « n'envoyaient pas dire »° ce qu'ils avaient à dire. Par-dessus tout, l'orgueil° de leur force de travail. Ils admettaient difficilement qu'on soit plus courageux qu'eux. Continuellement, aux limites qui les entouraient, ils opposaient la certitude d'être « quelqu'un ». D'où, peut-être, cette fureur qui les faisait se jeter sur tout,
10 le travail, la nourriture, rire aux larmes et annoncer une heure après, « je vais me mettre dans la citerne »°.

De tous, c'est ma mère qui avait le plus de violence et d'orgueil, une clairvoyance révoltée de sa position d'inférieure dans la société et le refus d'être seulement jugée sur celle-ci. L'une de ses réflexions fréquentes à propos des gens
15 riches, « on les vaut bien »°. C'était une belle blonde assez forte (« on m'aurait acheté ma santé ! »), aux yeux gris. Elle aimait lire tout ce qui lui tombait sous la main, chanter les chansons nouvelles, se farder°, sortir en bande au cinéma, au théâtre voir jouer « Roger la honte » et « Le Maître de forges » [8]. Toujours prête à « s'en payer »°.
20 Mais à une époque et dans une petite ville où l'essentiel de la vie sociale consistait à en apprendre le plus possible sur les gens, où s'exerçait une surveillance° constante et naturelle sur la conduite° des femmes, on ne pouvait qu'être prise entre le désir de « profiter de sa jeunesse » et l'obsession d'être « montrée du doigt »°. Ma mère s'est efforcée de se conformer au jugement le
25 plus favorable porté sur les filles travaillant en usine : « ouvrière *mais* sérieuse », pratiquant la messe et les sacrements, le pain béni, brodant° son trousseau chez les sœurs de l'orphelinat°, n'allant jamais au bois° seule avec un garçon. Ignorant que ses jupes raccourcies°, ses cheveux à la garçonne°, ses yeux « hardis »°, le fait surtout qu'elle travaille avec des hommes, suffisaient à empêcher qu'on la
30 considère comme ce qu'elle aspirait à être, « une jeune fille comme il faut ».

La jeunesse de ma mère, cela en partie : un effort pour échapper au destin le plus probable, la pauvreté sûrement, l'alcool peut-être. À tout ce qui arrive à une ouvrière quand elle « se laisse aller »° (fumer, par exemple, traîner le soir dans la rue°, sortir avec des taches° sur soi) et que plus aucun « jeune homme sérieux » ne
35 veut d'elle.

Ses frères et ses sœurs n'ont échappé à rien. Quatre sont morts au cours des vingt-cinq dernières années. Depuis longtemps, c'est l'alcool qui comblait leur creux de fureur°, les hommes au café, les femmes chez elles (seule la dernière sœur, qui ne buvait pas, vit encore). Ils n'avaient plus de gaieté ni de parole qu'avec un
40 certain degré d'ivresse°. Le reste du temps, ils abattaient leur travail° sans parler, « un bon ouvrier », une femme de ménage dont il n'y a « rien à redire »°. Au fil des années, s'habituer à ne plus être évalué que sous le rapport de la boisson dans le regard des gens, « être bien », « en avoir un coup dans le nez »°. Une veille de la Pentecôte, j'ai rencontré ma tante M … en revenant de classe. Comme tous les
45 jours de repos, elle montait en ville avec son sac plein de bouteilles vides. Elle m'a embrassée sans pouvoir rien dire, oscillant° sur place. Je crois que je ne pourrai jamais écrire comme si je n'avais pas rencontré ma tante, ce jour-là.

---

[8] « Roger la honte » : film de Riccardo Freda 1966, « Le Maître de forges » : film d'Abel Gance 1933.

Glossaire (marge) :

une tribu *tribe*

rural *rural*

ombrageux *touchy, easily offended*

ne pas envoyer dire *to tell someone something right to their face*

orgueil *pride*

je vais me mettre dans la citerne (argot) *I am going to throw myself in the reservoir (vat)*

on les vaut bien *we are as good as they are*

se farder *to put on makeup*

s'en payer *to have fun*

s'exerçait une surveillance *a surveillance was exercised*

la conduite *conduct, behavior*

être montré du doigt *to be pointed out*

broder *to embroider*

l'orphelinat (m.) *orphanage*

le bois *woods*

raccourci *shortened*

à la garçonne *in a boyish style*

hardi *bold*

se laisser aller *to let oneself go*

traîner dans la rue *to hang around in the street*

une tache *spot, stain*

combler leur creux de fureur *alleviate their anger*

l'ivresse (f.) *drunkenness*

abattre leur travail *to get through their work fast*

rien à redire *nothing to object to*

en avoir un coup dans le nez (argot) *to be drunk*

osciller *to sway*

la plongée définitive *the final
     plunge*

un gars *a guy*

traire *to milk*

la corderie *rope factory*

petit genre *he had a certain class*

monter son ménage *to establish
     one's household*

un galopin *urchin, scamp*

courtisé *courted*

Pour une femme, le mariage était la vie ou la mort, l'espérance de s'en sortir mieux à deux ou la plongée définitive°. Il fallait donc reconnaître l'homme capable de « rendre une femme heureuse ». Naturellement, pas un gars° de la terre, même 50 riche, qui vous ferait traire° les vaches dans un village sans électricité. Mon père travaillait à la corderie°, il était grand, bien mis de sa personne, un « petit genre »°. Il ne buvait pas, gardait sa paye pour monter son ménage°. Il était d'un caractère calme, gai, et il avait sept ans de plus qu'elle (on ne prenait pas un « galopin! ° »). En souriant et rougissant, elle racontait : « J'étais très courtisée°, on m'a demandée 55 en mariage plusieurs fois, c'est ton père que j'ai choisi. » Ajoutant souvent : « Il n'avait pas l'air commun. »

◀ Marché provincial dans les années 50

Vérifions notre compréhension du texte

Répondez aux questions suivantes et justifiez vos réponses.

Premier paragraphe :

1. Quelles sont les caractéristiques de la famille de la mère d'Annie Ernaux ? Faites une liste.
2. Pourquoi dit-elle que la famille était plutôt « une tribu » ?
3. Pourquoi pouvait-on reconnaître qu'un membre de la famille était un « D » ?
4. Quel est le trait de caractère le plus important de cette « tribu » ? Quelles autres caractéristiques est-ce que ce trait de caractère explique ?

Deuxième paragraphe :

5. Qu'est-ce qui distingue la mère des autres membres de la famille ? Est-ce que cette caractéristique explique d'autres aspects de sa vie ? Lesquels ?
6. Quelles activités sont importantes pour la mère ? Pourquoi sont-elles importantes ?

Troisième paragraphe :

7. Décrivez la vie d'une jeune femme dans une petite ville de province. De quelle manière est-ce qu'une jeune femme devait se comporter ?
8. Est-ce que la mère d'Ernaux essaie de se comporter selon les mœurs de son milieu social ? Pourquoi ?
9. Qu'est-ce qui empêche la mère de devenir une jeune femme « comme il faut » ?

Quatrième paragraphe :

10. Décrivez la vie typique d'une ouvrière. Pourquoi la mère veut-elle échapper à cette vie ? Qu'est-ce qu'elle fait pour y échapper ? Est-ce qu'elle réussit ?

Cinquième paragraphe :

11. Est-ce que le reste de la famille a échappé au destin de beaucoup d'ouvriers ? Qu'est-ce qui est arrivé aux frères et aux sœurs de la mère ?

12. Décrivez la rencontre entre Annie Ernaux et sa tante la veille de la Pentecôte. Pourquoi Ernaux dit-elle qu'elle ne pourrait jamais écrire comme si elle n'avait pas rencontré sa tante, ce jour-là ?

Sixième paragraphe :

13. Pourquoi le mariage est-il si important ?

14. Quel type d'homme est-ce qu'une femme devait choisir ? Pourquoi ?

15. Quel type d'homme devait-on éviter, même s'il était riche ? Pourquoi ?

16. Décrivez le père d'Ernaux. Pourquoi la mère l'a-t-elle choisi ? Quelles qualités positives possédait-il ?

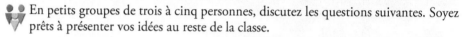

Approfondissons notre compréhension du texte

En petits groupes de trois à cinq personnes, discutez les questions suivantes. Soyez prêts à présenter vos idées au reste de la classe.

1. Ernaux se sert de plusieurs techniques pour caractériser sa mère et sa famille. Elle nous dit directement comment elles étaient. Cependant, Ernaux a souvent recours à des citations pour nous montrer exactement comment ses parents étaient. Dressez une liste de toutes les citations dans cet extrait d'« Une femme »; ensuite, classez les citations selon la personne qui prononce les paroles (la mère, les membres de la famille en général, des gens anonymes du milieu social de la mère, etc.). De quelle manière est-ce que ces citations caractérisent les personnages auxquels elles s'appliquent ? Pourquoi Ernaux choisit-elle d'utiliser des citations au lieu de faire le portrait direct des personnages ou de donner directement son opinion ? Quel est l'effet des citations sur le lecteur ? Comment les citations font-elles partie du style d'Annie Ernaux ?

2. Discutez du style d'Ernaux. Est-ce qu'elle utilise de longues phrases ? De courtes phrases ? Est-ce qu'elle utilise beaucoup d'exclamations ? Ou est-ce que sa présentation semble neutre et objective ? Dans quelles circonstances est-ce qu'Annie Ernaux utilise beaucoup de négations ?

3. Discutez de l'attitude d'Ernaux envers sa mère et sa famille. Au premier abord, Ernaux semble utiliser un style simple et impartial qui ne révèle pas ses propres émotions. Cependant, quand on regarde le texte de plus près, on peut noter qu'Ernaux a des sentiments très forts envers sa mère et sa famille. Dressez une liste des sentiments de l'auteur. Est-ce que son style simple trahit ses émotions ? Comment ?

En petits groupes, discutez des questions suivantes :

1. L'extrait d'« Une femme » suggère qu'il est possible de changer de classe. À votre avis, est-il facile ou difficile de changer de classe sociale ? Que faut-il faire pour gravir les échelons de la hiérarchie sociale ? Est-ce qu'il vaut mieux parfois faire semblant d'appartenir à une autre classe ? Dans quelles circonstances ? Est-ce que vous connaissez quelqu'un (un parent ? un ami ? vous ?) qui a changé de milieu social ? Qu'est-ce que cette personne a dû faire ? Est-ce que vous admirez ou désapprouvez cette personne ? Pourquoi ? Comparez votre expérience avec celle de la mère d'Annie Ernaux et votre attitude envers cette situation à celle d'Ernaux.

2. Est-ce que le comportement des gens se modifie quand ils changent de classe sociale ? Est-ce que leur caractère change ? Est-ce qu'ils deviennent plus/moins snob ? Plus/moins généreux ? Plus/moins raffinés ? Ou est-ce qu'ils restent fondamentalement les mêmes ?

3. Comparez les choix de James dans « Semblant de Domicile Fixe » avec ceux de la mère d'Annie Ernaux. James pourrait mener une vie normale mais choisit de vivre sous un pont. La mère d'Annie Ernaux, elle, veut grimper dans la hiérarchie sociale.

▲ **Village normand**

1 Ne ... pas

La négation la plus simple et la plus fondamentale consiste en deux mots : **ne ... pas.** Le verbe est placé entre **ne** et **pas.** Si le verbe est à un temps composé (passé composé, plus-que-parfait, futur antérieur, etc.) l'auxiliaire **avoir** ou **être** est placé entre **ne** et **pas.**

> Le jeune homme **ne** voulait **pas** abandonner ses principes éthiques pour gravir les échelons de la hiérarchie sociale.
> La jeune femme **n'**a **pas** oublié ses origines modestes.

Précisions

Pour la négation de l'infinitif, **ne pas** précède l'infinitif, sauf pour les verbes **avoir** et **être,** qui peuvent être placés entre **ne** et **pas** ou précédés de **ne pas.**

> Julie préférait **ne pas** danser au bal masqué.
> Pierre craint de **ne pas** avoir assez d'argent à l'avenir.
> Pierre craint de **n'**avoir **pas** assez d'argent à l'avenir. (familier, langue parlée)

Les pronoms personnels d'objet direct, d'objet indirect, **y** ou **en** dans la phrase sont placés directement devant le verbe (voir chapitre 8).

> Sa mère **ne** lui a **pas** parlé du snobisme de l'élite.

2 Autres négations

Ne ... personne, ne ... rien, ne ... jamais, ne ... plus, ne ... pas encore, ne ... nulle part, ne ... aucun(e), ne ... ni ... ni

La négation de

quelqu'un, tout le monde	est	**ne ... personne**
quelque chose	est	**ne ... rien**
toujours, souvent, quelquefois, parfois	est	**ne ... jamais**
encore	est	**ne ... plus**
déjà	est	**ne ... pas encore**
quelque part, partout	est	**ne ... nulle part**
quelques, tous, toutes	est	**ne ... aucun(e)**
et, ou	est	**ne ... ni ... ni**

Précisions

1. Remarquez qu'avec toutes ces négations, sauf **ne ... pas encore**, le **pas** est éliminé. *except*

2. Rappelez-vous que la négation de **un, une, des** et **du partitif** est toujours **de**, sauf avec le verbe **être :**

> Je ne veux plus **de** thé, merci.
> Georges n'a jamais **d'**idées originales.

Mais :

> Ce ne sont plus **des** maisons délabrées. Ce sont maintenant **des** résidences élégantes.

3. **Personne, rien, jamais** sont placés selon la logique de la phrase :

> **Personne n'**est à la porte.
> Je n'ai vu **personne.**
> **Rien** n'est impossible.
> Paul n'a **rien** fait.
> **Jamais** Marie ne fera cela ! (oral)
> Je n'ai **jamais** compris son attitude snob.

4. On peut avoir plusieurs négations dans la même phrase :

> Magali **n'a jamais rien** dit à **personne.**
> Après cet événement humiliant, Marc a décidé de **ne plus jamais** aller **nulle part** avec ce groupe de jeunes arrivistes.

5. **Ne ... aucun(e)** est toujours au singulier et s'accorde en genre avec le mot qu'il modifie :

> J'ai quelques idées. ≠ Je n'ai **aucune** idée.

6. Avec **ne ... ni ... ni,** on conserve l'article défini, mais on élimine complètement l'article indéfini ou partitif :

> Philippe est misanthrope. Il **n'**aime **ni la** bourgeoisie, **ni l'**élite, **ni les** ouvriers.
> (Philippe aime **la** bourgeoisie, **l'**élite et **les** ouvriers.)
> Isabelle se sent toujours maladroite. Elle **n'**a **ni** sophistication **ni** savoir-faire.
> (Elle a **de la** sophistication et **du** savoir-faire.)

Pour la négation de deux verbes, on utilise **ne ... ni ne ...**

> Georges **ne** chante **ni ne** danse.

7. **Ne ... guère** et **ne ... point** sont plus ou moins l'équivalent de **ne ... pas,** mais de nos jours sont devenus un peu archaïques :

> Pierre n'a **pas** d'idées.
> Pierre n'a **guère** d'idées.
> Pierre n'a **point** d'idées.

Remarque : Avec **personne, rien, nulle part** suivis d'un adjectif on emploie la préposition **de :**

> Il n'y a personne **de** riche dans cette salle.
> Il n'y a rien **d'**original dans ce musée.

5-21 Frédéric, ingénieur en informatique parisien, doit déménager dans une ville de province pour son travail. Il a entendu beaucoup de commentaires négatifs sur la ville, qu'il répète. Une vieille habitante de la ville, Georgette, le corrige. Écoutez et écrivez ce que dit Georgette.

Modèle : **Frédéric :** Je ne vais jamais plus pouvoir me rendre à Paris.
Georgette : Mais si, vous allez pouvoir encore vous rendre à Paris.

1. Mais si, les vieux habitants sont _____ très accueillants.

2. On trouve _____ maisons à acheter.

3. _____ organise des sorties sportives.

4. Il y a _____ des restaurants gastronomiques.

5. La bourgeoisie invite _____ les nouveaux arrivants.

6. Cette ville est _____.

7. On peut y faire _____ le dimanche.

8. Le niveau de vie est _____ très élevé.

5-22 James et ses amis. Toutes ces déclarations sont fausses. Dites le contraire !

1. James a beaucoup d'argent. Mais non, …

2. Quelqu'un a arrêté Gino. Mais non, …

3. Gino va toujours au Centre Pompidou. Mais non, …

4. James a encore des contacts avec ses sœurs. Mais non, …

5. Dans leur local, il y a du désordre partout. Mais non, …

6. Tout le monde donne de l'argent à Malika. Mais non, …

7. Dans la cuisine, il y a un four et un congélateur. Mais non, …

8. Gino joue quelquefois de la guitare dans la rue. Mais non, …

9. James a déjà un enfant. Mais non, …

10. Tous les colocataires ont un travail régulier. Mais non, …

 5-23 Optimiste/pessimiste. Marie-France et Jean-Paul, jeunes diplômés, viennent s'installer à Versailles. Marie-France qui est de nature optimiste aime tout ce qu'elle découvre. Son ami Jean-Paul, plutôt pessimiste, voit tout de façon négative. Quelle est la réaction de Jean-Paul à tout ce qu'il voit à Versailles ?

Marie-France : J'admire tous les quartiers de cette ville !
Jean-Paul :
Marie-France : J'aime les maisons anciennes et les vieilles rues.
Jean-Paul :
Marie-France : Tout le monde a l'air sympathique dans cette ville !
Jean-Paul :
Marie-France : On trouve partout des restaurants gastronomiques dans la ville.
Jean-Paul :
Marie-France : La ville a déjà beaucoup changé. Elle s'est modernisée.
Jean-Paul :
Marie-France : Je veux encore parler au propriétaire de la maison que nous avons vue hier !
Jean-Paul :
Marie-France : Si je vis ici, le matin, j'irai souvent courir dans les bois.
Jean-Paul :
Marie-France : Visitons quelque chose de différent demain.
Jean-Paul :

5-24 Marc est étudiant en sociologie. Pour son doctorat, il doit mener des enquêtes sur la classe sociale et l'éducation de ses amis. Il pose des questions à son ami Philippe qui répond **négativement.**

Modèle :   **Marc :**   Tu es né à Paris, n'est-ce pas ? Est-ce que tes parents habitent toujours à Paris ?

           Philippe :   Non, ils n'habitent plus à Paris.

Marc :   Est-ce que ton père et ta mère appartiennent à l'élite ?

Philippe :   _____. Mes parents sont tous les deux de milieux modestes.

Marc :   Dans ta famille, est-ce que tout le monde est toujours allé à l'université ?

Philippe :   _____.

Marc :   Alors, de ta famille, tu es le premier à aller à l'université. As-tu déjà obtenu ton diplôme universitaire ?

Philippe :   _____. Je vais l'obtenir à la fin de cette année universitaire.

Marc :   Pour un étudiant, l'argent pose toujours problème. Après tes études, est-ce que l'argent va encore te manquer ?

Philippe :   _____ parce que je vais tout de suite travailler.

Marc :   Est-ce que tu as quelques idées sur le genre de travail que tu veux faire ?

Philippe :   _____, mais je crois que je trouverai du travail facilement parce que ma spécialisation est très demandée.

Marc :   As-tu souvent des problèmes à expliquer ce que tu étudies à ta famille ?

Philippe :   _____.

Marc :   Quand tu parles avec ta famille de tes études et de ta carrière, leur présentes-tu quelque chose de très spécifique ?

Philippe :   _____. Je leur donne des explications simples.

Marc :   Alors, après avoir fini tes études, est-ce que tu vas partir quelque part en vacances ?

Philippe :   _____, mais je sais que ma famille va être très heureuse pour moi et qu'on va faire une grande fête.

5-25 Inspirez-vous du dialogue entre Marc et Philippe et interviewez deux autres étudiants qui répondront négativement à vos questions. Inventez des questions qui susciteront des réponses négatives.

De la même manière que l'introduction est essentielle pour orienter le lecteur et lui présenter le sujet et l'idée directrice de l'essai, la conclusion est nécessaire pour lui donner un sens de clôture. Dans la conclusion, tous les fils de l'argument s'entrelacent pour consolider l'idée principale, c'est-à-dire l'hypothèse, ou l'interprétation de la composition. Alors, la conclusion n'est ni superflue ni une simple répétition de l'idée-clé de chaque paragraphe.

La conclusion a souvent une forme triangulaire. C'est-à-dire, on commence par un résumé *extrêmement bref* (une ou deux phrases maximum) de l'argument pour rappeler au lecteur la problématique. Ce résumé est, ensuite, suivi d'une discussion cohérente des points principaux de l'argument central, une discussion qui mène finalement à une constatation théorique, ou à une interprétation bien soutenue du sujet de la composition. En d'autres termes, dans la conclusion l'auteur résout le problème présenté dans l'introduction.

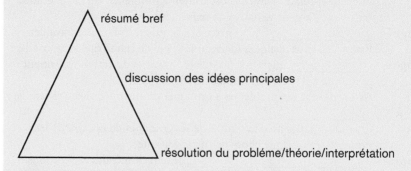

Voici quelques stratégies pour terminer un essai. À la fin de la conclusion, vous pouvez :

- formuler une phrase dramatique qui résulte de votre argument.
- présenter une opinion implicitement personnelle, mais bien et objectivement soutenue.
- universaliser un peu mais sans moraliser l'importance de votre analyse.
- ouvrir une perspective limitée sur un problème voisin. En fait, les Français disent que dans la conclusion « On ferme une porte, mais on ouvre une fenêtre. »

Sujets de composition (500 mots)

1. Analysez la mère d'Annie Ernaux. Quel trait de caractère la motive à vouloir sortir de la classe ouvrière rurale ? Dans quelle mesure réussit-elle à en sortir ? Dans quelle mesure ne réussit-elle pas ?

2. Discutez de l'attitude d'Ernaux envers sa mère. Est-ce qu'elle aime sa mère ? L'admire ? La déteste ? La critique?

3. On pourrait dire que le style d'Ernaux est un reflet de son attitude envers sa mère. Êtes-vous d'accord ou non avec cette idée ? Pourquoi ?

4. James et ses amis ont un style de vie marginal et difficile. Quels sont les avantages de ce style de vie ? Les inconvénients ou difficultés ?

5. Écrivez un essai autobiographique dans lequel vous parlerez de quelqu'un que vous connaissez et qui a changé de classe sociale. Essayez autant que possible d'imiter le style d'Ernaux.

 ## Avant d'écrire

Avant d'écrire votre essai, faites les exercices de pré-écriture suivants :

1. Choisissez votre sujet de composition et essayez de formuler votre idée directrice.

2. Quelle sera l'idée-clé de chaque paragraphe de votre argument ? Faites une liste.

3. Écrivez la conclusion préliminaire pour votre essai.

Idée directrice : _____

Idées pour mon argument : _____

_____

_____

Conclusion : _____

_____

Maintenant, montrez votre idée directrice à deux autres personnes de la classe. Demandez-leur d'évaluer cette idée. Est-ce que vous devriez la modifier ?

Montrez-leur votre liste d'idées-clés. Est-ce que vos partenaires ont des suggestions ? Si oui, faites les changements nécessaires.

Après avoir écrit la conclusion préliminaire pour votre essai, montrez-la à vos partenaires. Qu'est-ce qu'ils en pensent ? Est-ce que vous répétez exactement les points principaux de votre essai sans les développer ? Est-ce que vous répétez presque mot pour mot votre idée directrice ou est-ce que votre conclusion développe votre idée directrice ? Est-ce que votre conclusion est encore plus théorique que votre introduction ? Quelle stratégie utilisez-vous pour conclure ?

Modèle d'écriture

Voilà une conclusion modèle pour un essai basé sur le troisième sujet de composition. Qu'est-ce que vous en pensez ?

1. L'idée directrice : Bien qu'au premier abord le style d'Ernaux semble simple et vide d'émotions, cette simplicité même révèle l'amour profond que l'auteur a pour sa mère.

2. Les idées-clés pour l'essai :

   a) Le style simple aide Ernaux à se détacher émotionnellement de son sujet. La simplicité l'aide à contrôler ses émotions.

   b) Le style simple aide Ernaux à faire un portrait direct de sa mère et de sa famille pour que le lecteur puisse mieux comprendre la situation de la mère dans toute sa complexité.

   c) Le portrait de la famille permet à Ernaux de comparer sa mère aux membres de sa famille. Sa mère n'a pas fini comme les autres.

   d) L'exemple de la tante d'Ernaux fait ressortir les différences entre la mère et le reste de la famille. On peut imaginer les émotions d'Ernaux devant cette rencontre. Elle dit en fait qu'elle écrit différemment à cause de cette rencontre.

Conclusion:

La rencontre entre Ernaux et sa tante révèle que l'auteur ressent des émotions très fortes envers sa mère. Le style simple qui semble, au premier abord, si neutre et si objectif, n'est donc qu'un moyen pour Ernaux de maîtriser ses propres sentiments. Si elle n'adoptait pas un style simple et facile à produire, elle serait incapable d'écrire un seul mot au sujet de sa mère qu'elle admirait. Ses émotions seraient, tout simplement, trop fortes pour elle. Il est clair alors que le style dépouillé° d'Ernaux fait le contraire de ce qu'on pourrait penser. Son style trahit en fait des émotions très fortes dans toute leur complexité : son amour profond et son admiration pour sa mère.

simple, laconic

Que pensez-vous de cette conclusion ? Est-ce qu'elle a une forme triangulaire ? Est-ce qu'elle développe l'idée directrice sans la répéter ? Quelles stratégies est-ce que l'auteur de cette conclusion utilise ?

6 La France : icônes culturelles

▲ Défilé de mode, Dior, Paris

LES OBJECTIFS

Représentation de la France

Réflexion sur les symboles de la France

Jean-Paul Guerlain : « Un parfum, c'est toujours une histoire d'amour »

Charles Baudelaire : « Éloge du maquillage »

« Parfum exotique »

Comment améliorer son style

Orientation culturelle

Comment définir la France ? Quelles images se profilent lorsque le mot France ou français est prononcé ? De Gaulle ? Zidane ? Un béret ? Une baguette ? Un camembert ? Une bouteille de Bordeaux ? Un marché de Provence ? Un café ou encore un défilé de mode ou Louis Vuitton sur les Champs Élysées ? La France, c'est tout cela bien sûr mais aussi des traditions, une culture, un mode de vie, une nation moderne en évolution ; un pays industrialisé dont le réseau ferroviaire° (TGV) est l'un des meilleurs au monde, un pays où siège le consortium européen Airbus, un pays qui excelle dans le domaine de la biotechnologie et de la pharmacologie ainsi que de l'aéronautique ; qui, finalement, est au cinquième rang en matière d'exportations. La France exporte de la haute technologie : machines, armement et matériel électronique, et aussi de nombreux produits de luxe : mode, maroquinerie°, parfums.

le réseau ferroviaire *railroad*

la maroquinerie *leather goods*

1. Quelles images sont traditionnellement associées à la France ?
2. Quels produits de luxe sont mentionnés dans le passage ?
3. Évaluez le système de chemins de fer français.
4. Dans quels domaines de recherche est-ce que la France excelle ?
5. Nommez quatre produits que la France exporte.

Apprenons ces mots essentiels

Mode, maquillage, vêtements

Noms

une boutique	*boutique*	la mode	*fashion*
un coiffeur, une coiffeuse	*hairdresser*	un/une photographe	*photographer*
la coiffure	*hairstyle*	le prêt-à-porter	*ready to wear*
un couturier	*fashion designer*	un/une styliste	*designer*
un défilé de mode	*fashion show*	une tenue correcte	*smart or appropriate outfit*
la haute couture	*high fashion*	une tenue de soirée	*evening dress*
le look	*look, fashion image*	une tenue de sport	*sports clothing, activewear*
un mannequin	*fashion model*	la vitrine	*store window*

Maquillage

le blush	*blush*	l'ombre à paupières *(f.)*	*eye shadow*
le fond de teint	*foundation*	le parfum	*perfume*
le mascara	*mascara*	le rouge à lèvres	*lipstick*

▲ TGV à travers les champs de tournesols et les vignobles

Vêtements

un anorak	*parka*		
un blouson	*jacket (windbreaker)*		
un chapeau	*hat*		
une chemise	*shirt*		
un chemisier	*blouse*		
un costume	*suit (for men)*		
une écharpe	*scarf*		
un foulard	*scarf*		
un imperméable	*raincoat*		
un jean	*jeans*		
une jupe	*skirt*		
un maillot de bain	*bathing suit*		
un manteau	*coat*		
un pantalon	*pants*		
un pull-over	*pullover*		
une robe	*dress*		
une robe d'été	*sundress*		
une robe du soir	*evening gown*		
un short	*shorts*		
un smoking	*tuxedo*		
un tailleur	*suit (for women)*		
un tee-shirt	*T-shirt*		
un tricot	*sweater*		
une veste	*jacket (sport jacket), blazer*		

Adjectifs

bon marché *(inv.)*	*cheap*
cher *(m.)*, chère *(f.)*	*expensive*
chic *(inv.)*	*chic*
classique	*classic*
pratique	*practical*
simple	*simple*
sophistiqué	*sophisticated*

Verbes

admirer	*to admire*
se déshabiller	*to undress*
faire des achats	*to go shopping*
faire des courses	*to do some shopping*
faire du shopping	*to go shopping*
s'habiller	*to get dressed*
se maquiller	*to put on makeup*
mettre (un vêtement)	*to put on (a garment)*
ôter	*to take off*
porter (un vêtement)	*to wear (a garment)*
se raser	*to shave*
se teindre les cheveux	*to dye one's hair*

des bottes = boots
des collants = tights
des tennis = sneakers

des accessoires

Amusons-nous avec les mots

6-1 Devinez les mots : Créez des mots à partir des lettres mélangées.

1. FRCOUIEF
2. MLEIPBEAÉRM
3. RTEÔ
4. QEUNINAMN
5. RFPMAU

6-2 Ma cousine veut être styliste. Complétez les phrases avec un des mots suivants. N'oubliez pas de faire les accords ni de conjuguer les verbes.

| le prêt-à-porter | admirer | la mode | un foulard |
| un défilé de mode | un tee-shirt | une tenue correcte | faire des courses |

Ma cousine Linda adore _____. Pour elle, c'est sa grande passion et, un de ces jours, elle veut devenir styliste dans une maison célèbre. Alors, pour se préparer, elle va à autant de _____ que possible. Elle étudie tous les vêtements et elle _____ le travail fin de la haute couture. Comme elle n'a pas beaucoup d'argent en ce moment, quand elle _____, elle achète du _____. C'est moins cher. Néanmoins, elle adopte toujours une _____. Même si elle ne porte qu'un simple _____, elle met toujours un joli _____. Elle a du goût, ma cousine !

Qu'en pensez-vous ?

6-3 C'est la saison de Noël et Jean-Marc et Philippe parlent de ce qu'ils vont offrir à leurs copines. Écoutez leur conversation.

A. Répondez aux questions que vous entendez en indiquant la lettre qui correspond à la réponse correcte :

1. a)   b)   c)   d)
2. a)   b)   c)   d)
3. a)   b)   c)   d)
4. a)   b)   c)   d)
5. a)   b)   c)   d)

B. Maintenant répondez aux questions suivantes.

1. Pourquoi Philippe n'aime-t-il pas faire du shopping ?
2. Quelles sont les idées de Jean-Marc au sujet du parfum ?
3. Quel look Claire préfère-t-elle ?
4. Et vous ? Aimez-vous mieux le maquillage ou un look naturel ? Comment décririez-vous votre style ?

Élargissons notre vocabulaire

Noms

la campagne publicitaire	*advertising campaign*	le rabais	*discount*
la concurrence	*competition*	les soldes *(m.)*, être en solde	*sale, to be on sale*
l'étalage *(m.)*	*display*		

Verbes

une étoffe	*material*
la gestion des affaires	*business administration, management*

créer, inventer un produit ou une mode	*to create, invent a product or a style*
se démoder	*to become outdated, to go out of style*

un grand magasin	*department store*		
le marché aux puces	*flea market*	étaler des marchandises	*to display merchandise*
le marketing	*marketing*	faire du lèche-vitrines	*to window-shop*
le message publicitaire	*advertisement*	se faire teindre les cheveux	*to have one's hair dyed*
le monde des affaires	*the business world*	lancer un nouveau produit	*to launch a new product*
un parfumeur	*perfumer*	se lancer dans les affaires	*to go into business*
le prix de vente	*price*		

Amusons-nous avec les mots

6-4 Trouvez la définition des mots.

1. _____ la concurrence   **a.** ne plus être à la mode
2. _____ se démoder   **b.** exposition de marchandises
3. _____ un étalage   **c.** regarder les marchandises
4. _____ le rabais   **d.** compétition
5. _____ faire du lèche-vitrines   **e.** réduction du prix

6-5 Trouvez le mot qui n'appartient pas à la liste.

un grand magasin	les soldes	la gestion	la mode
une boutique	le rabais	le maquillage	un couturier
un parfumeur	le prêt-à-porter	le marketing	une vitrine
le marché aux puces	une réduction	les affaires	un styliste

Quelle image projette-t-il ? ▶

6-6 Jean-Marc et Philippe parlent du réveillon[1] du nouvel an.

A. Indiquez si les phrases suivantes sont vraies (Vrai) ou fausses (Faux).

1. Vrai / Faux
2. Vrai / Faux
3. Vrai / Faux
4. Vrai / Faux
5. Vrai / Faux

 B. Maintenant, répondez aux questions suivantes.

1. Qu'est-ce que vous aimez faire pour le réveillon du nouvel an ?
2. Dites ce que vous avez fait pour un réveillon inoubliable.
3. Qu'est-ce que vous aimez porter pour le réveillon ? Décrivez votre tenue et votre look.
4. Est-ce que le réveillon est un bon moment pour une proposition de mariage ? Pourquoi oui ou pourquoi non ?

Invitation à la conversation

 En petits groupes, posez quelques questions à vos partenaires en vous servant du vocabulaire des pages précédentes. Ensuite, présentez vos idées à toute la classe.

1. Selon plusieurs psychologues, notre première impression d'une personne se forme en quelques minutes, dure très longtemps et ne se modifie que difficilement. Cela vous semble-t-il juste ? Sur quoi basez-vous votre impression d'une autre personne ? Sur son apparence physique ? Sur ses vêtements ? Sur sa façon de parler ? Sur ses actions ? Donnez des exemples.

2. Est-ce que vous faites attention à votre apparence physique ? Que portez-vous pour aller à l'université ? Pour aller au gymnase ? Pour dîner dans un restaurant chic ? Pour aller au théâtre ? Au cinéma? En boîte (dans un club) ? À un entretien d'embauche° ?

   °*job interview*

3. Êtes-vous conscient(e) du fait que les autres ont tendance à vous juger sur votre apparence ? Que faites-vous pour créer une bonne impression ?

4. Est-ce que l'apparence physique est un reflet du caractère ? Discutez et pensez à des exemples spécifiques.

5. D'où viennent nos idées sur l'apparence et la mode ? Des magazines de mode ? De la télévision ? Du cinéma ? Est-ce que les médias influencent trop nos jugements ? Est-ce qu'ils nous poussent à acheter des choses dont nous n'avons pas besoin ?

6. Pouvez-vous facilement reconnaître quelqu'un qui vient d'un autre pays en le regardant ? Pouvez-vous distinguer un Français ou une Française d'un Américain ou d'une Américaine selon son apparence ? Quelles images associez-vous aux Américains et aux Français ?

[1] Le réveillon est un repas de fête que l'on fait pendant la nuit de Noël ou du nouvel an.

7. Apportez des magazines de mode américains et français en classe. Comparez les images, les produits, la mode. Quelles sont les différences ? Les ressemblances ? Qu'est-ce que ces images vous disent sur la culture américaine et française ?

8. Que pensez-vous des top modèles ? Quels top modèles connaissez-vous ? Comment décririez-vous leur look ? Leur type de vie ? Est-ce que vous aimeriez être mannequin ? Pourquoi ? Pourquoi pas ? Est-ce que les salaires des mannequins sont justifiés ? Discutez.

9. Quelle est l'importance des produits de beauté dans votre vie ? Aimez-vous les parfums ? Le maquillage ? La mode ? Les bijoux ? Quels produits préférez-vous ? Américains ? Français ? Italiens ? Anglais ? Pensez-vous que les produits français soient meilleurs que d'autres produits ? Pourquoi ? Quels produits se vendent bien aux États-Unis ?

▲ **Que fait-elle ?**

Les pronoms relatifs établissent une relation entre un nom ou un pronom qu'ils représentent et une proposition subordonnée qu'on appelle **relative.** Cette proposition relative explique ou détermine le nom. Le nom ou le pronom remplacé par le pronom relatif s'appelle l'**antécédent.**

> L'homme **qui** porte le costume bleu-marine a l'air distingué.
> relative :   qui porte le costume bleu-marine
> principale :   L'homme a l'air distingué.
> antécédent :   l'homme

> La femme **que** j'ai rencontrée à Paris travaille pour un couturier célèbre.
> relative :   que j'ai rencontrée à Paris
> principale :   La femme travaille pour un couturier célèbre.
> antécédent : la femme

Remarque : Le pronom relatif est **toujours** situé après l'antécédent.

Les relatifs simples : **qui, que, dont, où**

A. Qui :

Qui remplace un nom de personne ou une chose. **Qui** est sujet du verbe de la relative.

Phrase 1	Le coiffeur vient de France.
Phrase 2	Le coiffeur m'a fait cette coupe de cheveux.
	Le coiffeur **qui** m'a fait cette coupe de cheveux vient de France.
Phrase 1	Ce magasin attire beaucoup de clients célèbres.
Phrase 2	Ce magasin vend des objets de luxe.
	Ce magasin **qui** vend des objets de luxe attire beaucoup de clients célèbres.

B. Que :

Que remplace un nom de personne ou une chose. **Que** est complément d'objet direct du verbe de la relative.

Phrase 1	Ce nouveau couturier vient de France.
Phrase 2	Tu admires ce couturier.
	Ce nouveau couturier **que** tu admires vient de France.
Phrase 1	Le tailleur coûte 600 euros.
Phrase 2	Je trouve ce tailleur le plus élégant.
	Le tailleur **que** je trouve le plus élégant coûte 600 euros.

C. Dont :

Dont remplace un nom de personne ou une chose. **Dont** a plusieurs utilisations. **Dont** peut être :

1. complément d'un verbe construit avec **de** (avoir besoin de, avoir envie de, parler de, se moquer de, rêver de, s'occuper de, etc.) :

Phrase 1	Comment s'appelle le couturier ?
Phrase 2	Tu m'as parlé **de** ce couturier hier.
	Comment s'appelle le couturier **dont** tu m'as parlé hier ?
Phrase 1	Le parfum a été inventé par Jean-Paul Guerlain.
Phrase 2	Elle a envie **de** ce parfum.
	Le parfum **dont** elle a envie a été inventé par Jean-Paul Guerlain.

2. complément d'un adjectif utilisé avec **de** (content de, fier de, responsable de, satisfait de etc.) :

Phrase 1	Son fils vient d'entrer chez Christian Dior comme styliste.
Phrase 2	Elle est très fière **de** son fils.
	Son fils **dont** elle est très fière vient d'entrer chez Christian Dior comme styliste.
Phrase 1	Ce parfum est à base de vétiver.
Phrase 2	Jean-Paul est enchanté **de** ce parfum.
	Ce parfum **dont** Jean-Paul est enchanté est à base de vétiver.

3. complément d'un nom suivi de **de** (pour indiquer la possession) :

Phrase 1	Le photographe injuriait son assistant.
	L'appareil **du** photographe était cassé.
	Le photographe **dont** l'appareil était cassé injuriait son assistant.
Phrase 2	Le photographe s'est fâché.
	L'assistant **du** photographe a cassé l'appareil.
	Le photographe **dont** l'assistant a cassé l'appareil s'est fâché.
Phrase 3	Mon ami est d'origine africaine.
	Son père (le père de mon ami) est couturier.
	Mon ami **dont** le père est couturier est d'origine africaine.

D. Où :

Le pronom relatif **où** remplace un nom de lieu ou une expression de temps :

la ville où	au moment où
le magasin où	la semaine où
	le jour où

Phrase 1	Le pays **où** il y a le plus de défilés de mode est la France.
Phrase 2	Sa carrière a évolué le jour **où** elle est arrivée en France.

> **Comparaison linguistique**
>
> Comment traduisez-vous en anglais **le jour où ? La femme qui ? La femme que ?** Est-ce qu'on respecte toujours les règles grammaticales pour l'emploi des pronoms relatifs en anglais ? Dans quelles circonstances ne les respecte-t-on pas ? Est-ce que cela dépend de la personne à qui on parle ? De l'éducation de l'individu ?

> **Précision**
>
> Avec le pronom relatif **que,** il faut faire un accord entre le participe passé d'un verbe composé et l'antécédent.
>
> > La femme **que** j'ai rencontré**e** à Paris travaille pour un couturier célèbre.
>
> Dans cet exemple, **la femme** est l'antécédent. **Que,** l'objet direct du verbe **rencontrer,** remplace le mot femme.

Pratiquons

 6-7 Parlons de mode. Écrivez la relative de la phrase.

Modèle: Vous entendez : C'est mon frère qui a créé cette robe.
Vous écrivez : qui a créé cette robe

1. C'est une styliste célèbre _____ à la soirée.
2. La robe _____ coûte très cher.
3. Je n'aime pas beaucoup le costume _____ .
4. La maison de couture _____ se trouve rue Saint-Honoré.
5. L'homme _____ crée de nouveaux styles.
6. Le défilé de mode _____ était très impressionnant.
7. La femme _____ est un mannequin new-yorkais.
8. Le parfum _____ sent très bon.
9. Chanel _____ a révolutionné le monde de la mode.
10. C'est tout le prêt-à-porter de ce grand magasin _____ .
11. Est-ce la boutique _____ ?
12. Cette robe _____ n'est pas très originale.

 6-8 Parfums et eaux de toilette. Complétez les phrases avec un de ces pronoms relatifs : **qui, que, dont.**

1. C'est un parfum _____qui_____ coûte très cher.
2. Il porte une eau de toilette _____que_____ son amie lui a donnée.
3. « Chanel N°5 » est un parfum _____dont_____ on ne se fatigue jamais.
4. C'est une île exotique _____qui_____ a inspiré ce parfum marin.
5. « Opium » est un parfum lourd _____dont_____ il ne faut pas abuser.
6. Il existe des parfums _____qui_____ évoquent la force masculine.
7. Elle a acheté l'eau de toilette _____que_____ le vendeur lui a recommandée.
8. Il vaut mieux essayer le parfum _____qu_____ l'on va acheter.

6-9 Combinez les deux phrases à l'aide du pronom relatif **qui** ou **que**.

Modèle: C'est mon frère. Il a créé cette robe.
C'est mon frère qui a créé cette robe.
C'est une robe. Mon frère a créé cette robe.
C'est la robe que mon frère a créée.

1. C'est un grand magasin. Ce grand magasin vend toujours des articles à la dernière mode.
2. Voilà la robe de soirée. Ce couturier a créé cette robe de soirée.
3. C'est un mannequin. J'admire ce mannequin.
4. Ce sont ses vêtements. Ses vêtements ne lui vont pas du tout.
5. C'est son maquillage. Son maquillage lui donne cet air bizarre.
6. C'est le coiffeur. Tu as recommandé ce coiffeur.
7. C'est cette coupe de cheveux. La coupe de cheveux te va le mieux.
8. C'est la boutique. Cette boutique a toujours les meilleurs soldes.

 6-10 Définissez les mots suivants. Complétez en employant **qui, que** ou **dont** selon le modèle.

Modèle: Un anorak est une veste de sport …
Un anorak est une veste de sport qui tient bien chaud quand il fait froid.
Un anorak est une veste de sport qu'on porte quand on fait du ski.

1. Un mannequin est une personne …
2. Un costume est un vêtement …
3. Un couturier est une personne …
4. Un défilé de mode est un événement …
5. Le prêt-à-porter est une industrie …
6. Un bijou est un objet …
7. La haute couture est un style …
8. Le look est un terme …
9. Dior est un couturier …
10. Le cuir° est une matière …

cuir *leather*

 6-11 Imaginez que vous êtes touriste à Paris. Décrivez les articles **que** vous allez acheter, **dont** vous rêvez, **dont** vous avez besoin ou **dont** vous avez envie.

Modèle: Le manteau dont j'ai envie est difficile à trouver.
Le sac dont je rêve est dans la boutique Hermès.

 6-12 Répondez aux questions suivantes en utilisant le pronom relatif **où**. Essayez de trouver plusieurs réponses et partagez-les avec le reste de la classe.

1. Quand les Français vont-ils apprécier la nourriture américaine ?
Ils vont l'apprécier le jour …
2. Les Français veulent-ils vivre à l'étranger ?
Ils sont satisfaits de vivre dans le pays …
3. Qu'est ce que la France pour vous ?
La France est un pays …
4. Quand les Français ont-ils gagné la coupe du monde de foot?
Ils l'ont gagné l'année … Zidane …

6-13 Phrases entendues à un défilé. Remplacez les tirets par **qui, que, dont, où.**

1. Je me suis sentie soulagée le jour _____ j'ai dit à mon patron que je ne travaillerais plus dans sa boutique.

2. Pourquoi est-ce que ces mannequins _____ je viens de rencontrer ont un air désagréable ?

3. Les invités de l'hôtel _____ nous avons passé la nuit sont tous venus pour le défilé de mode.

4. La maison de mode _____ tu parles n'existe plus.

5. Le photographe _____ le couturier a engagé n'approuve pas la présentation des nouvelles créations.

6. Le styliste _____ a créé ces robes a beaucoup de talent.

7. Continuez ... Inventez vos propres phrases

La maison Guerlain à Paris ▶

Stratégie de recherche

1. La France, comme tous les pays, est représentée par des icônes culturelles : le coq, le champagne, Astérix et Obélix, les cafés, Marianne, Napoléon etc.

   a. Choisissez une icône que vous présenterez au reste de la classe. Vous trouverez des clips ou des photos sur Internet que vous utiliserez dans votre présentation.

   b. Sélectionnez un pays francophone, par exemple la Suisse avec son chocolat, son emmenthal, ses couteaux, ses montres, et retrouvez ses icônes et ses symboles pour les présenter au reste de la classe.

   c. Souvent, quand on pense à la France, on pense au luxe : le parfum, le champagne, la mode. Faites une recherche Internet dans un autre domaine où la France excelle. Faites une rapide présentation de votre découverte.

2. Faites une recherche Internet sur Baudelaire.

   a. Biographie. Qui était ce poète ? Où a-t-il vécu ? Où a-t-il voyagé ? Quand a-t-il commencé à écrire ?

   b. Trouvez dans *Les Fleurs du mal* un poème de Baudelaire, par exemple « L'invitation au voyage » ou « À une passante » ou « L'Albatros ». Trouvez une version du poème sur youtube.com et présentez-la au reste de la classe.

Parmi les produits de luxe exportés par la France, les parfums tiennent une place considérable. C'est le marché le plus important dans le domaine de la cosmétique et il tient le troisième rang pour les exportations après l'aéronautique et l'automobile. La France exporte plus de la moitié de sa production de parfums et ne cesse d'inventer de nouveaux parfums dans leur capitale, Grasse. Cette petite ville située sur la Côte d'Azur marie senteurs florales (lavande, rose, violette, jasmin) et essences animales pour créer les célèbres parfums de Dior, de Chanel ou de Rochas. Symbole de la France, le parfum signifie sensualité, charme et élégance. Dans l'article que vous allez lire, Jean-Paul Guerlain explique ce qu'un parfum représente pour lui.

1. Quel produit de luxe la France exporte-t-elle le plus ?
2. Quel rang l'industrie du parfum occupe-t-elle dans les exportations françaises ?
3. Comment s'appelle la capitale de la parfumerie ?
4. Quels parfums célèbres ont été créés à Grasse ?
5. Que signifie un parfum ?

« Un parfum, c'est toujours une histoire d'amour »

▲ **Shalimar de Guerlain**

C'est l'image, ou plutôt l'arôme, de la France, une certaine idée du raffinement et de la sensualité : la « Maison Guerlain », comme on dit depuis 1828. À la Libération,
5 les soldats américains faisaient la queue° devant la boutique des Champs-Élysées pour offrir à leur fiancée un peu de l'air d'ici. Et les femmes d'aujourd'hui portent toujours Shalimar ou Vol de nuit comme
10 un signe de reconnaissance. Jean-Paul Guerlain, dernier de la dynastie et « nez »° hors pair°, a lancé quant à lui 43 parfums et en a imaginé des milliers. S'il s'éloigne maintenant de sa maison sans laisser
15 d'héritier°, la confiant° entièrement à LVMH², il n'a pas pour autant renoncé à ses rêves de roses et de jonquilles°.
   Après avoir été pendant quarante-sept ans l'âme° et le « nez » de Guerlain, vous quittez votre prestigieux empire sans qu'un héritier
20 *prenne le relais°, comme c'était le cas depuis 1828. Après Saint Laurent sans Saint Laurent, voilà donc Guerlain sans Guerlain.*
   Le temps des entreprises familiales est bien loin, vous savez. Jadis°, tout ce qui se faisait chez Guerlain se décidait entre membres de la famille, dans cette pièce où nous
25 sommes, au-dessus des Champs-Élysées. Nous suivions à la lettre le testament de

faire la queue *to stand in line*

un nez = un créateur de parfum
hors pair *outstanding*

un héritier *heir*
confier à *to entrust*
une jonquille *daffodil*

l'âme (f.) *the soul*

prendre le relais *to take over*

jadis *autrefois*

² LVMH : Compagnie Louis Vuitton-Moët-Hennessy

tricher *to cheat*

du moment que *as long as*

réclamer *to demand*

déranger *to disturb*

une baisse *a fall, a drop*

Je n'en tire aucun titre de gloire. *I don't pride myself on this.*

Les petits Chinois = les enfants chinois

l'aïeul/l'aïeule (littéraire) = le grand-père / la grand-mère

la mouture *grinding*

se frictionner *to rub oneself*
le sommeil *sleep*

mon arrière-grand-père : « Faites de bons produits, ne trichez° jamais sur la qualité, ayez des idées simples, et appliquez-les scrupuleusement », et nous acceptions de perdre de l'argent sur un produit du moment qu'°on en gagnait sur un autre. Malgré la pression du marché, nous n'avons jamais voulu changer la qualité des matières premières, et nous utilisons toujours 80% d'essences naturelles dans nos produits ... 30

Difficile de garder une telle exigence dans un marché qui réclame° toujours plus de produits et se soumet au marketing.

L'emprise du marketing ... m'a toujours dérangé°. Mais dans ce métier, il y a toujours la sanction des consommateurs, qui réagissent avec virulence à la moindre baisse° de qualité. Je ne suis pas inquiet. Dans la maroquinerie, Dior et Vuitton 35 font des choses superbes qui marchent très bien ; les clients attendent un sac Kelly d'Hermès pendant un an. Ce métier-là exige l'exception : nous devons nous faire désirer, les femmes le savent mieux que personne ...[3]

La légende raconte que vous avez mémorisé plus de 3 000 odeurs ...

Je n'en tire aucun titre de gloire.° Les petits Chinois° savent bien écrire 10 000 40 caractères ! Mais ce n'est pas le nombre d'ingrédients qui fait la valeur d'un parfum ...

L'étonnant, c'est que, malgré les progrès des techniques, la plupart des parfums d'autrefois sont encore les best-sellers d'aujourd'hui.

La parfumerie est intemporelle, comme la beauté des femmes. C'est là où mes successeurs auront des difficultés, car les grands parfums de la maison ont 45 plus de 100 ans. Je ne suis pas sûr qu'il en sera de même pour les actuels parfums marketing. CK One, qui était le plus fabriqué dans le monde il y a dix ans, se vend beaucoup moins aujourd'hui. Moi, j'ai une autre philosophie de la parfumerie.

Quelle est-elle ?

Pour moi, la parfumerie, c'est une forme de poésie, de romantisme. J'ai 50 toujours composé un parfum en pensant à une femme, et non pas au marché ... Le parfum, c'est l'expression de la sensualité, l'odeur de la femme aimée le matin sur l'oreiller ... C'est la forme la plus intense du souvenir.

Derrière chaque grand parfum que vous avez créé, il y a donc une femme que vous avez aimée ? 55

Aimée ou admirée.[4] Chacun de mes parfums est le portrait d'une femme. C'est un sourire, une vision fugitive que je veux traduire. Mon grand-père m'avait dit: « Mon petit, rappelle-toi une chose : on crée des parfums pour les femmes qu'on aime et avec qui on vit. » Et mon aïeul° Jacques Guerlain disait qu'un parfum réussi est celui dont l'odeur correspond à un rêve initial. C'est toujours une histoire d'amour. 60

Si un parfum est une femme, comment imaginez-vous des parfums pour homme ?

Je demande à la femme que j'aime ce qu'elle aimerait que je sente ... Ma muse de Samsara voulait que je crée un parfum au patchouli. La première mouture° de ce qui allait devenir Héritage ... l'a carrément dégoûtée. J'ai recommencé. Une nuit, à Rome, je m'étais frictionné° avec un nouvel essai. Ma tendre et douce, endormie, l'a 65 senti et, dans son demi-sommeil°, m'a dit qu'elle m'aimait. C'était gagné ...

---

[3] La France est le premier exportateur mondial de parfums et de cosmétiques. Le parfum est à la base d'une énorme industrie. L'Oréal vient en deuxième place après le groupe américain Estée Lauder. Le champion français du parfum et des cosmétiques fabrique et distribue les marques Lancôme, Ralph Lauren, Cacharel, Guy Laroche, Giorgio Armani, Paloma Picasso et Lanvin. Ensuite, Louis Vuitton-Moët-Hennessy (LVMH), propriétaire de Christian Dior, Guerlain, Givenchy et Kenzo a, aujourd'hui, un chiffre d'affaires de plus de 28 milliards d'euros.

[4] La fabrication d'un parfum est très délicate et Jean-Paul Guerlain, héritier de la Maison Guerlain, a expliqué dans un entretien comment il a inventé deux parfums : Nahéma et Vétiver.

« J'ai créé Nahéma en pensant à Catherine Deneuve ... J'ai voulu ... évoquer une séductrice raffinée qui s'offre sans donner le sentiment de s'être tout à fait offerte. J'y ai travaillé pendant quatre ans, effectué 400 essais, pour arriver à un accord de rose, sur un fond boisé et fruité, avec une pointe de santal. Au moment de Vétiver, ma première création, j'étais amoureux fou d'une jeune femme qui voulait garder secrète notre liaison. Et je portais une ébauche du parfum sur moi. Un jour, un de mes amis vint me voir, furieux, m'accusant de trahison. Je lui avais demandé, à lui aussi, de tester le parfum. Les deux seuls hommes qui s'aspergeaient de Vétiver étaient amoureux de la même femme ! »

Vous n'êtes pas seulement un passionné. Vous êtes un vrai drogué au parfum.

C'est une drogue, en effet … Un de mes rêves aurait été de faire de la haute parfumerie comme on dit la haute couture : des parfums créés pour une seule femme. 70 C'est une utopie, peu compatible avec les lois° du marché et la concurrence …

une loi *law*

Même sans la « Maison Guerlain », vous continuerez donc à inventer des parfums.

Évidemment! Je n'arrêterai jamais … C'est une histoire d'amour, vous dis-je.

Jean-Paul Guerlain, *L'Express*

Travaillons avec la langue

Expliquez les phrases ou expressions suivantes.

1. être « l'âme » et le « nez » de Guerlain
2. tricher sur la qualité
3. la pression du marché
4. la parfumerie est intemporelle
5. la parfumerie, c'est une forme de poésie, de romantisme

Vérifions notre compréhension du texte

Dites si ces déclarations sont justes. Expliquez en vous référant aux passages spécifiques du texte.

1. La « Maison Guerlain » date du XVIIIème siècle.
2. Shalimar et Vol de nuit sont des parfums Guerlain.
3. Jean-Paul Guerlain est le dernier héritier de la « Maison Guerlain ».
4. La qualité des matières premières est un des principes des produits Guerlain.
5. Pour Jean-Paul Guerlain, aujourd'hui, c'est le marketing qui influence les choix des consommateurs.
6. Avant de créer un parfum, Jean-Paul Guerlain pense au marché.
7. Chacun des parfums que Jean-Paul Guerlain a créés évoque une femme.
8. Le parfum réussi correspond à un rêve initial disait le père de Jean-Paul.
9. Pour inventer un parfum masculin, Jean-Paul Guerlain s'inspire des rêves des femmes qu'il aime.

Discutons ensemble

1. Que représente la « Maison Guerlain » pour les étrangers ? Quelle image de la France suggère-t-elle ? Est-ce que cette image de la France est toujours valable aujourd'hui ?
2. Connaissez-vous des parfums français ? En utilisez-vous un ? En avez-vous offert ? Que recherchiez-vous quand vous avez choisi ce parfum ?
3. Quels produits de luxe représentent la France et les Français ?
4. Pour Jean-Paul Guerlain, un grand parfum est intemporel. Êtes-vous d'accord avec cette idée ? Y a-t-il des modes pour les parfums et les produits de luxe ?
5. Pour Jean-Paul Guerlain, « la parfumerie, c'est une forme de poésie ». Qu'est-ce qu'un parfum pour vous ? En portez-vous tous les jours ? Quel type de parfum (d'eau de toilette ou d'après-rasage) aimez-vous : floral, épicé, subtil, discret, enivrant … ?

6. Sans vraiment les nommer, l'entretien fait allusion à de nombreuses images de la France. Essayez de les retrouver.
7. Le texte parle d'une certaine image de la France. Quelles autres images de la France pouvez-vous évoquer ? Qu'est-ce que la France pour vous ? Et les Français ?

Lavande en Provence ▲

Stratégie orale

Comment faire des achats. Lorsque vous entrez dans un magasin ou une boutique, il est important de saluer le vendeur et de lui expliquer ce que vous voulez pour qu'il puisse vous aider à trouver l'article que vous cherchez. Notez la façon dont la vendeuse s'adresse au client pour obtenir les renseignements qu'elle souhaite.

Dialogue pratique

Dans la boutique Hermès.

Client : Bonjour Madame.
Vendeuse : Bonjour Monsieur. Puis-je vous aider ?
Client : Oui, je cherche un petit cadeau pour mon épouse.
Vendeuse : Que désirez-vous ? Un foulard ? Un portefeuille ? Un sac ?
Client : Je ne sais pas exactement mais je veux lui rapporter quelque chose de Paris.
Vendeuse : Un foulard fait toujours plaisir et nous en avons de magnifiques. Quelles sont les couleurs préférées de votre épouse ?
Client : Il me semble qu'elle aime le bleu mais elle porte souvent du rouge, du noir. Vous savez, c'est assez difficile pour moi de choisir une couleur.
Vendeuse : Dans ce cas, regardons les foulards qui vont avec le rouge et le noir. Nous en trouverons sûrement un dans ces teintes. Si vous voulez bien me suivre.
Client : Merci.

Vous êtes touriste à Paris. Vous vous promenez sur les Champs Élysées ou avenue Montaigne. Vous entrez dans un magasin pour acheter un article de luxe : un parfum, un sac, un foulard, un chemisier, une chemise, un portefeuille, etc.

Inventez un dialogue entre vous et le vendeur ou la vendeuse. Vous pouvez vous inspirer des formules suivantes :

Bonjour Monsieur/Madame. Je désirerais …
De quelle couleur …
Quel type de … Quelle coupe …
Je voudrais quelque chose de classique, de branché (de moderne, de nouveau), de sobre
Quelle taille portez-vous ?

Tableau des tailles pour les femmes		
Française	Américaine	Américaine
34–36	XS	4-6
36–38	S	8
38–40	M	10
40–42	L	12
42–44	XL	14
44–46	XXL	16

Tableau des tailles pour les hommes			
Française (pull)	Américaine	Française (pantalon)	Américaine
1	XS	37–38	28
2	S	39–40	30
3	M	41–42	32
4	L	43–44	34
5	XL	45–46	36
6	XXL	47–48	38

Grammaire

06-16 to 06-19

Les relatifs ce qui, ce que, ce dont

On utilise **ce qui, ce que, ce dont**

1. lorsque l'antécédent – le terme que le pronom relatif remplace — est indéterminé (le démonstratif remplace **la chose qui, la chose que, la chose dont**).

> Dites-moi tout de suite **ce qui** vous plaît !
> Le couturier ne sait pas très bien **ce que** ses clients veulent.
> Dis-moi **ce dont** tu as besoin à la parfumerie Sephora.

2. lorsque l'antécédent est une phrase complète

> Avoir inventé des parfums originaux. C'est **ce dont** il est fier !
> (**ce dont** remplace « avoir inventé des parfums »)
> Le marketing influence la création des parfums, **ce que** ce nez déplore.
> (**ce que** remplace « le marketing influence la création des parfums »)

3. pour insister

> **Ce qui** intéresse cette jeune femme, c'est la mode.
> **Ce que** ce parfumeur défend avant tout, c'est la qualité des produits !
> (on met l'accent en employant **c'est**)

Pratiquons

6-14 Une jeune femme qui voudrait devenir mannequin décide de vivre à Paris. Identifiez **ce qui lui plaît, ce qui lui fait peur, ce qu'elle va découvrir, ce qu'elle va détester, ce dont elle a envie, ce dont elle rêve.**

Modèle : Vous entendez : Habiter dans un hôtel élégant. (avoir envie)
Vous dites : C'est ce dont elle a envie.

1. Acheter ses vêtements chez Dior. (rêver)
2. Ne pas être choisie pour des défilés. (faire peur)
3. Boire du champagne. (avoir envie)
4. Aller à des castings. (découvrir)
5. Utiliser le métro. (détester)
6. Avoir un chauffeur et une limousine. (rêver)
7. Vieillir. (faire peur)
8. Rester dans des hôtels élégants. (avoir envie)
9. Devoir travailler de longues heures. (découvrir)
10. Manquer d'amis. (détester)
11. Rencontrer des stylistes. (plaire)
12. Sourire sur commande. (détester)

6-15 Une touriste visite Paris avec sa fille et discute des achats qu'elles vont faire ensemble. Utilisez **qui, que, dont, ce qui, ce que, ce dont.**

Mère : Dis-moi _____ce qui_____ te ferait plaisir pour ton anniversaire.
Fille : La robe _____que_____ j'aimerais coûte trop cher. Elle était dans la vitrine d'un magasin sur les Champs Élysées.
Mère : Allons voir ce magasin _____qui_____ te plaît tant.
Fille : Il est très élégant et très cher. C'est dans ce magasin que je trouve toujours _____ce dont_____ je rêve.

Mère : Peut-être trouverons-nous dans ce magasin un chemisier
~~que~~ _dont_ le prix ne sera pas trop élevé.

Fille : C'est possible.

6-16 Dialogues entendus. Remplacez les tirets par **qui, que, dont, (tout) ce qui,** ou **(tout) ce que, (tout) ce dont** puis jouez les dialogues.

Préparatifs de mariage

É1 : La couturière ~~que~~ _qui_ va faire ma robe de mariée m'a posé beaucoup de questions.

É2 : Qu'est-ce qu'elle t'a demandé?

É1 : Où le mariage aura lieu, comment je vais me maquiller et me coiffer, _ce que_ je vais porter la veille du mariage …

É2 : Ah, je sais _ce qui_ l'intéresse. Elle veut connaître un peu mieux ton style, tes préférences.

Prêt-à-porter

É1 : Montre-moi les vêtements _____ tu as achetés ce matin.

É2 : C'est du prêt-à-porter _____ j'ai trouvé dans une petite boutique _____ se trouve dans la rue du Faubourg Saint Honoré.

É1 : La femme _____ m'a vendu les vêtements m'a dit que c'était la dernière mode …

É2 : Tu as fait une très bonne affaire. J'aime bien _____ tu as acheté.

Entretien d'embauche

É1 : J'ai besoin d'acheter beaucoup de choses pour mon entretien d'embauche la semaine prochaine. J'ai besoin d'un costume et d'un attaché-case.

É2 : _____ tu veux acheter peut coûter très cher …

É1 : Je le sais, mais pour un entretien c'est la première impression _____ compte. En ce moment, _____ m'intéresse c'est d'avoir ce poste.

É2 : Je comprends. C'est un poste _____ promet d'être très intéressant. Voici un petit cadeau _____ je t'offre … une cravate _____ ira bien avec ton costume.

É1 : C'est gentil. Merci.

6-17 Créez vos propres dialogues selon les modèles ci-dessus et jouez-les devant la classe.

Comparaison linguistique

Comment traduit-on en anglais **dont** et **ce dont** dans les phrases suivantes ?
- Le mannequin **dont** j'ai remarqué la mauvaise humeur gênait tout le monde.
- C'est à Paris ou Milan qu'il pourra avoir la carrière **dont** il rêve.
- La chance, c'est **ce dont** il a besoin.

La boutique Chanel, place Vendôme

Charles Baudelaire

▲ **Baudelaire**

Charles Baudelaire naît à Paris en 1821. Sa mère, devenue veuve en 1827, se remarie avec le commandant Aupick avec qui le jeune Baudelaire ne s'entend pas du tout. Après le lycée, où son beau-père l'avait mis en pension, Baudelaire mène la vie scandaleuse du bohème jusqu'en 1842, année où il exige sa part de l'héritage laissé par son père. Pendant deux ans, il vit en dandy riche et élégant et commence sa liaison avec Jeanne Duval, la plus célèbre de ses maîtresses et le sujet de beaucoup de ses poèmes. Les années quarante et cinquante témoignent d'une activité littéraire prodigieuse. Baudelaire devient critique d'art, et voit la publication de son recueil de poésie le plus célèbre, *Les Fleurs du mal* (1857). Le poète meurt en 1867 à la suite d'une attaque d'apoplexie qui le laisse paralysé et aphasique.

Stratégie de lecture

Vous allez lire deux textes de Baudelaire. Le premier est extrait d'un essai sur les avantages esthétiques du maquillage. Le deuxième est un poème dans lequel le poète, sous l'inspiration du parfum de sa maîtresse, est transporté au moyen de son imagination vers une île exotique.

Pour parler de la poésie : La poésie diffère de la prose de plusieurs façons. La différence la plus évidente repose sur l'organisation du texte, souvent très structurée. Dans un poème traditionnel, tel un sonnet, les vers° sont organisés en strophes° ou groupes de vers, et les sonorités sont extrêmement importantes. Elles servent souvent à souligner certaines idées. Dans un poème traditionnel, la rime° est fixe ; c'est-à-dire, le dernier mot de chaque vers rime avec le dernier mot d'un autre vers ou d'autres vers de manière prévisible. Les rimes internes, telles l'allitération (l'emploi de la même consonne) ou l'assonance (l'emploi de la

même voyelle) sont importantes aussi. Toutes ces caractéristiques servent à mettre en valeur le message du poète. En poésie, la manière dont le message est créé est d'un très grand intérêt.

« Parfum exotique » est un sonnet, c'est-à-dire, un poème qui comprend deux strophes de quatre vers, appelés quatrains, et deux strophes de trois vers ou tercets. Chaque vers a douze syllabes qu'on appelle alexandrins. C'est un sonnet classique.

Stratégie de prélecture

1. Avant de lire « Éloge du maquillage », pensez à ce que le maquillage veut dire pour vous. Est-ce que vous vous maquillez ou est-ce que vos amies se maquillent ? Pourquoi? Que pensez-vous des gens qui se maquillent ? Est-ce qu'un excès de maquillage ou l'absence de maquillage influence votre opinion sur une personne ? Discutez vos idées avec un/e partenaire.

les vers *(m.) verses*
une strophe *stanza*
la rime *set rhyme scheme*

2. Avant de lire « Parfum exotique », pensez à une femme qui, quand vous étiez plus jeune, portait un parfum que vous aimiez. Cette femme pourrait être votre grand-mère, votre mère, votre petite amie. Qu'est-ce que vous associez à ce parfum ? Si vous sentez le même parfum maintenant, est-ce que l'odeur provoque les mêmes sentiments et associations ? Discutez vos idées avec votre partenaire.

« Éloge du maquillage »

… Toutes les modes sont charmantes … Toutes furent légitimement charmantes.
  La femme est bien dans son droit, et même elle accomplit une espèce de devoir en s'appliquant° à paraître magique et surnaturelle ; il faut qu'elle étonne,
5 qu'elle charme ; idole, elle doit se dorer° pour être adorée. Elle doit donc emprunter à tous les arts les moyens de s'élever au-dessus de la nature pour mieux subjuguer les cœurs et frapper
10 les esprits. Il importe fort peu que la ruse et l'artifice soient connus de tous, si le succès en est certain et l'effet toujours irrésistible. C'est dans ces considérations que l'artiste philosophe
15 trouvera facilement la légitimation de toutes les pratiques employées dans tous les temps par les femmes pour consolider et diviniser, pour ainsi dire, leur fragile beauté. L'énumération
20 en serait innombrable° ; mais, pour nous restreindre° à ce que notre temps appelle vulgairement maquillage, qui ne voit que° l'usage de la poudre de riz, si niaisement° anathématisé° par
25 les philosophes candides°, a pour but et pour résultat de faire disparaître du teint toutes les taches° que la nature y a outrageusement° semées°, et de créer une unité abstraite dans le grain° et
30 la couleur de la peau°, laquelle unité, comme celle produite par le maillot, rapproche immédiatement l'être humain de la statue, c'est-à-dire d'un être divin et supérieur ? Quant au noir artificiel qui

s'appliquer *to try*

se dorer *to gild oneself*

innombrable *innumerable, countless*

restreindre *to restrain*

qui ne voit que *who doesn't see that…?*

niaisement *foolishly*

anathématisé *anathamatized, cursed*

candide *naive*

la tache *mark, blemish*

outrageusement *outrageously*

semé *sowed*

le grain *grain*

la peau *skin*

cerner° *to line*
la joue *cheek*
satisfaire à° *to satisfy*

la pommette *cheekbone*
la prunelle *pupil (of the eye)*
la prêtresse *priestess*

cerne° l'œil et au rouge qui marque la partie supérieure de la joue°, bien que l'usage en soit tiré du même principe, du besoin de surpasser la nature, le résultat est fait pour satisfaire à° un besoin tout opposé. Le rouge et le noir représentent la vie, une vie surnaturelle et excessive ; ce cadre noir rend le regard plus profond et plus singulier, donne à l'œil une apparence plus décidée de fenêtre ouverte sur l'infini ; le rouge, qui enflamme la pommette°, augmente encore la clarté de la prunelle° et ajoute à un beau visage féminin la passion mystérieuse de la prêtresse°.   35

Vérifions notre compréhension du texte

Répondez aux questions suivantes et justifiez vos réponses.

1. Quel est le devoir de la femme, selon Baudelaire ?
2. Pourquoi la femme maquillée est-elle surnaturelle et magique ?
3. Qu'est-ce que Baudelaire veut dire quand il dit que la femme doit se dorer pour être adorée ? Quel type d'amour est-ce que Baudelaire suggère ?
4. Le maquillage doit-il paraître naturel, selon Baudelaire ? Pourquoi ou pourquoi pas ?
5. D'après le texte, que pense Baudelaire de la nature en tant que force créatrice ? Ce que la nature crée est-il supérieur à ce que les hommes et les femmes peuvent créer ?
6. Pourquoi le maquillage est-il un art comme tous les autres arts (les tableaux, les sculptures, etc.) ?
7. Quels sont les effets du rouge, du noir et de la poudre de riz ? Qu'est-ce que ces couleurs symbolisent ? Pourquoi sont-elles importantes pour le maquillage ? Êtes-vous d'accord avec Baudelaire ?
8. Est-ce que vous connaissez quelqu'un qui essaie d'harmoniser son maquillage et ses vêtements ? Est-ce que cette personne attribue une importance symbolique au maquillage qu'elle porte ? Et vous ?

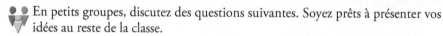

Approfondissons notre compréhension du texte

En petits groupes, discutez des questions suivantes. Soyez prêts à présenter vos idées au reste de la classe.

1. Décrivez le type de femme que le narrateur préfère. Faites une liste des images (suggérées par les noms, adjectifs et verbes) que le narrateur utilise pour décrire la femme idéale. Veut-il une femme naturelle ? Pourquoi ou pourquoi pas ?
2. Baudelaire oppose la femme naturelle et la femme artificielle. En quoi la femme maquillée est-elle supérieure à la femme naturelle ? Que pense Baudelaire des philosophes qui n'aiment pas le maquillage ? Imaginez les arguments des « philosophes candides ». Quels seraient les contre-arguments de Baudelaire ?

« Parfum exotique »

Quand, les deux yeux fermés, en un soir chaud d'automne,
Je respire l'odeur de ton sein° chaleureux,
Je vois se dérouler° des rivages° heureux
Qu'éblouissent° les feux d'un soleil monotone ;

5   Une île paresseuse où la nature donne
Des arbres singuliers et des fruits savoureux ;
Des hommes dont le corps est mince et vigoureux,
Et des femmes dont l'œil par sa franchise° étonne.

Guidé par ton odeur vers de charmants climats,
10   Je vois un port rempli de voiles° et de mâts°
Encor tout fatigués par la vague° marine,

Pendant que le parfum des verts tamariniers°,
Qui circule dans l'air et m'enfle la narine°,
Se mêle° dans mon âme° au chant des mariniers°.

Les Fleurs du mal

le sein *breast*
se dérouler *to unfold, uncoil, unwind*
le rivage *shore*
éblouir *to dazzle, to make blind*

la franchise *frankness*

la voile *sail (of a ship)*
le mât *mast (of a ship)*
la vague *wave*

le tamarinier *tamarind tree*
la narine *nostril*
mêler *to mix*
l'âme *(f.) soul*
le marinier *bargeman*

Vérifions notre compréhension du texte

Répondez aux questions suivantes et justifiez vos réponses.

1. Où est le poète au début du poème ? En quelle saison ? Pourquoi est-ce que c'est important ?
2. De quelle manière est-ce que le parfum de la femme stimule l'imagination du poète ? Qu'est-ce qu'il imagine ?
3. Quelle impression est-ce que l'image du « soleil monotone » produit ? Décrivez l'ambiance générale du poème.
4. Décrivez l'île. Décrivez les hommes et les femmes qui y habitent.
5. Quelles sont les principales images de la troisième strophe ? À quelle catégorie est-ce qu'elles appartiennent ?
6. Décrivez l'odeur d'un tamarinier. Quels autres sens sont évoqués dans la dernière strophe du poème ?

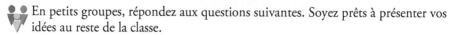

Approfondissons notre compréhension du texte

 En petits groupes, répondez aux questions suivantes. Soyez prêts à présenter vos idées au reste de la classe.

1. La synesthésie est la traduction des sensations d'un sens par un autre sens ou par plusieurs autres sens. Dans son poème, Baudelaire utilise la synesthésie quand il voit des paysages exotiques en sentant le parfum de sa maîtresse. Faites une liste des diverses synesthésies du poème. À quels sens est-ce que Baudelaire fait appel ? Quel en est l'effet?
2. Décrivez l'image de la femme dans ce poème ? Quelle est son importance dans le poème ? Quel rôle joue-t-elle ?

Discutons ensemble

En petits groupes, discutez des questions suivantes :

1. Dans « Éloge du maquillage » Baudelaire considère que le maquillage et la mode sont des arts tout comme la peinture, la sculpture et la musique, et qui ont, au fond, une base, philosophique et esthétique. À partir du premier texte, précisez la philosophie esthétique de Baudelaire. Est-ce que ses idées sont pertinentes aujourd'hui ?
2. Dans « Éloge du maquillage » et « Parfum exotique » on pourrait accuser Baudelaire d'être sexiste. Êtes-vous d'accord ? En quoi consiste son sexisme ?
3. Comparez les idées de Baudelaire sur le parfum aux idées de Guerlain. Comparez aussi leurs idées sur la beauté féminine.

Les pronoms relatifs composés

1. Les pronoms relatifs composés : **lequel, laquelle, lesquels, lesquelles** sont utilisés après une préposition pour les personnes et les choses. **Lequel,** etc., s'accorde en genre et en nombre avec l'antécédent (le terme que le relatif remplace).

> Ce mannequin est célèbre. Nous allons travailler avec ce mannequin.
> Le mannequin avec **lequel** nous allons travailler est célèbre.
> L'agence est sur le boulevard Haussmann. Il travaille pour cette agence.
> L'agence pour **laquelle** il travaille est sur le boulevard Haussmann.

Remarque : Dans la conversation courante, on utilise fréquemment **qui** pour les personnes après une préposition.

> Le mannequin avec **qui** nous allons travailler est célèbre.

2. Après la préposition **à,** le pronom relatif **lequel** fait l'objet d'une contraction :

à + lequel	=	auquel
à + lesquels	=	auxquels
à + lesquelles	=	auxquelles
à + laquelle	=	à laquelle

> La robe est absolument superbe. Cette future mariée pense à cette robe.
> La robe **à laquelle** cette future mariée pense est absolument superbe.
> Le défilé de mode a eu un grand succès. Tout le monde a assisté au défilé.
> Le défilé de mode **auquel** tout le monde a assisté a eu un grand succès.

3. Dans les locutions prépositives : **à côté de, auprès de, autour de, au dessus de, en dehors de, en face de, au milieu de, près de, à partir de,** etc., le pronom relatif **lequel** fait l'objet d'une contraction après la préposition **de :**

de + lequel	=	duquel	à côté duquel
de + lesquels	=	desquels	en face desquels
de + lesquelles	=	desquelles	au milieu desquelles
de + laquelle	=	de laquelle	à partir de laquelle

> Le jardin à côté **duquel** le mariage a eu lieu a bien contribué à l'ambiance générale de l'événement.

Remarque : de + **nom** est remplacé **uniquement** par **dont.**

> Le défilé a eu un grand succès.
> Tu me parles **de** ce défilé.
> Le défilé **dont** tu me parles a eu un grand succès.

Comparaison linguistique

Comment traduisez-vous la phrase : Voilà l'agence pour laquelle je travaille. Où se trouve la préposition en anglais ? Et en français ?

Tableau récapitulatif

Relatif	Fonction Grammaticale	Syntaxe	Exemple
Qui	Sujet du verbe	Qui + verbe	La couturière **qui habite** cette rue a beaucoup de clients.
Que	Objet direct	Que + sujet + verbe	La couturière **que tu connais** a beaucoup de clients.
Où	Pronom de **lieu** ou de **temps**	Où + sujet + verbe	La boutique **où j'achète** mes vêtements est chère. J'ai acheté cette robe le jour **où les soldes commençaient.**
Dont	Complément du nom, de l'adjectif ou du verbe	Dont + sujet + verbe Utilisé pour remplacer le complément de la préposition **de**	La couturière **dont tu m'as parlé** a vraiment du talent. (tu m'as parlé **de cette couturière**) J'ai vu la robe **dont tu as besoin** pour la soirée dans la vitrine des Galeries Lafayette. (tu as besoin **de cette robe**)
Lequel, Laquelle, Lesquels, Lesquelles	Complément d'une préposition	Préposition + lequel, etc. (lequel, laquelle, etc. s'accorde avec son référent) + sujet + verbe	La boutique **pour laquelle je travaille** est très célèbre.
Auquel, À laquelle, Auxquels, Auxquelles	Contraction de **à + lequel** **à +laquelle** **à + lesquels** **à + lesquelles**	**À** + forme convenable de **lequel** + sujet + verbe	Le magasin **auquel je viens de faire référence** se trouve dans la rue du Château rouge. (faire référence à)
Duquel, De laquelle Desquels, Desquelles,	Contraction de **de + lequel** **de + laquelle** **de + lesquels** **de + lesquelles**	**De** + forme convenable de **lequel** Structure exigée avec les locutions prépositives (autour de, à côté de, près de, etc.)	Le magasin **près duquel j'habite** est toujours plein de monde.

Pratiquons

6-18 Propos entendus entre amis. Complétez les phrases suivantes. Utilisez une forme de **lequel**.

1. Il porte encore le costume dans _____ il s'est marié.

2. Les couturiers chez _____ Hugo a été apprenti sont tous célèbres.

3. Voilà la table sous _____ j'ai retrouvé ta bague.

4. Je suis fière de ses succès pour _____ il a tant travaillé.

5. Elle a gardé la boîte dans _____ la vendeuse avait mis son chapeau.

6. Les femmes pour _____ il crée ses robes ont un sens de l'élégance.

7. Emporio, c'est le magasin au centre (de) _____ se trouve une fontaine.

8. Les magasins auprès (de) _____ se trouve mon coiffeur vendent des vêtements importés d'Europe.

9. Je suis sûre que ces jeunes femmes à côté (de) _____ tu t'es assise sont mannequins.

6-19 Isabelle a assisté à une conférence sur les images de la France. Elle parle avec un ami de cette conférence. Utilisez le pronom qui convient : **auquel, à laquelle, auxquels, auxquelles.** Tous les verbes sont suivis de la préposition **à.**

1. La première question _____ il a voulu répondre est : Qu'est-ce qui symbolise la France ?

2. L'icône de la France _____ l'audience a pensé en premier était Marianne.

3. À mon avis, les produits de luxe, _____ il n'a guère fait allusion, évoquent la France.

4. Il a mentionné aussi quelques vieilles images _____ je n'avais jamais beaucoup réfléchi : le coq, le clocher et l'accordéon.

5. Parmi les grands stylistes _____ il a consacré° pas mal de temps, je reconnais que Coco Chanel représente l'élégance française.

consacrer *devote*

6-20 Symboles de la France. Reconnaissance des différentes formes de **lequel**. Écrivez le relatif utilisé dans la phrase que vous entendez.

Modèle : Vous entendez :   Astérix est un petit personnage pour lequel les Français ont beaucoup d'affection.

Vous écrivez :   pour lequel

1. L'équipe de France porte un uniforme _____ figure un coq.

2. L'hexagone est la forme géométrique _*à laquelle*_ la France ressemble le plus.

3. L'élégance et la mode _*auxquelles*_ les Français sont si attachés symbolisent Paris.

4. Marianne est une femme _*à laquelle*_ certaines Françaises s'identifient.

5. L'appel du 18 juin 1940 est la raison _*pour lequel*_ les Français honorent Charles de Gaulle.

6. Brigitte Bardot et Catherine Deneuve _____ on a sculpté le buste de Marianne sont des icônes de la France.

7. Le foot et le cyclisme sont deux sports _____ les Français se passionnent.

8. Roland Barthes et Jacques Derrida sont deux auteurs _____ on pense lorsque l'on évoque la critique littéraire française.

9. *Le Monde* est un journal très sérieux _____ *Paris-Match* fait figure de journal à sensation.

10. Le vin, le pain et le fromage sont trois aliments _____ il n'y a pas de vrai repas français.

6-21 Réflexions de photographes. Complétez avec le relatif qui convient.

1. L'Italie, c'est un pays _____ me plaît énormément.

2. Comment s'appelle le couturier _____ a créé des robes de métal ?

3. Le quartier _____ nous avons exploré était rempli de boutiques élégantes.

4. C'est l'assistant _____ toi et moi nous avons engagé.

5. Dans ce parc, se trouve une fontaine _____ nous pourrons prendre les photos.

6. Janvier, c'est le mois _____ les collections commencent à Paris.

7. As-tu trouvé l'adresse _____ j'ai besoin ?

8. Le jeune top model _____ les valises sont perdues ne parle pas un mot de français.

9. Le couturier français avec _____ j'ai dîné n'a pas arrêté de critiquer les mannequins.

10. La maison pour _____ j'ai fait ces photos veut s'implanter au Canada.

11. Ces mannequins _____ je viens de parler sont trop minces.

12. Il n'a jamais visité les grandes maisons de couture _____ il s'intéresse.

13. L'histoire à partir de _____ on a tourné ce film se passe à Milan.

14. Le monde au milieu _____ il évolue peut sembler superficiel.

6-22 Complétez ce portrait d'Emanuel Ungaro en utilisant les relatifs nécessaires.

Amateur d'opéra, ce couturier chez _____ on reconnaît la Méditerranée qualifiait son travail de bataille permanente. Fils d'émigré italien, à vingt-deux ans, il quitte le Midi _____ habitent ses parents pour venir à Paris. Il commence sa carrière dans la Maison Balenciaga _____ il apprend tout. D'abord coupeur, il imagine déjà ses propres créations. Les modèles _____ il rêve sont raffinés et élégants. Plus tard, il s'installe avec sept ouvrières dans un petit atelier _____ il crée ses premiers vêtements puis, il ouvre sa maison avenue Montaigne. La haute couture _____ il compare à un opéra est pour lui un rituel. C'est une sophistication _____ est liée à l'art et au savoir-faire. Son style sensuel et son goût pour les couleurs vives, _____ s'inspirait sa ligne de prêt-à porter « Parallèle », influencent ses créations.

D'après un article de Label France LF23, Haute couture

6-23 Donnez des définitions pour les mots suivants. Utilisez un pronom relatif dans votre définition.

Modèle: un peigne :
        c'est un instrument avec lequel on se peigne les cheveux

1. le mascara   c'est un produit …
2. un foulard   c'est une étoffe de soie …
3. un béret   …
4. un défilé de mode   …
5. un « nez »   …
6. un couturier   …
7. un mannequin   …
8. un marché aux puces   …
9. un grand magasin   …

▲ **Emanuel Ungaro dans son atelier**

Il est très important de faire attention à votre style quand vous écrivez. Dans un sens, le style est un reflet non seulement de votre personnalité mais aussi de votre façon de penser. D'un côté, si vos phrases sont très courtes, vos lecteurs risquent de penser que votre pensée manque de sophistication. D'un autre côté, si vos phrases sont trop longues et décousues°, cela peut être un signe de confusion ou de manque de clarté intellectuelle.

décousues *rambling*

Dans ce chapitre, vous avez étudié des points de grammaire qui peuvent vous aider à raffiner votre style en français. Par exemple, vous pouvez utiliser des pronoms relatifs pour lier deux phrases courtes, ce qui peut clarifier vos idées en mettant en valeur le rapport entre les deux phrases. Les pronoms relatifs peuvent aussi vous aider à élaborer et à donner plus de détails pertinents pour l'interprétation.

 ## Sujets de composition (500–600 mots)

1. Analysez le rôle des sens (l'odorat, le toucher, la vue, l'ouïe, le goût) et de la synesthésie dans « Parfum exotique ». De quelle manière les sensations contribuent-elles à l'ambiance générale du poème ?

2. Quel est le rapport entre l'apparence physique améliorée par le maquillage et le divin dans « Éloge du maquillage » ? Le maquillage donne-t-il un regard sur l'infini ?

3. Comparez les idées philosophiques et/ou esthétiques de Baudelaire et de Guerlain sur le parfum.

 ## Avant d'écrire

Avant d'écrire votre essai, réfléchissez aux suggestions suivantes :

Quand on écrit, il est bon de mettre toutes ses idées sur papier et de les organiser. Ensuite, on peut écrire la composition entière sans trop se soucier du style. Finalement, on peut relire la composition et travailler le style.

Faites le plan de votre composition et ensuite écrivez un brouillon. Maintenant, regardez vos phrases. Y en a-t-il que vous pourriez relier à l'aide d'un pronom relatif ? Essayez d'utiliser au moins un pronom relatif de chaque catégorie au cours de votre composition. Soulignez tous les pronoms relatifs que vous utilisez. Voici la liste des pronoms relatifs du chapitre : **qui, que, où, dont, ce qui, ce que, ce dont, lequel (laquelle, etc.), auquel (à laquelle, etc.), duquel (de laquelle, etc.).**

Voilà une phrase avec **qui** : _____

Voilà une phrase avec **que** : _____

Voilà une phrase avec **où** : _____

Voilà une phrase avec **dont** : _____

Continuez …

Collaborons

Montrez votre brouillon avec les pronoms relatifs soulignés à deux autres étudiants de la classe. Ils doivent vérifier que vous avez bien utilisé les pronoms relatifs. Ensuite, si possible, ils doivent récrire quelques-unes de vos phrases en utilisant en utilisant un autre pronom relatif de la liste qui vous est donnée page 208. Vous devez faire la même chose pour vos deux partenaires. Est-ce que les pronoms relatifs ont amélioré votre style ?

Modèle d'écriture

Voici quelques exemples de pronoms relatifs appropriés pour une composition.

> **Qui :** C'est le parfum de la femme **qui** engendre le poème.
>
> **Que :** L'odorat est le sens **que** Baudelaire utilise le plus fréquemment dans ses poèmes.
>
> **Laquelle :** L'île vers **laquelle** le poète vogue évince la femme.
>
> **Dont** et **où :** L'île **dont** rêve le poète se transforme en monde idéal **où** les êtres étonnent par leur beauté et leur perfection.

▲ **Joyeuses Fêtes**

7 La France bigarrée — un pays métissé et multiculturel

▲ Équipe de foot de France féminine 2011

LES OBJECTIFS

Visages de la France : Le métissage et ses apports culturels

Réflexion sur la France multiculturelle
Sami Naïr : *L'immigration expliquée à ma fille*
Azouz Begag : *Les voleurs d'écritures*

Comment améliorer votre style grâce aux transitions

Orientation culturelle

Autrefois, la France était un pays racialement homogène, de religion catholique, où les diversités ethniques étaient peu marquées. Les immigrés, essentiellement d'origine européenne, assimilaient sans énormes difficultés la culture française ; l'intégration, un des principes de la société, se basait sur la citoyenneté° républicaine, la laïcité° et l'égalité. Aujourd'hui, par contre, l'immigration est très variée et la diversité ethnique ou culturelle est indubitablement devenue un aspect de la France. L'identité française, face à la pluralité des religions et des cultures, est en mutation. C'est après la fin de la Deuxième Guerre Mondiale et jusque dans les années soixante-dix, que l'immigration a connu la plus grande expansion. Pour faciliter la reconstruction du pays, le gouvernement français a alors encouragé l'immigration de jeunes travailleurs en provenance de ses anciennes colonies. Depuis, il a mis un frein° à l'immigration et le pourcentage d'immigrés vivant en France est resté stable (à 8.3 % environ). Selon l'INSEE, en 2010, plus de cinq millions d'immigrés (principalement d'origine européenne et africaine) résidaient en France. Installés surtout dans les grandes villes et dans la région parisienne, ils font de la France un pays pluriel.

la citoyenneté *citizenship*

la laïcité *strict separation of church and state*

mettre un frein *to curb*

1. Autrefois, la France était-elle un pays diversifié ?
2. Expliquez « la citoyenneté républicaine ».
3. Qu'est-ce que la laïcité en France ?
4. L'immigration en France est basée sur l'intégration. Qu'est-ce que cela signifie ?
5. Décrivez l'immigration aujourd'hui.

Apprenons ces mots essentiels

Immigration

Noms

l'accueil *(m.)*	*welcome*	la nationalité	*nationality*
la citoyenneté	*citizenship*	le passeport	*passport*
un émigrant, une émigrante	*emigrant*	la patrie	*homeland*
un étranger, une étrangère	*foreigner*	un sans-papiers	*person residing in France without a residence permit*
un immigrant, une immigrante	*an immigrant who has just arrived*	un titre de séjour	*document that permits non-citizen to study or work in France*
l'immigration *(f.)*	*immigration*		
un immigré, une immigrée	*immigrant*	la xénophobie	*xenophobia*
l'intégration *(f.)*	*integration*		

▲ Une rue de Paris, Barbès Rochechouart

Religion

Adjectifs

catholique	*Catholic*	juif (*m.*), juive (*f.*)	*Jewish*
ethnique	*ethnic*	musulman	*Muslim*
islamique	*Islamic*	protestant	*Protestant*

[handwritten notes: agnostique, Mormon, athé(e) - atheist, chrétien, hindou, bouddhiste, témoin(s) de Jehovah]

Adaptation et mal du pays

Verbes

avoir le mal du pays	*to be homesick*	déraciné	*uprooted*
s'adapter à un pays	*to adapt to a country*	gratuit	*free*
s'intégrer à une culture, un pays	*to integrate oneself into a culture, country*	instruit	*educated*
		occidental	*Western*
		oriental	*Oriental, Asian*

Adjectifs

contraire à la loi	*against the law*	paternaliste	*paternalistic*
dépaysé	*out of one's element, ~~disoriented~~*		

Effets du déménagement et de l'emménagement

Verbes

accueillir	*to welcome*	expulser	*to expel, to deport*
avoir la nationalité irlandaise, espagnole, etc.	*to be of Irish, Spanish, etc., nationality*	immigrer	*to immigrate*
		interdire	*to forbid*
défendre	*to defend*	nier	*to deny*
être bien accueilli	*to be welcomed*	réagir	*to react*
être d'origine italienne, africaine, etc.	*to be of Italian, African, etc., origin*	souhaiter	*to wish*
		vivre	*to live*

Amusons-nous avec les mots

7-1 Devinez les mots : Créez des mots à partir des lettres mélangées.

ÉIMIRGM

OENCITTYNEÉ

YÉPASÉD

IACULEILRC

ÉGTANERR

7-2 Yamina parle de sa famille. Complétez les phrases avec un des mots suivants. N'oubliez pas de faire les accords ni de conjuguer les verbes.

dépaysé   origine   pays   musulman   immigrant   s'intégrer   immigrer

Mon grand-père est d' _____ algérienne. Il a _____ en France après la Deuxième Guerre Mondiale. Au début, cela a été très difficile parce qu'il était _____. En plus, sa femme était restée au _____ avec les enfants. Il vivait dans un petit appartement avec plusieurs _____ comme lui. Ils avaient la même culture mais se sentaient isolés. Mon grand-père est un _____ pratiquant et évidemment il n'y avait pas de mosquée dans son quartier. Finalement, il a réussi à _____ et à faire venir sa famille en France.

Qu'en pensez-vous ?

7-3 Deux étudiants français qui viennent d'arriver aux États-Unis pour passer leur troisième année d'études dans une université américaine parlent de leur expérience. Écoutez leur conversation.

A. Répondez aux questions que vous entendez en indiquant la lettre qui correspond à la réponse correcte :

1. a)   b)   c)   d)
2. a)   b)   c)   d)
3. a)   b)   c)   d)
4. a)   b)   c)   d)

B. Répondez aux questions suivantes.

1. À votre avis, est-il normal d'avoir le mal du pays quand on étudie dans un autre pays ? Pourquoi ?
2. Qu'est-ce qui peut aider un étranger à s'adapter à un nouveau pays ?
3. Voulez-vous étudier en France ? Dans un autre pays ? Pourquoi ou pourquoi pas ?
4. Si vous étudiiez en France, préféreriez-vous habiter en famille d'accueil ou dans un appartement ? Quels sont les avantages et désavantages des deux choix ?

Installation dans le pays

Noms

l'acculturation *(f.)*	*cultural adaptation*
un Beur, une Beurette, rebeu *(familier)*	*young Maghrebin whose parents were immigrants to France*
un (travailleur) clandestin	*illegal (worker)*
les démarches *(f. pl.)* administratives	*administrative procedures*
le droit d'asile	*right of asylum*
les formalités *(f. pl.)* d'entrée dans un pays	*procedures to enter a country*
un Français de souche	*old-stock French*
le lien	*tie*
un Maghrébin, une Maghrébine	*person from the Maghreb (Algeria, Morocco, Tunisia)*
la main d'œuvre	*labor*
les mœurs *(f.)*	*mores, customs*
la patrie d'adoption	*adopted homeland*
un pays émergeant	*an emerging country*
un pays en voie de développement	*developing country*
un pays industrialisé	*industrialized country*
la politique migratoire	*immigration policy*

Verbes

s'acclimater à	*to adapt*
avoir le droit de	*to have the right to*
se créer une nouvelle identité	*to create a new identity for oneself*
dénoncer	*to denounce*
embrouiller	*to confuse, mix up*
être dépaysé	*to be lost, out of one's element*
être originaire de	*to be from*
être traité de (+ epithet)	*to be called a*
s'expatrier	*to emigrate, to become an expatriate*
faire une distinction	*to distinguish*
manquer de confiance en soi	*to lack self-confidence*
perdre son identité	*to lose one's identity*
reconnaître le droit de	*to recognize the right to*
refouler	*to turn back, to expel*
renoncer à son origine	*to renounce one's origins*
sanctionner	*to sanction*
se sentir bien dans sa peau	*to feel good about oneself, to be happy with oneself*
se sentir étranger	*to feel alienated*
se sentir étranger à	*to feel alien to*

Amusons-nous avec les mots

 7-4 Trouvez les paires de mots. Plusieurs solutions sont possibles.

1. _____ un Beur		**a.** étranger
2. _____ le droit d'asile		**b.** dépaysé
3. _____ désorienté		**c.** coutumes d'une société
4. _____ les mœurs		**d.** refuge politique
5. _____ un immigré		**e.** déporter
6. _____ un sans-papiers		**f.** formalités d'entrée
7. _____ le contrôle d'immigration		**g.** Maghrébin
8. _____ expulser		**h.** clandestin

7-5 Répondez aux questions suivantes en vous inspirant du vocabulaire d'**Élargissons notre vocabulaire.**

1. Comment s'appelle une personne qui vit illégalement dans un pays ?
2. Si vous voulez vous installer dans un pays que devez-vous faire ?
3. Comment s'appelle une personne qui vient de l'Afrique du Nord ?
4. Si votre pays est en guerre, que pouvez-vous réclamer auprès d'un autre pays ?
5. Comment appelle-t-on un Français dont la famille a toujours vécu en France ?
6. Comment appelle-t-on l'ensemble des travailleurs d'un pays ?

 Qu'en pensez-vous ?

7-6 Plus tard, Michel et Magali se retrouvent au café. Écoutez leur conversation.

A. Indiquez si les phrases suivantes sont vraies (Vrai) ou fausses (Faux).

1. Vrai / Faux
2. Vrai / Faux
3. Vrai / Faux
4. Vrai / Faux
5. Vrai / Faux

B. Maintenant répondez aux questions suivantes.

1. Connaissez-vous des étudiants étrangers ? Quels sont les problèmes auxquels ils doivent faire face ? Imaginez les difficultés qu'ils rencontrent.
2. À votre avis, quels sont les avantages et désavantages d'un système d'immigration basé sur le principe de l'intégration ? Sur le principe du communautarisme ?
3. Connaissez-vous des immigrants ? Parlez de leur expérience.

Marché à Beaune ▸

En petits groupes, posez quelques questions à vos partenaires en vous servant du vocabulaire des pages précédentes. Ensuite, présentez vos idées à toute la classe.

1. Quelle est votre nationalité ? De quelle origine êtes-vous ? Où êtes-vous né(e) ? Vos parents sont-ils des immigrés ? D'où viennent-ils ? Sont-ils naturalisés° ?

   naturalisé *citizen*

2. Connaissez-vous des immigrés ? Pourquoi sont-ils venus aux États-Unis ? Sont-ils des réfugiés politiques ? Sont-ils venus en tant qu'étudiants ? Sont-ils venus pour des raisons économiques ? Pour trouver un emploi ?

3. Quelles sont les difficultés que rencontrent les immigrés quand ils décident de s'installer dans un pays étranger ?

4. À votre avis, faut-il limiter l'immigration ? Est-ce que chacun doit pouvoir s'installer dans le pays de son choix ? Faut-il faire une différence entre les immigrés ?

5. Dans beaucoup de pays occidentaux, le nombre d'immigrés illégaux augmente sans cesse. Que faut-il faire pour les limiter ? Faut-il enrayer° ou arrêter l'immigration illégale ?

   enrayer *curb*

6. Un travailleur immigré a-t-il le droit de faire venir automatiquement dans le pays où il réside sa conjointe (sa femme), ses enfants et ses ascendants ? Si on accepte toute la famille, est-ce que cela peut poser problème ?

7. Souvent, les immigrés ont une culture différente de celle du pays d'accueil. Le pays doit-il être conciliant avec ces cultures ? À votre avis, que doit-il faire ? Donnez des exemples.

8. Face à l'immigration, les pays ont adopté deux principes : l'intégration (France) et le communautarisme — la séparation et juxtaposition des groupes ethniques — (Angleterre et Allemagne). Peut-on envisager d'autres systèmes ?

9. À votre avis, les enfants des immigrés illégaux ont-ils le droit à l'école gratuite° et aux soins gratuits ? Après avoir fait une recherche Internet, comparez la loi française et la loi américaine.

   gratuite *free*

10. La France est un pays régi° par le principe de la laïcité, une séparation stricte de l'Église et de l'État. Récemment, ce principe a été remis en question par de jeunes musulmanes voulant porter un foulard islamique à l'école publique. Le gouvernement français a réagi, en 2004, en faisant une loi bannissant tout signe religieux dans les écoles. Trouvez des articles à ce sujet sur Internet et organisez un débat pour ou contre cette décision. La classe peut-être divisée en deux pour cette activité.

    régi *governed*

◀ **La Grande Mosquée, Paris**

La France bigarrée – un pays métissé et multiculturel **221**

Le subjonctif est un mode, c'est-à-dire une forme du verbe utilisée pour décrire la manière dont l'action du verbe est conçue par la personne qui parle. Le subjonctif exprime principalement le doute, le désir, la volonté, la nécessité, la possibilité, le commandement, l'interdiction ou l'émotion telle que la crainte, le bonheur et la tristesse.

> Je doute que Paul **comprenne** la situation des immigrants. (doute)
> Il faut que vous vous **adaptiez** aux coutumes du pays. (nécessité)
> Ma mère est contente que ses parents **puissent** finalement immigrer. (émotion)

1 Formation du subjonctif présent

A. Verbes réguliers :

Pour les verbes réguliers, on forme le subjonctif à partir de la troisième personne du pluriel du présent de l'indicatif. On élimine **ent** et on ajoute les terminaisons du subjonctif : **e, es, e, ions, iez, ent.** Le subjonctif est toujours précédé de **que.**

Regarder	Finir	Attendre
que je regard**e**	que je finiss**e**	que j'attend**e**
que tu regard**es**	que tu finiss**es**	que tu attend**es**
qu'il/elle regard**e**	qu'il/elle finiss**e**	qu'il/elle attend**e**
que nous regard**ions**	que nous finiss**ions**	que nous attend**ions**
que vous regard**iez**	que vous finiss**iez**	que vous attend**iez**
qu'ils/elles regard**ent**	qu'ils/elles finiss**ent**	qu'ils/elles attend**ent**

Il y a un certain nombre de verbes dont le radical est différent à la forme **nous** et **vous** :

Appeler (jeter, etc.)	Boire	Devoir
que j'appelle	que je boive	que je doive
que tu appelles	que tu boives	que tu doives
qu'il/elle appelle	qu'il/elle boive	qu'il/elle doive
que nous **appelions**	que nous **buvions**	que nous **devions**
que vous **appeliez**	que vous **buviez**	que vous **deviez**
qu'ils/elles appellent	qu'ils/elles boivent	qu'ils/elles doivent

Préférer (suggérer, etc.)	Prendre (comprendre, etc.)	Tenir (venir, devenir, etc.)
que je préfère	que je prenne	que je tienne
que tu préfères	que tu prennes	que tu tiennes
qu'il/elle préfère	qu'il/elle prenne	qu'il/elle tienne
que nous **préférions**	que nous **prenions**	que nous **tenions**
que vous **préfériez**	que vous **preniez**	que vous **teniez**
qu'ils/elles préfèrent	qu'ils/elles prennent	qu'ils/elles tiennent

Recevoir (apercevoir)	Voir	Mourir
que je reçoive	que je voie	que je meure
que tu reçoives	que tu voies	que tu meures
qu'il/elle reçoive	qu'il/elle voie	qu'il/elle meure
que nous **recevions**	que nous **voyions**	que nous **mourions**
que vous **receviez**	que vous **voyiez**	que vous **mouriez**
qu'ils/elles reçoivent	qu'ils/elles voient	qu'ils/elles meurent

B. Verbes irréguliers :

Un certain nombre de verbes sont irréguliers au subjonctif. Les plus communs sont :

Aller	Avoir	Être	Faire
que j'**aill**e	que j'**ai**e	que je **sois**	que je fasse
que tu ailles	que tu aies	que tu sois	que tu fasses
qu'il/elle aille	qu'il/elle ait	qu'il/elle soit	qu'il/elle fasse
que nous **all**ions	que nous **ay**ons	que nous **soy**ons	que nous fassions
que vous alliez	que vous ayez	que vous soyez	que vous fassiez
qu'ils/elles aillent	qu'ils/elles aient	qu'ils/elles soient	qu'ils/elles fassent

Pouvoir	Savoir	Valoir	Vouloir
que je puisse	que je sache	que je v**aille**	que je **veuille**
que tu puisses	que tu saches	que tu vailles	que tu veuilles
qu'il/elle puisse	qu'il/elle sache	qu'il/elle vaille	qu'il/elle veuille
que nous puissions	que nous sachions	que nous **valions**	que nous **voulions**
que vous puissiez	que vous sachiez	que vous **valiez**	que vous **vouliez**
qu'ils/elles puissent	qu'ils/elles sachent	qu'ils/elles vaillent	qu'ils/elles veuillent

Pratiquons

7-7 Mettez les verbes au subjonctif présent.

Modèle : je finis ... que je finisse

1. tu attends
2. nous avons
3. tu dois
4. il fait
5. tu choisis
6. on prend
7. nous voyons
8. elle peut
9. nous préférons

10. vous voulez
11. nous regardons
12. vous venez
13. ils savent
14. vous buvez
15. il devient
16. je suis
17. je reçois
18. nous finissons

 7-8 Farid et Amina viennent étudier en France. C'est la veille du départ. Écoutez ce qu'ils disent et écrivez les verbes au subjonctif que vous entendez.

Modèle : Vous entendez :   Il faut que je fasse mes valises.
Vous écrivez :   que je fasse

Amina : Je préfère _____ de bonne heure à l'aéroport.

Farid : Alors, il vaut mieux _____ un taxi.

Amina : Dans ce cas, je veux _____ une réservation aujourd'hui.

Farid : Demain, en arrivant, il faudra _____ tous nos bagages.

Amina : J'en ai beaucoup. Il ne faut pas _____ trop de poids dans mes valises.

Farid : Je te suggère de laisser tes livres ici. Il vaut mieux _____ à Rennes.

Amina : Oui, il faut _____ un dictionnaire et ensuite il faut _____ d'aller à mes cours pour savoir de quels livres j'aurai besoin.

Farid : Est-ce que tes parents souhaitent _____ dans une résidence d'étudiants ?

Amina : Non, pas particulièrement. Ils veulent surtout _____ et _____ beaucoup d'amis ; enfin, _____ heureuse.

Farid : Tes parents et les miens souhaitent _____ du succès. C'est pour cela qu'ils veulent _____ en France.

Amina : Et ma mère veut _____ à Rennes parce que nous avons des amis dans cette ville.

Farid : Allez, à demain.

7-9 Maryam et Joseph vont rendre visite à leur tante qui a immigré en France il y a quelques années. Quels sont leurs préparatifs ? Remplacez le verbe **devoir** par **il faut que** et mettez les verbes au subjonctif présent.

M o d è l e :   **Maryam :** Je dois mettre mon passeport dans mon sac.
                              Il faut que je **mette** mon passeport dans mon sac.

Joseph :   Je dois faire mon sac tout de suite.

Maryam :   Tu dois prendre ton appareil photo avec toi.

Joseph :   Nous devons vérifier nos comptes en banque avant de partir.

Maryam :   C'est vrai, nous devons avoir assez d'argent pour deux mois.

Joseph :   Ma mère doit mettre un peu plus d'argent sur mon compte.

Maryam :   On doit aussi choisir un beau cadeau pour notre tante.

Joseph :   Tu dois l'acheter. Tu connais ses goûts mieux que moi.

Maryam :   Je ne dois pas perdre mon passeport. Tu dois me rappeler de le mettre dans mon sac.

Joseph :   Nous devons envoyer les renseignements sur notre vol à notre tante aussitôt que possible.

Maryam :   Je dois lui écrire un mail avec l'heure exacte de notre arrivée.

Joseph :   Nous devrons dire à nos parents quand nous reviendrons.

Maryam :   Dépêchons-nous ! Nous devons être prêts ce soir!

7-10 Avec votre partenaire discutez de vos préparatifs pour un voyage à l'étranger. Qu'est-ce que vous devez mettre dans vos valises ? Utilisez autant de subjonctifs que possible avec **il faut que.**

2 Le passé du subjonctif

Le passé du subjonctif est utilisé pour indiquer l'antériorité d'une action par rapport à une autre.

Formation du passé du subjonctif : avoir ou être au subjonctif + participe passé.

Prendre	Partir
que j'aie pris	que je sois parti(e)
que tu aies pris	que te sois parti(e)
qu'il/elle ait pris	qu'elle soit partie
que nous ayons pris	que nous soyons parti(e)s
que vous ayez pris	que vous soyez parti(e)s
qu'ils/elles aient pris	qu'ils soient partis

Accord : Les règles d'accord du participe sont respectées.

Il est possible que Pierre et Ana **aient** déjà **acheté** leurs billets et qu'ils **soient** déjà **partis.**

7-11 Jeu. Formez deux équipes. Le professeur va dire un verbe et la personne à employer. À tour de rôle chaque membre des deux équipes doit mettre le verbe au présent et au passé du subjonctif. L'équipe avec le plus de points gagne.

Modèle : être … je   que je sois/que j'aie été

1. avoir … tu
2. venir … il
3. faire … nous
4. arriver … vous
5. manger … nous
6. être … vous
7. partir … vous
8. perdre … vous
9. sortir … elle
10. dormir … tu
11. choisir … il
12. finir … je
13. attendre … nous
14. prendre … vous
15. boire … je
16. descendre … nous
17. naître … elles
18. mourir … ils
19. voir … tu
20. comprendre … je

7-12 Immigrés. Les expressions impersonnelles suivantes exigent le subjonctif. Mettez les verbes entre parenthèses au **passé du subjonctif**. Lorsque l'adverbe **déjà** est utilisé dans la phrase, n'oubliez pas de le placer entre l'auxiliaire et le participe passé.

1. (arriver) Il est possible que ses parents _____ en France avant le début de la guerre d'Algérie.
2. (lire) Il faut que vous _____ toutes les directives avant de voir l'agent d'immigration.
3. (ne pas comprendre) Il se peut que ces immigrés _____ le système.
4. (remplir) Il est préférable que vous _____ tous vos documents avant d'arriver au guichet.
5. (sortir) Il est possible que l'agent _____ pour consulter son chef.
6. (avoir déjà) Il se peut que ces gens _____ des problèmes avec la police des frontières auparavant.
7. (trouver déjà) Dans certains pays, il faut que vous _____ du travail avant de pouvoir immigrer.
8. (expliquer déjà) Il est possible que ce père _____ à sa fille les restrictions à l'immigration.
9. (décider déjà) Il se peut que la fille _____ de partir avant de parler à son père.
10. (mourir) Il est possible que certains de mes ancêtres _____ en traversant l'Atlantique pendant les guerres de religion en France.

▲ **Dans le métro**

1. Actuellement la France est un pays multiculturel, avec des Français d'origine ethnique variée.

a. MC Solaar est un rappeur français né au Sénégal de parents tchadiens. Faites une recherche Internet sur ce chanteur et discutez en classe de son art, de ses chansons et de ses idées, etc.

b. La laïcité est un principe de la République française. Que veut dire ce mot ? Comment affecte-t-il la vie en France ? Faites une recherche en utilisant Google ou trouvez des exemples sur youtube.com. Organisez un débat à ce sujet.

2. Azouz Begag est un auteur né à Lyon de parents algériens. Il a été ministre délégué à la Promotion de l'égalité des chances et parle avec passion des questions d'immigration.

a. Trouvez sur youtube.com un court entretien avec Azouz Begag. Quelles sont ses idées en matière d'immigration ? De racisme ? D'intégration ?

b. Sélectionnez sur youtube.com un extrait du film *Le Gone du chaâba* fait à partir du roman d'Azouz Begag du même nom. Présentez-le à la classe.

c. Regardez la bande annonce° du film *Le Havre* de Aki Kaurismäki. Décrivez et discutez ce qui se passe.

trailer

La France bigarrée – un pays métissé et multiculturel **227**

Dans cet extrait tiré de *L'immigration expliquée à ma fille*, Sami Naïr, ancien conseiller à l'immigration de 1997 à 2002, discute de l'immigration en France avec sa fille de 16 ans. Sami Naïr est né en Algérie en 1946. Après avoir fait des études de doctorat en lettres et en sciences humaines à la Sorbonne, il est devenu professeur d'université. Actuellement, il enseigne les sciences politiques à l'université Paris-VIII. Il a été député au parlement européen de 1999 à 2004.

1. Qui est Sami Naïr ?
2. Quel âge a sa fille ?
3. Où est né Sami Naïr ?
4. En quoi s'est-il spécialisé et où ?
5. Quelle profession exerce-t-il actuellement ?

« L'immigration expliquée à ma fille »

C'est bien beau, Papa, que les immigrés défendent leur droit de vivre ici et même de devenir Français. Mais doivent-ils alors renoncer à leur origine ? On ne peut pas … renoncer à sa couleur !

— Attends. N'embrouille° pas tout. Tu me parles d'origine, de couleur, pourquoi pas de religion aussi ! 5

— C'est ce qui m'intéresse. On en parle au lycée tous les jours.

— Vous parlez de cela, mais j'espère que tu sais qu'au lycée, on n'a pas le droit de jeter le discrédit sur quelqu'un en raison de sa couleur, de son origine. Les lois de la République l'interdisent° à juste titre°.

— Dans la réalité, c'est autre chose. Tu es toujours dans tes livres, Papa. Tu 10 devrais descendre un peu plus souvent dans la rue, aller dans les bistrots, écouter les jeunes …

— Je connais aussi bien que toi la rue. Et je ne t'ai jamais dit que les immigrés et leurs enfants devaient renoncer à leur origine, leur couleur et leur religion. Ce que je dis, c'est qu'être citoyen de ce pays n'a rien à voir avec° ça. Je sais bien 15 que dans la réalité c'est différent … Que lorsqu'un jeune issu de l'immigration se présente à un emploi, on le refuse souvent à cause de la couleur de sa peau ou de son nom musulman, qui déplairait à la clientèle. Et c'est pareil pour le logement, pour beaucoup d'autres choses aussi. Mais c'est interdit par la loi. Il faut lutter contre° ça, dénoncer sans relâche° ces attitudes. On devient citoyen en 20 faisant reconnaître sa citoyenneté par les autres, ceux qui vous la nient. Quant à la couleur, soyons sérieux ! Il y a des Français blancs, mais aussi bruns, jaunes, noirs. Et après° ? Lorsque les soldats africains, algériens, marocains, ou tunisiens se faisaient faucher° par les balles° durant les deux guerres mondiales, pour défendre la France, crois-tu que leur couleur, leur religion ou leur origine comptaient ? 25

— N'empêche qu'°aujourd'hui on parle d'Arabes et de Noirs, de musulmans et de juifs, mais jamais de cathos° et de protestants, de Blancs et de …

— Doucement … Tu confirmes exactement ce que je m'évertue° à t'expliquer. On ne parle plus de cathos ou de protestants parce que ce ne sont pas des caractéristiques culturelles qui opposent les Français. Il en sera de même de l'Islam 30 si le musulman adapte sa religion aux valeurs de la République. Et si la République sait être juste en lui reconnaissant le droit d'être musulman en France.

---

embrouiller *to mix up, to muddle up*

interdire *to forbid*
à juste titre *justly, rightly*

n'avoir rien à voir avec *to have nothing to do with*

lutter contre *to fight against*
sans relâche *without respite*

et après? *so what?*
faucher *to blow off, to cut down*
les balles *(f.) bullets*
n'empêche que *nevertheless*
cathos *(argot) Catholics*
s'évertuer à *to strive, to struggle*

— Il faut l'expliquer aux maires qui refusent aux musulmans les lieux de prière. Qu'est-ce que tu en penses ?

35 — Ça signifie que la République est méprisée°. Voilà tout ! Mais contrairement à toi, moi je crois que ça finira par s'arranger. Il y faudra du temps, de la patience et de la clarté dans la conception de la citoyenneté.

— D'accord, mais ce n'est pas cela qui empêchera de voir l'immigré à partir de son origine.

40 — Et après ! Crois-tu que la condition d'immigré est éternelle ? Et que l'origine est éternelle ? Comme tout le reste, l'origine change aussi : les mariages entre Français et étrangers donnent naissance à de nouvelles caractéristiques physiques ; les mœurs, les façons de vivre, de se comporter, de s'habiller, etc., se transforment dès lors que° les immigrés vivent assez longtemps en France et 45 souhaitent y rester. Mais si la société les accueille favorablement, ils chercheront à en faire partie le plus étroitement possible, en adoptant ses façons de vivre et sa culture. Pense aux Italiens, aux Polonais, aux Espagnols, aux Portugais.

— Oui, mais eux sont Européens. Ils ont à peu près la même religion et, surtout, la même couleur de peau. J'ai entendu dire que les musulmans, les Noirs, 50 les Asiatiques, c'était différent. D'ailleurs, même parmi ces immigrés, il y en a qui se disent différents.

Sami Naïr

Travaillons avec la langue

Expliquez les phrases ou expressions suivantes.

1. renoncer à son origine
2. les lois de la République
3. On devient citoyen en faisant reconnaître sa citoyenneté par les autres.
4. On ne parle plus de cathos ou de protestants parce que ce ne sont pas des caractéristiques culturelles qui opposent les Français.
5. la condition d'immigré

Vérifions notre compréhension du texte

Dites si ces déclarations sont justes. Expliquez en vous référant aux passages spécifiques du texte.

1. Selon l'adolescente, les immigrés doivent renoncer à leur origine.
2. Pour le père, l'origine et la couleur sont deux choses différentes.
3. Les lois de la République française interdisent les distinctions basées sur la couleur, l'origine et la religion.
4. Le père dit que la discrimination n'existe pas parce qu'elle est contraire à la loi.
5. Pour le père, on devient citoyen en faisant reconnaître sa citoyenneté par les autres.
6. Pendant la guerre, l'origine des soldats ne comptait pas.
7. Le catholicisme et le protestantisme sont des caractéristiques culturelles qui opposent les Français.
8. Selon le père, le musulman doit adapter sa religion aux valeurs de la République.

9. Certains maires s'opposent à la construction de mosquées dans leurs villes.

10. La condition d'immigré évolue rarement.

11. Quand une société accueille les immigrés, ceux-ci veulent en faire partie.

12. Pour la fille, il est plus facile à un immigré portugais d'être accepté qu'à un immigré musulman ou Asiatique.

Discutons ensemble

1. L'auteur fait une distinction entre la couleur, l'origine et la religion. Il ne faut pas tout embrouiller, dit-il. Quelles distinctions faites-vous entre ces trois caractéristiques ? Y a-t-il un lien entre elles ? Qui établit souvent des liens entre elles ?

2. Souvent les gens sont mal à l'aise lorsque l'on parle de couleur ou de religion. Pourquoi à votre avis ?

3. Être citoyen ce n'est pas une question de couleur, d'origine ou de religion, dit le père. Qu'est-ce qu'être citoyen d'un pays ? Qu'est-ce qu'être américain, par exemple ?

4. Comment se manifeste le racisme à l'égard des immigrés en France ou ailleurs ? Donnez des exemples.

5. En France, la deuxième religion est l'Islam et le nombre de musulmans s'élève, selon des études récentes, à quatre millions sept cent mille environ[1]. Pourquoi, à votre avis, est-il plus difficile pour ce groupe de s'intégrer à la France ? Recherchez sur le Web des exemples récents qui montrent cette difficulté. Présentez vos exemples au reste de la classe.

6. Selon Sami Naïr, le musulman doit adapter sa religion aux valeurs de la République. Est-ce possible selon vous ? Peut-on adapter sa religion à la société ? Comment ?

7. Sami Naïr, sans le dire, défend un principe traditionnel de l'immigration en France, l'intégration. Pourquoi défend-il ce principe à votre avis ?

8. Sami Naïr semble optimiste quant à l'immigration. Relevez des exemples dans cet extrait. Et vous, êtes-vous optimiste ou pessimiste ? Expliquez votre opinion.

9. Relisez le dernier commentaire de la fille. Essayez de composer la réponse du père et lisez cette réponse au reste de la classe.

10. Que pensez-vous des mariages mixtes (multiculturels) ? Est-ce l'avenir ? Ces mariages sont-ils bien acceptés ? Rencontrent-ils plus de difficultés que les autres ? Connaissez-vous des couples mixtes ? Est-ce que la vie est difficile pour eux ?

11. En France, le concept de minorités ethniques n'existe pas puisque la République ne reconnaît pas les distinctions d'origine, de race ou de religion. Cependant, les immigrés sont de plus en plus divers. À votre avis, est-ce que la diversité est un obstacle à l'assimilation ? Est-ce que la diversité conduit toujours à la fragmentation et à la division ? Ou, au contraire, est-ce que la diversité rend une société plus forte ? De quelle manière est-ce que la diversité modifie la culture dominante d'un pays ? Est-ce que ces modifications sont positives ou négatives ? Essayez de penser au cas des immigrés dans votre pays pour répondre à ces questions.

[1] Pew Research Center, « The Future of the Global Muslim Population » Janvier 2011. Les statistiques religieuses et ethniques sont interdites en France ; les chiffres sont toujours approximatifs.

◀ **Manifestation contre le racisme**

Dialogue pratique

Ravi veut travailler en France. Après de longues recherches au cours desquelles il a
identifié plusieurs entreprises possibles, une compagnie française internationale lui a
finalement accordé un entretien d'embauche. Au cours de l'entretien, il doit expliquer
à l'employeur, qui ne veut pas embaucher un étranger, pourquoi il veut vivre en
France et pourquoi ses origines nationales seront avantageuses pour l'entreprise.

L'employeur : Vous voulez faire un stage dans une entreprise française alors que
vous êtes indien. Expliquez-moi pourquoi.

Ravi : Je connais la France depuis que je suis tout petit. Ma tante est
française. J'étudie le français depuis le lycée et j'ai fait plusieurs
séjours en France. Je parle couramment français, anglais et hindi
…

L'employeur : Tout cela, c'est très bien mais guère suffisant pour justifier de
vous donner un poste chez nous.

Ravi : Certes, mais je suis venu ici parce que je veux comprendre
la façon dont fonctionne une entreprise française. Avant de
m'investir dans mon pays dans une société qui fera du commerce
avec la France, il est crucial que je comprenne le management à
la française.

L'employeur : Votre formation n'est pas française et je ne suis pas sûre qu'elle
corresponde à ce que nous attendons d'un stagiaire.

Ravi : Mes diplômes sont de La Delhi School of Economics et j'ai suivi
des cours en relations internationales et en commerce international
qui me préparent à travailler pour une multinationale ou à
l'étranger. Par ailleurs, je m'adapte vite et j'apprends facilement.

La France bigarrée – un pays métissé et multiculturel **231**

L'employeur :	Vous n'avez jamais travaillé à l'étranger. Est-ce que votre pays, vos amis vont vous manquer ?
Ravi :	Oui bien sûr, mais j'ai de la famille à Paris qui est prête à m'accueillir et à m'aider. Je ne serai pas seul.
L'employeur :	Je vous remercie et vous recontacte sous peu.

Sur le même modèle, imaginez que vous devez persuader un employeur de vous donner un poste ou des congés pour aller à une fête de famille. Préparez un dialogue que vous pourriez présenter au reste de la classe. Pensez à des objections possibles et à comment vous allez y répondre. Voici quelques formules qui peuvent vous aider :

1. Je voudrais faire un stage en …

    Vous n'avez pas le profil que nous cherchons …

    Votre formation ne correspond pas au poste que nous voulons pourvoir.

    Vous n'avez aucune expérience en …

    Je ne sais pas si vous avez assez de connaissances en …

Je comprends vos hésitations …

Je reconnais que ma formation … mais

Je suis prêt(e) à me perfectionner …

Certes, je n'ai pas beaucoup d'expérience mais j'apprends vite …

2. J'aimerais prendre une semaine de vacances le …

    C'est la période de travail la plus intense.

    Monsieur X prend ses congés cette semaine-là …

    Ce n'est pas la période habituelle des congés …

Oui, je suis conscient(e) de ces contraintes mais …

Oui, je vois que mon absence causera des difficultés mais …

▲ **Hommes d'affaires à Paris**

1 Le subjonctif est un mode qui reflète implicitement l'attitude de la personne qui parle.

Cette personne veut essentiellement atténuer l'impact de ce qu'elle dit. Il y a trois conditions essentielles pour l'emploi du subjonctif :

- Il faut qu'il y ait **deux sujets différents** dans une phrase complexe.

    Je veux que **vous** m'accompagniez en voyage.

- Il faut que la conjonction **que** précède la proposition subordonnée.

    Je veux **que** vous m'accompagniez en voyage.

- Il faut que le verbe de la proposition principale exprime

    - **la volonté** ou **la nécessité** (un désir, une interdiction, un ordre, une préférence, un souhait, une nécessité, etc.) ;

    - **une émotion** ou **un sentiment** (le bonheur, la tristesse, la surprise, la crainte, etc.) ;

    - **un doute** ou **une possibilité.**

Étudiez les exemples suivants. Est-ce que chaque exemple satisfait les trois conditions ?

A. La volonté ou la nécessité :

C'est une grande catégorie qui comprend des verbes et expressions tels que : **désirer, ordonner, préférer, suggérer, souhaiter,** et **vouloir ; il est nécessaire que, il faut que.**

> Je voudrais que tu viennes avec moi.
> Le bureau de l'immigration ordonne que tous les immigrés aient les documents nécessaires.
> Pauline préfère que nous allions dans un restaurant tunisien.
> L'agent suggère que vous fassiez tous les préparatifs bien avant votre voyage.
> Jamal souhaite que ses grands-parents puissent immigrer au Canada un de ces jours.
> Il faut que j'aille aux services de l'immigration.
> Il est nécessaire que vous preniez votre passeport pour aller des États-Unis au Canada.

> Comparaison linguistique
>
> Comment traduiriez-vous « Je voudrais que vous m'accompagniez » en anglais ? Quelle forme du verbe emploie-t-on en anglais ?

B. L'émotion ou le sentiment :

> Je suis heureux que tu viennes me voir de temps en temps.
> Paul est triste que son meilleur ami parte dans une semaine.
> Mes parents sont surpris que j'aie décidé d'aller vivre en France.
> Nous avions peur que vous n'ayez perdu vos documents.

C. Le doute ou la possibilité :

> Leïla doute que ses parents puissent émigrer en France.
> Il n'est pas certain que Karim ait reçu son visa.
> Il est possible que mes grands-parents soient arrivés avec les premiers réfugiés.

Précision sur le doute

À la forme négative **douter** exige l'indicatif, justement parce qu'il n'y a plus de doute de la part de la personne qui parle.

> Marceline **ne doute pas** que sa petite sœur **pourra** apprendre à parler français couramment.

---

2 Les expressions impersonnelles

Voilà une liste non-exhaustive d'expressions impersonnelles qui exigent le subjonctif :

La volonté / la nécessité	Le sentiment / le jugement	Le doute / la possibilité
Il faut que	Il est bon que	Il arrive que
Il est nécessaire que	Il est crucial que	Il n'est pas certain que
Il est essentiel que	Il est curieux que	Il est douteux que
Il est important que	Il est étonnant que	Il n'est pas sûr que
Il est indispensable que	Il est étrange que	Il semble que
Il convient que	Il est intéressant que	Il est possible que
Il vaut mieux que	Il est dommage que	Il se peut que

Précision sur les expressions impersonnelles

Les expressions ci-dessus exigent le subjonctif. Mais, soyez attentif (attentive) ! Certaines expressions impersonnelles expriment la certitude et exigent l'indicatif :

Il est certain que   Il est évident que   Il est probable que

Il me semble que (= **je pense que**)

> Il est certain que Philippe m'accompagnera en voyage.
> Il est évident que votre tante vient d'arriver dans ce pays.
> Il est probable que Sonia deviendra citoyenne dans un an.

Précision sur les verbes d'opinion et expressions impersonnelles

Certains verbes et expressions tels que **croire que, penser que, être certain que, être sûr que, il est clair que, il est évident que** exigent l'indicatif dans une phrase

---

affirmative. Cependant à la forme négative et interrogative, un élément de doute est introduit, ce qui exige le subjonctif. Comparez les paires de phrases suivantes :

> Je pense que mes parents sont arrivés à l'aéroport.
> Je ne pense pas que mes parents soient arrivés à l'aéroport. (doute)
> Marc croit que cet acteur est français et non pas canadien.
> Croyez-vous que cet acteur soit français ou canadien ? (doute)
> Nous sommes sûrs que vous recevrez votre passeport avant la fin de la semaine.
> Êtes-vous sûr que les services d'immigration aient reçu vos documents ? (doute)
> Il est évident qu'Hanni est né en Égypte.
> Il n'est pas évident qu'Hanni vienne d'Égypte. (doute)

Pratiquons

7-13 Danny a rencontré une famille d'immigrés qui vient de s'installer dans son quartier. Il veut les aider à s'adapter à leur nouveau pays et leur donne quelques conseils. Complétez ses phrases avec le subjonctif.

1. Il faut que tout le monde dans la famille _____ (apprendre) le français.

2. Il vaut mieux que vous _____ (s'installer) dans un quartier métissé.

3. Il est nécessaire que les enfants _____ (reconnaître) les différences culturelles.

4. Je suggère que vous _____ (faire) vos courses au supermarché de la rue des Lilas. C'est le meilleur du quartier.

5. Il faudrait que les enfants _____ (pouvoir) s'inscrire à un club de sport très vite.

 7-14 Vous avez rencontré une famille d'immigrés qui vient de s'installer dans votre ville. Vous voulez les aider à s'adapter à leur nouveau pays. Quels conseils leur donnez-vous ? Utilisez des expressions qui exigent le subjonctif (il faut que, il vaut mieux que, il est naturel que, il est nécessaire que, etc.). Donnez au moins cinq conseils.

 7-15 Votre ami(e) a décidé de quitter les États-Unis pour vivre en France. Exprimez votre opinion et vos sentiments sur cette décision. Essayez de lui montrer pourquoi vivre en France n'est peut-être pas facile. Utilisez les expressions suivantes :

Modèle : J'ai peur que tu ne te fasses pas d'amis. Les Français sont froids, dit-on.

Je suis heureux(se) que…	Je suis désolé(e) que …
Je suis content(e) que …	Je suis déçu(e) que …
Je regrette que …	Il est regrettable que …
J'ai peur que …	Il est dommage que …
Je suis triste que …	Il est bizarre que …
Je suis étonné(e) que …	Il est naturel que …
Je suis surpris(e) que …	Il est important que … etc. …

7-16 Deux amis ne sont jamais d'accord et disent toujours le contraire de ce que dit l'autre. Exprimez leur opinion en employant **je doute que, je ne pense pas que,** ou **je suis certain(e) que, je suis sûr(e) que,** etc. Utilisez le subjonctif ou l'indicatif, selon le cas.

Modèle : Vous entendez : On peut avoir son passeport dans deux jours.
Vous écrivez : **Je doute** que l'on **puisse avoir** son passeport dans deux jours.

1. Tout le monde a le droit de s'installer en France.

   Je doute que tout le monde _____ le droit de s'installer en France.

2. Les enfants nés dans un pays ont toujours la nationalité de ce pays.

   Je ne pense pas que les enfants nés dans un pays _____ toujours la nationalité de ce pays.

3. Il faut limiter l'immigration.

   Je ne suis pas sûr(e) qu'il _____ limiter l'immigration.

4. On doit déporter les immigrés illégaux.

   Je ne pense pas que l'on _____ déporter les immigrés illégaux.

5. Un travailleur peut faire venir sa famille dans le pays où il réside.

   Je suis certain(e) qu'un travailleur _____ faire venir sa famille dans le pays où il réside.

6. Il est difficile de s'adapter à un nouveau pays.

   Je suis sûr(e) qu'il _____ difficile de s'adapter à un nouveau pays.

7. On perd toujours sa culture quand on s'installe dans un autre pays.

   Je ne pense pas qu'on _____ toujours sa culture quand on s'installe dans un autre pays.

8. Au bout de quelques mois, tous les immigrés savent la langue du pays d'accueil.

   Je ne crois pas qu'au bout de quelques mois tous les immigrés _____ parler la langue du pays d'accueil.

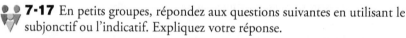 **7-17** En petits groupes, répondez aux questions suivantes en utilisant le subjonctif ou l'indicatif. Expliquez votre réponse.

1. Faut-il accepter tous les réfugiés ? Je ne pense pas / Je pense …

2. Dans chaque grande ville, il existe des quartiers avec certaines nationalités. Est-ce une bonne idée ? Vaut-il mieux que les groupes ethniques soient séparés ? Ou, au contraire, intégrés ? Pourquoi ?

3. À votre avis, est-il bon que le gouvernement veuille contrôler les frontières ?

4. Pour quelles raisons, à votre avis, les gens veulent-ils immigrer aux États-Unis ? En France ? Au Canada ? Ou ailleurs ?

5. Croyez-vous que l'immigration soit un phénomène positif ou négatif ? Quels sont les avantages et les difficultés pour un pays d'accueil ? Pensez à des exemples précis.

6. Croyez-vous que la xénophobie et le racisme aient une influence sur la politique migratoire d'un pays ?

3 L'emploi du passé du subjonctif

Pour bien employer le passé du subjonctif, il faut se poser une seule question : Est-ce que l'action de la proposition subordonnée s'est passée **avant** (**est antérieure à**) l'action de la proposition principale ? Si la réponse est *oui*, on emploie le passé du subjonctif.

passé du subjonctif   indicatif proposition principale

Exemple : ____ // _____ // _____ →

première action   deuxième action

Je suis contente (maintenant) que vous soyez venu (hier) à ma soirée.
(La soirée a eu lieu hier, mais je suis toujours contente de votre présence.)
Croyez-vous que vos parents aient reçu votre lettre ?
(Croire est au présent, mais la phrase suggère que les parents ont déjà reçu la lettre.)

Remarque : Dans **un contexte passé,** on utilise le présent du subjonctif lorsque les deux actions sont simultanées ou concomitantes :

Marc était content que Georgette soit à sa soirée.

Pratiquons

7-18 Fragments entendus dans la rue. Joëlle entend les fragments de phrases suivants dans les rues de Paris. Mettez le verbe entre parenthèses au **présent** ou au **passé du subjonctif,** selon le cas.

1. Je suis content que mes parents _____ (avoir) des amis de toutes les nationalités.

2. Si nous souhaitons entendre le discours de Begag, il faut que nous _____ (être) à l'auditorium à 8h pile !

3. Mes professeurs s'étonnent que je _____ (arriver) en France il y a deux ans seulement.

4. Le gouvernement ne veut pas que trop d'immigrés illégaux _____ (vivre) ici.

5. Il est peu probable que le gouvernement _____ (pouvoir) accepter tous les demandeurs d'asile.

6. Il est dommage que Marco _____ (perdre) ses papiers hier.

7. Il est impossible que le gouvernement français _____ (vouloir) reconnaître les familles polygames.

8. Je doute que ces jeunes Beurs _____ (adopter) les coutumes du pays de leurs parents !

7-19 Aïcha explique pourquoi elle défend la dernière loi française sur le port de signes religieux à l'école. Reconstituez ses phrases en utilisant soit le subjonctif présent soit le subjonctif passé.

Cette loi est la meilleure que le gouvernement _____ (passer). Bien qu'on _____ (dire) que cette loi est contre les musulmans, je ne suis pas d'accord parce qu'elle concerne toutes les religions. En France, la République ne reconnaît pas les distinctions d'origine, de race ou de religion et il faut que l'école _____ (souscrire) à ce principe. Par ailleurs, pour moi, le voile n'a pas une connotation religieuse mais culturelle. Il est important que l'on _____ (faire) une distinction entre le religieux et le culturel, et que l'on _____ (savoir) que le voile est quelquefois une forme d'oppression. Je voudrais que les jeunes musulmanes _____ (avoir) la possibilité de prier mais aussi qu'elles _____ (être) respectueuses de la laïcité. C'est dommage que beaucoup de jeunes femmes _____ (choisir) ce symbole comme symbole de revendication identitaire …

7-20 En petits groupes, composez une réponse à Aïcha en utilisant des verbes ou expressions qui réclament soit le subjonctif présent, soit le subjonctif passé.

7-21 En France, le nombre de mariages mixtes (multiculturels) ne cesse d'augmenter. En employant des verbes, des expressions et des conjonctions suivis du subjonctif (présent ou passé) composez un paragraphe, que vous lirez au reste de la classe, sur le rôle du mariage dans l'intégration. Qu'est-ce qui change dans la société grâce aux mariages mixtes ?

Jeune couple français ▶

Azouz Begag

▲ **Azouz Begag**

Azouz Begag est né dans une banlieue de Lyon en 1957. Il a fait ses études à l'université Lyon II, où il a obtenu son doctorat en économie. Depuis 1980, il travaille comme chercheur au Centre National de Recherche Scientifique (CNRS) et à la Maison des Sciences Sociales et Humaines de Lyon. Begag est spécialiste de socio-économie urbaine ; il s'intéresse surtout aux populations immigrées et plus spécifiquement aux problèmes des Beurs[2] (des jeunes Français nés en France mais dont les parents ont immigré du Maghreb, c'est-à-dire de l'Algérie, du Maroc, ou de la Tunisie), qui ont parfois du mal à s'intégrer à la société française. En dehors de sa carrière académique, Begag est aussi un écrivain contemporain important, qui a écrit plus de vingt livres dont la plupart traite des problèmes des jeunes d'origine maghrébine, qui ont souvent l'impression de n'appartenir ni à la culture française ni à la culture arabe. De 2005 à 2007, Azouz Begag a été ministre délégué à la Promotion de l'égalité des chances auprès du Premier ministre, Dominique de Villepin, durant la présidence de Jacques Chirac.

Dans l'extrait suivant, tiré du roman *Les Voleurs d'écritures* (1990), Begag présente l'histoire d'un jeune Maghrébin intelligent, qui, à la suite de la mort accidentelle de son père, se sent responsable du bien-être économique de sa famille pauvre. Au lieu de se concentrer sur ses études au lycée (qu'il aime d'ailleurs, mais qui n'apportent pas d'argent à la famille), il commence à fréquenter des copains qui s'adonnent à la délinquance et au vol. L'extrait présente un épisode comique dans lequel les quatre copains décident de voler de l'argent de la bibliothèque, parce que Vincent, le chef du groupe, prétend avoir vu une caisse pleine d'argent dans le tiroir du bureau de la bibliothécaire.

[2] Le mot beur date des années 80. Son origine est argotique et vient du « verlan » l'inversement des syllabes. Le mot arabe sous la forme [a-ra-beu] donne [beu-ra-a], puis beur. Le mot est moins utilisé aujourd'hui.

Stratégie de lecture

Quand nous analysons un texte fictif en prose, il est utile de connaître quelques termes narratifs. Vous avez sans doute déjà appris quelques-uns de ces éléments dans vos autres cours d'anglais ou de littérature. Voilà un bref rappel de quelques termes utiles. **La narration** est la façon dont l'histoire est racontée. **Le point de vue** ou **la focalisation**[3] est défini comme la perspective selon laquelle un auteur raconte l'histoire. Il existe des **narrations à la première personne** dans lesquelles le narrateur participe directement à l'histoire et la raconte ; des **narrations à la troisième personne** où le narrateur n'est pas impliqué dans l'histoire et est souvent censé être neutre. De plus, il y a des **narrateurs omniscients** (généralement dans des récits à la troisième personne), qui peuvent nous dire ce que tous les personnages pensent ;

[3] **La focalisation** peut être **externe**, où l'histoire est vue de l'extérieur et nous ne connaissons pas les sentiments du personnage qui voit, ou **interne**, où les événements sont vus à travers la conscience d'un personnage dans l'histoire. Certains récits n'utilisent aucune focalisation, c'est **la focalisation zéro**. Le point de vue et la focalisation sont liés au type de **narrateur** dans le texte.

des **narrateurs à omniscience limitée** qui ne nous disent que ce qu'un nombre limité de personnages pensent ; des **narrateurs impersonnels** qui lisent dans le cœur de tous les personnages mais qui essaient de raconter objectivement l'histoire. Dans cet extrait des « Voleurs d'écritures », nous avons **une narration à la première personne,** c'est-à-dire, le personnage principal du texte, un jeune lycéen beur, raconte l'histoire.

Stratégie de prélecture

Avant de lire le texte, réfléchissez aux types de narrateurs que vous avez rencontrés dans vos lectures. Avec deux ou trois autres personnes, discutez des types de narrateurs que vous connaissez et du point de vue. Quand vous avez un narrateur à la première personne, à quoi vous attendez-vous ? Si ce narrateur est jeune, de quelle manière va-t-il probablement raconter l'histoire ? Quel sera probablement son style narratif ? Est-ce que sa personnalité aura une influence sur la façon dont il racontera l'histoire ? Réfléchissez aux récits qui ont un jeune narrateur à la première personne (*Tom Sawyer* de Mark Twain est un bon exemple) et discutez de l'influence de la narration sur l'effet général de l'histoire sur le lecteur.

« Les Voleurs d'écritures » (extrait)

se pointer *to show up*

Vers 17 heures nous sommes allés tous les quatre nous pointer° devant l'entrée de la bibliothèque, de l'autre côté du centre commercial du quartier. Nous nous sommes assis sur un banc et nous avons regardé les gens sortir. Il y avait des étudiants qui avaient passé là toute la journée au lieu de vivre leur vie en souriant, des enfants pris par le démon de la lecture, des femmes surtout, toutes du même 5
style « pisse and love°, j'élève mes moutons et je mange du fromage de chèvre° ». Momo et Luis ne cessaient de se moquer de ces gens qui n'ont rien d'autre à faire que de fourrer° leur tête dans les bouquins pendant que le soleil brille sur la terre. Ils ricanaient° à propos des filles surtout. Elles avaient des choses beaucoup plus intéressantes à faire pour passer le temps ! 10

"pisse and love" *"peace and love" (Slogan from the 60s. Here there is a play on words with the French verb "pisser" or "to piss")*

le fromage de chèvre *goat cheese*

fourrer *to stick, stuff*

ricaner *to snigger*

le/la bibliothécaire *librarian*

le sifflement *whistle*

daigner *deign, condescend*

bêcheur/bêcheuse *snotty person*

Puis les deux bibliothécaires° sont sorties. Elles ont fermé les portes derrière elles. Il y avait la dame aux cheveux courts et veste en laine que Vincent avait vue, soi-disant, avec une caisse pleine d'argent à la main, et une autre, beaucoup plus jeune et beaucoup plus belle. Quand elle est passée devant nous, Momo lui a adressé un appel sous forme d'un sifflement°, mais elle n'a pas daigné° répondre au 15
compliment.

— Bêcheuse° ! a dit Momo.

— C'est comme ça qu'on se fait remarquer ! j'ai dit en pensant aux portraits-robots qu'on allait faire de nous en cas d'ennuis. Momo n'a pas bien compris. Puis Vincent s'est redressé sur ses jambes fines et il a donné le signal du départ. À part 20
lui, personne ne savait rien du plan, alors nous l'avons suivi comme des soldats disciplinés. Nous avons contourné le bâtiment de la bibliothèque pour arriver du côté d'une petite fenêtre entrouverte.

les chiottes *latrine, john (vulgar)*

— C'est la fenêtre des chiottes°. Je l'ai ouvert c't' aprème ! a fait Vincent. Alors là j'ai corrigé. 25

◂ **La courte échelle**

— Je l'ai OUVER … TE ! … quand le COD° est placé avant le participe passé, on accorde. Quand le COD est placé après, on n'accorde pas. C'est moi qui l'ai ouvert … Ouvert quoi ? La fenêtre ! Elle est placée devant le participe …

— Elle est placée là, en face de tes yeux ! a dit Vincent, agacé°.

30   La place du COD ne l'intéressait pas vraiment. Son esprit était trop accaparé° par la caisse de la vieille bibliothécaire. Malheureusement, la fenêtre était située un peu trop haut par rapport à notre taille. Il fallait faire la courte échelle°. J'ai appuyé mon dos contre le mur, croisé mes mains ouvertes à la hauteur de mon bas-ventre et j'ai fait signe à Vincent de monter le premier. Il a posé son pied droit sur mes

35 mains … et s'est hissé° jusqu'à la fenêtre puis s'est engouffré° dans les w.-c. Ensuite Momo m'a offert ses mains … pour me faire monter et Luis a donné les siennes pour aider Momo. […]

     La bibliothèque s'était refermée sur ses livres comme une fleur se plie dans sa couette° de pétales. Un drôle de silence habitait ces lieux déserts. Toutes les

40 histoires qui dormaient dans ces livres, c'était inquiétant. Je me sentais comme un point minuscule dans cet univers. Un vertige a commencé à rendre mes jambes toutes molles, comme si l'angoisse ou quelque chose qui lui ressemble s'installait en moi. J'avais honte d'être entré dans cette chambre à livres comme un voleur professionnel.

45   Pendant que je regardais avec une mystérieuse admiration les livres déposés dans l'« espace roman », science, BD°, géographie, aventures, … Vincent avait commencé une fouille° minutieuse du bureau de la bibliothécaire. Muet, Momo se tenait vers les bandes dessinées. Il avait ôté° son pull et en avait fait un grand sac dans lequel il enfouissait° des dizaines d'Astérix°, d'Alix° et autres bandes dessinées

COD = complément d'objet direct

agacer *to annoy, irritate*
accaparer *to absorb, monopolize*

faire la courte échelle *to give someone a boost, a leg up*

se hisser *to hoist oneself*
s'engouffrer *to dive*

la couette *comforter (usually made of down)*

BD (bande dessinée) *comic book*
la fouille *search*
ôter *to take off*
enfouir *to stuff, to bury*
Astérix, Alix *popular French comic book characters*

aux mille couleurs et aux personnages de tous genres. Je souriais. Momo ne pourrait jamais porter autant de livres à la fois. 50

Et Vincent fouillait à présent la blouse de la bibliothécaire.

— Une culotte° ! grommela°-t-il en jetant à terre l'objet de rechange de la gardienne des livres. Mais où elle l'a planquée° cette caisse, la vieille° !

— P't-être que tu l'as jamais vue cette caisse, j'ai dit. 55

Il m'a regardé dans les yeux avec un air de fatigue. Puis il m'a demandé pourquoi je ne l'aidais pas à chercher le magot° au lieu de rester planté là comme un arbre. Alors j'ai fait semblant de chercher dans les rayons° en ouvrant quelques livres comme si des billets de 100 allaient s'en détacher telles les feuilles mortes de l'automne. 60

— Tu vas faire ça avec tous les bouquins° qu'y a là ? a lâché° Vincent ironiquement.

— Si t'as vraiment vu de l'or, il est forcément dans les livres. C'est toujours plein de richesses dans les livres ! j'ai fait remarquer sur un ton décisif. [...]

J'ai continué à feuilleter° des livres que j'ouvrais pour déguster° la première 65 phrase. C'est elle qui ouvre la ligne aux autres. Elle est toujours élégante. Puis je regardais les titres. C'est alors que le hasard a porté ma main sur un petit livre de rien du tout, qui avait l'allure d'un nain° à côté des autres, mais qui sentait la magie. *Le Vieil Homme et la Mer*. Je l'ai pris entre mes doigts. J'ai regardé la couverture. J'ai lu la première phrase, puis la seconde. Puis je suis parvenu 70 comme ça à la page 22 ... quand une voix sèche a fouetté° le silence velouté° de la bibliothèque :

— Ça suffit les jeunes. Les mains en l'air° !

Le Vieil Homme m'a échappé des mains. J'ai vu Vincent essayer un pas de fuite vers la sortie. Mais la voix de gendarme a remis les choses en place : 75

— J'ai dit on bouge pas. Tranquille ! Mains en l'air !

Les mains en l'air ! ▶

la culotte *panties*

grommeler *grumble*

planquer *(fam.) to hide*

la vieille *old lady (here slightly pejorative)*

le magot *(slang) treasure, hidden money*

le rayon *bookshelf*

le bouquin *(fam.) book*

lâcher *(argot) to let out, to say (in this context)*

feuilleter *to page through*

déguster *to taste, sample*

le nain *dwarf*

fouetter *to whip, strike*

velouté *velvety, silky*

Les mains en l'air! *Hands up!*

Vérifions notre compréhension du texte

Répondez aux questions suivantes et justifiez vos réponses.

1. Où sont les quatre copains au début du passage ? À quelle heure ? Pourquoi ?
2. Quels types de gens fréquentent la bibliothèque ?
3. Quels types de personnes attirent surtout l'attention des copains ? Pourquoi ? Comment les décrivent-ils ?
4. Expliquez le jeu de mots avec « pisse and love ».
5. Décrivez les deux bibliothécaires. Laquelle est censée avoir la petite caisse pleine d'argent ?
6. Qu'est-ce que Momo fait quand il voit la jeune bibliothécaire ? Quelle est sa réaction à elle ?
7. Quel point de grammaire est-ce que le narrateur corrige ? Pourquoi ? Qu'est-ce que cela montre ?
8. Par où les copains sont-ils entrés dans la bibliothèque ? Comment ? Décrivez la scène.
9. Décrivez les sentiments du narrateur quand il est entré dans la bibliothèque. Est-ce que Momo, Vincent et Luis partagent ses sentiments ?
10. Décrivez ce que chaque personnage fait dans la bibliothèque. Qu'est-ce qui intéresse Luis, Momo, Vincent et le narrateur ?
11. Quand le narrateur feuillette un livre, qu'est-ce qu'il lit en premier ? Pourquoi ?
12. Quel livre attire l'attention du narrateur ? Connaissez-vous ce récit ?
13. Qu'est-ce qui met fin à cet épisode ?

Approfondissons notre compréhension du texte

En petits groupes, répondez aux questions suivantes. Soyez prêts à présenter vos idées au reste de la classe.

1. Momo, Vincent et le narrateur sont très différents. Dressez une liste de toutes les caractéristiques qui les distinguent les uns des autres.
2. Discutez du rôle des livres dans cet extrait. Les jeunes copains sont entrés dans la bibliothèque pour voler de l'argent. Cependant, Momo et le narrateur s'intéressent plus à la lecture. Qu'est-ce qu'ils lisent ? Comment lisent-ils (attentivement, sans faire attention, etc.) ? Qu'est-ce que cela révèle quant à leurs intérêts et orientations ?
3. Cette histoire est racontée à la première personne, du point de vue du narrateur qui est un jeune d'origine algérienne. Discutez du style du narrateur. Est-ce que ses phrases sont longues ou courtes ? Quels types d'expressions est-ce qu'il utilise ? Quel est le rôle de l'argot ? Qu'est-ce qui révèle l'attitude du narrateur envers ses copains et envers ce qu'ils font ?
4. Discutez de l'attitude des jeunes envers les autres. Est-ce qu'ils sont vraiment des « voyous » (jeunes délinquants, petits gangsters) ou est-ce que leurs actions et attitudes sont typiques de leur âge ?

5. Les quatre copains sont d'un quartier pauvre et chacun représente une ethnie différente. Luis est d'origine espagnole. Vincent a les cheveux noirs. Le narrateur est Maghrébin. Discutez de la vie des jeunes dans les quartiers pauvres. Pourquoi forment-ils des petites bandes ? Pourquoi sont-ils attirés par la criminalité ? Est-ce pour des raisons raciales, sociales, économiques ou autres ?

Discutons ensemble

 En petits groupes, discutez des questions suivantes :

1. Les quatre copains dans l'histoire de Begag forment une petite bande. Pourquoi les jeunes ressentent-ils le besoin d'appartenir à un groupe ? Discutez du rôle que les bandes d'amis jouent dans la vie d'un jeune adolescent en général et surtout d'un jeune minoritaire pauvre. Discutez de la psychologie du groupe parmi les jeunes. Est-ce que le groupe aide l'individu à se définir ?

2. Les jeunes personnages de l'histoire de Begag entrent dans la bibliothèque pour voler de l'argent, mais est-ce que c'est leur vraie motivation ? Pourquoi les jeunes adolescents sont-ils attirés par ce genre d'activité ? Est-ce que c'est vraiment pour l'argent ou est-ce que c'est plutôt pour s'amuser ? Est-ce que c'est pour montrer qu'ils sont courageux et simplement capables de le faire ? Quels exemples du texte soutiennent vos idées sur les motivations des jeunes ? Est-ce que chacun a la même motivation ?

3. Dans quelle mesure Begag étudie-t-il les effets de l'origine ethnique dans cet extrait ? Si vous ne connaissiez pas l'ethnie des quatre jeunes, est-ce que vous pourriez la deviner d'après leurs actions et leur façon de parler ? Qu'est-ce que cela montre quant aux idées de Begag sur le racisme ? Y a-t-il des points communs entre Begag et Sami Naïr sur le racisme et les immigrants ?

4. Discutez du rôle des livres dans la vie de chaque personnage. Quel rôle est-ce que les livres jouent dans votre vie ?

Lycéens à Paris ▶

1 Certaines conjonctions exigent le subjonctif. Les plus communes sont :

Le but :	afin que, de sorte que, pour que
La concession :	à moins que, bien que, quoique, sans que
La condition :	à condition que, autant que, pourvu que
Le temps :	avant que, jusqu'à ce que
La crainte :	de crainte que, de peur que

Bien que le taux de chômage soit élevé parmi les immigrés, le gouvernement essaie d'aider les gens à s'intégrer à la société française.

2 Est-ce le subjonctif ou la construction infinitive ?

Rappelez-vous qu'une des conditions pour l'emploi du subjonctif est l'emploi d'un sujet différent dans chaque proposition. La plupart des conjonctions ci-dessus ont une forme alternative qu'on emploie avec l'infinitif quand **le sujet** des deux propositions est **le même**.

Voilà une liste de conjonctions avec les locutions prépositionnelles correspondantes:

Le subjonctif	**L'infinitif**
à condition que	à condition de ✓
afin que	afin de ✓
avant que	avant de
à moins que	à moins de
de crainte que	de crainte de
de peur que	de peur de
pour que	pour ✓
sans que	sans

Comparez les exemples suivants:

Leïla refusait de parler français chez elle **de peur que** sa grand-mère **ne comprenne pas** ce qu'elle disait.
Leïla refusait de parler français chez elle **de peur de blesser** sa grand-mère qui ne comprenait pas la langue.

Dans le premier exemple, il y a deux sujets différents, **Leïla** et **sa grand-mère.**
Dans le deuxième exemple, Leïla est le sujet des verbes **refuser** et **blesser.**

Précisions

1. Les locutions **à condition que** et **à moins que** peuvent être utilisées avec un seul sujet. On utilise **à condition de** et **à moins de** à la forme impersonnelle, c'est-à-dire avec on, tout le monde, etc.

   > **Ils** vont s'installer au Canada **à moins qu'ils** ne reçoivent une carte de séjour pour les USA.

   > On ne peut immigrer **à moins d'avoir** les papiers nécessaires.

2. Rappelez-vous que les locutions **bien que** et **quoique** sont utilisées avec un seul sujet et avec deux sujets :

   > **Bien que** Begag soit d'origine maghrébine, **il** n'aime pas beaucoup le mot « beur ».

   > **Bien que** les jeunes ne soient pas vraiment des voleurs, **le policier** leur dit : « haut les mains ».

{Pratiquons}

7-22 Omar voudrait vivre à Paris. Il explique à son amie Fatou ce qu'il a l'intention de faire. Écoutez ses phrases, notez s'il utilise la construction infinitive ou le subjonctif et complétez les phrases.

Modèle : Vous entendez : Plus tard, je veux vivre en France à moins que je puisse trouver un poste intéressant au Sénégal.

Vous écrivez : à moins que je puisse trouver

1. Plus tard, je voudrais immigrer en France _afin de faire_ de la recherche en physique.

2. D'abord, je m'inscrirai à l'université _à moins que je ne sois accepté_ dans une Grande École.

3. Mes parents vont avoir du mal à accepter cette idée et, _avant que je parte_ ils me feront promettre de n'oublier ni ma religion ni ma culture.

4. À Paris, je pourrai vivre chez mon oncle _pour vous qu'il vouille_ bien me recevoir et _pourvu que son fils ait déménagé_ dans son propre appartement.

5. Je ferai les démarches d'inscription _____ à mes parents _____ à l'avance.

6. Quand je serai accepté, ils me féliciteront _à moins qu'ils ne soient_ un peu fâchés. À _moins d'être_ tyrannique, on soutient toujours les choix de ses enfants !

7-23 Dialogue entre deux étudiants, l'un français (Pierre), l'autre américain (Bob). Complétez leurs phrases avec l'expression qui convient : **pour que, pourvu que, bien que, avant de, à moins que, à condition que.**

Bob : La France aura toujours des difficultés avec ses minorités _____ elle ne commence à respecter les différences culturelles. Les Français doivent être plus tolérants !

Pierre : Eh ! _____ accuser la France d'intolérance, il faut que tu comprennes le concept de l'intégration.

Bob : Ne nous disputons pas. Je ne ferai pas de généralisations au sujet de l'intolérance en France _____ tu admettes que le Front National est un parti vraiment xénophobe.

Pierre : C'est vrai. _____ beaucoup de gens ne soient jamais allés en France, ils ont entendu dire qu'il y a beaucoup de racisme dans le sud de la France. Mais le Front National, qui est très actif dans cette région-là, ne sera jamais un parti majoritaire _____ les autres départements démentent la xénophobie.

Bob : Il faudrait éliminer le racisme _____ tout le monde puisse s'entendre.

7-24 Deux jeunes de seize ans, Maya et Claire parlent du racisme à l'école. Deux par deux, finissez leurs phrases.

Maya : Le racisme existera toujours quoique …

Claire : Mais non, le racisme va disparaître avant que toi et moi …

Maya : J'en doute. Dans mon école, il y a beaucoup de Maghrébins et tous les jours la maîtresse doit intervenir pour que …

Claire : Mais les enfants ne naissent pas racistes. Il n'y aurait pas de racisme sans que …

Maya : Oui mais dans la cour, pendant la récré°, on entend des insultes racistes bien que …

la récré   *recess*

Claire : Je ne peux pas comprendre la bêtise des racistes. Tout le monde est égal. Pourvu qu'un jeune … j'accepte d'être sa copine.

7-25 Voici plusieurs déclarations faites par des jeunes. Remplacez les tirets par l'expression entre parenthèses qui convient.

1. (jusqu'à // jusqu'à ce que) Mes parents se sont installés à Montpellier en 1980, ils y resteront _____ ils soient en retraite.

2. (pour // pour que) Je vais aller aux manifestations _____ défendre mes idées sur l'immigration.

3. (sans // sans que) On ne peut pas s'installer en France _____ avoir de travail.

4. (avant de // avant que) Nous irons à la conférence sur les nouveaux immigrés _____ notre professeur ne nous parle de cette situation en cours.

5. (pour // pour que) Les immigrants de la première génération font souvent d'énormes sacrifices _____ leurs enfants puissent mieux s'intégrer à la nouvelle culture.

6. (à moins que // à moins de) Malika ne se mariera pas avec Jamal _____ il ne devienne citoyen français.

7-26 Des jeunes discutent de racisme. Que se disent-ils ? Inventez un dialogue en utilisant des conjonctions (ou des prépositions) qui indiquent une concession ou une restriction (**bien que, quoique, pourvu que, à condition que, à moins que**). Ensuite, jouez votre dialogue devant la classe.

3 Le subjonctif dans les propositions relatives et dans les phrases superlatives

A. Le subjonctif dans les propositions relatives :

Dans une proposition relative (avec **qui, que, quoi, lequel,** etc.), on emploie le subjonctif quand l'existence de la personne ou de la chose est **en doute**. Si on est certain que la personne ou la chose existe, on emploie l'indicatif. Comparez les exemples suivants :

> M. Daanoune cherche un assistant qui comprenne le français et l'hébreu.
> M. Daanoune a un assistant qui comprend le français et l'hébreu.

Dans la première phrase, on ne sait pas si une telle personne existe.
Dans la deuxième phrase, on sait que la personne existe ; c'est un des assistants de M. Daanoune.

B. Le subjonctif dans des phrases superlatives :

On emploie souvent le subjonctif dans une phrase superlative pour montrer que quelque chose ou quelqu'un de supérieur ou d'inférieur existe peut-être (un doute est sous-entendu). Pour la même raison, les expressions telles que, **le seul, l'unique, il n'y a que, le premier, le dernier,** exigent le subjonctif.

> MC Solaar est le meilleur chanteur de rap français que Magali ait jamais entendu.
> Dans ma famille, mon beau-frère est la seule personne qui comprenne vraiment la situation des immigrés.

Dans le premier exemple, Magali constate que MC Solaar est le meilleur chanteur parmi tous les chanteurs qu'elle a entendus. Cependant, elle veut montrer qu'il y a peut-être de meilleurs chanteurs, qu'elle a peut-être elle-même entendus, mais qu'elle ne se rappelle pas en ce moment.
Dans le deuxième exemple, selon la personne qui parle, le beau-frère comprend la situation des immigrés. Cependant, il est possible qu'un autre membre de la famille comprenne également cette situation, mais pas selon la personne qui parle.

Pratiquons

7-27 Mettez le verbe entre parenthèses au subjonctif ou à l'indicatif, selon le cas.

1. Il y a un homme au bureau où je travaille qui _____ (être) bilingue.
2. Je ne connais pas d'immigrants qui _____ (pouvoir) facilement comprendre la loi française.

3. Je ne connais personne qui —————————— (savoir) parler le français, l'arabe et le russe couramment.

4. Y a-t-il une loi sur l'immigration qui —————————— (plaire) à tout le monde ?

5. Je ne connais personne qui —————————— (vivre) au Sénégal.

6. Je connais des gens qui vivent aux États-Unis et qui —————————— (ne pas pouvoir) parler anglais.

7-28 Deux Françaises, l'une d'origine marocaine, l'autre d'une vieille famille provençale, discutent de l'intégration par le mariage. Recomposez leur dialogue en utilisant le subjonctif. Puis relisez à haute voix le dialogue.

— La France est le pays le plus tolérant que je —————————— (connaître) envers les mariages mixtes.

— Tu crois ?

— Oui, c'est le seul pays européen où le nombre de mariages transnationaux —————————— (atteindre) 10 %, sans compter les mariages entre enfants d'immigrés et Français de souche.

— À mon avis, ces mariages ne peuvent que finir par un divorce. Ce sont les mariages les plus aberrants qui —————————— (pouvoir) exister.

— Et pourquoi ?

— Parce qu'ils n'ont pas pour base la même religion ou la même culture.

— Non, je ne suis pas d'accord. Parce que ces unions demandent beaucoup de tolérance, ce sont souvent les plus fortes qui —————————— (être).

▲ **Salut les copains**

La France bigarrée – un pays métissé et multiculturel **249**

Stratégie d'écriture : Les transitions

Dans le chapitre précédent, nous avons parlé de l'importance du style. De la même manière que les pronoms relatifs servent à clarifier les idées de l'auteur, les transitions peuvent aussi rendre la lecture d'un essai plus facile et agréable. Une transition sert fondamentalement de poteau indicateur° qui signale au lecteur la direction de l'argument utilisé. Est-ce que l'auteur va présenter un exemple qui soutient son argument ? Est-ce qu'il va tenir compte de l'argument contraire en discutant d'un contre-exemple ? Est-ce qu'il va développer son idée ? Est-ce qu'il va insister sur une idée ou récapituler ce qu'il vient de dire ? Bref, les transitions mettent en valeur le rapport entre les idées et les phrases elles-mêmes, les enchaînant les unes aux autres.

Vous trouverez ci-dessous une liste de transitions fréquemment utilisées, groupées selon leur fonction sémantique. Vous remarquerez également que plusieurs transitions exigent le subjonctif. Étudiez les transitions et essayez de les utiliser dans vos essais à partir de maintenant.

L'amplification / Le développement

au cours de	*in the course of*
au moyen de	*by means of*
du point de vue de (quelqu'un)	*from the point of view of*
dans l'ensemble	*seen as a whole*
d'ailleurs	*moreover*
dans une certaine mesure	*in a certain sense*
de plus	*moreover, in addition*
étant donné + nom	*given [noun]*
étant donné + que + proposition	*given [that …]*
grâce à + nom	*thanks to, owing to*
outre	*besides*

Le but

afin de + infinitif	*in order to*
afin que + subjonctif	*in order that, so that*
de manière à + infinitif	*so as to, so that*
de sorte que + subjonctif	*so that*
pour	*in order to*
pour que + subjonctif	*in order that*

La conséquence

ainsi	*thus*
c'est pourquoi	*this is why*
donc	*therefore*
par conséquent	*consequently*
pour cette raison	*for this reason*

Le contraste

à la fois	*both / at the same time (no temporal meaning)*
au contraire	*on the contrary*
au lieu de + nom	*instead of*
au lieu de + infinitif	*instead of*
à l'exception de + nom	*except for*
cependant	*however*
pourtant	*however, yet*
contrairement à ce que + proposition	*contrary to*
d'un côté … d'un autre côté	*on the one hand … on the other hand*
d'une part … d'autre part	*on the one hand … on the other hand*
en revanche	*on the other hand*
malgré + nom	*in spite of*
néanmoins	*nevertheless*
toutefois	*however; still; nonetheless*
bien que + subjonctif	*although*
quoique + subjonctif	*although*

L'insistance

bien entendu	*of course*
certainement	*certainly; of course*
en effet	*indeed; actually; really*
en fait	*in fact*
sans aucun doute	*no doubt*
surtout	*above all, more importantly*

L'exemple

par exemple	*for example*
selon	*according to*
d'après	*according to*

L'ordre

d'abord	*first*
dès le début	*from the beginning*
enfin	*finally*
ensuite	*then*
puis	*then*
finalement	*finally*

Sujets de composition (500–600 mots)

1. Dans *Les Voleurs d'écritures*, le narrateur est très complexe. Faites une analyse de son caractère. Qu'est-ce qui l'intéresse ? Qu'est-ce qui le distingue des autres personnages ?

2. Discutez du rôle des livres dans le texte de Begag. Qu'est-ce que les jeunes lisent ? Quelles sont leurs attitudes explicites et implicites envers la lecture ? Est-ce qu'ils lisent attentivement ou sans faire attention ? Qu'est-ce que cela révèle ? Pourquoi la première phrase d'un livre est-elle si importante selon le narrateur ?

3. Discutez de l'humour dans le texte de Begag. Pourquoi l'histoire est-elle comique ? Qu'est-ce qui crée l'humour du texte ? Quel rôle le narrateur joue-t-il dans la création de l'humour ?

4. La fille de Sami Naïr dit à son père qu'il devrait descendre dans la rue pour voir la vraie situation des immigrants. Begag nous montre cette rue. Imaginez que vous êtes la fille de Naïr et que vous connaissez les quatre copains. Décrivez à votre père (Sami Naïr) ce qui se passe vraiment « dans la rue » parmi les jeunes. En d'autres termes, faites un compte-rendu analytique de l'épisode des « Voleurs d'écritures » du point de vue de la fille de Naïr.

 ## Avant d'écrire

Faites le plan de votre composition et montrez-le à une ou deux autres personnes de la classe. Ensuite regardez la liste des transitions. Quelles transitions seraient appropriées aux idées que vous voulez exprimer ? Demandez à vos partenaires de suggérer des transitions et faites des suggestions pour leur composition. Dressez une liste des transitions que vous pourriez utiliser. Pourquoi avez-vous choisi ces transitions ?

Liste de transitions pour votre composition :

_____

_____

Liste de transitions pour partenaire #1 :

_____

_____

Liste de transitions pour partenaire #2 :

_____

_____

Collaborons

Après avoir écrit votre brouillon, relisez-le et essayez d'y incorporer au moins cinq nouvelles transitions de la liste, par page. Soulignez les transitions. Ensuite échangez votre brouillon avec deux autres étudiants de la classe. Lisez leur brouillon en faisant attention surtout aux transitions. Est-ce que l'auteur utilise des transitions qui conviennent ? Pourriez-vous suggérer d'autres transitions ? Faites une liste des transitions que chaque auteur a utilisées.

Liste des transitions :

Étudiant #1 :

_____

_____

_____

_____

_____

Étudiant #2 :

_____

_____

_____

_____

_____

Modèle d'écriture : sujet de composition 2

Voilà un paragraphe avec des transitions. Si vous éliminiez les transitions, est-ce que le paragraphe serait aussi facile à comprendre ?

Au début du passage des *Voleurs d'écritures*, les jeunes personnages principaux surveillent la bibliothèque et critiquent les gens qui en sortent parce qu'ils y gaspillent° leur temps **au lieu de** vivre leur vie. **Selon eux,** les enfants, **surtout,** pris par « le démon de la lecture » perdent leur jeunesse. **De plus,** les gens qui ne font que fourrer leur tête dans des livres **au lieu de** profiter du beau temps sont jugés assommants. Il semble **alors** que les jeunes considèrent la lecture comme un passe-temps ennuyeux et sans valeur qui empêche de jouir de la vie. **Cependant,** dès que les jeunes entrent dans la bibliothèque pour voler l'argent de la bibliothécaire, leurs actions trahissent une attitude très différente et plutôt positive envers la lecture. **À l'exception** de Vincent, les jeunes s'intéressent plus à ce que les livres ont à offrir qu'à l'argent.

gaspiller   *waste*

8 La Francophonie

LES OBJECTIFS

Cultures et littératures d'ailleurs

Réflexion sur le français hors de l'Hexagone

Dany Laferrière : « Je ne suis pas obligé de crier ma créolité sur tous les toits »

Assia Djebar : « Il n'y a pas d'exil »

Comment élaborer la structure argumentative d'un essai

Orientation culturelle

La francophonie désigne deux réalités : une réalité linguistique et une réalité politique institutionnelle. Elle signifie d'abord l'ensemble des nations dont la langue principale est le français ; et ensuite, elle évoque un rapprochement° politique et économique entre des états francophones. Dans les deux cas, cependant, communication, échanges et relations sont à la base de la francophonie. Le français est la langue officielle ou co-officielle de plus de cinquante états et reste la langue utilisée dans l'administration, l'enseignement et les affaires de nombreuses anciennes colonies françaises (Cameroun, Côte d'Ivoire, Sénégal, Algérie, Maroc, Tunisie, etc.). Les œuvres littéraires publiées en français abondent et nombre d'°auteurs francophones, souvent après avoir reçu une formation classique à Paris, ont créé une voix et développé leur propre identité dans le roman, la poésie ou le cinéma. Outre° les auteurs québécois (Louis Hémon, Anne Hébert, Roch Carrier, Yves Beauchemin, Gabrielle Roy, Antonine Maillet), les auteurs africains francophones (Léopold Sédar Senghor, Birago Diop et Mariama Bâ au Sénégal ; Bernard Dadié, Ahmadou Kourouma et Véronique Tadjo en Côte d'Ivoire ; Francis Bebey et Calixthe Beyala au Cameroun ; Alain Mabanckou au Congo), les auteurs originaires du Maghreb (Rachid Boudjedra, Assia Djebar, Mohammed Dib et Leïla Sebbar nés en Algérie ; Tahar Ben Jelloun, Driss Chraïbi et Abdelkébir Khatibi au Maroc ; Albert Memmi en Tunisie) ou des Caraïbes (Maryse Condé, Gisèle Pineau, Aimé Césaire, Patrick Chamoiseau, Édouard Glissant)[1] décrivent à la fois leur culture et les mystères de leurs pays, les affres° de la colonisation ou de l'intolérance.

un rapprochement *bringing together*

nombre de   *a number of*

outre   *aside from*

les affres   *(f. pl.) the torments*

1. La francophonie désigne deux réalités. Décrivez-les.

2. Dans combien de pays environ parle-t-on français ?

3. Où les auteurs francophones ont-ils souvent fait leurs études ?

4. De quelles parties du monde viennent les auteurs francophones ?

5. De quoi parlent-ils dans leurs œuvres ?

---

[1] Cette liste d'auteurs est évidemment partielle. Elle ne représente qu'une faible partie du corpus littéraire francophone.

255

Apprenons ces mots essentiels

Le voyage

Noms

une agence de voyages	*travel agency*	un timbre (timbre-poste)	*postage stamp*
un agent de voyages	*travel agent*	un/une touriste	*tourist*
un appareil (appareil photo)	*camera*	un visa	*visa*
une carte	*map; menu*	une visite guidée	*a guided tour*
une carte d'embarquement	*boarding pass*		
une carte d'identité	*ID card*	**Verbes**	
une carte postale	*postcard*	enregistrer ses bagages	*to check one's baggage*
un chèque de voyage	*traveler's check*	faire escale	*to make a stopover*
un guide	*tour guide; guidebook*	faire sa valise	*to pack one's suitcase*
l'hospitalité *(f.)*	*hospitality*	faire un voyage	*to take a trip*
l'office de tourisme *(m.)*	*tourist office*	prendre l'avion	*to take a plane*
un passeport	*passport*	rendre visite à	*to visit (a person)*
un plan (de la ville)	*city map*	rêver de	*to dream of*
une photo	*picture*	visiter	*to visit (a place)*
un souvenir	*souvenir*		

Étrangers, indigènes et francophonie

Noms

un colon	*colonist*
une colonie	*colony*
un étranger *(m.)*, une étrangère *(f.)*	*foreigner*
la patrie	*homeland*

Adjectifs

accueillant	*hospitable*
agréable	*pleasant*
condescendant	*condescending*
désagréable	*unpleasant*
exploité	*exploited*

Verbes

accueillir chaleureusement	*to welcome warmly*
s'adapter aux habitudes	*to adapt to the habits of a people*
avoir l'esprit ouvert/fermé	*to be open-minded/ close-minded*
avoir le mal du pays	*to be homesick*
souhaiter la bienvenue à quelqu'un	*to welcome someone*

Pays et régions

tunisien

Noms

l'Acadie *(f.)*	Acadia *(formerly Nova Scotia, Canada)*	le Maghreb	*the Maghreb (Tunisia, Algeria, Morocco)*
l'Algérie *(f.)*	*Algeria*	le Maroc	*Morocco*
le Cambodge	*Cambodia*	le Québec	*Quebec*
le Cameroun	*Cameroon*	le Sénégal	*Senegal*
les Caraïbes *(f. pl.)*	*the Caribbean*	Tahiti *(f.)*	*Tahiti*
la Côte d'Ivoire	*Ivory Coast*	la Tunisie	*Tunisia*
Haïti *(m.)*	*Haiti*	le Vietnam	*Vietnam*

Amusons-nous avec les mots

 8-1 Quels mots vont ensemble ?

1. —— appareil		**a.** colonie
2. —— agent		**b.** Canada
3. —— carte		**c.** photo
4. —— Acadie		**d.** visa
5. —— chèque		**e.** voyage
6. —— Maroc		**f.** postale
7. —— passeport		**g.** identité
8. —— colon		**h.** Maghreb

 8-2 Claude fait un voyage au Vietnam. Complétez avec un des mots suivants. N'oubliez pas de faire les accords ni de conjuguer les verbes.

visa	coloniser	agent de voyages	l'hospitalité
guide	passeport	appareil photo	accueillant

D' abord, il consulte un _____. Il pose des questions sur le pays, sur _____ des habitants car il sait que le Vietnam a été _____ par les Français et il se demande si les habitants ont du ressentiment envers la France. L'agent dit que les Vietnamiens sont très _____. Il demande s'il lui faut _____. Ensuite il prépare son voyage.

Il achète un _____ photo pour prendre des photos, un _____ pour découvrir la culture du pays, et savoir quels endroits visiter. Il fait renouveler son _____ qui a expiré.

▲ **Parfumerie française au Vietnam**

8-3 Écoutez le dialogue entre deux étudiantes, Magda et Gaëlle, qui font leurs préparatifs pour un séjour de deux semaines au Maroc.

A. Indiquez si les phrases que vous entendez sont vraies (Vrai) ou fausses (Faux).

1. Vrai / Faux
2. Vrai / Faux
3. Vrai / Faux
4. Vrai / Faux
5. Vrai / Faux

 B. Maintenant, répondez aux questions suivantes.

1. Quels documents est-ce que Gaëlle est allée chercher à l'agence de voyages ?
2. Depuis combien de temps Gaëlle et Magda rêvent-elles d'aller au Maroc ?
3. Est-ce que vous rêvez de faire un voyage dans un autre pays ? Lequel ? Qu'est-ce que vous allez mettre dans votre valise ?

Élargissons notre vocabulaire

Noms

la douane	*customs*
un douanier	*customs officer*
un/une francophile *(n. ou adj.)*	*French-loving*
un/une francophobe *(n. ou adj.)*	*French-hating*
un/une francophone *(n. ou adj.)*	*French-speaking*
l'immigration	*immigration, immigration office or booth*
un/une indigène *(n. ou adj.)*	*native*
une pellicule	*camera film*
un séjour	*stay*

Adjectifs

complaisant	*accommodating*
dépaysé	*out of one's element, lost*

Verbes

s'adapter aux coutumes d'un peuple	*to adapt to the customs of a people*

avoir quelque chose à déclarer	*to have something to declare*
être en croisière	*to be on a cruise*
être bien reçu	*to be treated well as a guest*
être mal reçu	*to be treated poorly as a guest*
faire une croisière	*to take a cruise*
faire une excursion accompagnée	*to take a guided tour*
faire des préparatifs	*to make preparations*
faire des projets	*to make plans*
fouiller	*to search (a person, a suitcase, etc.)*
se méfier de	*to distrust*
passer à la douane	*to pass through customs*
se sentir à l'aise	*to feel at ease*
se sentir mal à l'aise	*to feel ill at ease, lost*

8-4 Deux par deux. Trouvez l'antonyme :

1. _____ francophobe
2. _____ indigène
3. _____ accueillir
4. _____ touriste
5. _____ agréable
6. _____ être dépaysé
7. _____ être à l'aise
8. _____ se méfier

a. expulser
b. désagréable
c. être mal à l'aise
d. natif
e. étranger
f. faire confiance
g. francophile
h. s'adapter

 8-5 Vous arrivez à l'aéroport Charles de Gaulle à Paris. Dites ce que vous faites. Utilisez un des mots suivants.

| passeport | douanier | fouiller | avion | appareil photo |
| touristes | valise | douane | immigration | |

Je descends de l' _____. Je passe à l' _____.
L'agent regarde mon _____ et le tamponne. Ensuite,
je descends prendre ma _____. Il y a beaucoup
de _____ et je dois faire la queue pour passer à la
_____. Je ne sais pourquoi le _____
me fait signe et je dois le suivre. Il me fait ouvrir mes sacs et commence à
_____ dedans. Il trouve un _____ et me
demande quand je l'ai acheté. Puis il me dit de passer.

Qu'en pensez-vous ?

8-6 Magda et Gaëlle viennent d'arriver au Maroc. Écoutez leur dialogue.

A. Répondez aux questions que vous entendez en indiquant la lettre qui correspond à la réponse correcte :

1. a)   b)   c)   d)
2. a)   b)   c)   d)
3. a)   b)   c)   d)
4. a)   b)   c)   d)

 B. Maintenant répondez aux questions suivantes.

1. Pourquoi les deux étudiantes ont-elles dû faire escale ?
2. Pourquoi le douanier a-t-il fouillé les valises de Magda ?
3. Quels documents doit-on présenter au douanier ?
4. Avez-vous jamais eu une expérience désagréable quand vous voyagiez en avion ? Quand vous passiez la douane ? Racontez ce qui s'est passé.

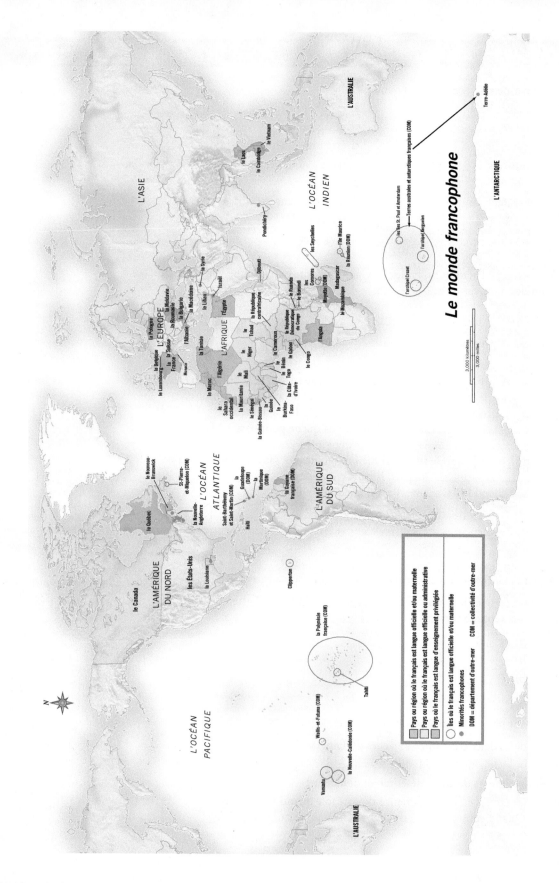

Le monde francophone

En petits groupes, posez quelques questions à vos partenaires en vous servant du vocabulaire des pages précédentes. Ensuite, présentez vos idées à toute la classe.

1. Regardez la carte du monde francophone sur la page précédente. Quels pays francophones connaissez-vous ? Lesquels avez-vous visités ?

2. On voit sur la carte quelques anciennes colonies françaises. Certains pays n'ont plus de rapports officiels avec la France. D'autres pays, comme la Côte d'Ivoire ou le Cameroun, continuent leur association avec la France. D'autres encore ont un statut officiel et sont des D.O.M. (département d'outre-mer : la Guadeloupe, la Martinique, la Réunion) ou des C.O.M. (collectivité d'outre-mer : la Polynésie française, Saint-Pierre et Miquelon). Qu'est-ce que vous savez sur ces pays ou régions ?

3. Que savez-vous sur la colonisation en général ? Quels pays avaient des colonies ? Comment un pays peut-il faire d'un autre pays une colonie ?

4. Comme vous le savez, les États-Unis ont été colonisés pas l'Angleterre, la France et l'Espagne. Que savez-vous sur la colonisation des États-Unis ? Quelles ont été les influences de la colonisation aux États-Unis ?

5. D'où viennent vos parents ou grands-parents ? Est-ce qu'ils vous ont jamais parlé de leur pays d'origine ? Quelles étaient leurs coutumes et traditions ? Est-ce qu'ils continuent à pratiquer les mêmes traditions aux États-Unis ?

6. Avez-vous des amis qui viennent d'un autre pays ? Est-ce qu'ils se sont facilement adaptés à la culture américaine ? Est-ce qu'ils se sentent dépaysés ? Est-ce qu'ils se sentent partagés entre deux cultures ? Est-ce qu'ils continuent à observer des coutumes de leur pays d'origine ? Est-ce qu'ils observent également des coutumes américaines ? Interviewez un de vos amis. Présentez au reste de la classe votre entretien.

7. Avez-vous jamais voyagé dans un pays où la culture est très différente de la vôtre ? Quels pays avez-vous visités ? Qu'est-ce que vous y avez vu ? Qu'avez-vous appris ? Comparez les traditions culturelles de ce ou ces pays avec le vôtre.

8. Avez-vous jamais habité dans un pays étranger ? Où êtes-vous allé(e) ? Vous sentiez-vous mal à l'aise ? Qu'est-ce qui vous est arrivé ? Est-ce que vous aviez le mal du pays ? Est-ce que vous avez réussi à vous adapter aux coutumes de ce pays ? Qu'est-ce que vous avez fait ? Est-ce que les gens étaient accueillants ou non ?

9. Quand vous rencontrez quelqu'un qui vient d'un autre pays, est-ce que vous faites un effort pour le mettre à l'aise ? Est-ce que vous lui souhaitez la bienvenue ? Que faites-vous pour bien l'accueillir ?

10. Imaginez que vous partez en vacances dans un pays francophone. Où allez-vous et pourquoi ? Quels préparatifs devez-vous faire ? Qu'est-ce que vous allez mettre dans votre valise ?

11. Choisissez un pays francophone. Faites une recherche Internet sur ce pays et présentez le pays au reste de la classe.

▶ **Petit magasin à Kairouan enTunisie** ▶

Le pronom personnel remplace un nom complément. Le pronom varie en genre et en nombre avec le nom qu'il remplace. Habituellement, il se place devant le verbe.

Bannissez-vous le racisme ? Oui, je **le** bannis.
Avez-vous rencontré les Craïbi ? Oui, je **les** ai rencontrés.
Parle-t-il à son voisin ? Oui, il **lui** parle.
Ahmed téléphone-t-il à ses parents le week-end ? Oui, il **leur** téléphone.

1 Le pronom d'objet direct

Le pronom d'objet direct remplace une chose ou une personne. Il répond à la question **qui** ? ou **quoi** ?

me	nous
te	vous
le, la	les

Le père du jeune homme choisit sa future femme. Il **la** choisit.

Il choisit qui ?	la femme	**la**

Il raconte ce conte africain merveilleusement. Il **le** raconte.

Il raconte quoi ?	le conte	**le**

Remarque : En français, le pronom **le** peut remplacer un adjectif ou une phrase complète. Il a un sens neutre (cela).

Ma mère est **conservatrice** mais mes sœurs ne **le** sont pas.

(mes sœurs ne sont pas conservatrices)

Sais-tu **qu'elles vont vivre en France** ? Oui, je **le** sais.

(je sais qu'elles vont vivre en France; je sais cela)

Comparaison linguistique

Comment traduit-on le pronom neutre **le** en anglais ?

2 Le pronom d'objet indirect

Comparaison linguistique

Saviez-vous qu'il y a deux traductions en anglais pour le complément d'objet indirect ? Quelles sont les deux traductions de « Je lui ai donné le livre » ?

Le pronom complément d'objet indirect remplace **une personne**. Il répond à la question **à qui ?** Seuls les verbes suivis de la préposition **à** peuvent avoir un pronom complément d'objet indirect :

me	nous
te	vous
lui	leur

Est-ce que ce roman plaît à Leïla ? Oui, il **lui** plaît beaucoup !

Il plaît à qui ?	à Leïla	**lui**

Est-ce que Mokrane écrit à ses parents souvent ? Oui, il **leur** écrit souvent.

Il écrit à qui ?	à ses parents	**leur**

Quelques verbes suivis de **à**

demander à	dire à	donner à
écrire à	emprunter à	obéir à
offrir à	parler à	plaire à
prêter à	rendre à	répondre à
souhaiter à	sourire à	téléphoner à

Comparaison linguistique

Comparez les verbes **demander, obéir, plaire, répondre, téléphoner** en français et en anglais. Que remarquez-vous ? Traduisez ces phrases :

• Vos enfants vous obéissent-ils? Pas du tout.

Remarques :

1. Devant une voyelle ou un h muet **me, te, le, la** s'élident : **m', t', l'**.

> Il honore son père. Il **l'**honore.
> Elle aime son mari. Elle **l'**aime.

mais

> Ils haïssent le racisme. Ils **le** haïssent.
> **Haïr** commence par un **h** aspiré.

2. Le pronom est toujours placé devant le verbe dont il dépend.

> Il a pu voir **ses enfants** avant de partir.
> Il a pu **les** voir.
> Il a voulu téléphoner **à son père**.
> Il a voulu **lui** téléphoner.

3)

Précision

Avec **faire** + **infinitif** et **laisser** + **infinitif** le pronom personnel est placé devant **faire** et devant **laisser.**

> Il a laissé la jeune fille entrer dans la case.
> Il l'a laissée entrer dans la case.

Le participe passé **fait** suivi d'un infinitif est toujours invariable.

> Elle a fait les enfants chanter.
> Elle les a fait chanter.

Pratiquons

8-7 Posez-vous alternativement les questions suivantes. Répondez en utilisant un pronom objet **le, la** ou **les.** Utilisez les adjectifs suggérés, quand c'est nécessaire. N'oubliez pas de faire l'accord de l'adjectif, si nécessaire.

passionnant	intéressant	original	exotique	compétent
engageant	fascinant	beau	convaincant	différent

Modèle: Que penses-tu du film *Le Grand Voyage* ?
Je le trouve fascinant.

1. Comment trouves-tu les nouvelles d'Assia Djebar ?
2. Comment trouves-tu les coutumes sénégalaises ?

3. Comment considères-tu la littérature francophone ?

4. Bernard Dadié° est-il vraiment original ?

5. Comment juges-tu la musique africaine ?

6. Comment trouves-tu les films francophones?

7. As-tu vu les tableaux de Gauguin sur Tahiti ?

8. As-tu vu le film *Chocolat* de Claire Denis?

9. Connais-tu la poésie de Diop° ?

10. Est-ce que les femmes qui portent le voile sont religieuses ?

 8-8 Maryam est partie pour le Maroc où elle va passer un an à l'université. Elle écrit à ses parents. Dites si le pronom souligné est **direct** ou **indirect**. Ensuite, donnez l'infinitif du verbe suivi de « quelqu'un » ou de « à quelqu'un », selon le cas.

Modèle: Je <u>te</u> téléphonerai. … Indirect … téléphoner à quelqu'un

Maman, Papa,

Je (1) <u>vous</u> ai dit que je (2) <u>vous</u> écrirais dès que je serais arrivée. Tout se passe bien, mais le Maroc est très différent de la France. Je vais essayer de (3) <u>vous</u> appeler par Skype. Si vous mettez la vidéo, je pourrai (4) <u>vous</u> regarder pendant que nous (5) <u>nous</u> parlerons.

Maman, Marie-Hélène ne (6) <u>m</u>'a pas encore écrit. Est-ce que tu pourrais (7) <u>lui</u> téléphoner, s'il (8) <u>te</u> plaît ? (9) Dis-<u>lui</u> de (10) <u>m</u>'envoyer une lettre.

Papa, tu (11) <u>m</u>'as posé des questions sur ma vie universitaire ici. Alors, voilà : J'aime mes cours ici au Maroc. Le prof de littérature francophone (12) <u>nous</u> envoie souvent à la bibliothèque pour faire des recherches sur les auteurs que nous étudions. Il y a trop d'auteurs sur la bibliographie que le professeur (13) <u>nous</u> a donnée au début du cours, alors chacun d'entre nous est chargé d'un seul auteur. Après avoir fait des recherches et pris des notes, on (14) <u>se</u> les emprunte les uns aux autres. C'est plus efficace. De plus, étudier tous ensemble (15) <u>nous</u> plaît beaucoup et (16) <u>nous</u> aide à mieux comprendre les auteurs. L'autre jour tous les étudiants étaient très contents parce que le prof (17) <u>nous</u> a rendu notre premier devoir. Nous avons tous très bien réussi. Ça montre bien que (18) <u>se</u> rencontrer au café pour (19) <u>se</u> voir et discuter de ce que le prof avait dit en classe (20) <u>nous</u> fait du bien.

Bref, Maman, Papa, ne vous inquiétez pas du tout. Tout se passe bien. J'ai des amis et j'apprends beaucoup.

Grosses bises,

Maryam

 8-9 Jacques parle avec Mokrane de sa famille qui est au Maroc. Inventez des réponses logiques aux questions suivantes en utilisant un pronom personnel indirect.

1. Dis-tu bonjour à tes parents en les embrassant ou en les saluant ?

2. Parles-tu souvent à tes parents ?

3. Quand téléphones-tu à tes amis marocains ?

4. Ressembles-tu à ta mère ?

5. Tes amis marocains t'écrivent-ils souvent ?

6. Tes parents te donnent-ils de l'argent ?

7. Sourit-on aux gens facilement dans ton pays ?

8. Réponds-tu aux amis qui t'écrivent ?

9. Qu'offres-tu à ta mère pour la fête des mères ? Et à ton père ?

10. Est-ce que la vie en France te plaît ?

 8-10 Imaginez que vous receviez chez vous des amis tunisiens qui ont des restrictions alimentaires, qui ne mangent pas de porc par exemple. Quels plats leur préparez-vous ?

Modèle : Je **leur** sers du couscous mais je **le** prépare sans viande.

 8-11 Écoutez ce dialogue entre Anissa et sa sœur, deux femmes algériennes, sur son prochain mariage. Finissez les phrases de la sœur et utilisez le pronom personnel qui convient. Attention à l'accord du participe passé.

Modèle : Vous entendez : Quand les invités sont arrivés, as-tu ouvert la porte ?
         Vous écrivez :   Oui, je l'ai ouverte.

Anissa : As-tu vu le prétendant ?
Sœur :
Anissa : Est-ce que Mère a accueilli la famille ?
Sœur :
Anissa : Est-ce que Mère a parlé aux sœurs du prétendant ?
Sœur :
Anissa : Est-ce que Mère a fait asseoir les invités ?
Sœur :
Anissa : Est-ce qu' Aïcha a servi le café et les gâteaux ?
Sœur :
Anissa : Est-ce que je vais rencontrer les invités maintenant ?
Sœur :
Anissa : Est-ce que les femmes vont m'examiner ?
Sœur :
Anissa : Est-ce que je vais jouer encore mon rôle de jeune fille à marier ?
Sœur :

3 Le pronom **y**

A. **Y** est un pronom adverbial qui remplace un **nom de lieu** (précédé par une préposition comme **à, dans, devant, derrière, en, sur, sous**, etc.) :

Claude va à Dakar.	Il **y** va.
Jacqueline habite à Rabat.	Elle **y** habite.
Paul a mis son passeport dans sa poche.	Il **y** a mis son passeport.

Remarque : Pour des raisons d'euphonie (sons), on supprime le **y** devant le verbe **aller** au futur et au conditionnel.

J'**y** vais tout de suite. J'irai. J'irais.

B. **Y** est un pronom personnel qui remplace **un nom de chose** précédé de la préposition **à** :

Réponds-tu aux lettres de tes parents ?	J'**y** réponds.
Pensez-vous à la situation en Algérie ?	Oui, j'**y** pense.
S'intéresse-t-elle aux cultures africaines ?	Elle s'**y** intéresse.
S'opposent-ils à la discrimination raciale ?	Oui, ils s'**y** opposent !

C. **Y** est un pronom neutre qui remplace une idée :

> De nombreux auteurs francophones ont fait leurs études à Paris.
> Je n'**y** avais pas pensé (à cela).

Précision

Les verbes suivants réclament un pronom tonique lorsqu'ils sont utilisés avec un **nom de personne: moi, toi, lui, elle, nous, vous, eux, elles.** (voir « Pronoms toniques #8 »)

s'accoutumer à	s'habituer à	s'intéresser à
faire attention à	penser à	renoncer à
rêver à	songer à	tenir à

Il pense à sa mère qui est au Congo.	Il pense **à elle.**
Il s'intéresse aux conteurs africains.	Il s'intéresse **à eux.**

---

4 Le pronom **en**

A. **En** est un pronom adverbial qui signifie **de cet endroit** :

> Venez-vous d'Haïti aujourd'hui ? Oui, nous **en** venons.
> Revient-elle d'Alger ce soir ? Non, elle **en** revient demain.

B. **En** est un pronom qui remplace **un nom de chose** construit avec la préposition **de** :

> Parle-t-elle de la situation en Tunisie ? Oui, elle **en** parle.
> Il s'occupe d'un projet d'alphabétisation. Il s'**en** occupe.

Remarque : Pour les **noms de personnes**, le pronom tonique (voir « Pronoms toniques #8 ») est utilisé : **moi, toi, lui, elle, nous, vous, eux, elles.**

Il va parler de Bernard Dadié.	Il va parler **de lui.**
Il va s'occuper d'enfants malades.	Il va s'occuper **d'eux.**

C. **En** remplace une quantité déterminée ou indéterminée (un partitif) :

> Porte-t-elle **des** vêtements traditionnels africains ? Oui, elle **en** porte.
> Aïcha a-t-elle beaucoup **d'**ambition ? Oui, elle **en** a beaucoup.
> Combien **de** pièces y a-t-il dans la case ? Il y **en** a deux.
> Maryse a beaucoup **d'**enfants. Elle **en** a huit.

Remarque : Lorsque la quantité est déterminée, on la rajoute en fin de phrase.

> Au début les immigrants ont souvent beaucoup de problèmes.
> Au début les immigrants **en** ont souvent **beaucoup.**

D. **En** est un pronom neutre qui remplace une idée (de cela) :

> Est-elle capable de poursuivre une carrière au Sénégal ?
> Oui, elle **en** est très capable.

Pratiquons

 8-12 Vous voulez mieux connaître Ahmed, un jeune Algérien qui est en classe avec vous. Vous lui posez des questions. Il répond en employant **y** ou **en.** Alternez les rôles.

1. Retournes-tu souvent dans ton pays ?
2. Habites-tu à Oran ?
3. Combien de frères et de sœurs as-tu ?
4. Est-ce que tu t'intéresses à la peinture orientaliste ?
5. Est-ce que tu bois du thé à la menthe ?
6. Est-ce que tu t'habitues à ta nouvelle vie ?
7. Est-ce que tu as lu des livres de Boudjedra ?
8. Est-ce que tu tiens aux traditions de ton pays ?
9. As-tu des idées politiques précises ?
10. Combien de personnes y a-t-il dans ta famille (dans la ville où tu es né(e)) ?

   … Inventez vos propres questions.

 8-13 Remplacez les tirets par **y** ou **en**, puis jouez les dialogues.

É1 : Est-ce que tu as réfléchi aux conséquences de la colonisation en Côte d'Ivoire pour ton rapport ?

É2 : J' _____ ai réfléchi, mais je n'ai pas encore organisé toutes mes idées.

É1 : C'est peut-être parce que tu _____ as trop. Tu devrais _____ éliminer quelques-unes.

É2 : Bonne idée. L'ennui, c'est que je ne sais pas lesquelles. Je veux les mettre toutes dans mon essai.

É1 : Mais tu ne peux pas _____ inclure toutes tes idées. Ton mémoire serait trop désorganisé. Tu dois n' _____ incorporer que les idées les plus importantes.

É2 : Oui, tu as raison. Je vais tout de même continuer mes recherches. Si j'ai de bonnes idées maintenant, j' _____ aurai peut-être d'autres encore plus intéressantes après un peu plus de travail.

8-14 Est-ce que la colonisation est toujours négative ? Écrivez un dialogue sur ce sujet. Utilisez au moins trois **en** et trois **y**. Utilisez des verbes comme **obéir à, réfléchir à, penser à, s'intéresser à,** ou des prépositions de lieu, qui exigent **y**. Utilisez des expressions qui exigent **en,** comme **avoir envie de, avoir besoin de, parler de, rêver de,** des adverbes de quantité comme **beaucoup de, tant de, trop de, autant de,** ou d'autres quantités comme **une tasse de, une bouteille de,** ou des chiffres.

Stratégie de recherche

1. Le mot francophonie date de la fin du dix-neuvième siècle.

a. Allez sur le site de TV5 monde, TV5.org, cherchez dans la rubrique Langue française, *C'était il y a*, les renseignements sur la francophonie. Présentez au reste de la classe ce que vous avez appris.

b. Allez sur le site de l'Organisation Internationale de la Francophonie, francophonie.org. Expliquez le but de cette organisation. Dans quelles actions est-elle engagée ? Présentez les résultats de votre recherche à vos camarades.

2. Il existe beaucoup d'auteurs qui écrivent en français sans être de nationalité française.

a. Dany Laferrière est un auteur d'origine haïtienne qui vit maintenant à Montréal. Choisissez un clip de youtube.com dans lequel Dany Laferrière parle d'Haïti ou de son œuvre. Que dit-il ? Expliquez ses sentiments par rapport au pays qu'il a quitté. Comment son pays d'origine est-il présent dans ses livres ?

b. Que savez-vous d'Assia Djebar ? Faites une recherche Internet sur elle. Vous pouvez allez sur le site de l'Académie française, Academie-francaise.fr, pour lire sa biographie. Présentez votre recherche au reste de la classe.

c. Choisissez un auteur francophone que vous présenterez au reste de la classe.

▲ **Village de pêcheurs, Petit Goâve, Haïti**

La question de l'existence d'une littérature francophone et la notion d'auteurs francophones sont souvent contestées parce qu'elles ghettoïsent la littérature en langue française et instituent une subtile hiérarchie entre des textes tous écrits en français. Pourtant certains auteurs sont immanquablement identifiés à ce domaine parce qu'ils écrivent en langue française sans être de nationalité française ou d'origine française. Parmi ceux-ci, l'écrivain d'origine haïtienne vivant à Montréal, Dany Laferrière, représente sans aucun doute le multilinguisme et le multiculturalisme que ces auteurs incorporent toujours dans leurs œuvres[2].

1. Qu'est ce qui est souvent contesté ? Pourquoi ?
2. Pourquoi dit-on que certains auteurs sont francophones et d'autres ne le sont pas ?
3. Quel auteur est représentatif de cette littérature ?
4. De quelle origine est Dany Laferrière ?
5. Où vit-il actuellement?

▲ **Dany Laferrière**

[2] Dany Laferrière est né à Port-au Prince en 1953. Il quitte Haïti en 1976 pour échapper à la violence et à la répression de la presse. Il s'installe à Montréal où il écrit de nombreux romans parmi lesquels L'Odeur du café (1991), L'Énigme du retour (2009) qui ont reçu de nombreux prix littéraires. Le 12 décembre 2013, il a été élu à l'Académie française.

« Je ne suis pas obligé de crier ma créolité sur tous les toits »

bouger *to move*

un drap *a sheet*
grandir *to grow up*
du jour au lendemain *overnight*
fuir *to flee*
s'installer *to settle down*
un ouvrage *a work, book*
puiser *to draw from*

entreprendre *to undertake, to start*

s'extirper *to extricate, to pull oneself from*
la foule *crowd*
secoué *shaken*
parvenir *to succeed*
être issu de *to come from*

tel que *such as*
plongé *immersed in*
la touffeur *oppressive atmosphere*

étroit *narrow*
la clé *key*

une usine *factory*

renier *renounce*

En publiant, au début de cette année, *Tout bouge° autour de moi,* portrait d'Haïti ravagé par le séisme du 12 janvier 2010, Dany Laferrière a voulu « *jeter comme un drap° blanc sur le corps des victimes, les décrire avec discrétion et tendresse* ». Né à Port-au-Prince en 1953, grandi° dans la ville de Petit-Goâve, Dany Laferrière était jeune journaliste quand, en 1976, du jour au lendemain°, il a dû fuir° Haïti, 5
la dictature de Jean-Claude Duvalier. C'est à Montréal, où il s'est installé°, qu'il a publié neuf ans plus tard son premier livre, *Comment faire l'amour avec un nègre sans se fatiguer.* Dix-neuf ouvrages° ont suivi depuis, nourris en partie de sa vie, de son enfance, de son itinéraire, mais puisant° aussi à de nombreuses autres sources … [dont] *L'Énigme du retour* (Prix Médicis 2009). Des livres qui forment 10
ensemble ce que Dany Laferrière appelle son « autobiographie américaine ».

Quel est-il, ce projet d'« autobiographie américaine » que vous avez entrepris° depuis vos tout débuts ?

Dany Laferrière : Disons qu'il s'agit d'un autoportrait, composé d'une douzaine de romans — et, plus largement, de l'intégralité de mes livres, soit vingt au total. 15
Le projet romanesque consiste tout simplement à raconter l'histoire d'un jeune homme né à Port-au-Prince, qui a passé son enfance dans la ville de Petit-Goâve, et qui se retrouve en exil à 23 ans, en Amérique du Nord : Montréal, New York, Miami … Un jeune homme qui voudrait devenir un individu, et qui doit pour cela s'extirper° de la foule° haïtienne, de ce collectif, de cette société surpeuplée 20
et secouée° de drames politiques énormes. Il lui semble que, en décrivant ce qui lui arrive de façon très personnelle et précise, il parviendra° à retrouver ce sens de l'individualité et, en même temps, à décrire la société dont il est issu°.

Ce projet, vous en aviez une conscience claire dès le départ, quand vous commencez à écrire *Comment faire l'amour avec un nègre sans se fatiguer* (1985) ? 25
Pas du tout. Mon premier livre était un acte de rupture. Je voulais savoir si un Haïtien pouvait écrire un livre qui se passe hors d'Haïti, un livre où le mot Haïti ne figure pas, n'est pas prononcé. Un Haïtien tel que° moi, qui avait été journaliste à 18 ans, et plongé° pendant des années au cœur de la touffeur° politique de ce pays. Quelqu'un comme ça pouvait-il écrire un livre qui fasse abstraction d'Haïti ? 30
J'avais compris qu'il y avait ce pays natal, gouverné par les Duvalier, que j'avais fui, mais qu'il y avait aussi la petite chambre où je vivais désormais, dans le quartier Latin de Montréal, et qui était gouvernée par moi seul. Finalement, ce territoire très étroit° était la plus grande, la plus belle chose qui pouvait m'arriver, le grand événement de ma vie. La clé° que j'avais dans ma poche était une chose nouvelle 35
pour moi, d'ailleurs. En Haïti, on n'a pas de clé, on n'en a pas besoin, il y a toujours à la maison une mère ou une grand-mère. À Montréal, tout à coup, j'avais une clé, qui était la clé de ma vie. Avant d'écrire, je m'étais posé la question : qu'est-ce qui m'importe le plus en ce moment ? Duvalier ? L'agitation politique en Haïti ? Eh bien non, ce qui m'importait, c'était la petite clé. Et la machine à écrire 40
que j'avais achetée avec l'argent gagné en travaillant à l'usine°.

… Vos écrivains de référence sont alors des Américains ?
Je venais de découvrir ces écrivains dans leur espace. Moi-même, je ne voulais pas être un écrivain de culture française en Amérique, ça ne m'intéressait pas du tout. Il ne s'agissait pas de renier° ma langue. Simplement, je voulais être un 45
écrivain américain parce qu'Haïti est en Amérique. Écrivain antillais ? Écrivain

des Caraïbes ? Non, je ne partage pas l'idée des Antilles, c'est selon moi une vision colonialiste de l'espace. Haïti se trouve en Amérique, point final. En lisant les auteurs américains, je sentais leur volonté d'être en prise directe avec le réel,
50 ils m'ont fait découvrir aussi le présent de l'indicatif et les personnages de plain-pied° avec le monde. Hemingway, Miller, Bukowski convenaient parfaitement au programme qui était le mien.

Donc : être un écrivain américain …

… C'est dans cette Amérique créée par les artistes et les écrivains, cette Amérique
55 cultivée, sophistiquée, familiarisée avec la culture européenne, que je voulais vivre et écrire. Évidemment, cette revendication était un peu de la provocation, à une époque où le discours sur la créolité était très en vogue. Mais Haïti, c'est moi ! Je ne suis pas obligé de crier ma créolité sur les toits, au contraire même : elle est si enracinée° en moi que je n'ai pas besoin de m'y intéresser, elle me suivra où que
60 j'aille. C'est comme faire du vélo : il ne faut pas regarder la roue°, il faut n'avoir plus aucune conscience du vélo pour avancer. Lorsque j'ai commencé à écrire, je voulais regarder la réalité en face. Que se passait-il dans ma vie ? Qu'est-ce que je perdais, qu'est-ce que je gagnais à avoir quitté Haïti pour le Canada ? Eh bien, si je me montrais sincère, je devais admettre que je gagnais à être là, à Montréal.
65 D'ailleurs, je ne parlais pas d'exil à mon sujet, car la notion d'exil me reliait à la dictature haïtienne, avec laquelle je voulais rompre. Je préférais le mot voyage.

Dany Laferrière

de plain-pied *on equal footing (here deeply involved with)*

enraciné *rooted*
la roue *wheel*

Travaillons avec la langue

Expliquez les phrases ou expressions suivantes.

1. un autoportrait
2. devenir un individu
3. être exilé
4. mon premier livre était un acte de rupture
5. la créolité

Vérifions notre compréhension du texte

Dites si ces déclarations sont justes. Expliquez en vous référant aux passages spécifiques du texte.

1. En 2010, il y a eu un effroyable séisme à Haïti que Dany Laferrière a décrit dans un livre.
2. Dany Laferrière est né à Port-au-Prince en 1953.
3. Dany Laferrière voulait s'installer en France après avoir fui Haïti.
4. Le projet littéraire de Dany Laferrière est de nature historique.
5. Au début, en écrivant, Dany Laferrière voulait éviter de parler de ses origines haïtiennes.
6. C'est à Montréal que Laferrière est devenu écrivain.
7. Laferrière se considérait un écrivain antillais.
8. Selon Laferrière, parler de littérature antillaise c'est adopter une vision colonialiste.
9. La littérature américaine a beaucoup influencé Dany Laferrière.
10. Au début, Dany Laferrière se sentait en exil à Montréal.

1. Pourquoi Dany Laferrière a-t-il voulu écrire un livre sur le séisme de 2010 ?

2. Pourquoi Dany Laferrière a-t-il dû fuir Haïti en 1976 ?

3. L'œuvre de Laferrière est autobiographique. Expliquez son projet.

4. Comparez la vie de l'auteur à Haïti et à Montréal. Qu'est-ce qui change pour lui ?

5. Laferrière dit : « Je ne voulais pas être un écrivain de culture française en Amérique ». Qu'est-ce que cela signifie ?

6. Qu'est-ce que Laferrière a appris ou découvert en lisant Hemingway ou Henry Miller ? Connaissez-vous ces auteurs ? Les avez-vous lus ?

7. Dans l'extrait que vous avez lu, Laferrière évoque la créolité et le « discours sur la créolité ». Faites une recherche Internet sur ce mouvement littéraire. Qui en sont les représentants ? Pourquoi, à votre avis, semble-t-il rejeter ce mouvement ? Que veut-il dire quand il affirme : « Je ne suis pas obligé de crier ma créolité sur les toits » ?

8. Qu'est-ce que revendique Laferrière en tant qu'auteur ?

9. Haïti a une histoire tourmentée : colonisations, dictatures, coups d'état, séismes, etc. Comment les autres pays peuvent-ils aider efficacement cette république ?

10. Aimeriez-vous aller dans un pays francophone comme coopérant° ou volontaire international ? Quel pays choisiriez-vous ? Qu'aimeriez-vous y faire ? Expliquez votre réponse.

un coopérant *volunteer for the Peace Corps or a similar organization ; in France,* un volontaire international *is a young man or woman who works abroad as a volunteer.*

Le Vieux Montréal ▶

Comment exposer un dilemme à un interlocuteur. Il est parfois difficile de choisir entre deux options. Remarquez la façon dont Madi exprime ses doutes, les formules qu'il emploie et les phrases conditionnelles.

Dialogue pratique

Madi parle avec son oncle de son avenir.

Oncle : Tu as fini tes études en informatique. Que comptes-tu faire ? Est-ce que tu vas retourner au pays ou rester travailler en France ?

Madi : Ce n'est pas facile de décider. Dans un certain sens, j'ai envie de retourner au Sénégal ; mais, si je retourne, du point de vue professionnel, ce ne serait sans doute pas la meilleure décision.

Oncle : Écoute, si la vie au Sénégal et la famille te manquent, peut-être dois-tu y rentrer pour explorer les possibilités d'emploi à Dakar, quitte à revenir ici.

Madi : Oui, mais la famille n'est pas à Dakar et si je reviens, sans doute va-t-on me pousser à me marier, à choisir une femme traditionnelle. Je ne sais pas si c'est vraiment ce que je veux faire après toutes ces années d'études. Je veux prendre mon temps, ne pas avoir une famille tout de suite.

Oncle : Si tu ne veux pas t'établir tout de suite, reste ici. Trouve un premier emploi et réfléchis. Tu sais que je suis toujours là pour t'écouter.

Sur le même modèle, imaginez que vous êtes un jeune Africain / une jeune Africaine (ou une autre nationalité) qui a fait ses études en France. À la fin de vos études, vous devez décider si vous vous installez en France ou si vous rentrez dans votre pays pour vous marier. Expliquez votre dilemme et ce qui va guider votre choix.

Voici quelques phrases utiles :

> Mes études en informatique (en gestion, en économie) me permettent de …
> Si je reste en France, j'aurai un salaire plus élevé.
> Si je reste, j'aurai peut-être du mal à rencontrer une jeune Sénégalaise / un jeune Ivoirien … Je risque de rencontrer une femme qui ne soit pas africaine / un homme qui soit d'une autre origine ethnique …
> Si je rentre, il faudra que je me marie suivant les traditions …

Dakar, marchand de paniers ▶

Place des pronoms compléments

1 Place des pronoms à tous les modes sauf l'impératif affirmatif

A. Les pronoms compléments se placent devant le verbe dont ils dépendent. L'ordre est le suivant :

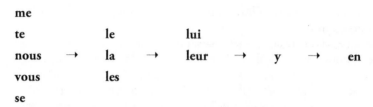

me				
te	le	lui		
nous →	la →	leur →	y →	en
vous	les			
se				

> La mère offre-t-elle des pâtisseries aux invitées ?
> Oui, elle **leur en** offre.
> Vraiment, tu m'invites au Maroc ?
> Je **t'y** invite.

B. Verbes composés

1. Pour les verbes au passé composé, les pronoms se placent devant l'auxiliaire du verbe.

> Qui t'a donné ce sac africain ?
> Malila **me l'**a donné.

2. À l'infinitif, les pronoms se placent devant le verbe dont ils dépendent.

> Vas-tu offrir ces masques africains à Michèle ?
> Je vais **les lui** offrir.

3. Avec les verbes suivis d'un infinitif, **écouter, entendre, faire, laisser, voir,** les pronoms se placent devant le verbe conjugué.

> Elle a vu partir tous ses enfants à l'étranger.
> Elle **les** a vu**s** partir à l'étranger.
> Ils ont entendu raconter ces contes africains plusieurs fois.
> Ils **les** ont entendu raconter.

L'accord du participe passé de ces verbes est complexe. Le participe est invariable lorsque le pronom est l'objet direct de l'infinitif. (Ils ont entendu quoi ? raconter des contes).

2 Place du pronom à l'impératif

A. À l'impératif affirmatif, les pronoms se placent après le verbe. L'ordre des pronoms est le suivant :

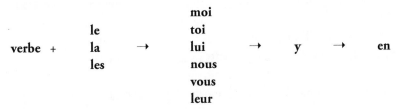

Donne-moi ces bracelets marocains.
Donne-**les-moi.**
Parle au chef du village de ton mariage.
Parle-**lui-en.**

B. À l'impératif négatif, on utilise l'ordre normal des pronoms.

Aïcha dit à Hafça: « Ne **t'en** mêle pas ! »

Remarques : Anissa dit : « Ne **m'en** parle pas maintenant ! »

1. À la forme affirmative, n'oubliez pas d'utiliser un tiret [–] après le verbe.

2. À la deuxième personne de l'impératif on garde le **s** devant les pronoms **y** et **en.**

Penses-y.	Prépares-en.
Moi + en devient m'en	Donne-m'en.

Pratiquons

8-15 Aïcha et sa sœur Anissa préparent le thé pour les invités. Aïcha donne des instructions à sa sœur en utilisant des pronoms personnels. Écoutez ses conseils et écrivez-les.

Modèle: Vous entendez :
    Anissa : Est-ce que j'installe **la table et les chaises dans le salon ?**
    Aïcha : Oui, installe-les-y !
    Vous écrivez : installe-les-y

Anissa : Est-ce que je prépare **le thé ?**
Aïcha : Oui, _____ !
Anissa : Est-ce que je mets **les pâtisseries sur un plat ?**
Aïcha : Oui, _____ !
Anissa : Est-ce que je rajoute **du sucre** dans le sucrier ?
Aïcha : Oui, _____ !
Anissa : Est-ce que je prends **les assiettes du service ?**
Aïcha : Oui, _____ !
Anissa : Est-ce que je **te** passe **les petites cuillères ?**
Aïcha : Oui, _____ !
Anissa : Est-ce que je dispose **les tasses** tout de suite ?
Aïcha : Non, _____ !
Anissa : Est-ce que nous sortons **la nappe brodée ?**
Aïcha : Oui, _____ !
Anissa : Est-ce moi qui dois servir **le thé aux invités** ?
Aïcha : Oui, _____ !

8-16 Remplacez les mots soulignés par le pronom personnel qui convient ou par **y** ou **en,** selon le cas.

Modèle: Modou donne <u>son argent</u> <u>à sa mère</u>.
Modou le lui donne.

1. Les hommes du village vont <u>chez Amadou</u> pour demander <u>aux parents la main d'Aïwa.</u>
2. Les hommes du village procurent <u>au jeune homme</u> <u>sa future femme.</u>
3. La jeune femme a donné <u>une serviette de cuir</u> <u>à son futur mari.</u>
4. Aïwa a plusieurs <u>pagnes°</u> <u>dans le tiroir.</u>
5. Le griot° a convaincu <u>le jeune homme</u> <u>de l'importance des vieilles traditions.</u>
6. Le jeune homme ne voulait pas désobéir <u>aux anciens du village.</u>
7. Le jeune homme avait toujours obéi <u>aux ordres du griot.</u>
8. Amadou est entré dans la case pour rencontrer <u>les anciens</u> <u>dans la case.</u>
9. Amadou avait déjà rencontré <u>Aïwa</u> <u>près de la fontaine du village.</u>

un pagne *loincloth*
le griot *storyteller (west African)*

8-17 Répondez aux questions suivantes en remplaçant les mots soulignés par le pronom personnel qui convient ou par **y** ou **en,** selon le modèle.

Modèle: Connaissez-vous la culture du Sénégal ?
Oui, je la connais un peu.

1. Vous intéressez-vous <u>aux effets de la colonisation</u> ?
2. Est-ce que la colonisation a transformé <u>la culture de ce pays ?</u>
3. Est-ce que votre professeur de français <u>vous</u> parle <u>de la francophonie</u> ?
4. Est-ce que vous discutez des <u>cultures francophones</u> <u>dans votre cours de français</u> ?
5. Avez-vous présenté <u>à vos camarades de classe</u> <u>vos idées sur la francophonie</u> ?
6. Est-ce que vous aimeriez aller <u>à une exposition d'art africain</u> ?
7. Est-ce que vous avez parlé <u>de l'exposition</u> <u>à votre professeur de français</u> ?
8. Est-ce qu'un griot est le gardien <u>des traditions d'un village</u> ?
9. Est-ce qu'un griot relate <u>les traditions</u> <u>aux habitants du village</u> ?

8-18 En petits groupes, faites une recherche Internet sur un pays francophone de votre choix. Le reste des étudiants prépare des questions qu'ils vont vous poser. Vous répondez en utilisant des pronoms personnels, **y** ou **en.**

Modèle:
Question : Allez-vous parler de la situation économique du Cameroun ?
Réponse : Oui, nous allons **en** parler.
Question : Est-ce que le Cameroun exporte des bananes ?
Réponse : Oui, il **en** exporte de grandes quantités.
Question : Allez-vous **nous** présenter **les** traditions culturelles du pays que vous avez choisi ?
Réponse : Oui, nous allons **vous les** présenter, etc.

Assia Djebar

▲ Delacroix, *Les Femmes d'Alger dans leur appartement*

Assia Djebar, romancière, poète, historienne, réalisatrice et professeure d'histoire et de littérature francophone, naît en Algérie en 1936. Après une scolarité à l'école coranique et à l'école française, elle étudie en France, où elle est la première femme algérienne admise à l'École Normale Supérieure de Sèvres. À cause de la guerre dans son pays natal, elle déménage en Tunisie où elle travaille comme journaliste, s'intéressant surtout au sort des femmes algériennes réfugiées. Ensuite, Assia Djebar enseigne à l'Université de Rabat au Maroc et, après la guerre, à l'Université d'Alger. Elle retourne en France où elle obtient son doctorat. Actuellement, Djebar partage son temps entre Paris et les États-Unis.

De 1997 à 2001, elle est directrice du Center for French and Francophone Studies à la Louisiana State University. Depuis 2001, Assia Djebar enseigne à New York University où elle est Silver Chair Professor. Elle a été élue à l'Académie française en juin 2005.

Stratégie de lecture

Femmes d'Alger dans leur appartement (1980), d'où est tiré l'extrait ci-dessous, est un recueil de plusieurs nouvelles qui mettent en évidence la vie passée et actuelle des Algériennes. Dans ces contes, Assia Djebar étudie la psychologie des femmes qui souffrent des effets de la guerre, de l'exil, de la perte des membres de leur famille, de la perte de leur propre culture. Dans l'extrait que vous allez lire, pris du récit « Il n'y a pas d'exil », il s'agit d'une jeune femme de 25 ans, divorcée, qui a perdu ses deux enfants et qui vit maintenant en Tunisie. Sa famille espère la marier de nouveau. L'attitude de la narratrice envers son futur mariage est d'une grande importance.

Pour aider les lecteurs à comprendre l'attitude d'un personnage envers d'autres personnages ou des circonstances, un auteur a plusieurs techniques à sa disposition. Il peut simplement décrire cette attitude. Il peut la faire comprendre en mettant en valeur les réactions d'autres personnages. Il peut utiliser le décor ou le paysage de manière symbolique (par exemple, la pluie peut signaler la dépression). Il peut décrire les actions du personnage.

Stratégie de prélecture

Quand vous êtes avec quelqu'un (vos amis, vos frères ou sœurs, votre patron, vos parents), comment déterminez-vous l'attitude de la personne envers une situation donnée ? Est-ce par le **ton** de la conversation ? Par un **regard ?** Par un **geste ?** Par l'**attitude** de quelqu'un d'autre ? Avec un(e) partenaire, discutez de la façon dont vous déterminez l'attitude d'une autre personne. Dressez une liste des détails auxquels vous faites attention. Ensuite, pensez à une œuvre littéraire. Par quels moyens l'auteur communique-t-il l'attitude de ses personnages et de son narrateur au lecteur ? Est-ce que le narrateur dit directement ce qu'ils pensent ? Est-ce que l'attitude d'autres personnages sert à mettre en valeur l'attitude du narrateur ?

Est-ce que le décor y contribue ? Est-ce que les gestes sont importants ? Dressez une liste des techniques littéraires qu'un auteur pourrait utiliser pour nous aider à comprendre l'attitude d'un personnage. Finalement, comparez les deux listes. En lisant l'extrait ci-dessous, soyez sensible à l'attitude de la narratrice envers sa situation.

« Il n'y a pas d'exil[2] »

la mosquée *mosque*
le deuil *mourning*

le matelas *mattress, mat*

les pleurs (*m.*) *tears, weeping*
étouffé *smothered, suffocated*
la mélopée *dirge, lament*
l'accoutumance (*f.*) *habituation, adaptation, addiction*
la jouissance *pleasure*

le prétendant *suitor*
convenable *suitable*
à tous égards *in all respects*

Père rentra un peu tard, parce que c'était vendredi et qu'il allait faire la prière du *dhor* à la mosquée°. Il demanda aussitôt la cause de ce deuil°.

— La mort a visité les Smain, dis-je en accourant vers lui pour lui baiser la main. Elle leur a pris leur jeune fils[3].

— Les pauvres gens ! fit-il après un silence.   5

Je l'aidai à s'installer à sa place habituelle, sur le même matelas°. Ensuite, en posant le repas devant lui et en veillant à ce que rien ne tarde, j'oubliai un peu les voisins. J'aimais servir Père ; c'était, je crois, le seul travail domestique qui me plaisait. Maintenant surtout. Depuis notre départ, Père avait beaucoup vieilli. Il pensait trop aux absents, bien qu'il n'en parlât[4] jamais, à moins qu'une lettre   10
n'arrivât d'Algérie et qu'il demandât à Omar de la lire.

Au milieu du repas, j'entendis Mère murmurer :

— Ils ne doivent guère avoir envie de manger aujourd'hui !

— Le corps est resté à l'hôpital, dit quelqu'un.

Père ne disait rien. Il parlait rarement au cours des repas.   15

— Je n'ai guère faim, dis-je en me levant, pour m'excuser.

Les pleurs°, au-dehors semblaient plus étouffés°, mais je distinguais quand même leur mélopée°. Leur douce mélopée. C'est le moment, me dis-je, où la douleur devient accoutumance° et jouissance° et nostalgie. C'est le moment où l'on pleure avec presque de la volupté, car ce présent de larmes est un présent sans fin. C'était le   20
moment où le corps de mes enfants se refroidissait vite, si vite et où je le savais …

À la fin du repas, Aïcha vint dans la cuisine où je me trouvais seule. Elle alla auparavant fermer la fenêtre qui donnait sur les terrasses voisines, par où les pleurs me parvenaient. Moi, je les entendais toujours. Et, c'est étrange, c'était cela qui me rendait si calme aujourd'hui, un peu morne.   25

— Des femmes viennent cet après-midi pour te voir et te demander en mariage, commença-t-elle. Père dit que le prétendant° est convenable° à tous les égards°.

Sans répondre, je lui tournai le dos et me dirigeai vers la fenêtre.

— Qu'as-tu donc ? fit-elle un peu vivement.

— J'ai besoin d'air, dis-je ouvrant toute grande la fenêtre, pour que le chant   30

---

[2] Dans cet extrait, deux scènes parallèles s'entrelacent : celle qui se passe chez la narratrice (avec le repas et la demande en mariage) et celle qui se passe chez les voisins (avec les pleurs et le deuil). La narratrice est hantée par la mort chez les voisins.

[3] Le fils des voisins, les Smain, vient d'être tué dans un accident de voiture.

[4] *Parlât, arrivât* et *demandât* sont à l'imparfait du subjonctif, un temps littéraire du subjonctif.

entre. Cela faisait déjà quelque temps que dans mon esprit la respiration de la mort était devenue le « chant ».

— Lorsque Père sortira, tu veilleras à soigner un peu ta toilette, dit-elle enfin. Ces femmes savent bien que nous sommes des réfugiés parmi tant d'autres, et

35 qu'elles ne vont pas te trouver parée° comme une reine. Mais il faudrait quand même que tu sois à ton avantage.

paré adorned

— Elles se sont arrêtées de pleurer, constatai-je, ou peut-être sont-elles déjà fatiguées, dis-je en rêvant à cette fatigue étrange qui nous saisit au plus profond de la douleur.

40 Occupe-toi donc des femmes qui vont venir ! répliqua Aïcha d'une voix un peu plus haute.

— Elles étaient trois : une vieille qui devait être la mère du prétendant et qui, à mon arrivée, mit précipitamment° ses lunettes ; deux autres femmes, assises côte à côte, et qui se ressemblaient. Hafça, qui était entrée derrière moi, s'assit à mes

précipitamment hurriedly

45 côtés. Je baissais les yeux.

Je connaissais mon rôle pour l'avoir déjà joué ; rester ainsi muette, paupières baissées et me laisser examiner avec patience jusqu'à la fin : c'était simple. Tout est simple, avant, pour une fille qu'on va marier.

Mère parlait. J'écoutais à peine. Je savais trop les thèmes qu'on allait développer :

50 Mère parlait de notre triste condition de réfugiés ; ensuite, on échangerait les avis pour savoir quand sonnerait la fin : « ... encore un ramadhan⁵ à passer loin de son pays ... peut-être était-ce le dernier ... peut-être, si Dieu veut ! Il est vrai que l'on disait de même l'an dernier, et l'an d'avant ... Ne nous plaignons pas trop ... La victoire est de toute façon certaine, tous nos hommes le disent. Nous, nous savons

55 que le jour du retour viendra ... Il nous faut songer à ceux qui sont restés ... Il nous faut penser au peuple qui souffre ... Le peuple algérien est un peuple aimé de Dieu ... Et nos

60 combattants sont comme du fer ... »

Cette fois, cela dura un peu plus longtemps ; une heure peut-être ou plus.

65 Jusqu'au moment où l'on apporta le café. J'écoutais alors à peine. Je songeais, moi aussi, mais à ma manière, à cet exil et à ces

70 jours sombres.

Je pensais que tout avait changé, que le jour de mes premières fiançailles°, nous étions dans ce long

les fiançailles engagement

75 salon clair de notre maison, sur les collines d'Alger ; qu'il y avait alors prospérité pour nous, prospérité et paix ; que Père riait,

⁵ Le ramadhan est le mois pendant lequel les musulmans doivent s'astreindre à l'abstinence et au jeun (*fast*) entre le lever et le coucher du soleil.

et qu'il remerciait Dieu de sa demeure pleine … Et moi, je n'étais pas comme 80
aujourd'hui, l'âme° grise, morne et cette idée de la mort palpitant° faiblement en
moi depuis le matin … Oui, je songeais que tout avait changé et que, pourtant,
d'une certaine façon, tout restait pareil. On se préoccupait encore de me marier.
Et pourquoi donc ? me dis-je soudain. Et pourquoi donc ? répétais-je avec en moi,
comme de la fureur, ou son écho. Pour avoir les soucis qui eux ne changent pas, en 85
temps de paix comme en temps de guerre, pour me réveiller au milieu de la nuit
et m'interroger sur ce qui dort au fond du cœur de l'homme qui partagerait ma
couche … Pour enfanter et pour pleurer car la vie ne vient jamais seule pour une
femme, la mort est toujours derrière elle, furtive, rapide, et elle sourit aux mères …
Oui, pourquoi donc ? me dis-je. 90

Le café était servi maintenant. Mère faisait les invitations.

— Nous n'en boirons pas une gorgée°, commençait la vieille, avant d'avoir
obtenu votre parole pour votre fille.

— Oui, disait l'autre, mon frère nous a recommandé de ne pas revenir sans
votre promesse de la lui donner comme épouse. 95

J'écoutais Mère éviter de répondre, se faire prier hypocritement et de nouveau
les inviter à boire. Aïcha se joignait à elle. Les femmes répétaient leur prière …
C'était dans l'ordre.

Le manège° dura encore quelques minutes. Mère invoquait l'autorité du père :

— Moi, je vous la donnerais … Je vous sais des gens de bien … Mais il y a son père. 100

— Son père a déjà dit oui à mon frère, reprenait l'une des deux femmes qui se
ressemblaient. La question n'a plus à être débattue qu'entre nous.

— Oui, disait la seconde, la parole est à nous maintenant. Réglons la question.

Je levai la tête ; c'est alors, je crois, que je rencontrai le regard de Hafça. Or, il

y avait, au fond de ses yeux, une étrange lueur°, celle de l'intérêt sans doute ou de 105
l'ironie, je ne sais, mais on sentait Hafça étrangère. Je rencontrai ce regard.

— Je ne veux pas me marier, dis-je. Je ne veux pas me marier, répétais-je en
criant à peine.

Il y eut beaucoup d'émoi° dans la chambre : Mère qui se souleva en poussant
un soupir°, Aïcha que je vis rougir. Et les deux femmes, qui se retournèrent d'un 110
même mouvement lent et choqué, vers moi :

— Et pourquoi donc ? disait l'une d'elles.

— Mon fils, s'exclama la vieille avec quelque hauteur, mon fils est un homme
de science. Il va partir dans quelques jours en Orient.

— Certainement ! disait Mère avec une touchante précipitation. Nous savons 115
qu'il est un savant. Nous le connaissons pour son cœur droit … certainement …

— Ce n'est pas pour ton fils, dis-je. Mais je ne veux pas me marier. Je vois

l'avenir° tout noir devant mes yeux. Je ne sais comment l'expliquer, cela vient sans
doute de Dieu … Mais je vois l'avenir tout noir devant mes yeux ! répétais-je en
sanglotant tandis qu'Aïcha me sortait en silence. 120

Vérifions notre compréhension du texte

Répondez aux questions suivantes et justifiez vos réponses.

1. Qu'est-ce que le père demande en rentrant du travail ?
2. Qu'est-ce qui s'est passé chez les Smain ?
3. Quel est le seul travail domestique que la narratrice aime faire ?

4. À quoi pense trop souvent le père depuis que la famille a quitté l'Algérie ? Quel est l'effet de ses pensées sur sa santé ?

5. Qu'est-ce qu'Aïcha dit à la narratrice à la fin du repas ?

6. Que pense Aïcha du prétendant ?

7. Qu'est-ce qu'Aïcha dit à la narratrice de faire ? Pourquoi ?

8. Qui sont les trois femmes qui viennent chez la narratrice ? Comment sont-elles ?

9. Décrivez la conversation des femmes. De quoi la mère de la narratrice parle-t-elle ?

10. À quoi la narratrice pense-t-elle ?

11. Pourquoi est-ce que les trois femmes refusent de boire du café ?

12. Quelle est l'opinion du père sur ce mariage ? De la mère ? D'Aïcha ? De la narratrice ?

13. Pourquoi la narratrice ne veut-elle pas se marier ?

Approfondissons notre compréhension du texte

En petits groupes, discutez des questions suivantes. Soyez prêts à présenter vos idées au reste de la classe.

1. Quelle est l'importance de la personnification de la mort dans les premiers mots de la narratrice ? Quelle attitude envers la mort est-ce que cela montre ?

2. La narratrice dit que le seul travail domestique qu'elle aime est de servir son père. Pourquoi cette remarque est-elle importante ? Quels aspects culturels et personnels est-ce que cette remarque démontre ?

3. La mère dit que les voisins « ne doivent guère avoir envie de manger aujourd'hui ! » Immédiatement après la narratrice dit qu'elle non plus n'a pas faim. Discutez du parallélisme entre ces deux constatations. Pourquoi la narratrice n'a-t-elle pas faim ? Qu'est-ce qu'Assia Djebar veut montrer ?

4. Discutez de l'importance de la mélopée. Dans quel sens la tristesse peut-elle devenir « accoutumance et jouissance et nostalgie » ?

5. Aïcha et la mère se concentrent sur le mariage futur de la narratrice. La narratrice par contre semble ne pas s'y intéresser. Quels gestes, mots, mouvements dans le texte nous font comprendre que la narratrice est indifférente envers le mariage même avant qu'elle ne nous le dise ?

6. Comment la mère présente-t-elle la situation familiale ? Pourquoi se rappelle-t-elle tout ce que la famille a perdu en quittant l'Algérie ? Quel effet veut-elle produire sur son auditoire ?

7. À quoi la narratrice pense-t-elle pendant que sa mère parle de leur vie passée en Algérie ? Y a-t-il un rapport entre les pensées de la narratrice et sa décision de ne pas se marier ? Quel est ce rapport ?

8. Discutez des négociations de mariage. Pourquoi la narratrice les appelle-t-elle « un manège » ?

9. Décrivez l'effet du refus de mariage sur les trois femmes et sur la mère et Aïcha.

En petits groupes, discutez des questions suivantes :

1. À la fin du texte, la narratrice dit carrément qu'elle ne veut pas se marier. Cependant, bien avant cette déclaration, nous savons qu'elle ne s'intéresse pas aux projets de mariage. Quels sont les indices du texte qui nous font comprendre que la narratrice ne veut pas se marier ?

2. Les deux grands événements sont la mort du fils des voisins et le futur mariage de la narratrice. Pourquoi Assia Djebar juxtapose-t-elle ces deux événements si opposés ?

3. Ce texte nous montre une culture très différente de la culture française ou américaine. Quels aspects du texte sont algériens et/ou musulmans ?

4. Comparez et contrastez l'attitude des divers personnages (la narratrice, le père, la mère, Aïcha, les trois femmes) envers le mariage. Il s'agit d'un mariage arrangé. Quels sont les points positifs et négatifs d'une telle coutume ?

5. Dans le texte de Djebar, les vieilles traditions jouent un rôle important dans la vie des personnages. Discutez de ces traditions. Quel rôle les traditions jouent-elles dans une culture ? Quelle est l'importance des traditions dans votre vie ?

6. Les rapports personnels intimes sont toujours difficiles. Connaissez-vous quelqu'un qui vient d'une culture où les mariages arrangés ont toujours lieu ? Parlez avec cette personne et présentez ses idées à vos camarades de classe.

▲ Tunis, femmes dans la Médina

1 Formes

On appelle également ces pronoms accentués ou disjoints (pour montrer leur position séparée du verbe).

moi	nous
toi	vous
lui, elle, soi	eux, elles

Remarque : **Soi** est indéfini et souvent utilisé avec le pronom **on, tout le monde, chacun,** etc. : **On** pense souvent à **soi** plus qu'aux autres.

2 Utilisation

A. On utilise un pronom disjoint

1. pour renforcer le pronom sujet du verbe.

> **Toi,** tu es toujours contre la tradition.
> **Moi,** je veux que le pays se modernise.

Remarque : Notez qu'à la troisième personne on peut utiliser le pronom disjoint seul.

> **Lui** veut que l'on respecte sa culture.

2. pour distinguer deux sujets.

> **Toi** et **moi,** nous ferons le rapport sur le colonialisme ensemble.
> Hélène et **moi,** nous parlerons de la situation politique en Martinique.
> **Lui** et **elle** ont vécu au Congo.

Remarque : À la troisième personne, on ne répète pas le pronom sujet.

3. après **c'est, ce sont.**

> Ce sont **eux** qui ont organisé ce colloque.
> C'est **lui** qui a eu un entretien avec Édouard Glissant.
> C'est **nous** qui voulons inviter Véronique Tadjo.

4. pour répondre à une question.

> Qui a lu le dernier livre de Tahar Ben Jelloun ?
> **Moi.**

5. après une préposition.

> Les hommes du village se sont groupés autour de **moi.**
> Le griot parlait devant **eux.**

6. avec **aussi** et **non plus.**

> Elle n'a pas lu le dernier livre de Maryse Condé.
> **Moi** non plus d'ailleurs.

7. après des comparaisons et **ne ... que.**

> Elle est plus moderne que **lui.**
> Il n'a invité qu'**eux** au mariage.

8. après **ni ... ni.**

> Ni **lui** ni **moi** ne comprenons ces traditions culturelles.

9. avec un certain nombre de verbes utilisés avec la préposition à pour remplacer des noms de personnes : **s'intéresser à, s'habituer à, se fier à, faire attention à, penser à, rêver à, songer à,** etc.

> La narratrice ne s'intéresse pas à son futur fiancé.
> La narratrice ne s'intéresse pas à **lui.**

Remarque : N'oubliez pas qu'avec des noms de choses on utilise le pronom **y** avec ces verbes.

> La narratrice ne s'intéresse pas à son futur mariage.
> Elle ne s'**y** intéresse pas.

10. après les verbes suivis de la préposition **de** pour remplacer un nom de personne : **avoir peur de, être content de, s'occuper de,** etc.

> Avez-vous peur de votre mari ?
> Non, je n'ai pas peur de **lui** !
> Avez-vous besoin de Mbaka et Modou ?
> Oui, j'ai besoin d'**eux.**

Remarque : Pour insister on peut rajouter **même/mêmes** au pronom disjoint.

> Il a raconté l'histoire **lui-même.**
> Nous avons écrit ce manifeste **nous-mêmes.**

B. Précision sur les verbes suivis de la préposition **à**

En français, il y a deux types de verbes suivis de la préposition à

1. **Verbes conjugués avec le pronom d'objet indirect : me, te lui, nous, vous, leur**

demander à	dire à	donner à
écrire à	emprunter à	obéir à
offrir à	parler à	plaire à
prêter à	rendre à	répondre à
souhaiter à	sourire à	téléphoner à

2. **Verbes conjugués avec le pronom disjoint : à + moi, toi, lui, elle, nous, vous, eux, elles**

faire attention à	penser à	rêver à
songer à	renoncer à	tenir à
se fier à	s'habituer à	s'intéresser à

Pour les choses, ces verbes sont conjugués avec le pronom Y

Pratiquons

 8-19 Dialogue entre plusieurs amies. Complétez avec un pronom disjoint.

— Qui va en Afrique cet été ?
— ___Moi___ je vais en Côte d'Ivoire.
— Connais-tu des gens en Côte d'Ivoire ?
— ___Moi___ je n'ai pas d'amis à Abidjan mais mon fiancé,
___lui___ en a beaucoup.
— Vas-tu voyager avec ton fiancé ?
— Oui, je vais voyager avec ___lui___.
— Quand es-tu tombée amoureuse de ___lui___ ?
— Je suis tombée amoureuse d'Alain quand j'étais étudiante.
— Allez-vous vous marier en France ou en Côte d'Ivoire ?
— ~~Elle~~ ___lui___ aimerait avoir une cérémonie dans les deux pays
mais ___moi___, je ne sais pas encore ce que je veux.
— As-tu rencontré les parents de ton fiancé ?
— Non, pas encore mais je vais vivre avec ___eux___ pendant
notre séjour.
— Crains-tu d'être mal acceptée ?
— Non, parce qu'Alain a déjà parlé de ___moi___ à sa famille
et j'ai déjà vu ses sœurs. ___Elles___ aussi sont mariées à des
Français de souche. ___Nous___ nous sommes tous pour le
multiculturalisme et nous sommes convaincus que les mariages mixtes
peuvent réussir. Ni ___eux___ ni ___nous___
ne sommes racistes.

> moi
> toi
> elle
> lui
> nous
> vous
> eux
> elles

8-20 Posez-vous les questions suivantes. Répondez en employant des pronoms disjoints selon le modèle.

Modèle : Vas-tu voyager avec tes amis ?
Non, je ne vais pas voyager avec eux.
Quels pays francophones as-tu visités ?
Moi, j'ai visité la Tunisie, mes parents, eux ont visité le Sénégal.

1. À quels pays francophones t'intéresses-tu ?
2. As-tu des amis africains ? Antillais ? Maghrébins ?
3. Parles-tu de leur pays avec tes amis ?
4. Se méfient-ils des gens d'extrême droite ?
5. S'intéressent-ils aux écrivains francophones ? À Maryse Condé ? À Alain Mabanckou ?
6. As-tu suivi des cours avec le/la spécialiste de la francophonie de ton université ?
7. Peu d'étudiants français étudient la littérature francophone. Et toi ? Et les Américains ?
8. Toi et tes amis avez-vous l'intention d'étudier dans un pays francophone ?

8-21 Gabriel vient du Québec et parle de son pays avec Maya, une Française. Elle lui pose beaucoup de questions. Écrivez les réponses de Gabriel en utilisant le pronom disjoint (**moi, toi, lui, elle, nous, vous, eux, elles**) ou **en** ou **y**.

Modèle : Vous entendez : Est-ce que le Québec est très attaché à son passé ?
Vous écrivez : Oui, il y est très attaché.
Vous entendez : Les habitants sont-ils attachés à leurs ancêtres ?
Vous écrivez : Oui, ils sont attachés à eux.

Maya : Est-ce que tes parents qui sont à Montréal pensent souvent à toi ?
Gabriel : Oui, ils _____ tous les jours.
Maya : Est-ce que tu songes souvent à la vie dans ton pays ?
Gabriel : Oui, je/j' _____ souvent.
Maya : Au Québec, est-ce que les gens s'intéressent à leur histoire ?
Gabriel : Ils _____ beaucoup.
Maya : Les gens se souviennent-ils de Jacques Cartier° ?
Gabriel : Ils _____.
Maya : Autrefois, est-ce que la vie économique était liée à l'agriculture ?
Gabriel : Oui, elle _____
Maya : Les Québécois sont-ils fiers de leur patrimoine français ?
Gabriel : Ils _____.
Maya : Les immigrants s'accoutument-ils facilement aux Québécois ?
Gabriel : Oui, ils _____ très vite.
Maya : Dans ton pays, les gens se méfient-ils des étrangers ?
Gabriel : Non, ils _____.

Cartier, un explorateur, est arrivé en Gaspésie au XVIème siècle.

 8-22 Sur le modèle précédent, préparez une liste de questions que vous poserez au reste de la classe. Utilisez les expressions suivantes qui demandent un pronom disjoint dans la réponse ou les pronoms **y** et **en : avoir peur de, se méfier de, s'accoutumer à, s'habituer à, s'intéresser à, faire attention à, penser à, rêver à, tenir à.**

Le Vieux Québec ▶

Stratégie d'écriture : L'argumentation

Dans les chapitres précédents, nous avons étudié les composantes d'un essai académique : l'idée directrice, les introductions, les conclusions, les paragraphes ; et nous avons travaillé le style écrit. Une argumentation efficace dépend de toutes ces composantes ; leur mise en place permet de créer un essai bien organisé.

Il existe plusieurs possibilités pour la structure argumentative d'un essai. Il s'agit donc de choisir le format le plus adapté à vos idées. Les chapitres qui suivent présenteront une structure argumentative différente qui vous aidera à mieux structurer votre essai.

Le format le plus courant aux États-Unis et utilisé également en France est celui où l'argumentation se développe systématiquement au cours de l'essai. Dans ce type d'essai, après avoir annoncé dans l'introduction le sujet et l'idée directrice (voir chapitres 1, 2, 3), l'auteur commence par établir les prémisses ou les principes les plus fondamentaux, les soutenant par la discussion ou par des exemples spécifiques du texte. On traite normalement d'un principe par paragraphe (voir chapitre 4). De paragraphe en paragraphe, l'auteur développe les implications et les conséquences de ces principes jusqu'à la conclusion où il réunit tous les fils de l'argument. Il finit en présentant sa théorie sur l'aspect du texte qu'il étudie au cours de l'essai. Si vous visualisez un tel essai, il prendrait la forme d'une pyramide.

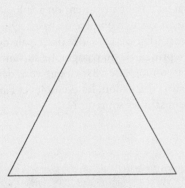

Comme vous le voyez, l'argumentation se développe petit à petit et chaque paragraphe est étroitement lié au paragraphe suivant, souvent par des transitions (voir chapitre 7). Il serait ainsi impossible d'avoir un essai cohérent et logique si on changeait l'ordre des paragraphes.

 ## Sujets de composition (600 mots)

1. Assia Djebar nous fait comprendre l'attitude de la narratrice par de multiples techniques. Dans votre essai, analysez la façon dont Djebar traduit l'attitude de la narratrice.

2. La nostalgie est un motif important dans le texte de Djebar. Analysez ce motif.

3. Djebar crée une ambiance riche et complexe par des juxtapositions inattendues. Par exemple, le mariage est juxtaposé à la mort ; la nostalgie de la mère, du père et de la narratrice se juxtaposent, l'attitude et les gestes de la narratrice s'opposent à ceux d'Aïcha. Analysez l'ambiance complexe que Djebar crée au moyen des parallèles du texte.

4. Dans le texte de Djebar, il s'agit d'un mariage arrangé. Que pensez-vous des mariages arrangés ? Présentez votre point de vue dans un essai bien organisé et dans lequel vous soutenez vos idées par des exemples concrets.

5. Dany Laferrière appelle l'ensemble de ses livres son « autobiographie américaine » et il insiste sur le double objectif de son travail : retrouver le « sens de l'individualité et, en même temps, décrire la société dont il est issu. » Pensez-vous que cette formule s'applique également au texte d'Assia Djebar ? La narratrice essaie-t-elle aussi de s'extirper de son milieu pour trouver son individualité ? Dans votre essai comparez les objectifs de Laferrière et de Djebar.

6. Écrivez un essai autobiographique dans lequel vous parlez de vos propres efforts pour découvrir votre individualité. Quel(s) événement(s) important(s) ont formé votre personnalité ?

 Avant d'écrire

Faites le plan de votre essai en faisant très attention à la logique de vos idées. Pour chaque paragraphe, quelle est votre hypothèse de base ? Quels exemples allez-vous utiliser pour la soutenir ? Est-ce que l'idée principale de chaque paragraphe mène logiquement à l'idée principale du paragraphe suivant ? Est-ce que votre argumentation évolue de façon logique ? Est-ce que vous démontrez au lecteur la validité de votre théorie par la discussion, les exemples et l'analyse des exemples au lieu de lui imposer vos idées sans les soutenir ?

 Collaborons

Échangez votre plan avec deux autres étudiants de la classe et, pour chaque plan, complétez les déclarations et questions suivantes :

Idée directrice : _____

Problématique : _____

Prémisses : _____

_____

_____

_____

Exemples : _____

Est-ce que l'argumentation évolue logiquement ?

_____

Quels sont les aspects convaincants de l'argumentation ? Dressez-en une liste :

1. _____

2. _____

3. _____ , etc.

Quelles sont les faiblesses de l'argumentation ?

1. _____

2. _____

3. _____

4. _____ , etc.

Y a-t-il de bonnes transitions entre chaque paragraphe ? _____

Avez-vous d'autres transitions à proposer ? Lesquelles ? _____

Est-ce que les paragraphes sont logiquement bien enchaînés ?

_____

S'il y a des faiblesses, où sont-elles ? _____

_____

Maintenant, essayez de faire le dessin de l'essai de vos partenaires. Est-ce que l'argumentation forme une pyramide ?

Modèle d'écriture : Sujet de composition 2

Voilà un essai modèle sur le sujet de composition #2. Après avoir lu l'essai, discutez-en avec un(e) partenaire.

Quelle est l'idée directrice de l'essai ?

Y a-t-il une problématique ou une question implicite dans l'idée directrice ?

Quelles sont les idées-clés de chaque paragraphe ?

Est-ce que chaque paragraphe suit logiquement le paragraphe précédent ?

Quelles phrases spécifiques lient chaque paragraphe au paragraphe précédent ? Au paragraphe suivant ?

Est-ce que l'argument devient de plus en plus complexe ?

Faites le dessin de l'essai. Est-ce que la forme est pyramidale ?

Regardez l'introduction et la conclusion. Est-ce que la conclusion découle logiquement de l'introduction ?

Cet essai offre une interprétation du rôle de la nostalgie dans le texte de Djebar, mais il y en a d'autres. Êtes-vous d'accord avec cette interprétation ? Quelle est votre interprétation du texte ?

Le rôle de la nostalgie dans « Il n'y a pas d'exil »

Un mariage est au centre de l'intrigue de la nouvelle « Il n'y a pas d'exil » du recueil « Femmes d'Alger dans leur appartement » d'Assia Djebar. D'habitude, un mariage est un événement rempli de joie et d'espoir pour l'avenir. Cependant, le texte de Djebar commence par la mort du fils des voisins de la narratrice et finit par sa déclaration qu'elle ne veut pas du tout se marier et ne voit qu'un « … avenir tout noir devant [ses] yeux ». Il semble que la narratrice refuse la future promesse de bonheur conjugal et familial qu'on lui offre. Comment expliquer ce refus problématique ? Pour le comprendre, il faut d'abord situer ce refus dans le contexte du sentiment de perte qui prédomine dans ce texte, une perte qui crée un vide au fond du cœur de la narratrice, une perte qui ne peut être comblée que par de profonds sentiments de nostalgie.

Il existe plusieurs formes de pertes dans « Il n'y a pas d'exil », mais la plus importante résulte de la guerre d'Algérie. Ancienne colonie française, l'Algérie a lutté pour son indépendance de 1954 à 1962. Au cours de cette guerre, beaucoup d'Algériens ont tout perdu : leurs maisons et tous leurs biens et des milliers de gens ont dû quitter leur pays pour se réfugier ailleurs, surtout en Tunisie, pays où l'intrigue de la nouvelle « Il n'y a pas d'exil » se déroule. Plus pénible que la perte des biens et du pays natal, la mort frappe les familles. C'est dans ce contexte historique de dévastation qu'on doit d'abord comprendre la dépression générale de la narratrice.

La narratrice souffre de la perte de sa patrie et de son exil en Tunisie. Mais c'est le père qui incarne le mieux la souffrance engendrée par ce type de malheur. Selon la narratrice, il « avait beaucoup vieilli » depuis leur départ d'Algérie et il ne cesse de penser aux « absents », les membres de sa famille morts durant la guerre, et à toute la prospérité et la vie épanouie qu'il avait là-bas. Bien que le père n'en parle pas beaucoup, la narratrice dit qu'il y pense trop. On comprend que la dépression et la nostalgie pour tout ce qu'il a dû laisser en Algérie remplissent sa vie. C'est pourquoi la narratrice semble se sentir le plus proche de son père. Elle partage sa douleur et alors servir son père devient « le seul travail domestique qui [lui] plaisait ».

La narratrice elle-même a subi les mêmes malheurs que son père. Comme lui, elle aussi a perdu sa patrie et a vu périr des membres de sa famille. Cependant ses épreuves sont pires que celles de son père. Son père a quand même sa femme et ses enfants, le fils, la narratrice et ses sœurs, pour le réconforter et le consoler. Par contre, la narratrice est divorcée et a perdu ses deux jeunes enfants. Ce sont des chagrins dont on ne se remet jamais. La perte de ses enfants explique surtout pourquoi la narratrice comprend profondément la douleur des voisins qui viennent de perdre leur jeune fils. Elle partage leur tristesse, et les pleurs et les chants du deuil la font revivre sa propre douleur face à la mort de ses enfants. Ces deuils ont effectivement créé un grand vide au fond de son cœur et seuls les sentiments de douleur et surtout de nostalgie peuvent combler ce vide. Ces sentiments sont pénibles, mais ils remplissent si bien ce vide que, de manière paradoxale, ils deviennent des sentiments positifs et réconfortants. La narratrice le dit très bien quand elle dit que « … la douleur devient accoutumance et jouissance et nostalgie ». Comme une droguée, la narratrice s'est habituée à la nostalgie au point où elle ne peut ni ne veut se détacher de ce sentiment qui remplace tous ses besoins affectifs positifs.

La narratrice refuse la proposition de mariage qu'on lui fait à cause du caractère positif de la nostalgie. Elle dit clairement que son refus n'a rien à voir avec les qualités du prétendant, un homme de bien. « Ce n'est pas pour ton fils », dit-elle. « Mais je ne veux pas me marier ». Elle dit qu'elle voit « l'avenir tout noir devant [ses] yeux ». On pourrait dire que la narratrice refuse le mariage parce qu'elle a perdu tout espoir de bonheur ou parce qu'elle ne voit l'avenir que par rapport au passé. De plus, son attachement à la nostalgie renforce ce refus du bonheur. Si la narratrice acceptait le mariage, elle aurait besoin de se détacher de ses sentiments de tristesse, de deuil et de nostalgie, sources de « volupté » et de « jouissance ». Sans justification pour sa nostalgie, la narratrice voit un avenir vide, un avenir « tout noir » où le passé petit à petit s'effacera. Ayant remplacé tout bonheur possible, la nostalgie organise la vie entière de la narratrice et l'empêche de recommencer dans un nouveau mariage. La narratrice refuse alors un bonheur possible pour les « plaisirs » (la volupté et la jouissance) de la nostalgie. C'est de cette manière qu'Assia Djebar nous montre les effets psychologiques profonds de la guerre et de la vie des réfugiés.

9 Intersections esthétiques : architecture, peinture, sculpture

▲ Musée Pompidou à Paris

LES OBJECTIFS

Musées, tableaux, artistes

Réflexion sur le monde de l'art
« Cézanne l'incompris »
Marcel Aymé : « Oscar et Erick »

Comment rédiger une critique d'une œuvre d'art

Orientation culturelle

Dans une large mesure, la production artistique d'un pays définit sa culture. Pour nul pays européen n'est-ce plus vrai que pour la France dont la littérature, la peinture, la sculpture et l'architecture produites au cours des siècles continuent à susciter l'admiration. Au Moyen-Âge, par exemple, l'architecture gothique, dont Notre Dame de Paris est un bel exemple avec ses arcs-boutants, gargouilles et vitraux, est à son apogée. Pendant la Renaissance, l'art français subit l'influence des artistes italiens pour ensuite produire ses propres chefs-d'œuvre. Le gothique devient encore plus somptueux et se voit dans la construction de nombreux châteaux, surtout dans la vallée de la Loire. Au dix-septième siècle, la cour resplendissante de Louis XIV à Versailles témoigne d'une culture créative extraordinaire avec des dramaturges comme Corneille, Molière et Racine. L'art du dix-huitième siècle ou l'Âge des Lumières est marqué par deux styles très distincts : le style rococo de Boucher et de Watteau au début du siècle et le style néo-classique de David vers la fin. Le XIXème siècle est une époque d'une production artistique extraordinaire. Après le réalisme de Courbet, l'art des Impressionnistes tels que Monet, Manet, Renoir et Degas, remet en question les principes esthétiques des siècles précédents. Grâce à cette productivité exceptionnelle et aux changements radicaux du Baron Haussman, Paris devient « la capitale de l'Europe »[1]. Le vingtième siècle est également marqué par des innovations, mais liées principalement aux deux guerres mondiales. L'art surréaliste de Magritte et de Duchamp est marqué par la politique tandis que l'art cubiste de Picasso suggère une nouvelle perception d'un monde considéré de plus en plus fragmentaire.

1. Expliquez la phrase « la production artistique d'un pays définit sa culture ».
2. Qu'est-ce qui caractérise l'art du Moyen-Âge ?
3. Quels artistes influencent l'Europe de la Renaissance ?
4. Quel château a été construit au XVIIème siècle ?
5. Au XVIIIème siècle, quel style domine en peinture ?
6. En peinture, quel mouvement signale la modernité du XIXème ?
7. Qui a planifié la modernisation de Paris au XIXème siècle ?
8. Au XXème siècle, les mouvements artistiques sont influencés par des événements politiques et historiques. Donnez des exemples.

[1] Zola dans *La Curée*, parle de Paris « capitale du Monde » de même que Walter Benjamin évoque Paris « capitale du XIXème siècle. »

Vocabulaire

Apprenons ces mots essentiels

Professions

Noms

l'architecte *(m. / f.)*	*architect*	un paysagiste	*landscape painter*
l'artiste *(m. / f.)*	*artist*	le peintre	*painter*
le dramaturge	*playwright*	le photographe	*photographer*
l'écrivain *(m.)*	*writer*	le poète	*poet*
le musicien, la musicienne	*musician*	le sculpteur, la sculptrice	*sculptor*

Produits, lieux

Noms

l'appareil photo *(m.)*	*photo camera*	l'œuvre *(f.)* d'art	*work of art*
un atelier	*studio*	la photo	*photograph*
un cadre	*frame*	le pinceau	*paintbrush*
une chanson	*song*	la sculpture	*sculpture*
un chef-d'œuvre	*masterpiece*	le tableau	*painting*
le dessin	*drawing*	une tapisserie	*tapestry*
l'écriture *(f.)* créative	*creative writing*	la toile	*canvas*

◄ Notre Dame de Paris

294

Genres de spectacle (le genre)

Noms

le ballet	*ballet*	cubiste	*cubist*
une comédie	*comedy*	existentialiste	*existentialist*
l'opéra *(m.)*	*opera*	gothique	*gothic*
une pièce de théâtre	*play*	impressionniste	*impressionist*
une tragédie	*tragedy*	réaliste	*realist*
		romantique	*romantic*

Adjectifs

baroque	*baroque*	sublime	*sublime*
classique	*classical*	surréaliste	*surrealist*

Description d'une œuvre d'art

Noms

l'arrière-plan / à l'arrière plan *(m.)*	*background/in the background*	l'ombre *(f.)*	*shadow*
la créativité	*creativity*	la perspective	*perspective*
le goût	*taste*	le premier plan / au premier plan	*foreground / in the foreground*
la lumière	*light, lighting*		

Activités artistiques

Verbes

chanter	*to sing*	peindre	*to paint*
créer	*to create*	photographier	*to photograph, take a photograph*
danser	*to dance*		
dessiner	*to draw*	prendre en photo	*to take a photograph*
écrire	*to write*	sculpter	*to sculpt*
faire une photo	*to take a picture*		
jouer un rôle	*to play a part, act (in a movie, play, etc.)*		

▶ **Édouard Manet,**
La lecture

Amusons-nous avec les mots

 9-1 Où est l'intrus ? Trouvez le mot de chaque colonne qui n'appartient pas à la liste.

dramaturge	pastelliste	pinceau	tragédie
musicien	paysagiste	tableau	opéra
poète	photographe	photo	comédie
écrivain	peintre	toile	pièce de théâtre

 9-2 Reliez les mots de la première liste à ceux de la seconde. Plusieurs réponses sont possibles.

1. _____ architecture   **a.** impressionniste
2. _____ peinture   **b.** gothique
3. _____ musique   **c.** classique
4. _____ littérature   **d.** cubiste
5. _____ théâtre   **e.** romantique
6. _____ sculpture   **f.** baroque

9-3 Emilie, une étudiante américaine, visite Paris avec son copain parisien, Pierre.
Écoutez leur conversation.

A. Répondez aux questions que vous entendez en indiquant la lettre qui
correspond à la réponse correcte :

1. a)   b)   c)   d)   4. a)   b)   c)   d)
2. a)   b)   c)   d)   5. a)   b)   c)   d)
3. a)   b)   c)   d)

B. Maintenant répondez aux questions suivantes.

1. Pour quelles raisons est-ce qu'Emilie prend tant de photos de Notre Dame ?
2. Quel est le sujet principal du cours d'histoire de l'art qu'Emilie suit ?
3. Est-ce que vous vous intéressez à l'architecture ? Pourquoi ou pourquoi pas ?
   Êtes-vous d'accord avec le prof d'Emilie que l'architecture représente l'âme de
   toute une culture ? Élaborez.

Élargissons notre vocabulaire

Architecture

un arc-boutant	*flying buttress*	un vitrail	*stained-glass window*
une gargouille	*gargoyle*	une voûte	*vault*

Peinture

l'aquarelle (*f.*)	*watercolor*	la palette	*palette; range of colors*
un chevalet	*easel*	la peinture à l'huile	*oil paint*
le clair-obscur	*chiaroscuro, half-light*	la texture	*texture*
une esquisse	*sketch*	une toile de fond	*backdrop (theater)*
estompé	*shaded, blurred*	le trompe l'œil	*optical illusion; trompe l'œil*
une gravure	*engraving*	(en trompe l'œil)	

Photo

un agrandissement	*enlargement*	une lentille	*lens*
un appareil numérique	*digital camera*	le tirage	*print*
une diapositive	*slide*		

Sculpture

l'argile (*f.*)	*clay*	le modelage	*modeling*
le marbre	*marble*		

Talent

un don	*gift (in the sense of talent)*	manifester	*to show*
doué	*gifted, talented*		

Claude Monet, *Argenteuil* ▶

Amusons-nous avec les mots

 9-4 Vous êtes critique d'art. Avec un(e) partenaire, choisissez dans la liste suivante les mots que vous allez utiliser pour décrire le tableau de Monet ci-dessus.

une aquarelle	un arc-boutant	l'arrière-plan	l'argile
un chevalet	le clair-obscur	une esquisse	une gargouille
une gravure	la palette	la toile de fond	la peinture à l'huile
la texture	le trompe l'œil	le premier plan	un appareil numérique

 9-5 Complétez les phrases avec le mot qui convient.

1. Notre Dame de Paris est un exemple d'architecture …

   romane

   gothique

   classique

2. Les tableaux de Rembrandt jouent avec la lumière. Il utilise la technique du …

   trompe l'œil

   goût

   clair-obscur

3. Versailles a accueilli beaucoup d'artistes. Molière y a présenté ses …

   comédies

   tableaux

   tragédies

4. Au château de Versailles, chaque pièce est ornée de …

   pinceaux

   argile

   tapisseries

5. Watteau abandonne la peinture décorative. Il met ses toiles sur un …

   gravure

   chevalet

   palette

6. La peinture impressionniste, initialement incomprise, ne correspondait pas au … de l'époque.

   don

   goût

   lentille

7. Les Impressionnistes aimaient peindre en plein air. Ils ne restaient pas dans leurs …

   gargouilles

   lentilles

   ateliers

8. Avant de peindre *Olympia*, Manet en a fait plusieurs …

   gravures

   textures

   esquisses

Qu'en pensez-vous ?

9-6 Plus tard Emilie et Pierre regardent les photos qu'Emilie a prises. Écoutez leur conversation.

A. Indiquez si les phrases que vous entendez sont vraies (Vrai) ou fausses (Faux).

   1. Vrai / Faux

   2. Vrai / Faux

   3. Vrai / Faux

   4. Vrai / Faux

 B. Maintenant, répondez aux questions suivantes.

   1. Pourquoi Emilie demande-t-elle à Pierre de l'aider ?

   2. Qu'est-ce qu'Emilie veut faire de ses photos ?

   3. Avez-vous jamais préparé des diapositives pour une présentation PowerPoint ? Décrivez votre présentation.

   4. Aimez-vous faire des photos ? Pourquoi ou pourquoi pas ? Quels sont vos sujets préférés ? Pourquoi ?

▲ À l'intérieur du Musée du Louvre

Invitation à la conversation

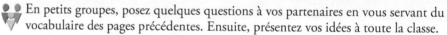 En petits groupes, posez quelques questions à vos partenaires en vous servant du vocabulaire des pages précédentes. Ensuite, présentez vos idées à toute la classe.

1. Quand vous avez du temps libre, qu'aimez-vous faire ? Est-ce que vous aimez lire ? Écrire ? Peindre ? Jouer d'un instrument de musique ? Danser ? Chanter ? Dessiner ? Prendre des photos ? Pourquoi ?

2. Quel type de livres aimez-vous lire ? Quelle musique préférez-vous ? Aimez-vous le ballet ? La danse moderne ?

3. Est-ce que vous aimez l'art ? Quel art ? Quel style ? Expliquez.

4. Est-ce que vous allez souvent au musée ? Au concert ? Au théâtre ? Au ballet ? Est-ce que parfois vous préférez rester chez vous pour écouter de la musique ou pour regarder une émission à la télévision ou une vidéo ? Pourquoi ?

5. Quel rôle l'expression artistique joue-t-elle dans votre vie ? Est-ce essentiel à votre vie ? Est-ce pour vous distraire ? Pour vous aider à vous détendre ? Pour mieux vous comprendre ?

6. Discutez du rôle social de l'expression artistique. Est-ce que l'art unifie les gens ou est-ce que c'est une activité personnelle et individualiste ? Est-ce une combinaison des deux ? Quand vous allez au musée ou lisez une œuvre littéraire, est-ce que vous en parlez avec vos amis ?

7. Discutez du rôle politique de l'expression artistique. Certaines œuvres, par exemple *La Case de l'oncle Tom* de Harriet Beecher-Stowe en Amérique, provoquent directement des réactions politiques. Est-ce que vous pouvez penser à d'autres œuvres qui ont produit un effet semblable ? Lesquelles ? Est-ce que l'art exerce un effet plus subtil sur la politique ? Connaissez-vous des œuvres d'art qui ont une signification politique ?

8. À votre avis, est-ce que l'expression artistique définit une culture ? Est-ce qu'une culture peut exister sans art ? Citez quelques œuvres d'art, de n'importe quel pays, qui semblent définir une culture. Quels aspects de la culture est-ce que ces œuvres révèlent ?

9. Qui sont vos artistes, écrivains préférés ? Pourquoi ? Lesquelles de leurs qualités appréciez-vous ? Est-ce que votre appréciation révèle certains aspects de votre personnalité ? Est-ce que vos amis vous comprennent mieux en connaissant vos goûts ?

10. Choisissez un artiste, un écrivain, etc., mentionné dans l'**Orientation culturelle** et faites des recherches sur cette personne. Utilisez Internet. Ensuite, présentez ce que vous avez appris au reste de votre classe. Vous pouvez utiliser par exemple le site http://www.impressionniste.net.

▲ Le Musée d'Orsay: La nef centrale, *Les quatre parties du monde*

1 Les catégories de verbes pronominaux

Les verbes pronominaux sont divisés en trois catégories : les verbes pronominaux à sens réfléchi, les verbes pronominaux à sens réciproque et les verbes pronominaux à sens idiomatique (voir chapitres 1 et 4). Les verbes pronominaux sont toujours conjugués avec le pronom réfléchi (**me, te, se, nous, vous, se**) qui correspond au sujet du verbe. Aux temps composés (le passé composé, le plus-que-parfait, le futur antérieur, le conditionnel antérieur, etc.) ils sont conjugués avec l'auxiliaire **être**.

A. Les verbes réfléchis :

Un verbe est **réfléchi** quand le sujet du verbe pronominal fait l'action sur lui-même ou lorsque l'action du verbe se réfère au sujet.

> Balzac **se réveillait** très tôt pour **se mettre** à écrire.
> Le compositeur Erik Satie n'aimait pas **se laver.**

Dans le premier exemple, c'est implicitement le corps de Balzac qui le réveille et c'est lui qui commence lui-même à écrire. Dans le deuxième exemple, c'est Satie qui lave son propre corps.

B. Les verbes réciproques :

Un verbe pronominal est **réciproque** si plusieurs sujets exercent une action les uns sur les autres.

> Gauguin a écrit à Van Gogh. Van Gogh a écrit à Gauguin.
> Van Gogh et Gauguin **se sont** souvent **écrit.**
> Baudelaire admirait Manet. Manet admirait Baudelaire.
> Baudelaire et Manet **s'admiraient.**

Dans ces deux exemples, l'action exprimée par les verbes est mutuelle. Ces verbes ne s'emploient qu'au pluriel.

Comparaison linguistique

- Comment exprime-t-on la réciprocité en anglais ?
- La réflexivité ?

Précisions

Pour insister sur la réciprocité ou pour éliminer une ambiguïté, on emploie **l'un l'autre** ou **les uns les autres.** Si le verbe exige une préposition, on la place entre **l'un** et **l'autre.**

> Tous les membres de cette famille s'écrivaient **les uns aux autres.**
> Ces deux amis se respectent. Ces deux amis se respectent **l'un l'autre.**

Dans le deuxième exemple, la première phrase sans **l'un l'autre** serait ambiguë. Est-ce que chaque personne se respecte elle-même ? Ou est-ce que tous les membres se respectent mutuellement ? **L'un l'autre** indique que le respect est mutuel.

C. Les verbes pronominaux à sens idiomatique[2] :

Ce sont des verbes à la forme pronominale mais qui ne sont ni réfléchis ni réciproques. Certains de ces verbes ont une forme non-pronominale (s'apercevoir, s'entendre, se rappeler, etc.), d'autres sont **uniquement** utilisés à la forme pronominale (se désister, se repentir, se souvenir).

> Begag **se rappelle** sa propre enfance dans *Les Voleurs d'écritures*.
> Gauguin et Van Gogh **ne s'entendaient pas** toujours très bien.
> On **s'aperçoit** de l'influence de Chopin dans la musique de Debussy.

Remarque : Souvent, la signification de la forme pronominale n'est que vaguement liée à la signification de la forme non-pronominale du verbe.

Liste non-exhaustive de verbes pronominaux à sens idiomatique :

s'en aller *to go away*	s'exprimer *to express oneself*
s'aggraver *to worsen*	se fâcher *to get angry*
s'abstenir de *to abstain*	s'habituer à *to get used to*
s'apercevoir de *to notice*	s'impatienter (de) *to be impatient*
s'arrêter (de) *to stop*	s'inquiéter (de) *to worry (about)*
se contenter de *to be happy with, to make do with*	s'occuper de *to take care of*
	se mettre à *to begin*
se démener *to exert oneself*	se moquer de *to make fun of*
se dépêcher de *to hurry*	se passer de *to do without*
se détendre *to relax*	se rappeler *to remember*
se douter de *to suspect, to know*	se rendre compte de/que *to realize*
se douter bien *to well know*	se servir de *to use*
s'ennuyer *to get bored, to be bored*	se souvenir de *to remember*
s'entendre (bien, mal) *to get along (well, badly)*	se taire *to keep quiet*

2 La syntaxe des verbes pronominaux

Les verbes pronominaux sont toujours précédés du pronom réfléchi qui correspond au sujet de la phrase. La seule exception est l'impératif affirmatif où le pronom réfléchi suit le verbe. Étudiez l'ordre des mots dans les phrases suivantes :

> Proust **se souvient** de son enfance.
> (phrase affirmative au présent de l'indicatif)
> Ma grand-mère **ne se souvient plus** du nom de l'artiste qui a peint son tableau préféré. (phrase négative au présent)
> Pendant l'examen, je **ne me suis pas souvenu** du nom de l'écrivain.
> (phrase négative au passé composé)
> J'essaie de **me souvenir** du nom du compositeur de *Clair de lune*.
> (utilisation de l'infinitif)
> Est-ce que **vous vous souvenez** de l'auteur du *Deuxième Sexe* ?
> (phrase interrogative avec **est-ce que**)
> **Vous souvenez-vous** de l'auteur du *Deuxième Sexe* ?
> (phrase interrogative avec inversion)
> **Souvenez-vous** de l'artiste de ce tableau !
> (phrase impérative affirmative)

[2] Pour simplifier, nous avons appelé ces verbes idiomatiques. Les grammaires traditionnelles parlent de verbes essentiellement (toujours) pronominaux et accidentellement pronominaux (réfléchis, réciproques, non-réfléchis).

Rappel : N'oubliez pas qu'à la deuxième personne du singulier de l'impératif affirmatif, **te** est remplacé par **toi.**

> **Souviens-toi** des dates de publication de ces œuvres !

N'oubliez pas d'éliminer le **s** des verbes en **er** pour la deuxième personne du singulier.

> **Rappelle-toi** d'apporter tes photos.

Pratiquons

 9-7 Conjuguez les verbes pronominaux selon les sujets donnés.

1. Je m'entends très bien avec cet artiste. (tu, Paul, nous, mes parents)
2. Je ne me rappelle pas la date de naissance d'Eugène Ionesco. (tu, mon professeur, vous, les étudiants)
3. Si je m'ennuie au musée, je m'en irai. (tu, Jeanne, nous, mes petits frères)
4. Si tu veux arriver au concert à l'heure, tu dois te dépêcher. (on, vous, nos amis)
5. Est-ce que tu t'intéresses à l'art surréaliste ? (votre ami, vous, les étudiants)
6. T'aperçois-tu de l'originalité de cette œuvre ? (Jean, vous, les critiques)

9-8 Olivier encourage son ami Oscar qui se démoralise vite. Mettez les verbes réfléchis des phrases suivantes à l'impératif affirmatif ou négatif selon le sens.

Oscar :	Au théâtre, nous ne pouvons jamais nous en aller avant la fin.
Olivier :	Mais si, _____ pendant l'entracte !
Oscar :	Je ne me rappelle pas le nom de l'artiste qui a peint *Guernica*.
Olivier :	Mais si, _____, c'est Picasso !
Oscar :	Nous allons encore nous ennuyer au festival d'Avignon !
Olivier :	Mais non, cette année, _____, choisissons de bonnes pièces !
Oscar :	Mon amie et moi nous ne nous passionnons pas pour ces vernissages.
Olivier :	Mais si, _____ pour ces vernissages !
Oscar :	Quand je vais à Paris, je ne me décide jamais à voir des expositions.
Olivier :	Mais si, _____ toutes les expositions !
Oscar :	Toi et Claire, vous vous excitez tout le temps au sujet de l'art.
Olivier :	D'accord, cette fois-ci _____ au sujet de l'art !
Oscar :	Mes amis et moi nous _____ à l'art moderne.
Olivier :	Mais si, _____ à l'art moderne !
Oscar :	Je m'énerve toujours quand il y a la foule au Louvre.
Olivier :	Mais non, _____ pas !

 9-9 Goûts personnels, dons artistiques, et loisirs. Posez les questions suivantes à votre partenaire.

1. Est-ce que tu t'intéresses à l'art ? À la littérature ? À la photographie ? À la musique ? Pourquoi ?
2. Est-ce que tu t'amuses bien le week-end ? Vas-tu souvent à des concerts ? Au cinéma ? Au musée ?
3. Quand est-ce que tu t'es mis(e) à étudier l'art baroque ? Le réalisme ? Le cubisme ? Le … ?
4. Est-ce que tu t'exprimes mieux à travers l'art et la créativité ou la parole ? Pourquoi et comment ?

5. Si tu t'ennuies à un concert, qu'est-ce que tu fais ? Est-ce que tu t'en vas tout de suite ? Si tu es avec des amis, est-ce que tu restes ? Qu'est-ce qui est plus important — ne pas t'ennuyer ou t'entendre avec tes amis ? Est-ce que ton/ta meilleur(e) ami(e) se fâcherait avec toi si tu l'abandonnais au milieu d'un concert ?

6. Est-ce que tu te demandes parfois où un artiste trouve son inspiration ? Quelles sont tes idées à ce sujet ?

7. À ton avis, est-ce que les gens se rendent compte de la difficulté de créer une œuvre d'art ? Est-ce que tu connais un artiste, musicien, écrivain, etc., dont l'originalité et le talent ont été ignorés pendant toute sa vie ? Qui est-ce ?

8. À ton avis est-ce que les écrivains, artistes et musiciens sont plus sensibles que les gens qui ne sont pas artistes ? Est-ce qu'ils se fâchent plus facilement que les non-artistes ? Est-ce qu'ils se posent plus de questions sur le sens de la vie ? Est-ce qu'ils se préoccupent plus des problèmes de la vie ? Est-ce que leur sensibilité explique leur créativité ?

9. Est-ce que tu es écrivain ? Artiste ? Sculpteur/Sculptrice ? Musicien/ Musicienne ? De quoi te sers-tu pour pratiquer ton art ? De stylos ? De musique ? D'un instrument de musique ? De pinceaux ?

10. Pourquoi crées-tu ? Est-ce pour te détendre ? Pour t'exprimer mieux ? Pour te rappeler toujours certains événements importants de ta vie ?

3 L'accord du participe passé des verbes pronominaux

A. Verbes intransitifs conjugués avec **être** :

Vous avez déjà appris que pour les **verbes intransitifs** conjugués avec **être**, tels que : **aller, arriver, descendre, devenir, entrer, mourir, naître, partir, sortir, tomber, venir**, on fait toujours un accord entre le participe passé et le sujet du verbe.

> L'artiste Berthe Morisot est né**e** en 1841.
> Ma mère et ma grand-mère sont allé**es** à l'exposition impressionniste au Musée d'Orsay.
> Joséphine Baker, dont le talent était ignoré du public américain, est devenu**e** célèbre quand elle est allé**e** vivre en France.

B. Verbes conjugués avec **avoir** :

Pour les verbes conjugués avec **avoir**, l'accord se fait entre le participe passé et un **complément d'objet direct** qui précède le verbe. Étudiez les exemples ci-dessous.

> Mes parents prenaient beaucoup de photos de nous quand nous étions petits.
> Ils nous **les** ont toutes donné**es** quand nous étions adultes.

(**Les** remplace **les photos,** nom féminin pluriel. **Les** est placé devant le verbe **donner,** alors il y a un accord.)

> Les tableaux **que** j'ai vu**s** au Musée du Louvre étaient tous des chefs-d'œuvre.
> La pièce **que** nous avons vu**e** était très drôle.

(Dans ces deux phrases le relatif objet direct **que,** remplaçant **les tableaux** et **la pièce,** précède le verbe. Alors, il y a un accord.)

C. Verbes pronominaux :

Les verbes pronominaux aux temps composés se conjuguent avec l'auxiliaire **être** :

je me suis exprimé(e)	nous nous sommes exprimé(e)(s)
tu t'es exprimé(e)	vous vous êtes exprimé(e)(s)
il/on s'est exprimé	ils se sont exprimés
elle s'est exprimée	elles se sont exprimées

1. Verbes réfléchis et verbes réciproques. Le participe passé des verbes réfléchis et réciproques s'accorde avec le pronom réfléchi **si le pronom réfléchi est un objet direct.** Si le pronom réfléchi est indirect, il n'y a pas d'accord.

a) Réfléchi

Pauline s'est lav**e**, s'est maquill**ée** et s'est habill**ée** avant de partir pour l'exposition.

(Dans cette phrase, tous les pronoms réfléchis, **se,** sont des objets directs. Il y a donc un accord.)

Marie s'est demand**é** comment s'y prendre pour produire l'effet esthétique qu'elle voulait.

(Dans cette phrase le pronom réfléchi, **se,** est un objet indirect parce qu'on demande quelque chose **à** quelqu'un. Il n'y a donc pas d'accord.)

b) Réciproque

Enfants, Zola et Cézanne se sont souvent rencontr**és**.

(Dans cette phrase le pronom réfléchi, **se,** est un objet direct parce qu'on rencontre quelqu'un. Il y a donc un accord.)

Cézanne et Zola se sont souvent écri**t**.

(Dans cette phrase le pronom réfléchi, **se,** est un objet indirect parce qu'on écrit **à** une autre personne. Il n'y a donc pas d'accord.)

Cézanne et Zola se sont envoy**é** des lettres.

La fille de Zola a publié les lettres que Zola et Cézanne se sont envoy**ées**.

(Dans la première phrase, l'objet direct, **des lettres,** suit le verbe, mais dans la deuxième phrase, l'objet direct, le relatif **que,** qui remplace **les lettres,** précède le verbe. Alors, il y a un accord entre **que** et le participe passé du verbe **envoyer.**)

2. Verbes à sens idiomatique. Le participe passé des verbes pronominaux à sens idiomatique s'accorde, **en général,** avec le sujet du verbe.

Ma grand-mère s'est souven**ue** avec tendresse de son amitié avec cet artiste célèbre.

L'artiste Berthe Morisot s'est serv**ie** d'une amie et son enfant pour faire ce tableau.

Exception : Certains verbes pronominaux sont toujours invariables : **se plaire, se déplaire, se complaire, se rire de, se rendre compte de.**

Elle s'est rend**u** compte de la misère des artistes.

Pratiquons

9-10 La routine de Pauline. Pauline parle de sa matinée. Écrivez les verbes que vous entendez. Faites attention à l'accord du participe passé.

1. Je _____ à 6h.

2. Je _____ et je _____ les cheveux.

3. Je _____ et _____.

4. Je _____ et après avoir mangé, je _____ à 9h.

5. À l'université, _____ mon amie Sarah.

6. Nous _____ à notre cours sur l'art français du XIXème siècle.

7. Nous _____ dans les premiers rangs pour mieux voir les tableaux.

8. Nous _____ des notes.

9. À côté de moi, deux étudiants_____.

10. À la fin du cours, ils _____ et _____.

9-11 Pauline raconte ce qui lui est arrivé un après-midi. La veille, elle avait écrit une longue dissertation sur l'artiste Claude Monet. Mettez les verbes soulignés au passé composé. Faites attention à l'accord du participe passé.

1. Quand j'<u>arrive</u> à mon cours, je <u>cherche</u> la dissertation dans mon cartable, mais je ne la <u>trouve</u> pas.

2. Alors, je <u>retourne</u> vite chez moi pour la récupérer.

3. D'abord, je <u>ne me souviens</u> plus de l'endroit où je l'ai mise.

4. Finalement, je la <u>vois</u> sur mon bureau. Je la <u>prends</u>.

5. Je <u>reviens</u> à l'université et je <u>rends</u> la dissertation à mon professeur, qui l'<u>accepte</u> avec hésitation.

6. Après mes autres cours, mon ami Jacques et moi <u>sortons</u> prendre un café.

7. Ensuite, je <u>rentre</u> chez moi et je <u>dîne</u>.

8. Après le dîner, je <u>regarde</u> la télévision, mais tout d'un coup, je <u>m'inquiète</u> d'un examen dans mon cours de l'histoire de l'art français du XVIIème siècle.

9. J'<u>éteins</u> la télévision, je <u>me mets</u> à étudier.

10. Après avoir étudié, je <u>me déshabille</u>, <u>me brosse</u> les dents, <u>me lave</u>, et je <u>me couche</u> vers 11h.

9-12 Ta routine quotidienne et tes activités. Posez les questions suivantes à votre partenaire.

1. À quelle heure t'es-tu réveillé(e) ce matin ?

2. À quelle heure est-ce que tu t'es couché(e) hier soir ?

3. Est-ce que tu t'es douché(e) ce matin ?

4. Est-ce que tu t'es dépêché(e) aujourd'hui pour arriver à l'université ?

5. Est-ce que tu t'es détendu(e) pendant le week-end ? Comment ? Qu'est-ce que tu as fait ?

6. Est-ce que tu es sorti(e) pendant le week-end ? Où es-tu allé(e) ? Est-ce que tu t'es bien amusé(e) ? Est-ce que tu t'es ennuyé(e) ?

7. À quel sujet t'es-tu le plus intéressé(e) au lycée ? Pourquoi ? Est-ce que tu t'y intéresses toujours ?

8. T'es-tu jamais demandé pourquoi tu avais pris la décision d'aller à l'université ? Si tu avais fait de bons choix sur ce que tu es en train d'étudier ?

Autoportrait de Cézanne en chapeau melon ▶

Stratégie de recherche

1. Paris a de nombreux musées.

   a. Allez sur le site du Musée d'Orsay, musee-orsay.fr, et faites une petite recherche sur l'histoire de ce musée que vous présenterez au reste de la classe.

   b. Allez sur le site du Louvre. Cliquez sur la rubrique multimédia. Choisissez une des œuvres que vous analyserez et décrirez au reste de la classe.

   c. Sélectionnez un musée français, par exemple le Musée Carnavalet, le Musée de Cluny, le Musée Rodin ou le Musée du Quai Branly etc., et introduisez-le à partir de photos ou d'un documentaire de youtube.com et dites pourquoi ce musée vous intéresse.

2. Qui est votre peintre français préféré ? Choisissez un tableau que vous aimez. Analysez ce tableau et présentez-le ainsi que l'artiste qui l'a fait.

3. Marcel Aymé est un écrivain prolifique. Faites une recherche Internet sur cet auteur. Vous pouvez aller sur le site de la Société des amis de Marcel Aymé. Qu'avez-vous appris sur cet auteur ?

Parmi les artistes français les plus appréciés du grand public, il faut certainement compter les Impressionnistes dont les œuvres attirent régulièrement des foules° d'étrangers au Musée d'Orsay et auxquels les musées les plus prestigieux consacrent° d'importantes rétrospectives. Séduits par les tableaux de Renoir, Manet, Monet, Van Gogh, Gauguin, Cézanne ou Berthe Morisot, les visiteurs se pressent dans les salles° pour admirer ces portraits et paysages qui reflètent une nouvelle conception de l'art. Des Nymphéas de Monet aux Tournesols° de Van Gogh, des jardins de Giverny[3] aux marines de Manet et à la montagne Sainte-Victoire[4] de Cézanne, la beauté et la modernité de ces toiles fascinent notre sensibilité esthétique contemporaine. Pourtant, ces artistes, si prisés° aujourd'hui, ont vécu dans la pauvreté et ont eu souvent une vie difficile dont témoigne° l'article sur Cézanne (1839–1906).

une foule *crowd*
consacrer *to devote*

une salle *gallery*

un tournesol *sunflower*

priser *to value*
témoigner *to testify*

1. Dans quel musée parisien sont exposés de nombreux tableaux impressionnistes ?
2. Nommez quelques peintres impressionnistes. Lequel est votre préféré ?
3. Pourquoi les tableaux des Impressionnistes sont-ils si appréciés aujourd'hui ?
4. Nommez quelques toiles peintes par ces artistes.
5. Ces artistes, si célèbres aujourd'hui, ont-ils eu une vie facile ?

◁ **Cézanne:** *Nature morte aux pommes et compotier*

[3] À Giverny, une petite ville pas très loin de Paris, Monet avait une maison avec un jardin splendide. Son jardin, et surtout l'étang aux nénuphars, sert de sujet pour plusieurs de ses tableaux.

[4] La montagne Sainte-Victoire : Montagne près d'Aix-en-Provence que Cézanne a peinte fréquemment.

L'atelier de Cézanne ▶

« Cézanne l'incompris »

maudit *accursed*

un conseil *advice*

n'entend pas *does not intend*
roulé *rolled up*

les railleries *sarcasm, mockery*
brocarder *jeer*
cauchemardesque *nightmarish*
la trajectoire *trajectory*
la voie *way*

abordable *affordable*

les soubresauts *folies (of youth)*
il n'empêche *nevertheless*

Longtemps ignoré, moqué, rejeté, Cézanne est le prototype de l'artiste maudit°. La reconnaissance est venue sur le tard, à l'âge de 56 ans, alors qu'il ne l'attendait plus : lorsque, en 1895, sur les conseils° de Pissarro et de Renoir, ses amis, un jeune marchand ambitieux, Ambroise Vollard, lui consacre sa première rétrospective à Paris. Cézanne avait encore onze années à vivre. ... Cézanne, qui se trouve à 5 Aix-en-Provence, n'entend pas° se déplacer. Il se contente d'expédier par le train une centaine de toiles roulées°.

 Cette rétrospective, que Cézanne n'honorera pas de sa présence, marque pourtant un tournant essentiel dans sa carrière. Même si elle suscite les railleries° habituelles de quelques détracteurs, qui brocardent° ces « visions 10 cauchemardesques° » et autres « atrocités à l'huile », elle enregistre un vrai succès, particulièrement auprès des critiques et des peintres. Pour la première fois, on peut se rendre compte de la singularité de la trajectoire° esthétique de Cézanne, qui, d'abord proche de l'impressionnisme, ouvre ensuite la voie° de la modernité. Du cubisme au fauvisme et à l'abstraction, les grands courants du XXe siècle se 15 réclameront du peintre aixois. « C'est notre père à tous », déclarera Picasso.

 Grâce à cette manifestation, la réputation de Cézanne ne cessera de s'affirmer. Les artistes qui le connaissent déjà, comme Monet et Degas, achètent alors des toiles. Poussant la porte de la boutique (on ne dit pas encore galerie), de riches collectionneurs, bien conseillés, se laissent eux aussi tenter. « Les prix sont encore 20 abordables° ... Vingt ans plus tard, elles vaudront trois cents fois plus cher. »

 C'est à partir de ce moment que s'élabore la légende. Cézanne ne s'est pourtant pas coupé l'oreille comme Van Gogh, il n'est pas non plus parti sous les tropiques comme Gauguin. Après les soubresauts° de la jeunesse, son existence, entièrement consacrée à la création, apparaît même étonnamment ennuyeuse. Il n'empêche°. 25

Le peintre va devenir un héros, un martyr victime de l'incompréhension de ses contemporains.

Sa quasi-absence de Paris depuis une vingtaine d'années facilite les divagations. Depuis 1877, date de la troisième exposition impressionniste, qu'il avait quittée encore plus meurtri° que d'habitude, le peintre ne s'est en effet plus guère montré dans la capitale, lui préférant le refuge de la Provence, où il partage son temps entre la propriété familiale du Jas de Bouffan, l'Estaque et Gardanne. À son propos circulent toutes sortes de rumeurs. Il vit là-bas, dit-on, comme un ermite et les enfants jettent des cailloux° sur son passage. Cet artiste secret et sauvage apparaît en tout cas comme un mystère. ... Sa mort marquera le point d'orgue de la légende. Le 15 octobre 1906, Cézanne travaille sur la route du Tholonet, face à la montagne Sainte-Victoire, quand un orage° éclate. Un blanchisseur° qui passait par là le découvre inanimé sur le bord de la route et le ramène dans son atelier°. Il décédera dans la nuit du 22 au 23. Mourir le pinceau à la main face à cette icône qu'est devenue la Sainte-Victoire ! Pouvait-on souhaiter destin plus fabuleux ? Une chose est sûre. Depuis sa Provence natale, Cézanne ne se laisse pas étourdir par le succès°. Au contraire. Lui qui l'a si longtemps espéré, il se met à regretter le tapage° fait autour de son nom. Car l'œuvre doit primer sur l'homme. A-t-il oublié l'énergie qu'il dut déployer pour persuader Louis-Auguste, son banquier de père, qui le voyait juriste ou avocat, de le laisser quitter Aix, le berceau° familial, afin de monter à Paris pour y faire des études d'art ? A-t-il oublié les difficultés matérielles qu'il dut affronter pour subsister avec la maigre pension allouée° par son père, et les heures de labeur, et les refus réguliers aux Salons°, et le dénigrement de la presse, ses révoltes, enfin, contre la bêtise° bourgeoise ? Sans doute pas, mais il a tourné la page.

Viscéralement attaché à ses racines°. Ce qu'il aime, c'est mener une vie calme et laborieuse, travailler sans relâche° sur le motif ou dans son atelier, pour réaliser portraits, paysages ou natures mortes. L'aisance financière que lui procure l'héritage° paternel en 1886 ne changera pas son attitude. Car rien n'est mieux que la solitude de la Provence pour peindre, peindre et peindre encore. Aucun autre artiste ne s'est montré aussi viscéralement attaché à ses racines. « Quand on est né là-bas, écrit-il un jour, c'est foutu°, rien ne vous dit plus°. » Il adore cette région pour les souvenirs dont elle est le dépositaire, ceux de son enfance et de son adolescence, qui lui rappellent les nuits blanches passées dans les grottes, en compagnie de son ami Zola, les promenades dans la garrigue°, les baignades° dans l'Arc, mais également pour son austère beauté, qui correspond si bien à son tempérament. ...

Sa position se verra renforcée par d'autres expositions, d'abord chez Vollard, qui lui en consacrera dorénavant régulièrement. Ses toiles seront également montrées à l'Exposition universelle, au Salon d'automne et au Salon des indépendants de Paris et elles commencent à être présentées à l'étranger, notamment à Londres et à Berlin ... Ironie de la situation : seule la ville natale du peintre ne suit pas ce mouvement de reconnaissance. Même lorsque parviennent les échos du succès de la rétrospective Vollard, la bourgade° bourgeoise ne parvient pas à se défaire de ses préjugés. À l'occasion de son exposition inaugurale, la Société des amis des arts se pose la question de savoir s'il faut ou non exposer Cézanne. On décide finalement de le faire. Après tout, c'est un enfant du pays. Le peintre, ravi°, propose deux toiles, qui sont jugées tellement affligeantes° qu'on essaie de les faire oublier, en les accrochant au-dessus d'une porte.

L'hostilité aixoise n'a pas empêché Cézanne de poursuivre sa trajectoire. Au cours du XXème siècle, les plus grands musées du monde ont acquis des toiles du maître, de Washington à New York, de Berlin à Paris. Et le marché n'a cessé de

meurtri *bruised*

un caillou *a stone*

un orage *a storm*
un blanchisseur *launderer*
un atelier *studio*

ne se laisse pas étourdir par le succès *does not let the success go to his head*
le tapage *fuss*
le berceau *cradle*

alloué *allocated*
un salon *exhibit*
la bêtise *stupidity*
une racine *root*
sans relâche *without respite*

un héritage *inheritance*

c'est foutu *(familier) it's over*
rien ne vous dit plus *you don't feel like anything else*
la garrigue *arid land in the Mediterranean region*
une baignade *swim*

une bourgade *small town*

ravi *delighted*
affligeant *pathetic, distressing*

inégalé *unequaled, unmatched*

le sanctifier, au point qu'il figure dans le club fermé des artistes les plus chers au monde. Chaque vente de tableau se chiffre en millions de dollars, surtout s'il s'agit d'un paysage ou d'une nature morte réalisés dans les années 1890, devenus icônes de la modernité. Le record absolu, toujours inégalé°, date de 1999. Sotheby's avait   80 alors adjugé à New York une nature morte, « Rideau, cruchon et compotier », 60 millions de dollars. Cézanne voulait que « l'homme reste obscur ». Il doit se retourner dans sa tombe.

Annick Colonna-Césari, *L'Express*

Travaillons avec la langue

Expliquez les phrases ou expressions suivantes.

1. un artiste maudit
2. une vision cauchemardesque
3. un martyr victime de l'incompréhension de ses contemporains
4. la bêtise bourgeoise
5. un enfant du pays

La Montagne St. Victoire ▶

▲ **Cézanne:** *La montagne Sainte-Victoire*

Vérifions notre compréhension du texte

Dites si ces déclarations sont justes. Expliquez en vous référant aux passages spécifiques du texte.

1. Cézanne n'a pas été apprécié de ses contemporains pendant de nombreuses années.
2. Il a commencé à avoir du succès à l'âge de 56 ans.
3. Sa première exposition a eu lieu à Aix-en-Provence.
4. Beaucoup de ses contemporains se moquaient du style moderne de Cézanne.
5. Cézanne a influencé les autres peintres.
6. Tout de suite, les tableaux de Cézanne ont coûté très cher.
7. Cézanne consacre sa vie à la peinture.
8. Cézanne est mort le pinceau à la main.
9. Le père de Cézanne souhaitait que son fils soit peintre.
10. Cézanne adorait la Provence.
11. La ville natale de Cézanne, Aix-en-Provence, n'a pas, au début, reconnu son génie.
12. Les tableaux de Cézanne sont parmi les plus chers au monde.

1. Expliquez le titre de l'article : « Cézanne l'incompris ».
2. À partir de l'article, décrivez la vie de Cézanne.
3. Quand Cézanne a-t-il commencé à avoir du succès ? Qui a organisé sa première rétrospective ? Où ? Est-ce que le succès est venu facilement ? Est-ce que cela correspond à votre idée de la carrière d'un artiste ?
4. Connaissez-vous d'autres artistes qui ont eu une vie difficile ? Lesquels ?
5. Y a-t-il d'autres mouvements artistiques que vous aimez ? Fauvisme ? Cubisme ? Art moderne ? Abstrait ? Quel artiste appréciez-vous en particulier et pourquoi ? Dans votre chambre avez-vous des posters de tableaux célèbres ? lesquels ?
6. Choisissez un tableau que vous aimez. Apportez une copie de ce tableau et présentez-le au reste de la classe. Expliquez pourquoi ce tableau vous plaît.
7. Aimez-vous les peintres impressionnistes ? Quel peintre impressionniste préférez-vous ? Y a-t-il un tableau que vous aimez en particulier ? Vous pouvez regarder le site http://www.impressionniste.net pour répondre à cette question.

La façade du Musée d'Orsay ▶

Stratégie orale

Comment obtenir les renseignements dont on a besoin lorsque l'on est dans un endroit public. Remarquez l'entrée en matière et les formules de politesse.

Dialogue pratique

Claudine va au Musée d'Orsay pour la première fois et voudrait voir *Le Déjeuner sur l'herbe* dont lui a parlé un de des profs.

Claudine : Bonjour Monsieur, je cherche les toiles de Manet.

Gardien : Oh, il y en a beaucoup ici. Dans la salle 14, vous avez un magnifique tableau, *Olympia*. Vous y trouverez également un portrait de Zola. Dans la salle 19, vous verrez un portrait de Berthe Morisot.

Claudine : Cela semble fort intéressant mais je cherche un tableau particulier qui a fait scandale à l'époque, *Le Déjeuner sur l'herbe*. Pourriez-vous me dire où il se trouve ?

Gardien : Oui, c'est un énorme tableau, le plus célèbre peut-être de Manet. Il prend tout un mur et se trouve dans la salle 19.

Claudine : Merci monsieur, mais où est la salle 19 ?

Gardien : Vous prenez la galerie Seine et vous allez tout droit, la salle 19 est à gauche.

Claudine : Je vous remercie, Monsieur.

Gardien : Bonne visite.

 Sur le même modèle, imaginez que vous êtes à Paris et que vous visitez le Musée d'Orsay ou le Louvre. Le musée est grand et vous voulez voir plusieurs œuvres spécifiques. Vous parlez à un des gardiens pour lui demander de vous aider à vous diriger. Créez une petite conversation entre vous. Voici quelques expressions utiles :

> Bonjour Monsieur, je cherche …
> Pardon Madame, pourriez-vous me dire où se trouve …
> Excusez-moi, je voudrais voir …
> Pardon, pourriez-vous me dire ce qu'il y a dans les petites salles à droite ?
> Pour les Impressionnistes, prenez à droite …
> Pour l'exposition sur … , prenez l'escalator …

Vous pouvez regarder le plan du musée sur le Web www.musee-orsay.fr ou louvre.fr pour organiser votre visite.

Comme vous le savez déjà, il y a trois groupes d'infinitifs : les infinitifs en **er,** les infinitifs en **ir,** et les infinitifs en **re.**

1 L'infinitif passé

A. L'infinitif passé est formé avec l'auxiliaire **avoir** ou **être** et le participe passé du verbe. Pour les verbes conjugués avec **être,** On accorde le participe passé avec le sujet implicite de l'infinitif passé. Étudiez les phrases suivantes :

> Après **avoir dîné,** Balzac se mettait à écrire.
> Après **être rentré** chez lui le soir, Baudelaire écrivait des poèmes.
> Après **s'être réveillée,** la jeune musicienne s'est promenée un peu et ensuite s'est mise à jouer du piano.

B. Les locutions **avant de + infinitif présent** et **après + infinitif passé :**

Dans une phrase complexe où le sujet des deux propositions est le même, on emploie **avant de** suivi de l'infinitif présent ou **après** suivi de l'infinitif passé, selon le cas.

> **Avant d'**étudier le cubisme, je n'appréciais pas les tableaux de Picasso.
> **Après** avoir étudié le cubisme, j'en suis venu à apprécier les tableaux de Picasso.
> **Après** être allée au Centre Pompidou, ma mère appréciait mieux l'art moderne.

2 Verbes et locutions suivis d'un infinitif

A. Verbes suivis de l'infinitif sans préposition :

> Leila **veut voir** l'exposition Matisse au Grand Palais.
> Jean-Marc **aimait prendre** le métro quand il était jeune.

Voilà une liste non-exhaustive de verbes qui s'emploient sans préposition quand ils sont suivis de l'infinitif :

aimer	envoyer	regarder
aller	espérer	savoir
compter	falloir	sembler
désirer	laisser	souhaiter
dire	paraître	valoir
écouter	pouvoir	voir
entendre	préférer	vouloir

B. Verbes suivis de la préposition **à** ou **de** devant un infinitif :

> Je me mets **à** écrire tout de suite après avoir dîné.
> Gauguin s'est vite habitué **à** vivre à Tahiti.
> Mary Cassatt a décidé **de** quitter les États-Unis pour aller vivre en France.
> Baudelaire a conseillé à Manet **d'**exposer ses tableaux à plusieurs salons.

Voilà des listes non-exhaustives de verbes qui emploient **à** ou **de** quand ils sont suivis de l'infinitif :

1. Verbes suivis de **à** :

aider à	encourager à	obliger à
s'amuser à	enseigner à	parvenir à
apprendre à	habituer à	passer (du temps) à
arriver à	hésiter à	continuer à
s'attendre à	s'intéresser à	réussir à
chercher à	inviter à	tendre à
commencer à	se mettre à	tenir à

2. Verbes suivis de **de** :

accepter de	demander de	oublier de
blâmer de	dire de	permettre de
cesser de	empêcher de	promettre de
charger de	essayer de	proposer de
choisir de	éviter de	refuser de
conseiller de	interdire de	regretter de
convaincre de	manquer de	résoudre de
craindre de	mériter de	risquer de
défendre de	offrir de	tâcher de

Précisions

Certains verbes changent de sens selon la préposition qu'on emploie et ont plusieurs constructions.

décider

J'ai décidé **d'**étudier les beaux-arts parce que j'avais toujours eu un bon sens de l'esthétique. (**Décider de** signifie **choisir**.)

C'étaient les encouragements de ce grand artiste qui m'ont finalement décidé **à** étudier les beaux-arts. (**Décider à** signifie **convaincre**.)

Après avoir réfléchi pendant très longtemps, je me suis finalement décidé **à** étudier les beaux-arts. (**Se décider à** signifie **se résoudre à, se déterminer à**.)

penser

Je pense aller en France pour étudier les beaux-arts. (C'est mon intention.)

Pense **à** acheter de nouveaux pinceaux. (Rappelle-toi d'acheter …)

Remarque : Penser de n'est utilisé que dans une question et pour demander une opinion. La réponse à la question est toujours formulée avec **que.**

Qu'est-ce que tu penses **des** sculptures de Camille Claudel ?

Je pense **que** son travail est supérieur à celui de Rodin.

venir

Je suis venu voir l'exposition de Pissarro.

Je viens **de** voir l'exposition de Pissarro. (C'est un passé récent.)

Après avoir vu l'exposition de Pissarro, j'en suis venu **à** apprécier son œuvre. (**En venir à** indique que la personne est arrivée à un point où elle apprécie l'œuvre de Pissarro. Elle a fini par apprécier …)

C. Locutions suivies d'une préposition :

1. Expressions avec **de** + infinitif :

   Certaines expressions exprimant une émotion, un sentiment, une opinion, une intention ou une nécessité exigent **de** devant l'infinitif. Les expressions les plus courantes sont :

   a) **être** content, heureux, malheureux, obligé, ravi, triste, etc.

   Je suis content **de** faire la connaissance de cet écrivain célèbre.

   b) **avoir** besoin, envie, honte, peur, raison, tort, le bonheur, la chance, l'intention

   J'ai l'intention de visiter le Musée d'Orsay quand je serai à Paris.

   J'ai eu raison **d'**encourager Paul à visiter le Musée Rodin. Il l'a adoré !

2. Expressions avec **à + infinitif** :

   a) Certains noms sont suivis de **à** + infinitif pour indiquer à quoi sert l'objet (l'utilité de la chose).

   Dans le tableau de Van Gogh *La chambre à coucher*, le bleu prédomine.

   En Suisse, il existe un musée de la machine **à** coudre.

   b) Un nom suivi de **à** devant un infinitif peut indiquer le **résultat** de la chose.

   C'est un tableau abstrait à rendre fou.

   C'est un morceau de musique cacophonique **à** casser les oreilles.

   c) L'infinitif est précédé de **à** avec les expressions **le seul, l'unique, le premier, le dernier,** etc.

   Ma sœur est **la seule** de ma famille à avoir un talent artistique.

   Philippe est **le premier** de sa famille à aller à l'école des beaux-arts.

   Je suis **le troisième à** avoir fini l'examen sur l'histoire de l'art français.

Il est + adjectif + de + infinitif et **C'est + adjectif + à + infinitif**

L'infinitif avec l'expression impersonnelle **il est + adjectif** est précédé de la préposition **de.** L'infinitif dans cette construction est souvent suivi d'un complément d'objet direct.

> Il est important **de** connaître l'œuvre des principaux auteurs de son propre pays.

> Il est facile **de** reconnaître le style de Picasso.

L'infinitif dans les expressions avec **c'est + adjectif + à** a un sens passif. De plus, **ce** remplace implicitement le complément d'objet de l'infinitif.

> Les tableaux de Picasso représentent une nouvelle perspective sur la vie moderne. C'est important **à** savoir pour comprendre ses tableaux.

> (**Ce** remplace la phrase précédente. C'est-à-dire, « il est important de savoir que les tableaux de Picasso représentent une nouvelle perspective sur la vie moderne ».)

> Le style de Picasso ? C'est facile **à** reconnaître.

Remarque : Il est + adjectif annonce quelque chose qui suit ; **c'est + adjectif** reprend quelque chose qui précède.

Pratiquons

9-13 Visite organisée dans le quartier de l'Opéra par une jeune guide. Écoutez comment elle a organisé sa visite. Écrivez ce qu'elle a fait pour le groupe d'étudiants.

Modèle :   Vous entendez : Avant d'engager mes services le professeur m'a parlé.
   Vous écrivez :   Avant d'engager

_____ mon groupe, j'ai préparé un itinéraire. _____ mon itinéraire, j'ai fait des photocopies du plan du quartier. _____ les étudiants, j'ai pensé à des questions historiques et culturelles à leur poser. Le jour de la visite, _____ le groupe, j'ai confirmé avec le professeur le lieu de rendez-vous, près de la Comédie Française. Après que tout le monde est arrivé, nous avons marché le long du Palais Royal pour aller rue Vivienne. Ensuite, _____ la Galerie Vivienne et _____ ses mosaïques, nous avons regagné l'avenue de l'Opéra. _____ l'Opéra et ses rotondes dorées, nous nous sommes arrêtés au passage Colbert. _____ dans les galeries de l'Opéra, nous avons fait une brève visite du Musée de l'Opéra.

9-14 Renée, une jeune artiste, a une journée chargée.

A. Reliez les deux phrases à l'aide de **avant de + l'infinitif présent**. Ne changez pas l'ordre des phrases.

Modèle: Renée fait du yoga. Renée se douche.
  Renée fait du yoga avant de se doucher.

  1. Renée se lave. Elle s'habille.
  2. Renée prend son petit déjeuner en regardant la télé. Renée part pour l'institut.
  3. Renée parle à son supérieur. Elle entre dans son bureau.
  4. Renée relit un dossier. Ensuite, elle en fait une présentation orale.

B. Reliez les deux phrases à l'aide de la préposition **après + l'infinitif passé.**

  5. Renée écrit un mémo pour ses collègues. Renée part déjeuner.
  6. Le soir, elle met son manteau. Renée quitte l'institut.
  7. Renée arrive chez elle. Renée dîne.
  8. Renée lit quelques pages d'une biographie sur Cézanne. Renée s'endort.

 9-15 Sa routine quotidienne.

A. Voici ce que Jo, un artiste, fait chaque jour. Organisez les phrases logiquement en utilisant **avant de + infinitif** ou **après + infinitif passé**.

  1. Je sors de chez moi. Je prends mon petit déjeuner.
  2. Souvent, je fais une promenade à pied. Je vais dans mon atelier.
  3. Je prends ma dernière toile. Je me mets à l'étudier.
  4. Je recommence à peindre. Je critique mon propre travail.
  5. Je prends mes pinceaux. Je commence à peindre.
  6. Je finis mon tableau. Je le laisse sécher.

 B. Inspirez-vous de l'exercice précédent et présentez votre routine quotidienne à votre partenaire. Commencez par **après + l'infinitif passé**. Ensuite, présentez votre routine à l'envers en utilisant **avant de + l'infinitif**.

9-16 Remplacez le tiret par la préposition qui convient, si besoin est.

J'avais toujours entendu _____ dire que Paris était la capitale de l'art européen. Alors quand ma tante, qui habite à Paris, m'a invité _____ passer l'été chez elle, je n'étais que trop content _____ partir. Avant mon départ, jour et nuit, je pensais _____ visiter tous les musées à Paris. J'allais _____ visiter le Louvre, le Centre Pompidou, le Musée d'Orsay, le Musée de Cluny et tous les petits musées spécialisés de la ville. Je venais _____ suivre plusieurs cours sur l'art européen et j'étais très enthousiaste à l'idée _____ aller à Paris. J'ai demandé à plusieurs personnes ce que je devrais faire pour organiser mon tour des musées. Beaucoup de gens prétendaient que le Louvre était le premier musée _____ voir quand on est à Paris parce que c'est le plus grand. C'était une suggestion _____ prendre au sérieux. Mais pour d'autres gens, il valait mieux _____ débuter par les musées plus spécialisés et plus petits pour ne pas se sentir submergé par la quantité d'art à Paris.

Après avoir beaucoup réfléchi, j'ai choisi _____ commencer par l'art médiéval. Depuis longtemps je rêvais _____ voir « La dame à la licorne » au Musée de Cluny, alors c'était le premier musée _____ visiter. Ensuite, j'avais absolument besoin _____ visiter le Musée Rodin. À mon avis, il serait très intéressant _____ comparer les sculptures de Rodin avec celles de Camille Claudel, qui a été sa maîtresse pendant plusieurs années. C'est une histoire d'amour fascinante _____ connaître. On dit que Rodin a accepté _____ travailler avec la jeune artiste jusqu'au moment où il s'est aperçu que son talent dépassait le sien. Rodin a rompu avec elle et selon quelques experts a même essayé _____ détruire sa carrière. Camille n'a pas pu se remettre de la rupture avec Rodin et elle a commencé _____ se comporter bizarrement. L'état mental de Camille Claudel a continué _____ empirer et finalement sa famille s'est décidée _____ la faire interner dans une maison de santé où elle est morte. Quelle triste histoire !

Comme j'avais étudié l'art du XIXème siècle, je voulais aussi _____ visiter le Musée d'Orsay où j'avais l'intention _____ voir les peintres impressionnistes. C'est un musée _____ ne pas manquer, et je crois que c'est mon musée préféré. Je n'aime pas trop l'art moderne, mais j'ai décidé quand même _____ aller au Centre Pompidou. C'était le dernier musée _____ visiter avant de retourner aux États-Unis. Après y avoir passé un après-midi, j'en suis venu _____ apprécier le grand talent des artistes de l'art abstrait. À mon avis, à la suite de la première guerre mondiale, les Surréalistes avaient raison _____ essayer _____ changer le monde par leur art. Je suis rentré aux États-Unis épuisé par mon séjour mais ravi _____ avoir eu l'occasion _____ voir tant de chefs-d'œuvre.

9-17 Vos préférences. Posez les questions suivantes à votre partenaire.

1. Est-ce que tu préfères aller au concert ou au musée ?
2. À quel style de musique ou d'art est-ce que tu t'intéresses ?
3. Quand ton ami t'invite à aller à un événement dont tu ne sais rien, est-ce que tu acceptes d'y aller avec hésitation ou avec enthousiasme ?
4. En général es-tu content(e) d'apprendre quelque chose de nouveau ?
5. Quand tes amis viennent te rendre visite, quel type d'activité est-ce que tu choisis d'organiser ? Une visite dans les musées de ta ville ? Un concert ? Une pièce de théâtre ?
6. As-tu parfois des problèmes à te décider ? Pourquoi ? Est-ce parce que tu essaies de plaire à tout le monde ?
7. Est-ce que tu as jamais eu honte d'avoir sélectionné une activité choquante ? Qu'est-ce que tu as fait pour rectifier la situation ?
8. Dans ta famille qui est le premier à vouloir visiter un musée ? Qui est le dernier à vouloir le faire ? Pourquoi ?
9. À ton avis, est-il toujours intéressant de visiter un musée ? Y a-t-il des musées ennuyeux ? Quel est le musée le plus intéressant que tu aies jamais visité ? Quel est le musée le plus ennuyeux ?
10. Est-ce que tu souhaites devenir artiste ou musicien(ne) ? Pourquoi ? Qu'est-ce que tu ferais ? Qu'est-ce que tu créerais ?

Marcel Aymé

▲ **Marcel Aymé**

Marcel Aymé naît en 1902 dans le Jura, région montagneuse dans l'est de la France. Le dernier de six enfants, il connaît à peine sa mère qui meurt quand Aymé n'a que deux ans. Sa grand-mère l'élève jusqu'à ce que son père le mette en pension. Bien qu'élève médiocre, Aymé obtient son baccalauréat et pense devenir ingénieur. Cependant une grave maladie l'empêche de réaliser ce rêve. Obligé de faire son service militaire, on l'envoie en Allemagne occupée. À la fin de la guerre, Marcel Aymé vit à Paris où il devient journaliste. À la suite d'une deuxième maladie, Aymé commence à écrire un premier roman, *Brûlebois*, publié en 1926. Écrivain prodigieux, il publie presque chaque année soit un roman, soit un recueil de contes ou d'essais, soit une pièce de théâtre. Aymé est surtout connu pour la grande variété de ses œuvres qui sont parfois réalistes, fantastiques ou satiriques. « Oscar et Erick », publié en 1950 dans le recueil *En Arrière*, est un bel exemple d'un conte à la fois fantastique et satirique qui nous fait penser à la définition d'une œuvre d'art. Aymé meurt en 1967.

Stratégie de lecture : La satire et le fantastique

Le fantastique est défini par un manque de réalisme qui permet à un auteur de donner libre cours à son imagination. L'auteur n'est plus limité par la vraisemblance exigée par un texte réaliste. Il existe plusieurs sous-catégories du fantastique : le conte fantôme dans lequel le personnage principal se sent hanté par une présence surnaturelle, le conte de fées et la science-fiction. **La satire** est une technique par laquelle un auteur se sert du ridicule, de la dérision, du burlesque ou de l'ironie pour critiquer le comportement humain ou une situation. Le but principal de l'auteur est de nature morale.

Dans « Oscar et Erick », Aymé se sert de ces deux techniques premièrement pour critiquer le comportement tyrannique du père envers ses deux fils et deuxièmement pour nous faire réfléchir sur la définition de l'art. Est-ce que l'art est défini par les experts qui se mettent implicitement d'accord sur une œuvre ? Ou est-ce que l'art est défini par l'individu et le goût personnel ?

Stratégie de prélecture

En petits groupes, de trois ou quatre personnes, discutez des contes fantastiques que vous avez déjà lus. Dans quelle catégorie du fantastique est-ce que ces contes figurent ? Décrivez les éléments fantastiques dans ces contes. Ensuite, discutez des textes satiriques que vous connaissez. Connaissez-vous *Les Voyages de Gulliver* de Jonathan Swift ? Swift utilise le voyage fantastique de son personnage principal pour critiquer les abus sociaux et la politique de son époque. Connaissez-vous d'autres satires ? Lesquelles ?

Maintenant, lisez le premier paragraphe d' « Oscar et Erick ». Quels éléments fantastiques y trouvez-vous ? Y a-t-il des éléments satiriques ?

« Oscar et Erick »

Il y a trois cents ans, au pays d'Ooklan, vivait une famille de peintres qui portaient le nom d'Olgerson et ne peignaient que des chefs-d'œuvre. Tous étaient célèbres et vénérés et si leur renommée n'avait pas franchi° les frontières°, c'est que le royaume d'Ooklan, isolé en plein Nord, ne communiquait avec aucun autre. Ses navires° ne
5 prenaient la mer que pour la pêche° ou la chasse°, et ceux qui avaient cherché un passage vers le Sud s'étaient tous brisés° sur des lignes de récifs°.

Le vieil Olgerson, premier peintre du nom, avait eu onze filles et sept garçons, tous également doués pour la peinture. Ces dix-huit Olgerson firent de très belles carrières, vécurent pensionnés, choyés°, décorés, mais aucun n'eut d'enfants. Le
10 vieillard, froissé° de voir ainsi s'éteindre une postérité pour laquelle il avait tant fait, épousa la fille d'un chasseur° d'ours et, à l'âge de quatre-vingt-cinq ans, engendra° un fils qu'il prénomma Hans. Après quoi, il mourut tranquille.

Hans, formé à l'école de ses dix-huit frères et sœurs, devint un admirable paysagiste. Il peignait les sapins°, les bouleaux°, les prés°, les neiges, les lacs, les
15 cascades°, et avec tant de vérité qu'ils étaient sur la toile comme Dieu les avait faits dans la nature. Devant ses paysages de neige, on ne pouvait pas s'empêcher d'avoir froid aux pieds. Il arriva même qu'un jeune ours, mis en présence d'un de ses tableaux qui représentait un sapin, s'y trompa si bien qu'il essaya de grimper° dans les branches.
20 Hans Olgerson se maria et eut deux fils. Erick, l'aîné, ne manifestait aucun don artistique. Il ne rêvait que chasse à l'ours, au phoque°, à la baleine° et s'intéressait passionnément à la navigation. Aussi faisait-il le désespoir de la famille et surtout du père qui le traitait de cancrelat° et de tête de morse°. Au contraire, Oscar, qui avait un an de moins que son frère, se révéla dès le jeune âge un extraordinaire artiste,
25 d'une sensibilité et d'une sûreté de main incomparables. À douze ans, il brossait déjà des paysages à rendre jaloux tous les Olgerson. Ses sapins et ses bouleaux étaient encore plus vrais que ceux du père et coûtaient déjà un prix fou.

Ayant des goûts si opposés, les deux frères ne s'en aimaient pas moins tendrement. Lorsqu'il n'était pas à la pêche ou à la chasse, Erick ne quittait pas
30 l'atelier de son frère et Oscar ne se sentait jamais pleinement heureux qu'avec lui. Les deux frères étaient si unis qu'il n'était pour l'un ni joie ni peine que l'autre ne ressentît° comme siennes.

À dix-huit ans, Erick était déjà un très bon marin et participait à toutes les grandes expéditions de pêche. Son rêve était de franchir les lignes de récifs qui lui
35 eussent ouvert les mers du Sud. Il en parlait souvent à son frère dont la tendresse s'alarmait à l'idée des périls d'une telle entreprise. Quoiqu'il n'eût encore que dix-sept ans, Oscar était devenu un maître. Son père déclarait avec orgueil n'avoir plus rien à lui apprendre. Or, le jeune maître, tout à coup, parut montrer un zèle moins vif pour la peinture. Au lieu de peindre des paysages sublimes, il se contentait de
40 griffonner° des croquis° sur des feuilles volantes qu'il déchirait° aussitôt. Alertés, les Olgerson, qui étaient encore au nombre de quinze, se réunirent pour le sonder. Parlant au nom de tous, le père demanda :

— Est-ce, mon doux fils, que vous seriez dégoûté de la peinture ?

— Oh ! non, mon père, je l'aime plus que jamais.

45 — Allons, voilà qui est bien. J'y pense, ce ne serait pas des fois ce grand dadais° d'Erick qui vous détournerait° de peindre ? Ah ! bon Dieu, si je le savais !

Oscar s'indigna° qu'on pût ainsi soupçonner son frère et protesta qu'il ne peignait jamais mieux qu'en sa présence.

---

franchir *to cross*

une frontière *border*

un navire *ship*

la pêche *fishing*

la chasse *hunting*

brisé *broken*

un récif *reef*

choyé *pampered, cherished*

froissé *irritated*

un chasseur *hunter*

engendrer *engender, beget*

un sapin *pine*

le bouleau *birch*

un pré *meadow*

une cascade *waterfall*

grimper *climb*

un phoque *seal*

une baleine *whale*

un cancrelat *cockroach*

un morse *walrus*

ressentir *to feel*

griffonner *to scribble*

croquis *sketch*

déchirer *to tear*

dadais *oaf*

détourner *to divert*

s'indigner *to be indignant*

— Alors ? Vous avez sans doute un amour en tête ?

— Pardonnez-moi, mon père, répondit Oscar en baissant les yeux. Et vous, 50
mes tantes, et vous, mes oncles, pardonnez-moi. Mais nous sommes entre artistes.
Je vous dirai donc que je vois beaucoup de femmes, mais qu'aucune encore n'a su
me retenir.

Les quinze Olgerson s'esclaffèrent° et échangèrent à haute voix de ces
plaisanteries grivoises° qui étaient de tradition chez les peintres d'Ooklan. 55

— Revenons à nos moutons°, dit le père. Parlez, Oscar, et dites-nous s'il
manque quelque chose à votre repos. Et si vous avez un désir, ne nous cachez rien.

— Eh bien, mon père, je vous demanderai de m'abandonner pour un an votre
maison des montagnes du R'han. Je voudrais y faire une retraite. Il me semble que
j'y travaillerais bien, surtout si vous autorisiez mon frère à m'accompagner dans ces 60
solitudes.

Le père accepta de bonne grâce et, le lendemain même, Oscar et Erick
partaient en traîneau° pour les montagnes du R'han. Pendant l'année qui s'écoula°,
les Olgerson parlèrent beaucoup des absents et principalement d'Oscar. « Vous
verrez, disait le père, vous verrez les merveilles qu'il rapportera. Je suis sûr qu'il 65
avait une idée en tête. » Un an jour pour jour après le départ de ses fils, il prit
lui-même la route et après un voyage d'une semaine arriva dans sa maison des
montagnes du R'han. Oscar et Erick, qui l'avaient vu venir de loin, l'attendaient
sur le seuil, portant traditionnellement, l'un la robe de chambre fourrée en peau de
loup°, l'autre un plat fumant de mou de veau marin°. Mais le père prit à peine le 70
temps de manger son mou, tant il était pressé de se repaître° des paysages d'Oscar.

En entrant dans l'atelier, il demeura d'abord muet d'horreur. Sur toutes les
toiles s'étalaient des objets d'une forme absurde, monstrueuse, auxquels leur
couleur verte semblait vouloir conférer la qualité de végétal. Certains de ces
monstres étaient constitués par un assemblage d'énormes oreilles d'ours, vertes, 75

s'esclaffer *to guffaw*

grivois *risqué*

revenons à nos moutons *let's get
back to the subject*

un traîneau *sleigh*

s'écouler *to pass*

la robe de chambre fourrée en
peau de loup *a robe (dressing
gown) lined with wolf skin*

un plat fumant de mou de
veau marin *a steaming dish of seal
lungs*

repaître *to feed*

hérissées de piquants°. D'autres ressemblaient à des cierges° et à des chandeliers°
à plusieurs branches. Les moins inquiétants, malgré leur absurdité, étaient
peut-être ces chandelles écailleuses°, qui paraissaient démesurément° hautes et
s'épanouissaient° en un bouquet de feuilles dont chacune était longue au moins
80 comme les deux bras.

    — Qu'est-ce que c'est que ces saloperies°-là ? rugit° le père.

    — Mais, mon père, répondit Oscar, ce sont des arbres.

    — Quoi ? des arbres, ça ?

    — À vrai dire, je redoutais° l'instant de vous montrer ma peinture et je
85 comprends qu'elle vous surprenne un peu. Mais telle est maintenant ma vision de
la nature et ni vous ni moi n'y pouvons rien.

    — C'est ce que nous verrons ! Ainsi, c'était pour vous livrer à ces dépravations
que vous avez voulu vous retirer dans la montagne ? Vous allez me faire le plaisir
de rentrer à la maison. Quant à vous, Erick, c'est une autre paire de manches°!

90   Une semaine plus tard, les deux garçons étaient de retour avec leur père. Les
quinze Olgerson furent conviés à voir la nouvelle production d'Oscar. Deux
d'entre eux moururent de saisissement° et les autres tombèrent d'accord qu'il
convenait de prendre des mesures énergiques. À l'égard d'Erick, soupçonné de
corrompre le goût de son frère, il fut décidé de l'éloigner° pendant deux ans. Le
95 jeune homme arma un bâtiment avec lequel il projeta de franchir les récifs pour
explorer les mers d'au-delà. Sur le quai d'embarquement, après de tendres adieux
où il mêla ses larmes aux larmes de son frère, Erick lui dit :

    — Mon absence durera sans doute de longues années, mais ayez confiance et
n'oubliez jamais que vous êtes le terme° de mon voyage.

100   Pour Oscar, les Olgerson avaient décidé de le tenir prisonnier dans son atelier
jusqu'à ce qu'il eût retrouvé le goût de peindre honnêtement. Il accueillit° ces

hérissées de piquants *bristling with thorns*

un cierge *candle*

un chandelier *candelabrum*

écailleux *scaly*

démesurément *excessively*

s'épanouir *to blossom*

saloperie (vulgar) *dirty thing, "garbage"*

rugir *roar*

redouter *to dread*

c'est une autre paire de manches *that's a different story (lit., that's a different pair of sleeves)*

un saisissement *violent shock (emotion)*

éloigner *to move away, banish*

le terme *end, goal*

accueillir *to welcome*

récriminer *to recriminate (against)*	
un buisson *a bush*	
s'enfoncer *to sink into*	

dispositions sans récriminer°, mais le premier paysage qu'il exécuta fut un buisson° d'oreilles d'ours, et le deuxième une perspective de chandeliers sur fond de sable. Loin de revenir à une vision plus saine de la nature, il s'enfonçait° chaque jour davantage dans l'absurde, et le mal paraissait sans remède.   105

un attentat *an attempt (as on one's life)*

— Voyons, lui dit un jour son père, comprenez donc une bonne fois que vos tableaux sont un attentat° à la peinture. On n'a pas le droit de peindre autre chose que ce qu'on voit.

— Mais, répondit Oscar, si Dieu n'avait créé que ce qu'il voyait, il n'aurait jamais rien créé.   110

— Ah ! il ne vous manquait plus que de philosopher ! Petit malheureux, dire que vous n'avez jamais eu que de bons exemples sous les yeux ! Enfin, Oscar, quand vous me voyez peindre un bouleau, un sapin … Au fait, qu'est-ce que vous pensez de ma peinture ?

— Excusez-moi, mon père.   115

— Mais non, parlez-moi franchement.

flanquer *to fling, throw*

— Eh bien, franchement, je la trouve bonne à flanquer° au feu.

Hans Olgerson fit bonne contenance, mais quelques jours plus tard, sous prétexte que son fils dépensait trop de bois pour se chauffer, il le chassait de sa maison sans lui donner un sou. Avec le peu d'argent qu'il avait sur lui, Oscar   120

une bicoque *shack*

loua une bicoque° sur le port et s'y installa avec sa boîte de couleurs. Dès lors commença pour lui une existence misérable. Pour subsister, il travaillait à

décharger *to unload*
un plumeau *feather duster*

décharger° les bateaux et, à ses moments perdus, continuait à peindre des oreilles d'ours, des chandeliers et des plumeaux°. Non seulement sa peinture ne se vendait pas, mais elle était un objet de dérision. L'absurdité de ses tableaux était devenue   125

s'aggraver *to get worse*
cracher *to spit*

proverbiale. La misère s'aggravait° à mesure que s'écoulaient les années. On l'appelait Oscar le fou. Les enfants lui crachaient° dans le dos, les vieillards lui jetaient des pierres et les filles du port se signaient sur son passage.

se propager *to spread*
une proue *prow*

Un jour de quatorze juillet, une grande rumeur se propagea° dans le port et dans la ville. Un navire de haut bord, à proue° dorée et aux voiles de pourpre,   130
venait d'être signalé par le veilleur de la tour. On n'avait jamais rien vu de pareil en Ooklan. Étant allées à sa rencontre, les autorités de la ville apprirent que le vaisseau était celui d'Erick revenant d'un voyage autour du monde après une absence de dix

se frayer un chemin *to make one's way through*

années. Aussitôt informés, les Olgerson se frayèrent un chemin° à travers la foule jusqu'au quai de débarquement. Vêtu d'une culotte de satin bleu, d'un habit brodé   135
d'or et coiffé d'un tricorne, Erick mit pied à terre en face des Olgerson et fronça les

froncer les sourcils *to frown*

sourcils°.

— Je ne vois pas mon frère Oscar, dit-il à son père qui s'avançait pour l'embrasser. Où est Oscar ?

se brouiller *to quarrel*
une loque *rag*
décharné *emaciated, haggard*

— Je ne sais pas, répondit le père en rougissant. Nous nous sommes brouillés°.   140
Cependant, un homme vêtu de loques°, au visage décharné°, parvenait à sortir de la foule.

— Erick, dit-il, je suis votre frère Oscar.

étreindre *to embrace, hug*
apaisé *calmed down*
birbe *old fuddy-duddy*

Erick l'étreignit° en pleurant et, lorsque son émotion fut un peu apaisée°, il se retourna aux Olgerson avec un visage dur.   145

— Vieux birbes°, il n'a pas tenu à vous que mon frère ne meure de faim et de misère.

— Que voulez-vous, dirent les Olgerson, c'était à lui à peindre convenablement. Nous lui avions mis un solide métier dans les mains et il s'est obstiné à ne peindre que des paysages absurdes et ridicules.   150

— Taisez-vous, birbes, et sachez qu'il n'est pas de plus grand peintre qu'Oscar.

Les birbes se mirent à ricaner° méchamment. Erick, s'adressant aux matelots° demeurés sur le navire, commanda :

155 — Amenez ici les cactus, les dattiers, les ravenalas°, les alluandias°, les bananiers, les pilocères° !

Et à la stupéfaction de la foule, les matelots déposèrent° sur le quai des arbres plantés dans des caisses, qui étaient les modèles très exacts de ceux que peignait Oscar. Les birbes roulaient des yeux ronds et il y en avait plusieurs qui pleuraient

160 de rage et de dépit°. La foule était tombée à genoux et demandait pardon à Oscar de l'avoir appelé Oscar le fou. Du jour au lendemain, la peinture des vieux Olgerson fut entièrement déconsidérée. Les gens de goût ne voulaient plus que des cactus et autres arbres exotiques. Les deux frères se firent construire une très belle maison où vivre ensemble. Ils se marièrent et, malgré leurs femmes, continuèrent à

165 s'aimer tendrement. Oscar peignait des arbres de plus en plus étranges, des arbres encore inconnus et qui n'existaient peut-être nulle part.

ricaner *to snigger*

un matelot *sailor*

les ravenalas, les alluandias, les pilocères *exotic plants*

déposer *to unload*

dépit *spite*

Vérifions notre compréhension du texte

Répondez aux questions suivantes et justifiez vos réponses.

1. Décrivez la géographie d'Ooklan.
2. Pourquoi les Ooklanais ne peuvent-ils pas faire des voyages dans le monde ?
3. Qui est le vieil Olgerson par rapport à Oscar et Erick ? Combien d'enfants a-t-il eu avant d'avoir Hans ?
4. Quel est le métier des Olgerson ? Décrivez la qualité de leur travail.
5. Pourquoi le vieil Olgerson décide-t-il d'épouser une autre femme ? Pourquoi choisit-il la fille d'un chasseur d'ours ?
6. Pourquoi le vieil Olgerson meurt-il tranquille après avoir eu Hans ? Qu'est-ce qu'il suppose ?
7. Décrivez les tableaux de Hans. Quels sujets préfère-t-il ?
8. À quoi Oscar s'intéresse-t-il ? À quoi Erick s'intéresse-t-il ? Décrivez la relation entre les deux frères.
9. Décrivez l'art d'Oscar au début du conte. De quelle manière est-ce que son style change ?
10. Quelle est la réaction de Hans et des autres Olgerson au nouveau style d'Oscar ?
11. Quelles explications possibles est-ce que les Olgerson offrent pour les changements stylistiques de l'art d'Oscar ? Qu'est-ce qu'Oscar répond à leurs explications ?
12. Où est-ce qu'Oscar voudrait aller pour peindre tranquillement ? Avec qui ? Pendant combien de temps ?
13. Décrivez la réaction de Hans quand il voit les tableaux qu'Oscar a peints pendant cette année de repos. Décrivez ses tableaux.
14. Quelle est la réaction des autres Olgerson quand ils voient les tableaux d'Oscar ?
15. Quelle remède est-ce que les Olgerson proposent pour qu'Oscar peigne convenablement, comme autrefois ?
16. Faites une paraphrase de ce qu'Erick dit à son frère avant de partir en voyage.
17. Que pense Oscar de l'art de son père ? A-t-il raison d'être aussi franc ? Pourquoi ?
18. Décrivez la vie d'Oscar après le départ de son frère. Quel prétexte Hans trouve-t-il pour le chasser de la maison ? Où est-ce qu'Oscar vit après avoir été chassé de la maison paternelle ? Que fait Oscar pour vivre ?
19. Quand est-ce qu'Erick revient de son voyage ? À quelle date spécifique ? Est-ce une date importante ? Pourquoi ?
20. Décrivez le retour d'Erick. Décrivez son navire, ses vêtements, etc. Qu'est-ce qu'il ramène de son voyage ?
21. Décrivez la réaction d'Erick quand il voit comment son frère vit depuis son départ.
22. Que fait Erick pour rectifier la situation de son frère ? Qu'est-ce qu'il dit à son père et aux Ooklanais au sujet de l'art d'Oscar ?
23. Décrivez la réputation d'Oscar après le retour d'Erick. Pourquoi son art est-il apprécié de nouveau ? Qu'est-ce que les Ooklanais pensent de l'art de Hans ?
24. Décrivez la vie d'Oscar et d'Erick à la fin du conte.

En petits groupes, discutez les questions suivantes. Soyez prêts à présenter vos idées au reste de la classe.

1. **Le fantastique :** Relevez les éléments fantastiques du conte d'Aymé. Dressez une liste de ces éléments et expliquez pourquoi ils sont fantastiques. Pourquoi ne sont-ils pas réalistes ? Qu'est-ce qui est illogique ?

2. **Les motifs :** Il y a plusieurs motifs dans ce conte. Par exemple, des références à des ours apparaissent à plusieurs reprises dans le texte. Dressez une liste des motifs dans le texte. Ensuite, étudiez chaque apparition du motif dans son contexte. Pourquoi les motifs sont-ils importants ? Quelle fonction remplissent-ils dans le texte ? Est-ce qu'ils unifient le texte ? Est-ce qu'ils soulignent une idée importante ?

3. **La satire :** Dressez une liste des éléments satiriques du texte. Qu'est-ce qu'Aymé veut critiquer par la satire ? Est-ce qu'il réussit ?

En petits groupes, discutez des questions suivantes :

1. Quand Hans réagit négativement à l'art d'Oscar à la fin de son séjour à la montagne, son fils répond : « Mais telle est maintenant ma vision de la nature et ni vous ni moi n'y pouvons rien. » Analysez cette réplique. Est-ce que c'est vrai qu'un artiste est guidé par ses propres perceptions ? Est-il une sorte de victime de sa vision de la nature ? Ou est-ce qu'un artiste est le maître de son style et de ses perceptions ?

2. Hans dit à Oscar, « qu'on n'a pas le droit de peindre autre chose que ce qu'on voit ». Oscar répond que « si Dieu n'avait créé que ce qu'il voyait, il n'aurait jamais rien créé ». Analysez la philosophie artistique représentée par ces deux phrases. Qui a raison à votre avis ? Qui est le plus convaincant ? Quel type d'art préférez-vous ? L'art réaliste ou l'art abstrait ?

3. Analysez la fin du conte. Au premier abord, Marcel Aymé semble suggérer que l'art abstrait est préférable et plus novateur que l'art réaliste. Mais, est-ce que c'est vrai ? La fin est ironique. Expliquez l'ironie.

▲ Gauguin *Nave Nave Moe* (le Printemps), 1984. Voyez-vous des parallèles entre ce tableau de Gauguin et l'histoire « d'Oscar et Erick » ?

1 Le participe présent

A. Le participe présent est un adjectif verbal, souvent traduit par *ing* en anglais. On forme le participe présent à partir de la première personne du pluriel en remplaçant **ons** par **ant :**

marcher :   marchons → marchant
finir :   finissons → finissant
attendre :   attendons → attendant

Il n'y a que trois participes présents irréguliers :

avoir : ayant   être : étant   savoir : sachant

Puisque le participe présent est adjectival (joue la fonction d'un adjectif), il modifie un nom ou un pronom. On peut souvent remplacer le participe présent par une proposition avec **qui** ou avec une proposition exprimant la cause (**comme, parce que**).

L'homme **fumant** une pipe est un artiste célèbre.
(L'homme **qui** fume une pipe est un artiste célèbre.)
Voulant faire la connaissance de cet artiste célèbre, je me suis approché de lui.
(**Comme** je voulais faire sa connaissance, me suis approché de lui.)

B. Forme composée du participe présent :

1. Formation:

être ou avoir + participe passé du verbe
faire : ayant fait   aller : étant allé

2. Utilisation

On utilise la forme composée du participe présent pour exprimer une situation antérieure à l'action exprimée par le verbe de la proposition principale.
Temps : →_____ saluer _____ se présenter _____→
Ayant salué l'artiste, je me suis présenté à lui.
Temps : →_____ arriver _____ acheter _____→
Étant arrivé**e** bien avant les autres, Jeanne a acheté les billets pour tout le monde.

Remarque : Le participe s'accorde avec le nom qu'il modifie.

2 Le gérondif

A. Le participe présent précédé de **en** s'appelle le gérondif. Le gérondif est adverbial et modifie un verbe. Il exprime :

1. Comment, quand, ou **pourquoi** quelque chose est arrivé

2. La simultanéité de deux actions

> J'ai appris à peindre **en suivant** des leçons avec ce grand peintre. (comment)
> Le critique d'art Jean Paulhan a compris le cubisme **en rentrant** chez lui un soir dans le noir. (quand et comment)
> Ma grand-mère aime peindre **en écoutant** de la musique. (simultanéité)

B. Le participe présent précédé par **tout en :**

1. Signale une situation inattendue

2. Suggère une contradiction

> Vers la fin de sa vie, Monet peignait des chefs-d'œuvre **tout en étant** incapable de voir clairement.
> Beethoven composait des symphonies **tout en étant** sourd.

Précisions sur le participe présent et le gérondif

1. Le participe présent en anglais est souvent traduit par un infinitif en français. Traduisez les phrases suivantes pour voir la différence.

> Aller au musée est très éducatif.
> Le jeune peintre pensait que fumer était très sophistiqué.

2. Certaines actions doivent être traduites par le gérondif. Étudiez les exemples suivants.

> Mon professeur de musique est entré **en courant.**
> (*My music teacher ran into the room.*)
> Le conférencier a appelé pour dire qu'il allait être en retard. **En attendant,** notre hôte a parlé d'un sujet lié à celui du conférencier.
> (*Meanwhile, our host talked about a topic related to that of the speaker.*)

Pratiquons

9-18 Jeu. Formez deux équipes. À tour de rôle, donnez le participe présent des verbes suivants. Celui qui fait une erreur s'assied. L'équipe gagnante sera celle avec le plus de membres debout à la fin du jeu.

regarder	avoir
choisir	savoir
attendre	finir
être	comprendre
faire	connaître
vouloir	voyager
envoyer	écrire
rougir	lire
rendre	sortir
prendre	naître

9-19 Voici un résumé de l'histoire d'Oscar et d'Erick. Écoutez-le et écrivez les participes présents et les gérondifs que vous entendez.

Il était une fois deux frères : Oscar et Erick qui vivaient dans un pays de la mer du Nord. Erick, l'aîné, _____ très aventureux ne s'intéressait qu'à la chasse et Oscar, _____ de grands talents pour le dessin, passait son temps à faire des tableaux. _____ de son pays, il s'inspirait des paysages qu'il voyait et peignait des sapins et des lacs enneigés. Un jour, il s'est mis à faire des dessins bizarres. Sa famille _____ pourquoi il montrait un zèle moins vif pour la peinture l'a interrogé sur son manque d'inspiration. Oscar _____ les yeux a dit qu'il voulait du temps pour lui-même et qu'il souhaitait aller dans la montagne avec son frère Erick. Leur père _____ , les deux frères sont partis. Après un an, le père est venu voir ce que son fils avait dessiné. _____ dans l'atelier d'Oscar, il a été horrifié _____ les tableaux absurdes et monstrueux que son fils avait peints. _____ qu'Erick avait influencé son frère et corrompu ses goûts, il l'a éloigné de la famille. Erick, _____ explorer les mers, a armé un bateau pour partir en voyage. _____, les deux frères se sont séparés _____ de se retrouver.

9-20 Artistes d'Ooklan. Complétez les phrases avec **le participe présent**.

1. Cette jeune femme (avoir) n' _____ l'air de rien, est une artiste célèbre à Ooklan.

2. Son père (ne pas être) _____ très généreux, Oscar a dû travailler pour payer ses toiles.

3. (Peindre) _____ avec concentration, Oscar oubliait quelquefois l'heure des repas.

4. (Ne pas comprendre) _____ le style d'Oscar, Hans l'a chassé de la famille.

5. (Maudire) _____ l'obstination d'Oscar, Hans voulait contraindre son fils à peindre honnêtement.

6. (Prendre) _____ les tableaux d'un geste brusque, il les a jetés violemment.

7. Ne (savoir) _____ pas quand Erick reviendrait, Oscar essayait de penser à son art.

8. (Voir) _____ Oscar si misérable, Erick lui a tout de suite donné de riches vêtements.

9-21 Oscar et Erick. Remplacez les propositions relatives et les propositions circonstancielles de cause, par le participe présent.

Modèle : Comme le soleil s'était levé, Erick est parti à la chasse.
Le soleil s'étant levé, Erick est parti à la chasse.

1. Les Olgerson, qui étaient de bons peintres, avaient acquis une grande célébrité dans leur pays.
2. Comme l'île où ils habitaient ne communiquait pas avec le monde extérieur, les Olgerson ne connaissaient pas d'autres artistes.
3. Hans, qui était le meilleur artiste, faisait toujours des tableaux qui ressemblaient à la nature.
4. Comme son fils aîné, Erick, n'avait aucun talent pour la peinture, Hans a concentré toute son attention sur le plus jeune, Oscar.
5. Erick qui rêvait d'exploration et de chasse, voulait quitter son île natale.
6. Oscar qui se révélait un artiste extraordinaire était adoré et encouragé par son père.
7. Ces deux frères qui avaient des goûts si différents s'entendaient à merveille.

 9-22 Devenir artiste, peintre, sculpteur, compositeur, pianiste, etc., n'est pas facile. Dites ce que doivent faire ces personnes pour réussir et quelles activités elles peuvent faire simultanément. Utilisez **le gérondif** pour exprimer la simultanéité ou la manière.

Modèle : En pratiquant tous les jours, un pianiste s'améliore.
On devient sculpteur en apprenant à tailler la pierre.

9-23 Combinez les deux phrases en utilisant **un participe présent, un participe présent à forme composée** ou **le gérondif**. Notez qu'il y a parfois plusieurs réponses possibles.

Modèle : Il peint. Il chante.
Il peint en chantant.

1. Marcel Aymé est devenu écrivain. Marcel Aymé est tombé malade.
2. Baudelaire voulait avoir l'air d'un aristocrate. Baudelaire s'habillait bien.
3. Camille Claudel était amoureuse de Rodin. Elle l'a accusé de jalousie professionnelle.
4. Renoir cherchait à plaire aux patrons riches. Renoir peignait surtout de beaux tableaux sans commentaires sociaux.
5. Manet reconnaissait les problèmes sociaux de son époque. Manet peignait des tableaux controversés.
6. Van Gogh s'est disputé avec Gauguin. Van Gogh a refusé de continuer son amitié avec Gauguin.
7. Picasso s'est inspiré des Surréalistes. Picasso a créé son propre style.
8. Picasso peignait. Picasso écoutait réciter des poèmes de Breton et d'Apollinaire.
9. Pissarro critiquait l'industrialisation du dix-neuvième siècle. Pissarro peignait des paysages avec une usine à l'arrière-plan.
10. Van Gogh buvait trop d'alcool. Van Gogh entrait dans des cafés. Van Gogh titubait°.

stagger

Sujets de composition (500–600 mots)

1. Choisissez un(e) artiste que vous aimez et une œuvre d'art qu'il/elle a faite. Écrivez une critique de cette œuvre. Pensez au message ou aux messages que l'artiste essaie de faire comprendre au spectateur. Quelles techniques est-ce qu'il/elle emploie pour le faire ?

2. À la constatation de son père qu' « on n'a pas le droit de peindre autre chose que ce qu'on voit », Oscar répond : « … si Dieu n'avait créé que ce qu'il voyait, il n'aurait jamais rien créé ». Dans votre composition, commentez la réponse d'Oscar en considérant les questions suivantes : Quel genre d'art est évoqué dans cette réponse ? Est-ce que le conte illustre cette réponse ? Comment ?

3. Analysez les rapports familiaux dans « Oscar et Erick ». Définissez le rôle du père. Comment traite-t-il ses enfants ? Quelles qualités veut-il voir dans ses enfants ? Pourquoi ?

4. L'hérédité joue un rôle subtil mais important dans « Oscar et Erick ». Par exemple, tous les Olgerson sont artistes sauf Erick qui tient de la famille de sa grand-mère. Dans votre composition, analysez le rôle de l'hérédité. Voyez-vous un rapport entre l'hérédité et l'art ? Quel rôle joue l'hérédité dans le talent ? Y a-t-il d'autres facteurs qui influencent la production artistique ?

5. Comparez l'attitude du public dans « Cézanne l'incompris » et dans « Oscar et Erick ».

6. En vous basant sur « Cézanne l'incompris » et « Oscar et Erick », expliquez ce qui est source d'inspiration pour les deux peintres et comparez leur modernité.

7. Qu'est-ce qui définit une œuvre d'art ? Est-ce l'opinion publique ? Individuelle ? Collective ? Des spécialistes ? Dans votre essai, présentez vos idées sur cette question. N'oubliez pas de bien organiser votre argument et d'appuyer vos idées avec des exemples concrets.

Le mode descriptif se prête naturellement au visuel (une œuvre d'art, un film, une sculpture) et à la musique. Il est relativement facile d'écrire une description simple de ce qu'on entend ou voit. On fait appel à la vue ou à l'ouïe° pour présenter ses observations personnelles ; et on n'a besoin de justifier ni ce qu'on présente ni la façon dont on le présente. Pourtant, quand on écrit une critique d'une œuvre d'art ou d'un morceau de musique, la description doit toujours être influencée par l'interprétation analytique du critique.

l'ouïe   *hearing*

Pour écrire la critique d'une œuvre d'art, il faut :

1. Bien regarder les détails que l'artiste inclut dans son œuvre.

2. Essayer de tirer des conclusions de ce qu'on voit.

3. Se poser les questions suivantes :

a) Est-ce qu'il y a des images symboliques ?
b) Qu'est-ce qui est à l'arrière-plan ? Au premier plan ?
c) Y a-t-il des gens dans le tableau ? Comment pourrait-on interpréter leur regard ?
d) Comment sont-ils habillés ?
e) Est-ce que la nature joue un rôle important ?

4. Formuler une idée directrice préliminaire.

5. Organiser la description de l'œuvre et des détails selon cette première interprétation.

Une bonne description repose sur l'emploi d'adjectifs et d'adverbes expressifs. De plus, les verbes doivent être évocateurs et aider le lecteur à visualiser ce dont le critique parle. Évitez le verbe **être.**

Avant d'écrire votre essai, répondez aux questions suivantes :

1. Quels sont les détails les plus intéressants de l'œuvre ?

2. Comment est-ce que je pourrais décrire ce que j'observe ?

3. Quels mots seraient appropriés pour ma description ?
Adjectifs possibles :
Verbes possibles :
Adverbes possibles :

4. Quelle(s) interprétation(s) va/vont logiquement avec ces détails ?

5. Quelle interprétation globale réunit les détails ?

Collaborons

Maintenant complétez le plan suivant et montrez-le à votre partenaire. Quelles suggestions peut-il ou elle vous offrir ? Quelles suggestions pouvez-vous lui offrir ?

Voilà mes observations et mes interprétations préliminaires :

Détail #1 : _____

Interprétations : _____

Détail #2 : _____

Interprétations : _____

Détail #3 : _____

Interprétations : _____

Détail #4 : _____ etc.

Interprétations : _____ etc.

Voilà ma description des détails, avec élaboration :

_____

_____

_____

_____

Continuez …

Voilà mon interprétation globale :

Voilà mon idée directrice préliminaire :

▲ **Edgar Degas,** *Place de la Concorde*

Pour vous faire une idée d'une critique d'une œuvre d'art, lisez l'essai suivant sur le tableau d'Edgar Degas *Place de la Concorde*.

L'aliénation à Paris

Au dix-neuvième siècle, Paris a radicalement changé pour devenir la ville moderne qu'elle est aujourd'hui et, à l'époque, la plus belle ville de l'Europe. Commissionné par l'Empereur Napoléon III pour moderniser Paris, le Baron Haussmann a remplacé les petites rues sinueuses et sales par de grandes avenues propres et bien ordonnées. Cette rénovation du centre de Paris a eu évidemment des effets positifs. Paris est devenu plus propre et salubre. La criminalité a diminué. Désormais, il était agréable de se promener le long des grands boulevards modernes. En fait, Paris au XIXème siècle est devenu « la capitale de l'Europe ».

La modernisation de Paris avait néanmoins ses effets négatifs. Avec la rénovation, l'intimité des petits faubourgs où tout le monde se connaissait a été éliminée. La vie est devenue plus rapide et plus impersonnelle. Pour beaucoup d'artistes et d'écrivains, le nouveau Paris est devenu une ville aliénante où tout se ressemblait. Le peintre impressionniste Edgar Degas, connu surtout pour ses tableaux et sculptures de danseuses, également, a été très sensible aux effets sociologiques et psychologiques créés par la restructuration de Paris. Son tableau *Place de la Concorde* (1873) reflète bien l'aliénation qui accompagne la modernisation de la ville.

Le titre du tableau présente le site exact de la représentation. C'est l'énorme place, presque vide à l'époque, de la Place de la Concorde qui se trouve au centre de Paris, symboliquement le cœur de la ville. À l'arrière-plan, on voit indistinctement un bois et à gauche la façade de bâtiments modernes si similaires qu'on ne peut les différencier les uns des autres. Par cet arrière-plan, Degas semble suggérer que la rénovation de la ville a effacé toute individualité du paysage. Les bâtiments se ressemblent. On ne peut pas voir le visage de l'homme à cheval. De plus, les colonnes en parallèle donnent l'impression que tout est très bien planifié. Dans cet espace vide, moderne, et qui suggère un contrôle architectural, il n'y a pas de place pour les émotions et les passions humaines.

L'arrière-plan que Degas crée est en fait parfait pour le sujet principal de son tableau — le portrait du vicomte Lepic qui se promène avec ses deux enfants et leur chien. Si le spectateur ne savait pas d'avance que c'est le portrait d'une famille, il ne devinerait jamais que c'est une scène familiale. Le vicomte est mince, debout, les mains derrière le dos, et presque parfaitement aligné avec les colonnes à l'arrière-plan. Il marche, mais on n'a aucune impression de mouvement. Il ressemble trop lui-même aux colonnes et n'a presque rien d'humain. Il ne parle pas ; il ne sourit pas ; il ne regarde même pas ses enfants. Il fixe les yeux tout droit devant lui comme si rien ne comptait dans la vie que son cigare.

Les deux enfants du vicomte ressemblent également à leur père, suggérant qu'eux aussi subissent les effets d'aliénation d'un Paris modernisé. Leur visage ne montre aucune émotion, ce qui est assez frappant pour des enfants. Ils se ressemblent aussi, regardant droit devant eux, mais dans l'autre sens que leur père. Le vide de l'arrière-plan et le fait que le regard de chaque enfant révèle qu'ils n'observent pas la même chose suggèrent qu'il n'y a rien d'intéressant à voir dans cette grande place homogène. De plus, la position des enfants et du père qui ne se regardent pas indique qu'il n'y a aucune interaction entre eux. Même le chien qui est tourné dans le même sens que les enfants reflète un profond sens d'aliénation.

Le tableau de Degas est frappant par l'homogénéité de la composition. Tout est bien organisé autour de l'énorme place vide encadrée par des images verticales placées en parallèle. La façade des bâtiments formant le cadre de gauche en haut ne montre rien d'extraordinaire ni d'individuel. Les colonnes qui créent le cadre à l'arrière-plan sont reproduites au premier-plan par le vicomte et ses enfants, comme s'ils n'en étaient que la continuation tout autour de la place. Par le parallélisme et la ressemblance des personnages qui se dédoublent — les deux enfants sont presque jumeaux et le vicomte est dédoublé par l'intermédiaire de l'homme à gauche — Degas semble suggérer que la modernisation de Paris produit un effet d'aliénation sur ses habitants. Tout comme les bâtiments et toutes les structures architecturales, parfaitement planifiés mais sans intérêt et sans traits individuels pour les différencier, les habitants aussi subissent l'effet nivelant de la ville moderne, effet qui efface leur caractère individuel et toute qualité humaine.

Quels détails est-ce que l'auteur a choisi de décrire ? Quelles sont les interprétations des détails ? Quelle est l'idée directrice de la critique ?

▲ Le tapis rouge, Festival de Cannes.
Reconnaissez-vous cette actrice ?

LES OBJECTIFS

Films, acteurs, actrices, icônes du cinéma

Réflexion sur le septième art : le cinéma français et francophone

« Gérard Depardieu, souvenirs d'en France »

Éric-Emmanuel Schmitt : *Monsieur Ibrahim et les fleurs du Coran*

Comment faire le compte-rendu d'un film

Orientation culturelle

Actuellement°, le cinéma français est en bonne santé, ceci malgré la prédominance des films américains dans les salles de cinéma. Le nombre de films produits en France augmente[1] ainsi que le nombre de spectateurs[2]. En France, le cinéma a toujours été considéré comme un art et les critiques analysent en profondeur les films qui sortent sur les écrans°. Les metteurs en scène, eux, voient souvent leurs films comme un moyen d'exprimer leur créativité ou un aspect de la société, d'où l'idée que le cinéma français est essentiellement un *cinéma d'auteur* qui exprime la philosophie et l'esthétique d'un metteur en scène.[3] Aujourd'hui pourtant, le cinéma français évolue vers d'autres genres, des films à suspense° et d'angoisse, des films noirs et policiers, des films fantastiques, des films d'action et d'aventures comme *Colombiana* ou *Bons Baisers de Paris*[4], *Le Transporteur 3*, *Intouchables*. D'autres films, au contraire connaissent un succès international à cause de leur côté vignette° ou biographique. *Le Fabuleux Destin d'Amélie Poulain*, vient à l'esprit tout comme *la Môme (La Vie en rose)* d'Olivier Dahan. Cette réussite est facilitée bien sûr par le renom des acteurs français qui font aussi carrière aux États-Unis comme Gérard Depardieu, Jean Reno, Marion Cotillard ou Juliette Binoche. Quoique différent, le cinéma français fascine ou émeut° ; loin d'être appelé à disparaître, il survit, même dans un marché difficile comme le marché américain, grâce à une active promotion de la part des studios mais aussi du gouvernement français.[5]

actuellement	*presently*
un écran	*screen*
des films à suspense	*thrillers*
une vignette	*here, slice of life*
émouvoir	*to move (emotionally)*

1. Quels films dominent dans les salles de cinéma en France ?
2. Comment les Français voient-ils le cinéma ?
3. Lorsqu'un metteur en scène français fait un film, que veut-il exprimer ?
4. Pourquoi dit-on que le cinéma français est un cinéma d'auteur ?
5. Nommez quelques acteurs français qui ont du succès aux États-Unis.

[1] En 2011, 272 films (dont 207 français) ont été produits en France. (*Le Figaro*, 27 mars, 2012)

[2] En 2011, il y a eu un nombre record d'entrées dans les salles de cinéma. (*L'Express*, 16 janvier, 2012)

[3] Outre les metteurs en scène classiques, Jean Renoir, René Clair, et ceux de la Nouvelle Vague (Alain Resnais, Jean-Luc Godard, Jacques Rivette, Éric Rohmer, François Truffaut, Claude Chabrol), de nombreux réalisateurs sont bien connus à l'étranger : Bertrand Tavernier, Patrice Leconte, Louis Malle, Claude Lelouch, Maurice Pialat, André Téchiné, Jean-Jacques Annaud et Luc Besson mais aussi Diane Kurys, Claire Denis, François Ozon, Olivier Assayas, et plus récemment Michel Hazanavicius *(The Artist)*.

[4] *From Paris with Love* réalisé par Pierre Morel sur un scénario de Luc Besson.

[5] Le ministère des Affaires Étrangères fait des efforts pour favoriser la diffusion du cinéma français en organisant des festivals et des premières dans de nombreuses villes américaines.

Apprenons ces mots essentiels

Types de film

Noms

une comédie musicale	*musical*	un film d'aventure	*action movie*
un dessin animé	*cartoon, animated film*	un film d'épouvante	*horror movie*
un drame psychologique	*psychological drama*	un film de science-fiction	*science fiction movie*
un film à suspense	*thriller*	un film en noir et blanc	*black-and-white movie*
un film comique	*comedy*	un film muet	*silent movie*
		un film policier	*detective movie*

Le film

Noms

le scénario	*script, screenplay*	le sous-titre	*subtitle*

▶ Cinéma à Paris

Monde du film

Noms

un acteur *(m.)*, une actrice *(f.)*	*actor*	la salle de cinéma	*movie theater*
un metteur en scène	*director*	le scénariste	*scriptwriter*
un personnage principal	*main character*	la séance	*showing*
un rôle	*part*	la vedette	*movie star (male or female)*

Appréciation du film

Noms

un échec	*flop*	effrayant	*terrifying*
le succès	*success*	émouvant	*touching*
		ennuyeux	*boring*
Adjectifs		lent	*slow*
amusant	*amusing*		
drôle	*funny*		

Amusons-nous avec les mots

10-1 Reliez le titre au genre du film. Plusieurs solutions sont possibles mais utilisez la caractérisation une seule fois seulement.

1. _____ *Le Kid*, film de Charlie Chaplin
2. _____ *Conan*
3. _____ *Blanche Neige*
4. _____ *Pirates des Caraïbes*
5. _____ *Le Cygne noir°*
6. _____ *Casablanca*
7. _____ *Halloween 2*

a. un film d'épouvante
b. un film en noir et blanc
c. une comédie fantastique
d. un film muet
e. un dessin animé   *Black Swan*
f. un film à suspense
g. un film d'action

10-2 Devinez les mots : créez des mots à partir des lettres mélangées.

OÉSCNAIR

EEEVTDT

TEFAYFANR

EUENUYNX

GEORESNNAP

ETRSCÉSNAI

10-3 Deux étudiantes françaises, Violaine et Iris, décident d'aller au cinéma. Écoutez leur conversation.

A. Indiquez si les phrases que vous entendez sont vraies (Vrai) ou fausses (Faux).

1. Vrai / Faux
2. Vrai / Faux
3. Vrai / Faux
4. Vrai / Faux
5. Vrai / Faux

B. Maintenant, répondez aux questions suivantes.

1. Pourquoi est-ce que Violaine a trouvé son examen sur le cinéma difficile ?
2. Pourquoi Violaine veut-elle voir le film *Le Touriste* ?
3. Qu'est-ce que Violaine et Iris pensent de Johnny Depp et d'Angelina Jolie ?
4. Avez-vous jamais vu la version américaine d'un film français ou vice versa ? Quels films ? Quelle version avez-vous préférée ? Pourquoi ?

Élargissons notre vocabulaire

Le film

Noms

la bande annonce	*trailer*	un film en version	*film shown in the*
un court métrage	*short ~~subject~~ movie*	originale	*original language*

Aspects techniques du film

Noms

les accessoires *(m.)*	*props*	la mise en scène	*direction*
une bobine	*reel*	le montage	*film editing*
le bruitage	*sound effects*	la musique de fond	*background music*
le cascadeur	*stuntman*	le trucage	*special effects*
l'éclairage *(m.)*	*lighting*		
un écran	*screen*	**Verbes**	
les effets spéciaux	*special effects*	doubler	*to dub*
le générique	*credits*	passer un film (sur l'écran)	*to show a film*
le gros plan	*close-up*	produire un film	*to produce a film*
l'intrigue *(f.)*	*plot*	tourner (un film)	*to shoot (a film)*

Jugement sur le film

Noms

		Adjectifs	
un navet	*bad movie*	génial *(fam.)*	*excellent*
un prix	*award*	nul *(fam.)*	*very bad*
		sans intérêt	*uninteresting*

10-4 Impressions cinématographiques. Complétez les phrases avec un des mots suivants. N'oubliez pas de faire les accords.

navet   prix   génial   nul

drôle   émouvant   intrigue

1. Ce film est _____. Les acteurs jouent mal et l' _____ n'a aucun sens.

2. En général, j'aime rire quand je vais au cinéma, je préfère les films _____.

3. En 2011, *L'Arbre de vie*[6] a reçu le premier _____ au Festival de Cannes. Il a gagné la Palme d'or.

4. *Au revoir les enfants*, un film _____ qui évoque l'occupation de la France, touche toujours, même aujourd'hui.

5. L'été, peu de bons films sortent sur les écrans. Souvent ce sont des _____ sans intérêt qui passent.

6. Pour beaucoup de spectateurs, *Titanic* est un film _____ qui révèle le talent de DiCaprio.

10-5 Film et technique cinématographique. Associez chaque mot ou expression technique à sa définition.

1. _____ effets spéciaux
2. _____ le bruitage
3. _____ en version originale
4. _____ le générique
5. _____ le gros plan
6. _____ l'écran

a. effets sonores
b. un film avec des sous-titres
c. présentation du film
d. se concentre sur une partie du personnage
e. surface sur laquelle on projette des images
f. éléments visuels créant une illusion

Qu'en pensez-vous ?

10-6 Iris et Violaine continuent leur conversation après avoir vu le film *Le Touriste*. Écoutez leur conversation.

A. Répondez aux questions que vous entendrez en indiquant la lettre qui correspond à la réponse correcte :

1. a)   b)   c)   d)
2. a)   b)   c)   d)
3. a)   b)   c)   d)
4. a)   b)   c)   d)

[6] *The Tree of Life* de Terrence Malick

B. Maintenant répondez aux questions suivantes.

1. Pourquoi le metteur en scène avait-il hâte de finir *Le Touriste* ?
2. Quels sont les éléments du *Touriste* que Violaine apprécie ?
3. Pour quelles raisons Violaine préfère-t-elle *Anthony Zimmer* ?
4. À quel genre appartiennent les films *Anthony Zimmer* et *Le Touriste* ?
5. Quel genre de film préférez-vous ? Pourquoi ?
6. À votre avis, quels sont les éléments les plus importants pour faire un bon film ?

◀ **Marion Cotillard et son Oscar**

Invitation à la conversation

En petits groupes, posez quelques questions à vos partenaires en vous servant du vocabulaire des pages précédentes. Ensuite, présentez vos idées à toute la classe.

1. Regardez-vous souvent des films ? Combien de fois par semaine ? Préférez-vous aller au cinéma ou regarder des films chez vous ? À la télé ou sur votre ordinateur ? En DVD ? Pourquoi ?
2. Selon vous, la télévision est-elle la rivale du cinéma ? Comparez votre attitude et vos habitudes de spectateurs face à la télé et face au cinéma.
3. À votre avis, y a-t-il des films qu'il faut voir sur grand écran ? Lesquels ? Quels films allez-vous systématiquement voir en salle ? Quels films regardez-vous dans le confort de votre maison ?
4. Qu'est-ce qu'un film pour vous ? Un passe-temps ? Un loisir ? Un moyen d'information ? Pourquoi regardez-vous des films ?
5. Comment choisissez-vous un film ? Lisez-vous des comptes-rendus ? Regardez-vous des annonces ? Parlez-vous à vos amis ? Regardez-vous les affiches ? Choisissez-vous un film en fonction de l'acteur ? Du metteur en scène ? Vous basez-vous sur l'opinion de certains critiques ? Expliquez.

6. Quels types de films préférez-vous ? Pourquoi ?

les comédies musicales
les dessins animés
les documentaires
les films comiques
les films d'aventure

les films d'épouvante
les films de science-fiction
les films policiers
les vieux films
autres

7. Est-ce que vous voyez souvent des films étrangers ? Si oui, préférez-vous les voir en version originale avec des sous-titres ou doublés ? Pourquoi ?

8. Avez-vous un film préféré ? Y a-t-il des films que vous avez vus plusieurs fois ? Lesquels ?

9. Avez-vous des acteurs et des actrices préférés ? Pourquoi aimez-vous ces acteurs et ces actrices ? Quelles sont leurs qualités ? Qu'est-ce qui vous plaît dans leurs rôles ?

10. Qu'est-ce qui fait un bon acteur / une bonne actrice ? Quelles qualités ?

11. À votre avis, le cinéma est-il un art comme le théâtre, la musique, la peinture ? Expliquez.

12. Quelle est la dernière pièce que vous avez-vue ? Y avait-il des acteurs connus ? Quel était le sujet de la pièce ? Était-ce une pièce moderne ? Allez-vous souvent au théâtre ?

13. À votre avis, le cinéma remplace-t-il le théâtre ? Qu'est-ce qui distingue ces deux formes d'art ? Préférez-vous l'un ou l'autre ? Pourquoi ?

14. Quelles sont les qualités d'un acteur de théâtre ? En quoi le jeu de l'acteur de théâtre est-il différent de celui de l'acteur de cinéma ?

▲ Jean Dujardin et Bérénice Bejo, *The Artist*

1 Le futur proche : rappel

A. Formation :

aller au présent de l'indicatif + infinitif

> Je **vais** acheter le DVD *Intouchables*.
> Ce soir, nous **allons** voir le dernier film de Woody Allen.

Remarques :

1. À la forme négative, la négation se place autour du verbe **aller**.

> Vanessa Paradis **ne** va **pas** jouer dans ce film.

2. Les pronoms personnels se placent devant l'infinitif.

> Nous allons **leur** dire de voir la pièce avec nous.

3. Les adverbes quantitatifs et qualitatifs se placent entre les deux verbes.

> Ils vont **beaucoup** éditer ces scènes.
> Tu vas **bien** aimer le film.

4. Les adverbes de temps et de lieu se placent en général après les deux verbes.

> Ils vont tourner le film **dehors**.
> Allez-vous faire la queue **tôt** ?

B. Utilisation :

On utilise le futur proche

1. pour indiquer un événement immédiat.

> Le film **va** commencer.
> Attention ! Tu **vas** rater le début du film.

2. pour indiquer une intention.

> Elle **va** vivre à Paris pour suivre des cours de théâtre.
> Marion Cotillard et Matt Damon **vont** jouer encore ensemble.

Pratiquons

 10-7 Répondez aux questions en utilisant un des adverbes suivants :

bien   mal   tôt   tard   beaucoup

1. Comment cet acteur va-t-il jouer ? Malheureusement …

2. Quand Jacques va-t-il arriver au cinéma ?

3. Les acteurs vont-ils répéter avant la première ?

4. Quand cette pièce de Claudel va-t-elle finir ?

5. Est-ce que tu vas t'amuser au spectacle ?

 10-8 L'avenir. Vous avez une boule de cristal. Dites ce qui se passera l'année prochaine du point de vue cinématographique.

Modèle : Les metteurs en scène vont tourner des films encore plus violents.

2 Le futur simple

A. Formation du futur simple :

1. On prend l'infinitif du verbe et on ajoute les terminaisons :

ai, as, a, ons, ez, ont

regarder	je regarder**ai**	applaudir	j'applaudir**ai**
	tu regarder**as**		tu applaudir**as**
	il/elle/on regarder**a**		il/elle/on applaudir**a**
	nous regarder**ons**		nous applaudir**ons**
	vous regarder**ez**		vous applaudir**ez**
	ils/elles regarder**ont**		ils/elles applaudir**ont**

Les verbes se terminant par un **e** à l'infinitif perdent leur **e** au futur.

dire	je dir**ai**	prendre	je prendr**ai**
	nous dir**ons**		nous prendr**ons**

2. Certains verbes en **er** changent de radical au futur.

Les verbes avec un **e** sourd à l'avant dernière syllabe (**acheter, enlever, lever, mener, peser, semer,** etc.) prennent un accent grave **è** au futur :

acheter	j'ach**è**terai
lever	tu l**è**veras

La plupart des verbes en **eler** et en **eter** (**amonceler, appeler, épeler, niveler, étiqueter, feuilleter, jeter**) redoublent la consonne finale au futur.

appeler	nous appe**ll**erons
jeter	vous je**tt**erez

Précisions

Quelques verbes en **eler** et **eter** (**congeler, déceler, geler, modeler, acheter,** etc.) prennent un **e** accent grave **è** au futur.

déceler	ils déc**è**leront
acheter	elles ach**è**teront

Les verbes en **yer** (**employer, essayer, essuyer, nettoyer, payer**) changent leur **y** en **i** au futur.

employer	j'emplo**i**erai

Les verbes en **ayer** peuvent conserver leur **y** au futur.

payer	nous payerons	nous pa**i**erons

---

3. Verbes irréguliers au futur

aller	**j'irai**	pleuvoir	**il pleuvra**
avoir	**j'aurai**	pouvoir	**je pourrai**
courir	**je courrai**	recevoir	**je recevrai**
devoir	**je devrai**	savoir	**je saurai**
envoyer	**j'enverrai**	tenir	**je tiendrai**
être	**je serai**	valoir	**je vaudrai**
faire	**je ferai**	venir	**je viendrai**
falloir	**il faudra**	voir	**je verrai**
mourir	**je mourrai**	vouloir	**je voudrai**

Pratiquons

10-9 Le festival du film à Cannes. Mettez les verbes au **futur** et écrivez-les.

Modèle : Vous entendez : Le festival commence le 14 mai.
Vous écrivez : commencera

1. Au mois de mai, je ___j'irai___ au festival du film à Cannes avec ma famille.
2. Nous ___devrons___ acheter un guide.
3. À Cannes, nous nous ___promenons___ sur la Croisette.   *promènerons→*
4. Je ___verrai___ de vieux amis qui habitent Cannes.
5. Nous ___achèterons___ des billets pour le festival.
6. Après les films, nous ___mangerons___ du poisson et des fruits de mer dans les restaurants du bord de mer.
7. Nous ___enverrons___ des cartes à nos amis.   *enverrons*
8. Il ___faudra___ que nous achetions des affiches du festival.
9. Nous nous ___assiérons___ près de la plage pour écrire à nos amis.
10. Il ne ___pleuvra___ probablement pas pendant notre séjour.
11. Mais si c'est le cas, nous ___pourrons___ aller voir un autre film.   *pourrons*

B. Utilisation du futur simple :

1. On utilise le futur simple pour indiquer des projets d'avenir, des rêves, des hypothèses sur le futur, des actions ultérieures.

Dans quel film jouera-t-il ?
Elles parleront de théâtre toute la soirée !

2. On utilise le futur après **quand, lorsque, dès que, aussitôt que, tant que**, dans un contexte futur.

> **Dès qu'**elle entrera en scène, les spectateurs applaudiront.
> Le cinéma français continuera à exister **tant qu'**il recevra des subventions !

Comparaison linguistique

Comment traduisez-vous cette phrase en anglais ? Est-ce que l'on utilise le futur aussi ?
- Quand je reviendrai à Paris, j'achèterai des billets pour aller à la Comédie Française.

Pratiquons

10-10 Marielle rêve au succès et au rôle qu'elle et ses amis auront, un jour. Transformez ses phrases.

1. J'irai à l'audition, après avoir appris le rôle (mon amie, Claude et moi, cet acteur, vous, ces deux jeunes gens).

2. Nous aurons du succès dès que nous obtiendrons un grand rôle (Catherine, je, vous, elle, mon petit frère).

10-11 Que ferez-vous dans le domaine culturel quand vous serez …

à Cannes	à Hollywood	à New-York
à Venise	à Montréal	à Paris
au festival de théâtre d'Avignon		

3 Le futur antérieur

A. Formation :

être ou **avoir** au futur + participe passé

> Il **aura** déjà **abdiqué.**   Il **sera** déjà **parti.**

B. Utilisation du futur antérieur :

On utilise le futur antérieur pour indiquer qu'un événement précède un autre dans le futur.

> Nous partirons aussitôt que nous aurons vu Julia Roberts.

1 voir   **2** partir

——————————————————————————▶

> Dès que le prix sera annoncé, tout le monde applaudira.

1 annoncer   **2** applaudir

——————————————————————————▶

Comparaison linguistique

Comment traduit-on le futur antérieur en anglais ? Traduisez cette phrase :
- Téléphone-moi quand son nouveau film sera sorti.

Pratiquons

 10-12 Vous êtes en retard au cinéma. Dites ce qui se sera déjà passé en utilisant le futur antérieur.

1. Les spectateurs entrent dans la salle.
2. Les enfants achètent des bonbons et du popcorn.
3. Mon fiancé arrive.
4. Tous mes amis trouvent des places.
5. Les spectateurs voient le générique.
6. Le film commence.

 10-13 Un acteur dit tout ce qu'il fait le matin avant d'entrer sur le plateau où il tourne. Reconstruisez ce qu'il dit en utilisant le futur et le futur antérieur.

1. Dès que mon réveil ~~aurais sonnais~~ _aura sonné_ (sonner), je ~~ne m'aurai~~ _me lèverai_ (se lever).
2. Quand je _aurai pris_ (prendre) ma douche, je _m'habillerai_ (s'habiller).
3. Quand je _____ (s'habiller), je _prendrai_ (prendre) mon café.
4. Dès que je (finir) _aurai fini_ mon petit déjeuner, je _irai_ (aller) au studio.
5. Aussitôt que je _aurai garé ?_ (garer) ma voiture, je _rentrerai_ ~~rentrai~~ (rentrer) dans ma loge.
6. Aussitôt que je _serai_ ~~aurai arrivé~~ (arriver), la maquilleuse ~~vendais venai~~ _viendra_ _aura_ (venir) me maquiller.
7. Quand la coiffeuse me ~~aurai peigné~~ (peigner), je _mettrai_ (mettre) mon costume.
8. Quand je _aurai préparé_ (préparer) mes répliques, je _renterai_ (rentrer) sur le plateau et je ~~renterai~~ _répéterai_ (répéter) avec les autres acteurs.
9. Quand nous _aurons terminé_ (terminer) les répétitions, nous _tournerons_ (tourner).

 10-14 Complétez les dialogues en employant le futur antérieur avec **quand**, **aussitôt que** ou **dès que** et l'expression correspondante, puis jouez les dialogues.

Modèle: Quand irons-nous au théâtre ?   trouver des billets
            Dès que nous aurons trouvé des billets.

1. Quand la pièce commencera-t-elle ?   le rideau être levé
2. Quand applaudirons-nous les acteurs ?   saluer le public
3. Quand verrons-nous le dernier film de Johnny Depp ? sortir dans les salles
4. Quand choisiras-tu le film que nous irons voir ?   lire la critique
5. Quand Luc Besson viendra-t-il aux États-Unis ?   terminer son film
6. Quand Eddy Murphy recevra-t-il un Oscar ?   reconnaître son talent

1. Acteurs et actrices.

a. Faites une recherche sur Gérard Depardieu. Qui est cet acteur ? Dans quels films a-t-il joué ? Quelles sont ses qualités d'acteur ?

b. Qui est Nathalie Baye ? Trouvez un entretien avec elle sur youtube.com et présentez-le. Qu'est-ce qui l'intéresse ? Comment apparaît-elle ?

c. Omar Sharif est un grand acteur qui a joué en France et aux États-Unis. Présentez un extrait d'un de ses films et analysez-le. Vous en trouverez sur youtube.com.

2. Cinéma français et cinéma américain.

a. Qu'est-ce qui différencie le cinéma français du cinéma américain ? Faites une petite recherche Internet pour voir ce qu'on en dit.

b. Certains acteurs français et actrices françaises choisissent de travailler aux États-Unis, par exemple Vincent Cassell (*Océan 12*, *Le Cygne noir*), Marion Cotillard ou Clémence Poésy. Faites une recherche sur un de ces acteurs. Essayez de déterminer pourquoi ils tournent aux États-Unis en anglais.

3. Qu'est-ce que la Cinémathèque Française ? Allez sur le site cinemateque.fr. Choisissez un clip dans la rubrique présentation du musée et présentez-le.

▪ **La Cinémathèque Française, Paris. Archives du cinéma**

En dehors des metteurs en scène à grand succès international comme Jean-Jacques Annaud (*Le Nom de la Rose*, *L'Amant*, *Sept ans au Tibet*, *Deux Frères*), Luc Besson (*Grand Bleu*, *Nikita*, *Taxi*), François Ozon (*8 Femmes*, *Swimming Pool*, *5 x 2* [Cinq fois deux], *Angel*), il existe un groupe de réalisateurs français moins connus peut-être par le grand public américain mais qui représentent également le cinéma français : Mathieu Kassovitz (*La Haine*, *Babylon AD*), Cédric Klapisch (*Chacun cherche son chat*, *L'Auberge espagnole*), Sandrine Veysset (*Y aura-t-il de la neige à Noël*), Olivier Assayas (*L'Heure d'été*, *Carlos*), Anne Fontaine (*Coco avant Chanel*). Mais pour les jeunes cinéastes, il est souvent difficile de survivre face au cinéma américain. Pour résister à cette menace, Luc Besson a créé une compagnie *Europa Corp* dont le but est de produire les films de jeunes talents, comme Thomas Gilou dont parle l'article suivant. Dans *Michou d'Auber*, Gérard Depardieu joue le père adoptif d'un petit Algérien dans le Berry des années soixante.

1. Nommez quelques metteurs en scène français qui ont du succès aux États-Unis.
2. Nommez quelques réalisateurs français qui sont reconnus aux États-Unis.
3. Avez-vous vu le film *Coco avant Chanel* ? Si oui, l'avez-vous aimé ?
4. Pourquoi les jeunes réalisateurs français ont-ils du mal à survivre et à réussir ?
5. Quel metteur en scène célèbre aide les jeunes réalisateurs ? Qu'a-t-il fait pour cela ?

«Gérard Depardieu, souvenirs d'en France»

L'acteur retrouve sa jeunesse dans ce film qui évoque le destin d'un petit Algérien dans le Berry des années 1960.

D'ORIGINE algérienne, il a 9 ans et s'appelle Messaoud. Mais quand son père est obligé de le placer dans une famille d'accueil d'un village du Berry, on le nommera Michou et on le décolorera en blond°. Ainsi il sera mieux accepté par la population et le redoutable° Georges, ancien militaire devenu facteur, qui sera son père de substitution. Cet homme fort en gueule° et cœur sur la main°, qui affrontera racisme et lâcheté, c'est Gérard Depardieu qui retrouve Nathalie Baye mais surtout une époque et des situations qu'il a connues enfant dans un village berrichon°. Une occasion pour l'acteur d'incarner un personnage à sa dimension et de plonger dans ses lointains souvenirs. 10

LE FIGARO — Avez-vous été à l'origine du scénario de ce film ?

Gérard DEPARDIEU — Thomas Gilou, qui est le petit-fils de Blaise Cendrars[7], avait été parrainé° par Émergences, une université d'été pour jeunes scénaristes qui propose trois scènes d'un film. Il a rencontré Élisabeth Depardieu qui lui a dit que 15

décolorer en blond *dye one's hair blond*
redoutable *intimidating*
fort en gueule *loudmouth*
le cœur sur la main *big hearted, generous*
berrichon *from the Berry region*

parrainer *sponsor*

5

---

[7] Blaise Cendrars, poète français né en Suisse (1887–1961).

j'avais vécu certaines choses similaires dans les années 1960. Nous nous sommes rencontrés et j'ai produit ce script, puis j'ai été à l'initiative financière du film.

20   **En quoi votre histoire rejoint-elle celle, authentique, de Messaoud ?**

Enfant, je vivais dans une ferme berrichonne du côté de Montchevrier, là où on a tourné le film, qui
25   accueillait des enfants de la Ddass°, et j'ai rencontré des petits Algériens comme Messaoud. On était près d'une base américaine et on côtoyait des anciens combattants d'Algérie,
30   traumatisés par la guerre.

J'ai vu un homme qui dormait avec son flingue° sous l'oreiller et avait un collier° d'oreilles qu'il gardait dans du formol° et sortait pour aller faire des
35   ratonnades°… Les petits Algériens étaient obligés d'ignorer leur langue et leur tradition. Pourtant, plus tard, à Paris, c'est un Algérien, professeur de littérature arabe, qui m'a appris le français !

On a fait très peu de films sur la guerre d'Algérie vécue en France, qu'en
40   **pensez-vous ?**

Il faut plus de quarante ans pour oser aborder certains sujets, montrer par exemple la souffrance et la fierté du père de Messaoud, Akli, joué par Fellag. Dans les années 1960, les Arabes ont pris la place des juifs°. L'ambiance a créé un second *Uranus*[8] de Marcel Aymé, et *Le Vieil Homme et l'Enfant*[9] a changé de nationalité
45   mais la bêtise et le racisme sont toujours les mêmes.

Êtes-vous intervenu sur le scénario ou sur certaines anecdotes ?

Non. L'histoire est celle de Messaoud. Simplement, certaines scènes vécues ont rejoint celles que j'avais connues.

Le personnage de Georges vous a-t-il été inspiré par quelqu'un de réel ?

Oui, j'ai beaucoup pensé à mon père, Dédé. Il ne savait ni lire ni écrire et avait une grande gueule° sans jamais être agressif. Quand il entendait le téléphone sonner, il ne répondait pas de peur de devoir payer la communication … Mais c'est de lui que je tiens une certaine liberté. J'ai voulu retrouver aussi l'esprit du Berry de ces années-là avec des paysans un peu arriérés° qui pensaient que la
55   dernière guerre n'était pas finie.

Mais c'est aussi un coureur de jupons° ?

Non. Pour lui, c'est une façon de respirer l'époque. Il vit la crise du milieu de vie. C'est un facteur qui donne le courrier à des dames seules et … qui reste.

Vous avez aussi retrouvé Nathalie Baye ?
60   C'est facile de jouer avec elle, qui peut interpréter les petites bonnes femmes à la Odette Joyeux[10] comme les grandes dames. C'est une Meryl Streep française.

▲ **Gérard Depardieu et Nathalie Baye,** *Michou d'Auber.*

Ddass = Direction Départementale des Affaires Sanitaires et Sociales. Organisme qui s'occupe de la santé et de la protection sociale.

un flingue (argot) *a gun*
un collier *necklace*
le formol *formalin (40% formaldehyde solution)*
les ratonnades = violences exercées contre les Nord-Africains ou une minorité ethnique

[sic]

une grande gueule (argot) *talkative and vulgar*

arriéré *backwards*

un coureur de jupons (familier) *womanizer*

---

8   *Uranus*, livre (1948) de Marcel Aymé sur la Libération dont, en 1990, Claude Berri a fait un film dans lequel Gérard Depardieu joue.

9   *Le Vieil Homme et l'Enfant*, film de Claude Berri, 1967, sur la relation entre un vieillard et un petit garçon juif.

10   Odette Joyeux, actrice française (1914–2000).

Vous êtes tous deux de la génération Truffaut.

Oui. Je pense qu'il aurait toujours sa place dans le cinéma. De sa génération, je n'en ai pas connu d'aussi passionné et connaissant aussi bien le cinéma. Sinon Chabrol. Ils avaient en commun la littérature et le roman noir. 65

Et votre jeune partenaire, Samy Seghir ?

Nos rapports étaient très faciles. Sur un tournage, je suis aussi libre qu'un enfant. Donc, on était deux à s'amuser. Il ne marquait pas la différence entre la vie et le tournage. Dans le film, il a la force des pauvres. Face à l'impressionnant Georges, il sourit. On ne peut pas résister et rester fermé à un sourire ! 70

Vous tournez toujours beaucoup ?

Je ne suis pas porteur de tous les films que j'interprète. Je fais beaucoup de passages, comme dans « La Môme »[11]. J'ai encore deux ou trois films à venir, comme « Astérix ». Mais le cinéma est dans une telle situation … On ne dépend plus des hommes, mais du commerce. Le cinéma européen a perdu son identité. Maintenant, tout le monde veut 75 faire comme les Américains. Alors que chacun devrait retrouver son style, sa région.

Vous aviez déclaré que vous étiez fatigué de tourner ?

On est dans une autre logique aujourd'hui. On n'est plus dans le désir artistique, mais dans la performance et l'audience. Une seule chose résiste encore au cinéma, ce sont les battements de cœur. C'est lui qui laissera une trace dans 80 l'époque. D'ailleurs, on assiste à un retour du romanesque. Imaginez, dans cent ou deux cents ans, qui surnagera° ? Renoir, Truffaut, Pialat, Kurosawa, Satyajit Ray …

Que restera-t-il de Gérard Depardieu, qui a joué dans une centaine de films ?

On croit avoir tout fait. Mais ce n'est rien. Il reste un film, un tableau. Moi, je n'ai fait que rentrer chez les autres. 85

Vieillir est-ce aussi l'apprentissage du renoncement ?

Oui, mais c'est assez doux. Je n'ai pas de regrets, que des malentendus. Et, justement, vieillir c'est peut-être adoucir° les malentendus.

Dominique Borde, *LeFigaro*

Travaillons avec la langue

Expliquez les phrases ou expressions suivantes.

1. Dans les années 1960, les Arabes ont pris la place des Juifs …
2. C'est de lui [son père] que je tiens une certaine liberté.
3. les petites bonnes femmes
4. les grandes dames
5. On n'est plus dans le désir artistique, mais dans la performance et l'audience.

Vérifions notre compréhension du texte

Dites si ces déclarations sont justes. Expliquez en vous référant aux passages spécifiques du texte.

1. C'est Gérard Depardieu qui a aidé à financer le film *Michou d'Auber*.
2. Thomas Gilou est un jeune réalisateur français.
3. La période historique est celle de la Deuxième Guerre Mondiale.
4. Messaoud est un petit marocain.
5. Depardieu s'oppose au racisme sous toutes ses formes.
6. Dans le film, Depardieu s'est inspiré de son grand-père pour jouer le rôle du père.
7. L'actrice principale est Catherine Deneuve.

[11] *La Môme*, film sur la vie d'Édith Piaf réalisé par Olivier Dahan.

surnager *survive, float*

adoucir *sweeten, soften*

8. Pour Depardieu, Truffaut et Chabrol sont deux grands metteurs en scène.

9. Depardieu déplore la situation du cinéma français.

10. Aujourd'hui, seul le profit compte au cinéma.

Discutons ensemble

1. Avez-vous vu des films de Gérard Depardieu ? Lesquels ? Dans quel type de film joue-t-il souvent ? Quelles sont ses qualités d'acteur ? L'aimez-vous comme acteur ?

2. Avec beaucoup d'humilité, Depardieu dit qu'en tant qu'acteur « il n'a fait que rentrer chez les autres ». Êtes-vous d'accord avec cette conception du rôle de l'acteur ? Qu'est-ce qui fait un bon acteur ?

3. Depardieu est pessimiste sur le cinéma moderne. Que dit-il à ce sujet ?

4. D'après Gérard Depardieu, le cinéma américain domine dans le monde. Êtes-vous d'accord avec ce point de vue ? A-t-il raison de craindre la domination du cinéma américain ?

5. Comparez le cinéma américain et le cinéma français. À qui sont-ils destinés ? Qu'est-ce qui les motive ?

6. Pour vous, qu'est-ce qu'un film français typique ? Un film américain typique ? Un film européen ? Un film indien ? Qu'est-ce qui les différencie ? Choisissez un film représentatif de deux catégories. Comparez ces films.

7. Après avoir vu le film *Michou d'Auber*, dites si ce film vous semble typiquement français. Qu'est-ce qui le distingue des autres films ? Cette histoire est-elle universelle ?

8. Le film *Michou d'Auber* évoque une période difficile pour la France, la guerre d'Algérie. Pourquoi est-ce qu'il est difficile de faire des films sur ce sujet ? Pouvez-vous penser à des films américains qui retracent une période difficile de l'histoire américaine ? Lesquels ?

9. Aimeriez-vous être critique de cinéma ? Y a-t-il des critiques que vous lisez régulièrement ? Faites-vous confiance aux critiques ?

10. En groupes de trois ou quatre. Choisissez un film récent ; écrivez une critique de ce film et lisez votre compte-rendu au reste de la classe.

Stratégie orale

Comment inviter quelqu'un à sortir ou à aller au cinéma. Notez la façon dont on fait des suggestions et dont on essaie de se mettre d'accord sur le choix.

Dialogue pratique

Jake et Christine veulent aller voir un film.

Jake : Si on allait voir un film ce soir ? Il y en a plusieurs qui passent sur le campus ou en ville. Est-ce que ça te dit ?

Christine : Oui, on passe le film *Le Retour de Martin Guerre* au musée. On devrait aller le voir. C'est un film culte avec Gérard Depardieu et Nathalie Baye. L'intrigue est passionnante. Depardieu est génial dans ce rôle.

Jake :	Tu sais, je l'ai déjà vu il y a longtemps et je sais ce qui se passe à la fin. Je préférerais choisir un film plus récent dont je ne connais pas le dénouement.
Christine :	Est-ce que tu as quelque chose en tête ?
Jake :	Pas vraiment. Peut-être un film d'action ou une comédie ? Regardons le journal. On trouvera bien quelque chose.

Inspirez-vous du modèle et créez un dialogue. Vos amis et vous décidez d'aller voir un film. Vous devez vous mettre d'accord sur le film que vous allez voir ensemble. Pour cette activité, vous pouvez apporter en classe le journal avec la liste des films qui passent dans votre ville ou aller sur le site de *Première* (http://www.premiere.fr/premiere/cinema/films-et-seances/sorties-de-la-semaine) et regarder les films qui sont sortis. Voici quelques phrases et expressions qui peuvent inspirer votre discussion :

> Tiens, si on allait au cinéma ce soir ?
> Qu'est-ce que vous en pensez ?
> Je ne sais pas … Les places sont chères, souvent je préfère voir les films chez moi.
> Allez, viens, pour une fois.
> Quel film aimeriez-vous voir ?
> Moi, je ne veux pas voir de film violent, sentimental, pour adolescents, à grand spectacle, etc.
> As-tu lu la critique au sujet de ce film ?

Autrey Tautou, *Coco avant Chanel* ▶

1 Le conditionnel présent

A. Formation :

1. On prend l'infinitif du verbe et on ajoute les terminaisons :

ais, ais, ait, ions, iez, aient

Remarque : Les terminaisons du conditionnel et de l'imparfait sont identiques. Le radical du futur et le radical du conditionnel sont identiques.

regarder	je regarder**ais**	applaudir	j'applaudir**ais**
	tu regarder**ais**		tu applaudir**ais**
	il regarder**ait**		il/elle/on applaudir**ait**
	nous regarder**ions**		nous applaudir**ions**
	vous regarder**iez**		vous applaudir**iez**
	ils regarder**aient**		ils/elles applaudir**aient**

Les verbes se terminant par un **e** à l'infinitif perdent leur **e** au conditionnel.

dire	je dir**ais**	prendre	je prendr**ais**
	nous dir**ions**		nous prendr**ions**

2. Certains verbes en **er** changent de radical au conditionnel.

Les verbes avec un **e** sourd à l'avant dernière syllabe (**acheter, enlever, lever, mener, peser, semer,** etc.) prennent un accent grave **è** au conditionnel :

acheter	j'ach**è**terais
lever	tu l**è**verais

La plupart des verbes en **eler** et en **eter** (**amonceler, appeler, épeler, niveler, étiqueter, feuilleter, jeter**) redoublent la consonne finale au conditionnel.

appeler	nous appe**ll**erions
jeter	vous je**tt**eriez

Précisions

Quelques verbes en **eler** et **eter** (**congeler, déceler, geler, modeler, acheter,** etc.) prennent un **e** accent grave **è** au conditionnel.

déceler	ils déc**è**leraient
acheter	elles ach**è**teraient

Les verbes en **yer** (**employer, essayer, essuyer, nettoyer, payer**) changent leur **y** en **i** au conditionnel.

employer	j'emplo**i**erais

Néanmoins, les verbes en **ayer** peuvent conserver leur **y** au conditionnel.

payer	nous pa**y**erions	nous pa**i**erions

3. Verbes irréguliers au conditionnel :

aller	**j'irais**	pleuvoir	**il pleuvrait**
avoir	**j'aurais**	pouvoir	**je pourrais**
courir	**je courrais**	recevoir	**je recevrais**
devoir	**je devrais**	savoir	**je saurais**
envoyer	**j'enverrais**	tenir	**je tiendrais**
être	**je serais**	valoir	**je vaudrais**
faire	**je ferais**	venir	**je viendrais**
falloir	**il faudrait**	voir	**je verrais**
mourir	**je mourrais**	vouloir	**je voudrais**

10-15 Sur les traces du « Da Vinci Code ». Mettez au conditionnel les verbes suivants.

1. Je veux aller à Paris avec toi et des amis.
2. Je reste avec ma tante qui habite Paris.
3. Eux, ils choisissent un hôtel dans le VIème.
4. Un jour, nous prenons un thé à l'Hôtel Ritz.
5. Nous allons au Louvre.
6. Ils cherchent *La Joconde*.
7. Toi, tu découvres *La Vierge au rocher*.
8. Moi, je vois les œuvres de David.
9. Vous flânez le long de la Seine pendant que je fais une course rue de Rivoli.
10. Je vous rencontre sur les Champs Élysées.
11. Nous pouvons finir notre visite par une promenade au Bois de Boulogne.
12. Nous rentrons fatigués mais nous sommes contents de notre découverte de Paris.

B. Utilisation du conditionnel :

1. Le conditionnel de politesse : On utilise le conditionnel pour être plus poli.

   Peux-tu acheter les billets ?

   Pourrais-tu acheter les billets ? (demande plus courtoise)

2. Le conditionnel exprime un souhait ou un désir.

   J'aimerais rencontrer Juliette Binoche.

   Il voudrait jouer avec Marion Cotillard.

3. Le conditionnel exprime une hypothèse.

   À Paris, on pourrait interviewer Gérard Depardieu. Il nous parlerait de son dernier film ; il nous inviterait à visiter ses vignobles.

4. Le conditionnel est utilisé après **au cas où.**

   J'achèterai les billets à l'avance au cas où il y aurait une foule au cinéma.

5. Le conditionnel est utilisé pour exprimer le futur dans un contexte passé.

   Il a dit qu'il irait au cinéma avec moi.

   Comparez :

   Il dit qu'il ira au cinéma avec moi.

Pratiquons

10-16 Sophie est une actrice capricieuse et peu polie qui veut qu'on la serve tout de suite. Transformez ses phrases pour les rendre plus polies en utilisant le conditionnel.

Modèle :   Vous entendez :   Je veux une tasse de thé.

   Vous écrivez :   Je **voudrais** une tasse de thé.

   Vous entendez :   Sortez.

   Vous écrivez :   **Pourriez-vous** sortir ?

1. Je _____ un verre d'eau.

2. _____ une autre chaise ?

3. _____ moins de bruit ?

4. Il me _____ des fleurs dans cette loge.

5. Je _____ plus de lumière.

6. _____ me passer cette robe ?

7. Vous _____ faire attention à ce costume.

8. Je _____ lire les comptes-rendus du film immédiatement.

9. _____ -vous les journaux avec vous ?

10. Pouvoir dire ce que je pense me _____ infiniment.

10-17 Imaginez que vous avez un rôle dans un film. Dans quel type de films joueriez-vous ? Quel personnage incarneriez-vous ? Seriez-vous le héros/l'héroïne ? Seriez-vous un personnage négatif ? Utilisez le conditionnel.

Modèle : Je voudrais jouer dans une comédie romantique. J'aurais le rôle principal. Mon partenaire serait … Il aurait 28 ans …

10-18 Vous êtes un jeune acteur / une jeune actrice de cinéma. Vous rêvez à votre carrière et à ce que vous voudriez accomplir. Exprimez ce que vous souhaitez en utilisant le conditionnel.

Modèle : Je voudrais tourner dans un film avec Matt Damon. J'aimerais jouer dans des comédies mais aussi dans des drames sérieux …

2 Le conditionnel passé

A. Formation :

être ou **avoir** au conditionnel + **participe passé**

il **aurait** déjà **joué**	il **serait** déjà **arrivé**
elles **auraient** déjà **joué**	elles **seraient** déjà **arrivées**

B. Utilisation du conditionnel passé :

1. Le conditionnel passé est utilisé pour exprimer un regret.
　　Il aurait aimé être acteur.
　　Nous aurions dû faire des réservations avant d'aller au théâtre.

2. Le conditionnel passé exprime une réalité non confirmée, dont on n'est pas sûr.
　　Gérard Depardieu aurait eu l'idée de tourner ce film.
　　Juliette Binoche aurait suivi des cours de théâtre avant d'être actrice.

Pratiquons

10-19 Vous étiez à Paris mais vous regrettez de ne pas avoir pu tout faire. Mettez les verbes au conditionnel passé.

Modèle : vouloir aller au Musée d'Orsay
　　　　　J'aurais voulu aller au Musée d'Orsay.

1. aimer rester au Ritz (je)
2. vouloir prendre une chambre au Crillon (tu)
3. souhaiter explorer la rue de Rivoli (je)
4. devoir marcher sur les Champs Élysées (mes amis et moi)
5. prendre volontiers un café à la terrasse du Vesuvio (eux)
6. devoir m'inviter au Grand Véfour (mon fiancé)
7. voir les tableaux de Delacroix avec plaisir (vous)
8. falloir aller à la Cinémathèque.

Comparaison linguistique

Le conditionnel et le conditionnel passé sont souvent utilisés dans le reportage (journaux, informations, radio) quand on veut parler d'un événement dont on doute. On n'est certain ni de la vérité ni des détails. Le conditionnel et le conditionnel passé expriment ce doute de manière efficace. Par contre, il est plus difficile d'exprimer le doute sur un événement en anglais où on doit souvent utiliser des phrases telles que « it is/was alleged », « allegedly », « reportedly », « according to… ». Comment traduiriez-vous en anglais les phrases suivantes ?

- La vedette aurait épousé le metteur en scène.
- Cet acteur tournerait un nouveau film de la même série l'été prochain.

10-20 Regrets d'un acteur. Mettez les phrases au conditionnel passé.

Modèle : aimer jouer à la Comédie Française

J'aurais aimé jouer à la Comédie Française.

1. vouloir mieux choisir mes rôles
2. ne pas devoir tourner dans des films si commerciaux
3. aimer jouer avec Catherine Deneuve
4. souhaiter être dirigé par Chabrol
5. vouloir produire un film moi-même

10-21 Vous n'êtes pas certain(e) de ces faits. Exprimez votre doute en utilisant le conditionnel passé.

1. Le premier film de Juliette Binoche n'a pas eu de succès.
2. Gérard Depardieu a tourné avec des metteurs en scène italiens.
3. Truffaut et Rossellini ont travaillé ensemble.
4. Beaucoup de réalisateurs français se sont installés aux États-Unis pour des raisons financières.
5. Le film *Amélie* a permis à Audrey Tautou d'être connue dans le monde entier.

3 Emplois idiomatiques du verbe **devoir**

Le verbe **devoir** exprime :

A. un conseil, une suggestion (au conditionnel présent) :

M. Reno, vous devriez jouer plus souvent dans des films historiques.
On devrait aller voir le dernier film de Téchiné.

B. un regret, une déception (au conditionnel passé) :

Tom aurait dû ne pas accepter ce rôle idiot.
Nous aurions dû arriver plus tôt au cinéma.

C. une obligation :

Pour bien jouer, un acteur doit répéter son rôle.
Nous devrons aller à la première séance parce qu'il n'y a pas de place plus tard.
Tous les acteurs devaient se lever tôt pour tourner.
J'ai dû aller voir ce film d'épouvante à cause de mes amis.

D. une supposition, une hypothèse :

Le film doit déjà avoir commencé.
John Travolta devait parler au Festival de Cannes, mais il n'est pas venu !

E. une probabilité :

Elle joue dans plusieurs films à la fois, elle doit gagner beaucoup d'argent.
La jeune actrice n'arrêtait pas de se tromper. Elle devait être nerveuse.
Gérard Depardieu a dû bien s'amuser quand il a tourné le rôle d'Obélix.

> ## Comparaison linguistique
>
> Comment traduisez-vous le verbe **devoir** dans ces phrases ?
> - Les acteurs devaient répéter la pièce tous les matins.
> - J'ai dû payer les billets parce que mon père avait oublié sa carte de crédit !
> - Tu devrais acheter les billets à l'avance.
> - Tu aurais dû me dire que ce film était violent.
> - Il grimpe le long de l'Empire State Building. Cela doit être dangereux.
> - Ton fils a rencontré Tobey Maguire ? Il devait être content.
> - Madonna n'est pas encore arrivée. Elle a dû être retardée.

Pratiquons

10-22 Qu'est-ce que doivent faire les personnes suivantes pour réussir dans leurs carrières ?

1. un acteur/une actrice
2. un chanteur/une chanteuse
3. un/une journaliste
4. un agent/une agente
5. un avocat/une avocate

10-23 Dites ce que devraient faire ces personnes.

Modèle :   une jeune actrice
Une jeune actrice devrait utiliser ses talents, être aimable avec les journalistes, sourire beaucoup, etc.

1. un critique de cinéma
2. Steven Spielberg
3. Angelina Jolie
4. un jeune qui rêve de devenir acteur
5. Brat Pitt

10-24 Établissez une liste de cinq personnes et dites ce que chaque personne aurait dû ou n'aurait pas dû faire.

Modèle :   Michael Moore
Il aurait dû faire un film sur la pauvreté aux USA.

10-25 Posez-vous alternativement les questions suivantes. Faites une phrase complète.

1. Qu'est-ce que tu dois faire ce week-end ?
2. Quand tu vivais chez tes parents, qu'est ce que tu devais faire régulièrement ?
3. Quand tu étais au lycée, as-tu fait quelque chose que tu n'aurais pas dû faire ?
4. Parlez à votre camarade d'un problème que vous avez actuellement pour que votre camarade vous donne des conseils.

Modèle :   **É1 :**   Je suis déprimé(e).
É2 :   Tu devrais aller au cinéma.

10-26 Complétez les phrases avec le verbe **devoir** pour indiquer une supposition. Attention au temps du verbe.

1. Il _____ commencer à suivre des cours d'art dramatique juste au moment où il a obtenu ce rôle.
2. Nous _____ répéter nos textes cette après-midi mais le metteur en scène est tombé malade.
3. D'après le journal d'aujourd'hui, Juliette Binoche _____ jouer bientôt dans un film américain.
4. Matt Damon _____ jouer dans *Avatar* mais il a dû refuser à cause de son emploi du temps.

10-27 Un journaliste interroge une actrice de cinéma sur sa carrière et lui demande comment elle a réussi. Complétez ses phrases en employant le passé composé ou l'imparfait du verbe **devoir**.

Journaliste : Au début, vous faisiez de la danse, n'est-ce pas ?

Nathalie : Oui, si je me souviens bien, je _____ arrêter en deuxième ou en troisième année de conservatoire.

Journaliste : Pourquoi ce changement de carrière artistique ?

Nathalie : Une copine voulait aller s'inscrire dans un cours d'art dramatique. Je suis allée avec elle. Sans doute, inconsciemment, je _____ vouloir faire du théâtre aussi.

Journaliste : Avez-vous suivi des cours de théâtre ?

Nathalie : Oui, je _____ suivre des cours pendant deux ou trois ans. Ensuite, j'ai eu un agent qui m'a trouvé mon premier rôle avec Truffaut.

Journaliste : Et après, est-ce que vous avez eu tout de suite des premiers rôles ?

Nathalie : Non, au début, pendant les années soixante-dix, je _____ jouer dans cinq ou six films qui n'ont eu aucun succès.

Journaliste : Quand est venu votre premier grand rôle ?

Nathalie : En 1982, dans *Le Retour de Martin Guerre* et dans *La Balance*. Et après le succès est venu ; les réalisateurs _____ prendre conscience de ce que je pouvais faire.

Basé sur la lecture d'un entretien avec Nathalie Baye

 10-28 Sur le modèle précédent, prenez un acteur et une actrice de votre choix et imaginez ce qu'ils ont dû faire avant d'avoir un rôle important. Créez un petit dialogue entre eux sur leurs carrières. Ensuite, vous lirez ce dialogue au reste de la classe. Utilisez le passé composé ou l'imparfait de **devoir**.

 10-29 Choisissez un film qui vient de sortir et que vous avez tous vu. Analysez le film en incorporant dans votre analyse des phrases avec le verbe **devoir** indiquant l'obligation, la supposition, le conseil, la probabilité, etc.

Éric-Emmanuel Schmitt

Éric-Emmanuel Schmitt, né en 1960, obtient son agrégation de philosophie à l'École Normale Supérieure d'Ulm en 1983 et ensuite enseigne des cours de philosophie. Bien qu'il s'intéresse à la musique et à la théologie, il décide de se vouer° à la littérature. En 1991, Schmitt écrit sa première pièce de théâtre, *La Nuit de Valognes* qui connaît un succès immédiat. L'ensemble de son œuvre : sept romans, plusieurs récits et une demi-douzaine de pièces, dont *Le visiteur* et *Frédérick ou le boulevard du crime* qui ont gagné un prix chacune, lui apporte une réputation internationale. Quelques-unes des œuvres de Schmitt sont adaptées au cinéma, et des acteurs célèbres, tels Alain Delon, Jean-Paul Belmondo et Omar Sharif, y jouent des rôles principaux. Plusieurs récits, *L'enfant de Noé*, *L'Évangile selon Pilate*, et *Monsieur Ibrahim et les fleurs du Coran*, traitent de sujets religieux sérieux et juxtaposent souvent des personnages de religions différentes pour étudier l'importance des divergences religieuses et le fondement des conflits qui en résultent.

L'extrait que vous lirez, tiré du début du récit *Monsieur Ibrahim et les fleurs du Coran*, a été adapté au cinéma en 2003. Dans ce récit et dans le film, Schmitt s'intéresse à l'interaction entre un vieil épicier musulman sage, M. Ibrahim (joué par Omar Sharif), et un garçon juif de treize ans, Moïse ou Momo (joué par Pierre Boulanger), abandonné par sa mère quand il était bébé et, vers la fin du récit, par son père.

se vouer to devote oneself

▲ **Éric-Emmanuel Schmitt**

Stratégie de lecture

Contrairement à un texte écrit, un film nous oblige à utiliser nos sens, principalement nos oreilles et nos yeux, pour comprendre ce qui se passe. Nous devons alors non seulement écouter les mots des acteurs mais aussi faire attention à la façon dont ils les prononcent et à l'intonation pour en déterminer le sens. Nous devons également regarder attentivement ce qui se passe sur l'écran, en faisant attention au moindre geste et expression. De plus, le décor et la musique ajoutent des dimensions importantes à l'impression générale du film et à notre interprétation de l'intrigue.

Voilà quelques éléments cinématographiques importants. De quelle manière les aspects suivants peuvent-ils influencer l'interprétation d'un film ?

    les gestes des acteurs
    l'apparence physique des acteurs
    l'expression du visage
    l'élocution : la façon dont l'acteur
        prononce ses paroles
    l'émotion dans la voix de l'acteur
    l'intonation
    la musique
    le décor
    les effets spéciaux / le trucage
    l'utilisation de la caméra
    les ellipses et omissions : ce que les
        acteurs ne disent pas

Stratégie de prélecture

Avec un(e) partenaire, remplissez les cases du tableau suivant avec le nom du film, de l'acteur ou de l'actrice, ou du metteur en scène qui illustre le mieux pour vous les aspects filmiques mentionnés. Ensuite présentez vos idées au reste de la classe.

L'aspect filmique	Nom du film	Acteur/actrice	Metteur en scène	Commentaire
Gestes				
Apparence physique				
Expression du visage				
Énonciation, élocution				
Émotion dans la voix				
Intonation				
Musique				
Décor				
Effets spéciaux, Trucage				
Utilisation de la caméra				
Ellipses, omissions				

◀ Omar Sharif

« Monsieur Ibrahim et les fleurs du Coran »

C'est à peu près au même moment que j'ai connu monsieur Ibrahim.

Monsieur Ibrahim avait toujours été vieux. Unanimement°, de mémoire de rue Bleue et de rue du Faubourg-Poissonnière, on avait toujours vu monsieur Ibrahim dans son épicerie°, de huit heures du matin au milieu de la nuit, arc-bouté entre

unanimement *unanimously*

une épicerie *grocery store*

arc-bouté entre sa caisse et les produits d'entretien *braced between his cash register and cleaning products*

les allumettes (f.) *matches*

marron *chestnut (color), brown*

taché *stained*

un sage *wise man*

un tabouret *stool*

l'étal (m.) *stall*

souriat – smiley, cheerful, happy

une boîte de conserve *can (food)*

surtout – especially
lorsque – when

soupçonner *to suspect*

avoir honte *to be ashamed*

voler – steal/take

ramasser *to pick up, gather up*

les commissions (f.) *purchases*

groggy *(argot) groggy, stunned, dazed*

escroquer *to swindle, cheat*

dérober *to steal*

avouer *to admit*

étoilé *starry*

lendemain – next day, following day
assis – seated

un porte-monnaie *change purse*

comptant – upfront/cash/ outright

un centime *penny (pre-euro currency)*

---

sa caisse et les produits d'entretien°, une jambe dans l'allée, l'autre sous les boîtes d'allumettes°, une blouse grise sur une chemise blanche, des dents en ivoire sous une moustache sèche, et des yeux en pistache, verts et marron°, plus clairs que sa peau brune tachée° par la sagesse. *wisdom/foresight* 5

because → Car monsieur Ibrahim, de l'avis général, passait pour un sage°. Sans doute *doubt* parce qu'il était depuis au moins quarante ans l'Arabe d'une rue juive. Sans doute 10 parce qu'il souriait beaucoup et parlait peu. Sans doute parce qu'il semblait *escape from* → échapper à l'agitation ordinaire des mortels, surtout des mortels parisiens, ne *move around* → bougeant jamais, telle une branche greffée sur son tabouret°, ne rangeant jamais son étal° devant qui que ce soit, et disparaissant on ne sait où entre minuit et huit heures du matin. 15

Tous les jours donc, je faisais les courses et les repas. Je n'achetais que des boîtes de conserve°. Si je les achetais tous les jours, ce n'était pas pour qu'elles soient fraîches, non, mais parce que mon père, il ne me laissait l'argent que pour une journée, et puis c'était plus facile à cuisiner ! *laisser – to leave*

Lorsque j'ai commencé à voler mon père pour le punir de m'avoir soupçonné°, 20 je me suis mis aussi à voler monsieur Ibrahim. J'avais un peu honte° mais, pour *fight* → lutter contre ma honte, je pensais très fort, au moment de payer :

Après tout, c'est qu'un Arabe ! *strong*
Tous les jours, je fixais les yeux de monsieur Ibrahim et ça me donnait du courage.
Après tout, c'est qu'un Arabe ! 25
— Je ne suis pas arabe, Momo, je viens du Croissant d'Or.
J'ai ramassé° mes commissions° et suis sorti, groggy°, dans la rue. Monsieur Ibrahim m'entendait penser ! Donc, s'il m'entendait penser, il savait peut-être aussi que je l'escroquais° ? *hear*
Le lendemain, je ne dérobai° aucune boîte mais je lui demandai : 30
— C'est quoi, le Croissant d'Or ?

J'avoue° que, toute la nuit j'avais imaginé monsieur Ibrahim assis sur la pointe d'un croissant d'or et volant dans un ciel étoilé°. *flying?* 35
— Cela désigne une région qui va de l'Anatolie jusqu'à la Perse, Momo.
Le lendemain, j'ajoutai en sortant mon porte-monnaie° :
— Je ne m'appelle pas Momo, mais 40 Moïse.
Le lendemain, c'est lui qui ajouta :
— Je sais que tu t'appelles Moïse, c'est bien pour cela que je t'appelle Momo, c'est moins impressionnant. 45
Le lendemain, en comptant mes centimes°, je demandai :
— Qu'est-ce que ça peut vous faire à vous ? Moïse, c'est juif, c'est pas arabe. 50
— Je ne suis pas arabe, Momo, je suis musulman.
— Alors pourquoi on dit que vous êtes l'Arabe de la rue, si vous êtes pas arabe ? 55

— Arabe, Momo, ça veut dire « ouvert de huit heures du matin jusqu'à minuit et même le dimanche » dans l'épicerie.

Ainsi allait la conversation. Une phrase par jour. Nous avions le temps. Lui, parce qu'il était vieux, moi, parce que j'étais jeune. Et, un jour sur deux, je volais une boîte de conserve.

Je crois que nous aurions mis un an ou deux à faire une conversation d'une heure si nous n'avions pas rencontré Brigitte Bardot.

Grande animation rue Bleue. La circulation est arrêtée. La rue bloquée. On tourne un film.

▲ **Brigitte Bardot**

Moi, je me suis mis à la fenêtre. Je la regarde et elle me fait penser à la chatte des voisins du quatrième, une jolie petite chatte qui adore s'étirer° au soleil sur le balcon, et qui semble ne vivre, ne respirer, ne cligner des yeux° que pour provoquer l'admiration. … Enfin, au comble de la stupeur°, je m'aperçois que monsieur Ibrahim est sorti sur le pas de sa porte. Pour la première fois — depuis que j'existe, du moins — il a quitté son tabouret.

Après avoir observé le petit animal Bardot s'ébrouer° devant les caméras, … je décide de descendre chez monsieur Ibrahim et de profiter de son inattention pour escamoter° quelques boîtes de conserve. Catastrophe ! Il est retourné derrière sa caisse. Ses yeux rigolent° en contemplant la Bardot, par-dessus les savons et les pinces à linge°. Je ne l'ai jamais vu comme ça.

— Vous êtes marié, monsieur Ibrahim ?

— Oui, bien sûr que je suis marié.

Il n'est pas habitué à ce qu'on lui pose des questions.

À cet instant-là, j'aurais pu jurer que monsieur Ibrahim n'était pas aussi vieux que tout le monde le croyait.

— Monsieur Ibrahim ! Imaginez que vous êtes dans un bateau, avec votre femme et Brigitte Bardot. Votre bateau coule°. Qu'est-ce que vous faites ?

— Je parie° que ma femme, elle sait nager.

J'ai jamais vu des yeux rigoler comme ça, ils rigolent à gorge déployée°, ses yeux, ils font un boucan d'enfer°.

Soudain, branle-bas de combat°, monsieur Ibrahim se met au garde-à-vous : Brigitte Bardot entre dans l'épicerie.

— Bonjour, monsieur, est-ce que vous auriez de l'eau ?

— Bien sûr, mademoiselle.

Et là, l'inimaginable° arrive : monsieur Ibrahim, il va lui-même chercher une bouteille d'eau sur un rayon° et il la lui apporte.

— Merci, monsieur. Combien je vous dois ?

— Quarante francs, mademoiselle.

Elle en a un haut-le-corps°, la Brigitte. Moi aussi. Une bouteille d'eau ça valait deux balles°, à l'époque, pas quarante.

— Je ne savais pas que l'eau était si rare, ici.

— Ce n'est pas l'eau qui est rare, mademoiselle, ce sont les vraies stars.

Il a dit cela avec tant de charme, avec un sourire tellement irrésistible que Brigitte Bardot, elle rougit légèrement, elle sort ses quarante francs et elle s'en va.

s'étirer *to stretch*

cligner des yeux *to blink*

au comble de la stupeur *at the height of amazement*

s'ébrouer *to shake*

escamoter *to filch*

rigoler *to laugh*

une pince à linge *clothespin*

couler *to sink*

parier *to bet*

à gorge déployée *at the top of one's voice*

un boucan d'enfer *a hellish racket*

branle-bas de combat, terme militaire, ici, au sens figuratif : grande agitation

inimaginable *unimaginable*

un rayon *shelf*

un haut-le-corps *a start, jump*

deux balles *(argot) 2 francs, about $.50 today*

Je n'en reviens pas *I can't get over it*

vous avez un de ces culots *(argot) you have some nerve*

rembourser *to pay back*

chouraver *(argot) to swipe*

jurer *to swear*

Je n'en reviens pas°.

— Quand même, vous avez un de ces culots°, monsieur Ibrahim.

— Eh, mon petit Momo, il faut bien que je me rembourse° toutes les boîtes que tu me chouraves°.

C'est ce jour-là que nous sommes devenus amis.

C'est vrai que, à partir de là, j'aurais pu aller les escamoter ailleurs, mes boîtes, mais monsieur Ibrahim, il m'a fait jurer° :

Momo, si tu dois continuer à voler, viens les voler chez moi.

110

Vérifions notre compréhension du texte

Répondez aux questions suivantes et justifiez vos réponses.

1. Qui est le narrateur ? Décrivez-le. Qu'est-ce qui l'intéresse ?
2. Pourquoi est-ce que Moïse dit que M. Ibrahim avait toujours été vieux ? Qu'est-ce que ce commentaire révèle au sujet de la perception de Moïse ?
3. Décrivez M. Ibrahim. Quelle impression avez-vous de M. Ibrahim d'après cette description initiale ?
4. Pourquoi M. Ibrahim passe-t-il pour un sage ?
5. Pourquoi Moïse va-t-il à l'épicerie de M. Ibrahim tous les jours ? Qu'est-ce que cela nous dit sur la relation entre Moïse et son père ?
6. Qui est-ce que Moïse vole ? Pourquoi ?
7. Décrivez les sentiments de Moïse quand il vole M. Ibrahim.
8. Qu'est-ce que Moïse se dit pour lutter contre la honte qu'il ressent quand il vole M. Ibrahim ? Quels préjugés est-ce que ces mots révèlent ?
9. Qu'est-ce que M. Ibrahim dit à Moïse un jour ? Pourquoi est-ce que Moïse sort dans la rue « groggy » ? Qu'est-ce qui ébranle (déroute) Moïse ?

10. Où est le Croissant d'Or ? Qu'est-ce que Moïse imagine avant d'avoir l'explication de M. Ibrahim ?
11. Comment est-ce que M. Ibrahim appelle Moïse ? Pourquoi, à votre avis ?
12. Quelle est la différence entre un Arabe et un Musulman ?
13. Qu'est-ce que le terme « arabe » veut dire selon M. Ibrahim ?
14. Quel événement change le rapport entre Moïse et M. Ibrahim ?
15. Qui est Brigitte Bardot ?
16. Décrivez la réaction de M. Ibrahim quand il voit Brigitte Bardot. Comparez sa réaction avec celle de Momo. Pourquoi Momo demande-t-il à M. Ibrahim s'il est marié ?

la blague *joke*

17. Expliquez la blague° du bateau. Qu'est-ce que Momo en pense ?
18. Racontez ce qui se passe quand Brigitte Bardot entre dans l'épicerie de M. Ibrahim.
19. Qu'est-ce qui surprend Momo dans les actions et mots de M. Ibrahim quand il vend à Brigitte Bardot l'eau si cher ?
20. Pourquoi M. Ibrahim dit-il à Momo de ne voler que chez lui ? Depuis quand sait-il que Momo vole ? Qu'est-ce que cela révèle au sujet du caractère de M. Ibrahim ?

En petits groupes, discutez les points suivants. Soyez prêts à présenter vos idées au reste de la classe.

1. Schmitt aime créer des conflits en juxtaposant des personnages d'ethnies ou de religions très différentes. Discutez de l'importance de la religion, selon Schmitt, dans le texte que vous venez d'étudier, en réfléchissant aux questions suivantes.

   a) Quelles religions sont juxtaposées dans « Monsieur Ibrahim et les fleurs du Coran » ? Quels sont les conflits implicites ? Qu'est-ce que Schmitt suggère au sujet des religions différentes ? Comment nous fait-il comprendre ses idées ?

   b) Pourquoi est-ce que M. Ibrahim fait une distinction entre être musulman et être arabe ? Qu'est-ce que sa définition d'être arabe suggère ? Pourquoi est-ce qu'être musulman est important pour M. Ibrahim ?

   c) Est-ce qu'être juif est important pour Moïse ? Pourquoi ou pourquoi pas ? Qu'est-ce que l'attitude de Moïse envers sa religion montre ?

   d) Est-ce que les noms Ibrahim et Moïse sont importants ? Pourquoi ? Quelle est la dérivation de ces noms ? Est-ce que le fait que M. Ibrahim appelle Moïse « Momo » est important ? Pourquoi ? Quelle attitude envers la religion est-ce que cela montre ?

2. L'évolution de l'amitié entre Moïse et M. Ibrahim.

   a) Qui est-ce qui initie cette amitié ? Comment ? Pourquoi ?

   b) M. Ibrahim semble pouvoir lire les pensées de Moïse. Comment expliquez-vous ce phénomène ?

   c) À chaque rencontre M. Ibrahim dit quelque chose pour piquer la curiosité de Moïse et pour l'encourager à vouloir savoir plus sur ses origines. Qu'est-ce que M. Ibrahim lui dit ? Quel est le but de sa conversation avec Moïse ?

   d) De quelle manière est-ce que l'épisode avec Brigitte Bardot contribue au développement de l'amitié entre Moïse et M. Ibrahim ?

   e) M. Ibrahim demande à Moïse de ne voler que lui. Pourquoi ? Qu'est-ce que cela signifie pour leur amitié ?

3. Discutez du personnage de Moïse. Analysez son caractère. De quelle manière les éléments suivants contribuent-ils à votre interprétation : son registre de langue, c'est-à-dire, sa façon de parler ; ses idées ; son amitié avec M. Ibrahim ; sa relation avec son père ; le fait qu'il vole ?

4. Discutez du personnage de M. Ibrahim. Analysez son caractère. Pourquoi insiste-t-il sur la différence entre être arabe et être musulman ? Pourquoi se lie-t-il d'amitié avec Moïse, un jeune garçon juif qui le vole ? Pourquoi lui, un Musulman, a-t-il une épicerie dans un quartier juif ?

En petits groupes, discutez des questions et des thèmes suivants :

1. « Monsieur Ibrahim et les fleurs du Coran » traite du fossé entre les générations.

   a) Discutez du fossé entre les générations tel que vous le connaissez. Est-ce que vous percevez une différence claire et nette entre vos idées et celles de vos parents ou de vos grands-parents ? Dans quels domaines est-ce que ces différences sont les plus évidentes ? Est-ce que vous pensez qu'avec l'âge vos idées ressemblent de plus en plus aux idées de vos parents ? Si oui, comment expliquez-vous ce phénomène ? Si non, pourquoi ? Qu'est-ce qui vous rapproche de la génération de vos parents ou de celle de vos grands-parents ?

   b) Que fait M. Ibrahim pour réduire le fossé entre lui et Moïse ? Pourquoi est-ce que c'est efficace ? Est-ce que vous emploieriez les mêmes stratégies avec vos enfants un de ces jours ? Y a-t-il d'autres stratégies ?

   c) Pouvez-vous penser à un autre film où le fossé entre les générations est important ? Lequel ? En quoi est-ce que ce film ressemble à « Monsieur Ibrahim et les fleurs du Coran » ? En quoi est-il différent ?

2. Imaginez que vous êtes metteur en scène. Si vous tourniez un film basé sur le récit de Schmitt, qu'est-ce que vous feriez ? Quels acteurs choisiriez-vous pour jouer le rôle de M. Ibrahim ? De Moïse ? De Brigitte Bardot ? Pourquoi les choisiriez-vous ? Décrivez le décor de votre film. Où se passerait-il ? Quelle musique est-ce que vous choisiriez ? Pourquoi ?

3. Après avoir visionné le film, discutez des différences entre le film et le récit. Est-ce que le metteur en scène a fait de bons choix pour les acteurs ? La musique ? Le décor ? Est-ce que les acteurs, Omar Sharif et Pierre Boulanger, interprètent bien leur rôle ? Est-ce que le scénario est fidèle au récit ? Quelles sont les différences entre les deux ?

▲ **Olivier Assayas et deux acteurs**

Les phrases conditionnelles

Les phrases conditionnelles expriment une incertitude, une possibilité, une hypothèse sur le présent, le futur ou le passé. La phrase conditionnelle est introduite par la conjonction **si.**

1 Idée générale

Lorsque la condition exprime un fait habituel, on utilise :

conditionnelle	principale
si + présent	présent

Si un acteur **a** mal à la gorge, il ne **peut** pas jouer.

Lorsque le verbe principal exprime un ordre on utilise :

conditionnelle	principale
si + présent	impératif

Si tu **vas** au théâtre, **achète** tes billets à l'avance.

2 Hypothèse sur le futur

Lorsque la condition concerne un moment futur, on utilise :

conditionnelle	principale
si + présent	futur

Si j'**ai** le temps, j'**irai** voir cette pièce.
Si le jury **est** juste, il **attribuera** la palme d'or à ce film si original.

Remarque : Ne confondez pas le **si** de la phrase conditionnelle avec le **si** du discours indirect. Le **si** conditionnel n'est jamais suivi du futur.

J'**irai** voir Nicole Kidman, **si** elle **vient** dans ma ville. (hypothèse)
Nicole Kidman ne **sait** pas encore **si** elle **acceptera** ce rôle. (discours indirect)

3 Hypothèse sur le présent

Lorsque la proposition conditionnelle exprime un fait contraire à la réalité du moment, dans un **contexte présent**, on utilise :

conditionnelle	principale
si + imparfait	conditionnel présent

Si elle **avait** de l'argent, elle **suivrait** des cours au conservatoire.
(mais elle n'en a pas maintenant, un jour peut-être)
Si je **rencontrais** Catherine Deneuve, je lui **demanderais** un autographe.
(un jour peut-être)

4 Hypothèse sur le passé

Lorsque la condition exprime un fait irréel dans un contexte passé, on utilise :

conditionnelle	principale
si + plus-que-parfait	conditionnel passé

> Samedi, si nous **avions pu** avoir des billets, nous **serions allés** à la première de *Vive la France*. (mais nous n'avons pas pu en avoir)
> Si elle **avait** mieux **appris** son rôle, elle n'**aurait** pas **oublié** ses répliques.

Remarque : Le **si** conditionnel n'est jamais suivi ni du futur, ni du conditionnel présent, ni du conditionnel passé.

Circonstances	Phrase conditionnelle (si …)	Phrase principale
fait habituel	présent	présent
ordre	présent	impératif
hypothèse sur le futur	présent	futur
hypothèse sur le présent	imparfait	conditionnel présent
hypothèse sur le passé	plus-que-parfait	conditionnel passé

Pratiquons

10-30 Dites ce que vous ferez si ces conditions se réalisent.

Modèle : Si j'ai le temps ce week-end …
Si j'ai le temps ce week-end, j'irai au cinéma.

1. Si j'ai assez d'argent …
2. Si mes amis organisent une fête samedi …
3. Si j'ai le temps ce weekend …
4. Si j'ai trop de travail …
5. S'il fait beau demain …
6. Si mes parents veulent venir me voir …

10-31 Imaginez ce qui se passera dans la vie de Claire si elle suit des cours de théâtre. Utilisez le verbe venant après dans la liste comme verbe de la principale.

1. s'inscrire au conservatoire
2. apprendre à parler clairement
3. déclamer des textes
4. avoir des rôles secondaires
5. jouer dans des pièces de banlieue
6. être engagée par un agent

… Inventez la suite.

Comparaison linguistique

Comment traduiriez-vous ces phrases :
- Si je pouvais, j'aimerais être figurant dans un film.
- Si elle avait eu assez d'argent, elle aurait déménagé à Hollywood.

Modèle: Si elle s'inscrit au conservatoire …

Si elle s'inscrit au conservatoire, elle apprendra à parler clairement.

1. Si elle apprend à parler clairement, _____.
2. Si elle peut déclamer des textes, _____.
3. Si elle a des rôles secondaires, _____.
4. Si elle joue dans des pièces de banlieue, _____.
5. Si elle est engagée par un agent …

Continuez …

10-32 Voilà ce que fait un scénariste. Imaginez ce qui se passerait dans la vie de Gérard s'il devenait scénariste. Mettez les phrases au conditionnel pour exprimer une hypothèse sur le présent.

Modèle:

Vous entendez : S'il devient scénariste, il travaillera sur le scénario d'un film.

Vous écrivez : S'il devenait scénariste, il travaillerait sur le scénario d'un film.

1. S'il _____ scénariste, il _____ la dramaturgie.
2. S'il _____ la dramaturgie, il _____ à documenter l'idée principale du scénario.
3. S'il _____ documenter l'idée principale, il _____ une enquête sur le sujet choisi.
4. S'il _____ une enquête, il _____ des renseignements sur ses personnages.
5. S'il _____ l'enquête, il _____ un synopsis.
6. S'il _____ le synopsis, il _____ des séquences.
7. S'il _____ les séquences, il _____ penser aux images.
8. Si les images _____ , le film _____ en bonne voie.

10-33 Dites ce que vous feriez.

1. Si vous étiez une star … Achèteriez-vous une maison ? Si oui, où ? Achèteriez-vous une voiture de sport ? Feriez-vous des cadeaux à votre famille ? Vos amis ?
2. Si vous aviez la possibilité de rencontrer votre acteur/actrice préféré(e) … Qui rencontreriez-vous ? Que feriez-vous ensemble ? Quelles questions poseriez-vous à cette personne ?
3. Si vous étiez metteur en scène … Quel type de film feriez-vous ? Feriez-vous un film historique ? Qui seraient les acteurs ?

10-34 Établissez une liste de personnes célèbres et dites ce que vous feriez si vous étiez à la place de ces personnes. Ensuite, lisez quelques-unes de vos hypothèses au reste de la classe.

Modèle: Si j'étais Jennifer Hudson, je jouerais dans un film sur la vie de Nina Simone.

10-35 Discutez de ce que vous auriez pu faire ou ne pas faire le jour précédent.

Modèle : regarder la télé
Si j'avais regardé la télé …
Si j'avais regardé la télé, j'aurais vu un programme de la BBC.

1. aller au cinéma
2. avoir le temps
3. mes amis / me / inviter
4. passer du temps sur Internet
5. ne pas avoir autant de travail
6. mon réveil / ne pas sonner

10-36 En petits groupes, imaginez ce qu'aurait été votre vie si, enfant, vous aviez été un acteur/une actrice célèbre. Faites un petit paragraphe que vous lirez au reste de la classe.

10-37 Récapitulation. Christine rêve. On peut faire beaucoup de choses avec des **si.** Mettez les verbes entre parenthèses au temps nécessaire.

1. Si on jouait une pièce de Molière à la Comédie Française, je
_____ (aller) la voir.
2. Si j'étais plus riche, je _____ (voir) plus de pièces de théâtre.
3. Si je vais au théâtre demain, je _____ (devoir) acheter mes billets à l'avance.
4. En général, au théâtre, si la queue est trop longue, je _____ (partir) !
5. Si j'allais à une première, je _____ (mettre) une robe de soirée.
6. Tout le monde m' _____ (admirer) si je portais une robe élégante.
7. Si vous le pouvez, _____ (venir) avec moi.
8. Si j'avais pensé plus tôt, je _____ (inviter) Gaston.
9. Si mes amis avaient voulu, nous _____ (pouvoir) manger au restaurant avant le spectacle.
10. Si j'avais lu des comptes-rendus avant, je _____ (ne pas aller) voir cette pièce.

◁ **Nathalie Baye et Gérard Depardieu dans** *Le Retour de Martin Guerre*

L'objectif principal du **compte-rendu** est de transmettre au lecteur des informations sur un film qu'il n'a pas encore vu pour qu'il puisse en avoir une idée solide. À la lumière de la représentation du film dans le compte-rendu, le lecteur pourra ensuite prendre la décision d'aller le voir ou non. Puisque la décision du lecteur sera basée sur ce que l'auteur dit, le compte-rendu doit absolument rester fidèle au film. Ceci dit, bien que la plupart du temps un compte-rendu respecte l'ordre chronologique du film, ce n'est pas toujours indispensable. L'essentiel est de faciliter l'accès à l'information pour que le lecteur puisse prendre une bonne décision.

Le compte-rendu d'un film est structuré de la manière suivante :

Introduction : Situez le film en donnant la date de sa sortie, le nom des acteurs principaux, le metteur en scène, et d'autres détails importants sur le film choisi. Est-il basé sur un roman ? Est-ce une biographie ? Y a-t-il des références historiques ou politiques ? Quel est le genre du film : Un documentaire ? Un film policier ? Un film d'épouvante ? Une comédie ? Un drame ? Un film d'amour ? Quelle est l'idée principale ou le message principal du film ?

Discussion : En plusieurs paragraphes (n'oubliez pas de ne mettre qu'une seule idée dans chaque paragraphe !), faites un résumé détaillé et analytique du film, en sélectionnant **l'essentiel** et en restant **fidèle** au film. Cependant, comme un film a d'autres aspects qu'un texte écrit, vous devrez inclure dans votre compte-rendu des commentaires sur l'art d'un acteur ou des acteurs, sur l'intrigue, sur la technique du metteur en scène, sur le décor, sur les costumes, sur la musique, sur le trucage, sur la caméra, sur la projection du film, etc. (Attention ! Évidemment, on ne peut pas incorporer tous ces éléments et écrire un compte-rendu cohérent. Choisissez alors les éléments les plus importants.)

Conclusion : Puisque l'auteur du compte-rendu vise à donner au lecteur une impression solide et fidèle du film sur laquelle celui-ci pourra ensuite baser sa décision d'aller le voir ou non, il doit rester impartial, en évitant de faire des commentaires personnels ou de porter des jugements de valeurs. Néanmoins, dans la conclusion, le critique peut, de façon modérée et subtile, se permettre de donner sa propre évaluation du film et ses conseils au lecteur.

 ## Sujets de composition (500–750 mots)

1. Faites le compte-rendu de *Monsieur Ibrahim et les fleurs du Coran*.

2. Choisissez un film, préférablement français ou francophone, que vous avez vu récemment. Faites le compte-rendu de ce film.

3. Les noms propres jouent un rôle important dans le film *Monsieur Ibrahim et les fleurs du Coran*. Ibrahim (Abraham) est le nom du grand patriarche des Juifs dans le Vieux Testament de la Bible, ainsi que pour les Musulmans. Moïse est également un grand prophète, libérateur des Hébreux quand ils étaient esclaves en Égypte. Momo est un surnom pour Moïse de même que pour Mohamed. Écrivez une composition dans laquelle vous analyserez le symbolisme et l'importance des noms dans le texte de Schmitt et/ou dans le film.

4. L'adolescence est souvent une période difficile pendant laquelle les jeunes découvrent qui ils sont. Discutez du texte ou du film *Monsieur Ibrahim et les fleurs du Coran* en tant qu'œuvre qui traite du développement psychologique de Momo. De quoi un jeune Momo a-t-il besoin pour se découvrir et pour se sentir bien dans sa peau ? Quel est le rôle de M. Ibrahim dans son développement ? Que fait-il pour détourner Momo de la délinquance ?

 Avant d'écrire

Avant d'écrire votre essai, répondez aux questions suivantes :

Choisissez votre film ou votre sujet de composition. Dans le cas de *Monsieur Ibrahim et les fleurs du Coran*, racontez l'intrigue du film en insistant sur les aspects que vous avez trouvés les plus importants et que vous aimeriez peut-être inclure dans votre compte-rendu. Dans le cas d'un autre film, racontez l'intrigue du film en insistant sur les éléments que vous avez trouvés intéressants. Les autres participants du groupe vont vous poser des questions plus précises sur le film. Si vous choisissez l'un des autres sujets de composition, partagez vos idées avec vos partenaires. Demandez-leur de vous donner des suggestions pour améliorer votre travail.

Dressez une liste de vos idées :

1. Compte-rendu de *Monsieur Ibrahim et les fleurs du Coran*. Voilà les aspects les plus importants et **pourquoi** ils sont importants :

_____

_____

_____

2. Compte-rendu d'un autre film. Les éléments de l'intrigue et leur importance :

_____

_____

_____

3. Sujet de composition alternatif. Réflexion sur l'importance des noms ou sur les besoins/le développement de l'adolescence dans *Monsieur Ibrahim et les fleurs du Coran* :

_____

_____

_____

Après avoir écrit le brouillon de votre compte-rendu ou composition, montrez-le à vos partenaires. Évaluez les brouillons selon les questions suivantes :

Le compte-rendu :

> Est-ce que le compte-rendu raconte l'histoire de façon succincte et cohérente ?
>
> Est-ce que l'auteur présente l'essentiel du film ?
>
> Est-ce qu'il y a des éléments de discussion superflus ?
>
> Est-ce que la discussion inclut une analyse ?
>
> Est-ce que l'auteur évite des commentaires trop personnels et des jugements de valeur ?
>
> Est-ce que le compte-rendu reste fidèle au film ?

Le sujet de composition alternatif :

> Est-ce que l'introduction présente les informations essentielles sur le sujet ?
>
> Est-ce que le lecteur est bien orienté ?
>
> Est-ce que l'idée directrice est claire ? A-t-elle une problématique ?
>
> Est-ce que les paragraphes sont bien structurés ?
>
> Est-ce que chaque paragraphe n'a qu'une seule idée-clé ? Est-elle bien développée et soutenue par des exemples, des citations et une discussion ?
>
> Est-ce que tous les fils de la discussion sont réunis dans la conclusion ?
>
> Est-ce que la conclusion répète trop ce que l'auteur vient de dire dans la composition ?
>
> Est-ce que le lecteur a l'impression d'avoir appris quelque chose de nouveau ou d'avoir découvert quelque chose d'important ?
>
> Est-ce que le lecteur comprend mieux le texte ou le voit-il de manière différente ?

Modèle d'écriture : sujet 1

Compte-rendu sur *Monsieur Ibrahim et les fleurs du Coran*

Il existe peu de films basés sur un récit écrit qui y restent fidèles. C'est cependant ce que le metteur en scène François Dupeyron a su faire dans son adaptation pour le cinéma du petit roman d'Éric-Emmanuel Schmitt, « Monsieur Ibrahim et les fleurs du Coran ». Bien que Schmitt ait refusé de collaborer à l'écriture du scénario pour la simple raison qu'il a du mal à transposer ses écrits, Dupeyron a néanmoins adapté le dialogue du livre au cinéma avec exactitude. Quand on entend Moïse (Pierre Boulanger) parler, on croit vraiment entendre les pensées d'un jeune adolescent de 13 ans. Duperyon n'aurait pas pu faire un meilleur choix qu'Omar Sharif pour le rôle de M. Ibrahim, le vieil épicier musulman sage qui sait petit à petit gagner la confiance de Momo. L'interaction entre le jeune Moïse et M. Ibrahim est au centre de l'intérêt du film et au cours du film révèle les idées de Schmitt sur les différences de religion et d'origine ethnique qui de nos jours peuvent être si problématiques.

Le film s'ouvre sur Moïse en train de casser sa tirelire en forme de cochon pour pouvoir aller voir une des prostituées du quartier. Cette séquence est suivie d'un flashback où son père lui donne des sous° en lui disant de ne pas les dépenser, séquence qui donne immédiatement au spectateur beaucoup d'informations sur le rapport entre les deux personnages. Le père de Moïse, hanté par la perte de ses parents dans un camp de concentration, est incapable d'assumer son rôle de père. C'est un homme renfermé sur lui-même, silencieux, et « radin° », qui ne donne à Moïse que l'argent nécessaire pour acheter les provisions de la journée, ce que Moïse fait chez M. Ibrahim, « l'Arabe du coin ». Évidemment, un adolescent élevé par un père qui le critique et le compare à un fils aîné parti avec la mère, censée avoir abandonné son deuxième enfant, court le risque de tourner à la délinquance.

C'est ce risque qui est mis en évidence au début du film quand Moïse vole les boîtes de conserve de M. Ibrahim. Pour lutter contre ses sentiments de culpabilité, Moïse se dit, « C'est qu'un Arabe », pour justifier son crime. L'astucieux M. Ibrahim semble pouvoir lire dans la tête de Moïse quand un jour il dit « Je ne suis pas arabe, Momo, je viens du Croissant d'Or ». Ces quelques mots subtils augmentent la réputation de sage mystérieux de M. Ibrahim, piquent la curiosité de Moïse et l'incitent à apprendre plus sur cet homme, sa religion et ses origines. Petit à petit, M. Ibrahim se lie d'amitié avec Moïse, lui inspirant confiance en reconnaissant ses besoins psychologiques. Il lui donne des stratégies comiques et inoffensives pour économiser sur l'argent que son père lui donne. Au lieu de critiquer tout ce que Moïse fait, M. Ibrahim lui fait des compliments et lui donne de bons conseils sur la vie et sur les rapports avec les autres, surtout avec les jeunes filles. Un événement clé solidifie cette amitié fragile : la séquence avec Brigitte Bardot (jouée par Isabelle Adjani). La célèbre actrice, qui joue dans un film qu'on tourne dans le quartier, entre dans l'épicerie de M. Ibrahim pour acheter de l'eau. La scène qui s'ensuit est pleine d'humour et montre bien non seulement l'astuce mais aussi le côté humain de M. Ibrahim. À la fin de la séquence, en fait, M. Ibrahim révèle qu'il sait depuis longtemps que Moïse le vole, mais sans lui en vouloir. Après cet événement clé les deux, le vieux Musulman sage et l'adolescent juif, sont inséparables.

Monsieur Ibrahim et les fleurs du Coran est un bijou de film sur le fossé entre les générations et sur comment le franchir°. Omar Sharif incarne le vieux sage compréhensif qui n'a jamais oublié ce que c'est d'être jeune. Pierre Boulanger, quoique débutant à l'écran, réalise parfaitement toutes les pensées et contradictions de la jeunesse. Pourtant, les thèmes du film vont bien au-delà de l'amitié entre les générations pour entamer des sujets sérieux et même urgents de nos jours, notamment les différences de religion et d'ethnicité. Ainsi Dupeyron, à partir du petit roman de Schmitt, a su incorporer dans son film des sujets sérieux avec de l'humour et de la compassion.

En petits groupes discutez de ce modèle de compte-rendu.

1. De quelle manière est-ce que l'auteur commence ce compte-rendu ? Est-ce une bonne stratégie ? Y a-t-il d'autres stratégies que vous pourriez employer dans votre propre compte-rendu ?

2. Quels éléments sont inclus dans l'introduction ?

3. Quel est le sujet principal de chaque paragraphe ?

4. Est-ce que chaque paragraphe est bien développé ?

5. L'auteur a-t-il choisi de ne pas parler de certains aspects du film ? Lesquels ? À votre avis, pourquoi a-t-il fait ce choix ?

6. Décrivez la conclusion du compte-rendu. L'auteur donne-t-il ses conseils aux lecteurs ?

7. Regardez les transitions, le vocabulaire et les expressions utiles que l'auteur emploie pour exprimer ses idées. Soulignez les mots que vous ne reconnaissez pas. Est-ce que vous pourriez en utiliser quelques-uns dans votre compte-rendu ou dans votre composition ?

8. Si vous lisiez ce compte-rendu dans un journal, est-ce que vous seriez tenté(e) d'aller voir le film ?

11

La France vue d'ailleurs

▲ Vue de la Tour Eiffel

LES OBJECTIFS

Francophilie, francophobie, opinions sur la France

Réflexion sur le regard des autres

« Comment les étrangers voient la France »

Chahdortt Djavann *Comment peut-on être français ?*

Comment bâtir un essai dialectique

Orientation culturelle

Vue d'ailleurs, la France est souvent considérée comme différente, un pays qui fascine autant qu'il agace°, un pays difficile à comprendre[1], un pays qui provoque plaisanteries et caricatures, ironie et moqueries allant jusqu'aux propos° franchement francophobes lors de tensions internationales. Liberté, égalité, fraternité, la République, le laïcisme, l'intégration, l'élitisme, le dirigisme économique, les lois sociales, l'exception culturelle, le multilatérisme, la méfiance° à l'égard des États-Unis signalent les singularités de la France. Si on ajoute à cela la fierté des Français — certains diront même l'arrogance — l'individualisme, l'attachement à leur identité, à leur culture, à leurs valeurs et à leur art de vivre, il n'est guère étonnant que l'incompréhension et l'irritation, parfois le ressentiment, dominent les relations entre Français et Européens ou Français et Américains. Pourtant, le tourisme en France ne cesse d'augmenter et Paris continue d'attirer les visiteurs de tous pays qui n'hésitent pas à préciser° avec une pointe d'humour : « We love France but not the French. »

agacer   *to annoy*

des propos
   (m.) remarks, words

la méfiance   *distrust*

préciser   *to specify*

1. Nommez quelques réactions provoquées par les Français.
2. Quels stéréotypes ou qualités contribuent aux singularités françaises ?
3. Quelles attitudes françaises peuvent rendre les relations avec d'autres pays difficiles ?
4. Selon le passage et à votre avis, quel trait de caractère caractérise le plus les Français ?
5. Expliquez le paradoxe dans la citation en anglais.

[1] Parmi les livres de vulgarisation évoquant les anomalies et les originalités françaises on peut citer *Sacrés Français* ! de Théodore Stanger (2003), *I'll never be French* de Mark Greenside (2008), *Au Contraire ! Figuring Out the French* de Gilles Asselin and Ruth Mastron (2010), *La Séduction, How the French Play the Game of Life* d'Elaine Sciolino (2011), *Ces impossibles Français* de Louis-Bernard Robitaille (2011) .

Apprenons ces mots essentiels

Identité nationale et ses effets

Noms

l'affinité *(f.)*	*affinity*
le bilinguisme	*bilingualism*
le chauvinisme	*chauvinism, superpatriotism*
le comportement	*behavior*
la confiance en soi	*self-confidence*
le dynamisme	*dynamism*
la façon, la manière	*way*
la fierté nationale	*national pride*
l'habitude *(f.)*	*habit*
l'Hexagone *(m.)*	*nom donné à la France, basé sur sa forme géographique*
l'identité *(f.)*	*identity*
la liberté	*freedom*
la nation	*nation*
la parenté	*kinship*
le peuple	*people, nation*
le progrès	*progress*
la puissance	*power*
la réputation	*reputation*

Adjectifs

bilingue	*bilingual*
conformiste	*comformist*

créateur *(m.)*, créatrice *(f.)*	*creative*
discipliné	*disciplined*
indiscipliné	*unruly*
intellectuel *(m.)*, intellectuelle *(f.)*	*intellectual*
méprisant	*contemptuous*
silencieux *(m.)*, silencieuse *(f.)*	*silent*

Verbes

appartenir à	*to belong to*
apprécier quelque chose	*to enjoy something*
avoir droit à	*to have a right to*
critiquer	*to criticize*
discuter avec quelqu'un de quelque chose	*to discuss, argue with someone about something*
être attaché à	*to be attached to*
être chauvin	*to be superpatriotic*
être conscient de	*to be conscious of*
être fier (fière) de	*to be proud of*
reprocher quelque chose à quelqu'un	*to reproach someone for something*

Amusons-nous avec les mots

 11-1 Devinez les mots : Créez des mots à partir des lettres mélangées.

NMRSÉPIAT

IPSLÉICIINDN

AHIUNCV

ENXOGAHE

PNAETRARPI

11-2 Tante Julie est une originale ! Complétez les phrases avec un des mots suivants. N'oubliez pas de faire les accords ni de conjuguer les verbes.

affinité	confiance	appartenir
bilingue	fier	complexe d'infériorité

Ma tante Julie est parfaitement _____. Elle a immigré en France des États-Unis quand elle avait 22 ans, juste après l'université. Elle avait tout de suite de fortes _____ pour les Français et elle voulait _____ autant que possible à la culture française. Pendant un an, elle a refusé de parler anglais, ce qui était très difficile au début parce que tante Julie avait un _____ . Néanmoins, elle a persisté à perfectionner son français et elle a réussi. On ne dirait jamais que tante Julie n'est pas française. Il va sans dire que tante Julie est très _____ de son français et elle a beaucoup de _____ en elle.

Qu'en pensez-vous ?

11-3 Steven, un étudiant américain qui passe un an dans une université française, parle avec Elodie, une étudiante française à la même université. Écoutez leur conversation.

A. Répondez aux questions que vous entendez en indiquant la lettre qui correspond à la réponse correcte :

1. a)　　　b)　　　c)　　　d)

2. a)　　　b)　　　c)　　　d)

3. a)　　　b)　　　c)　　　d)

4. a)　　　b)　　　c)　　　d)

B. Répondez aux questions suivantes.

1. Selon Steven, quels sont les avantages d'être bilingue ?

2. Selon Elodie, quand on vit dans un autre pays qu'est-ce qu'il faut essayer de faire ?

3. Pourquoi Steven apprécie-t-il l'art du débat à la française ?

4. À votre avis, quels sont les avantages du bilinguisme ? Voulez-vous devenir bilingue ? Si oui, pourquoi ? Si non, pourquoi pas ? Quelles sont les meilleures méthodes pour le devenir ?

5. Qu'est-ce que l'art du débat à la française tel que vous le comprenez ? Pourquoi les Américains préfèrent-ils éviter certains sujets, comme la politique ?

Jugements

Noms

la bonne bouffe *(fam.)*	*good food*	exécrable	*atrocious*
le nombrilisme *(fam.)*	*the feeling of being at the center of the universe*	navrant	*distressing*
le rayonnement	*influence*	**Verbes**	
la revendication	*demand*		
la souveraineté	*sovereignty*	américaniser	*to Americanize*
la suffisance	*self-importance*	angliciser	*to Anglicize*
le tempérament	*character*	être coupé de	*to be cut off from*
		franciser	*to Frenchify*
Adjectifs		s'identifier à	*to identify with*
affligeant	*pathetic*	percevoir comme	*to perceive as*
attristant	*saddening*	porter un jugement sur	*to give an opinion on*
déplorable	*deplorable*		

Amusons-nous avec les mots

11-4 Trouvez les paires de mots.

1. _____ exécrable
2. _____ affligeant
3. _____ porter un jugement sur
4. _____ nombrilisme
5. _____ la bonne bouffe

a. égocentrisme
b. nourriture excellente
c. atroce
d. avoir une attitude envers
e. navrant

11-5 Complétez avec un mot d'**Élargissons notre vocabulaire**.

1. Il _____ son nom, au moment de sa naturalisation ; il s'appelle maintenant M. Fayard au lieu de M. Fayad.

2. Certains touristes jugent la France à partir de l'attitude _____ de certains Français.

3. La France tient toujours à conserver son _____ politique et culturel. Elle souhaite influencer le reste du monde ! Quelle arrogance ! Quelle _____ !

4. Beaucoup de gens ne comprennent pas la France, ce pays que les _____ des travailleurs peuvent complètement paralyser.

5. Tous les pays, petits ou grands, veulent maintenir leur _____ et surtout ne pas être dominés par les puissances étrangères.

11·6 Steven et Elodie viennent de déjeuner. Ils continuent leur discussion.

A. Indiquez si les phrases que vous entendez sont vraies (Vrai) ou fausses (Faux).

1. Vrai / Faux
2. Vrai / Faux
3. Vrai / Faux
4. Vrai / Faux
5. Vrai / Faux

B. Répondez aux questions suivantes.

1. Pourquoi les Français anglicisent-ils certains termes ?
2. Selon Elodie, pourquoi les Français pensent-ils avoir le droit de porter des jugements sur les autres ?
3. Selon Steven, pourquoi les Américains souffrent-ils de nombrilisme ?
4. Que pensez-vous des restaurants américains en France tels que MacDo et Starbucks ? Y a-t-il des avantages ? Des désavantages à cette présence?
5. Pourquoi certains Français croient-ils que la France est le centre de l'univers ? Est-ce que cette attitude est justifiée ? Pourquoi ou pourquoi pas ?
6. Pourquoi certains Américains croient-ils que les États-Unis sont le centre de l'univers ? Est-ce que cette attitude est justifiée ? Pourquoi ou pourquoi pas ?

◀ **Touriste à Versailles**

En petits groupes, posez quelques questions à vos partenaires en vous servant du vocabulaire des pages précédentes. Ensuite, présentez vos idées à toute la classe.

1. Quelle est votre impression de la France ? Et des Français ? Avez-vous des amis français ? Avez-vous déjà voyagé en France ? Où ? Quand ? Avez-vous été étonné(e) par certaines habitudes françaises ?

2. Selon vous, est-il facile de comprendre les Français ? Comparez quelques attitudes françaises à quelques attitudes américaines ou à quelques attitudes de votre propre pays. Montrez les différences.

3. Faites une liste des stéréotypes que l'on applique aux Français. Que pensez-vous de ces stéréotypes ?

4. On parle d'identité américaine, d'identité française, d'identité nationale. À votre avis qu'est-ce qui fait l'identité d'un individu ? Qu'est-ce qui la crée ?

5. Regardez les termes associés à la France dans l'introduction. Expliquez-les. Que représentent-ils et quelle image de la société française donnent-ils ?

6. Voici quelques dessins humoristiques. Commentez-les. Quels stéréotypes utilisent-ils ?

les subventions sociales *welfare*

les congés *vacation time, leave*

7. En Europe et en France, les lois sociales sont très différentes des lois aux États-Unis. Choisissez une ou deux lois sociales, par exemple les subventions sociales°, les congés°, les congés de maternité. Faites une recherche sur Internet et comparez les droits en France et aux États-Unis.

Bouquiniste sur les quais de la Seine ▶

1 L'adjectif démonstratif

L'adjectif démonstratif sert à montrer ou indiquer du doigt le nom qu'il modifie. On l'emploie souvent quand on veut se référer à quelque chose dont on a déjà parlé. Comme tous les adjectifs, l'adjectif démonstratif s'accorde avec le nom qu'il modifie.

Les adjectifs démonstratifs sont :

	masculin	féminin
singulier	**ce**	**cette**
	cet (devant une voyelle)	
pluriel	**ces**	**ces**

Les Français sont connus pour leur fierté nationale. **Cette** fierté peut parfois être agaçante.
Les Français et les Américains sont souvent le sujet de plaisanteries méchantes. **Ces** plaisanteries sont souvent basées sur des stéréotypes et des caricatures.

Précisions

Le nom modifié par l'adjectif démonstratif peut être suivi de **-ci** ou **-là** pour distinguer entre deux noms, pour indiquer la proximité (**-ci** pour le nom le plus proche de la personne qui parle), ou pour souligner l'importance du nom modifié.

Voilà deux images. Cette image-**ci** est une caricature d'un Français. Cette image-**là** est une caricature d'un Allemand.

Comparaison linguistique

- Comment distingue-t-on entre deux choses, concepts, ou noms en anglais ?
- Quel est l'équivalent de **-ci** et **-là** en anglais ?

2 Les pronoms démonstratifs

Les pronoms démonstratifs se réfèrent à un nom ou à un concept dont on a déjà parlé. Comme les adjectifs démonstratifs, les pronoms démonstratifs correspondent à ce à quoi ils se réfèrent.

Les pronoms démonstratifs sont :

	masculin	féminin
singulier	**celui**	**celle**
pluriel	**ceux**	**celles**

Le pronom démonstratif s'accorde en genre et en nombre avec le mot qu'il remplace. Comme les adjectifs démonstratifs, le pronom démonstratif est souvent suivi de **-ci** ou **-là** pour désigner ce qui est le plus proche de la personne qui parle.

> Voilà deux films intéressants. **Celui-ci** est français. **Celui-là** est sénégalais.
> Voilà deux groupes de femmes. **Celles-ci** sont médecins. **Celles-là** sont femmes d'affaires.

A. Celui qui, celui que, etc.

Les pronoms démonstratifs **celui, celle, ceux, celles** sont souvent suivis du pronom relatif **qui**, **que** ou **dont**.

> Juliette Binoche et Jodie Foster jouent toutes les deux dans des films américains et français. **Celle que** je préfère est Jodie Foster.
> De ces trois principes de la République Française, liberté, égalité, fraternité, la liberté est **celui qui** me semble le plus important.

Précisions

On emploie **celui-ci** et **celui-là** (**celle-ci, celle-là,** etc.) pour indiquer *the former, the latter* en anglais. Cependant, comme **-ci** et **-là** indiquent la proximité, l'ordre des termes est l'inverse de l'ordre en anglais. Étudiez la traduction des phrases suivantes :

> Marc suggère un de ces deux restaurants. **Celui-ci** sert de la cuisine typiquement française, **celui-là** de la cuisine vietnamienne.
> *Marc suggests one of these two restaurants.* **The former** *serves typical French cuisine,* **the latter** *Vietnamese cuisine.*

B. Ceci, cela et ça :

Ceci, cela, et **ça** sont des pronoms neutres. Ils remplacent une idée, un concept ou une expression. C'est-à-dire, il n'y a pas de référent spécifique pour déterminer le genre ou le nombre. L'usage détermine en partie l'emploi de **ceci, cela** et de **ça**, mais en général, **ceci** annonce ce que la personne va dire. **Cela** se réfère à quelque chose dont on a déjà discuté. **Ça** correspond à **cela**, mais s'emploie uniquement dans **la langue parlée.**

> **Ceci** va vraiment t'étonner : La France continue à exercer une forte influence sur des cultures très diverses.
> Vous dites que la France continue à fasciner les sociologues : **cela** (**ça**) ne me surprend pas.

C. Le pronom démonstratif **ce** :

Ce s'emploie comme le sujet du verbe **être** quand **être** est suivi d'un nom ou d'un pronom.

Étudiez les exemples suivants :

> **C'est** cette attitude anti-américaine qui me gêne le plus. (C'est + nom)
> C'est le premier ministre ? Oui, **c'est** lui (C'est + un pronom disjoint)
> Ma mère ? **C'est** une journaliste passionnée. (C'est + une profession modifiée par un adjectif)

Comparaison linguistique

- Quels pronoms démonstratifs emploie-t-on en anglais ?
- Combien de possibilités y a-t-il en anglais? En français ?
- À votre avis, quelle langue est la plus précise ? Pourquoi ?

Remarques : De façon générale, on emploie **c'est** et **ce sont** avec un nom ou un pronom. On utilise un pronom personnel (il, elle, ils, elles) avec **être + un adjectif.**

C'est ma mère. Elle est francophile.

Cependant, on utilise **c'est + un adjectif** pour une exclamation ou pour insister. Généralement, l'adjectif est utilisé seul sans préposition ou conjonction.

C'est incroyable !

Pratiquons

11-7 Dites si c'est **ce, cet, cette,** ou **ces.**

attitude	anticléricalisme	problème	comportement
homme	idées	bilinguisme	condition
affinité	mœurs	peuple	habitudes

11-8 Deux jeunes comparent leurs idées au sujet des stéréotypes français. Complétez avec l'adjectif démonstratif qui convient.

É1 : Avant d'aller en France, j'avais entendu dire que les Français étaient grossiers avec les étrangers. Quand j'y suis allé, j'ai découvert que _____ description ne correspondait pas à la réalité.

É2 : Je suis d'accord en général. _____ portrait du caractère français est exagéré. Pourtant, dans les restaurants, les serveurs peuvent être vraiment impolis. Ils sont brusques et répondent à peine à tes questions. _____ comportement m'a parfois agacé.

É1 : _____ façon de se comporter n'est pas particulière-ment française. C'est comme ça dans toutes les grandes villes. À mon avis, _____ stéréotypes n'avancent pas à grand chose.

11-9 Voici une liste de comparaisons entre des réactions sociales. Remplacez l'adjectif démonstratif par le pronom démonstratif.

Modèle : Vous entendez : **Cette** étude-**ci** est intéressante. **Cette** étude-**là** n'est pas fondée.

Vous écrivez : **Celle-ci** est intéressante. **Celle-là** n'est pas fondée.

1. _____ n'est pas productive. _____ est plus justifiée.

2. _____ est insupportable. _____ est tout à fait acceptable.

3. _____ ne sont que des clichés. _____ me semblent très originales.

4. _____ est assez élitiste. _____ montre de la tolérance.

5. _____ ne sont guère justifiés. _____ sont très justes.

11-10 Français et Américains.

A. Complétez avec le pronom démonstratif qui convient + **de** + article.

1. La fierté des Français est fondée sur leur passé historique mais _____ Américains est basée sur la puissance économique.

2. Le chauvinisme du Français est aussi intense que _____ Américain.

3. Les préjugés des gens reflètent souvent _____ classe politique au pouvoir.

4. Le coq et Marianne sont des icônes de la France. L'aigle et la Statue de la Liberté sont _____ USA.

B. Complétez avec le pronom démonstratif et un relatif.

1. Parmi les divergences culturelles, la religion est sans doute _____ suscite le plus d'incompréhension.

2. Parmi les valeurs de la République, la liberté et la laïcité sont _____ les Français défendent avec le plus de passion.

3. Les Américains se rappellent les combats durant la guerre du Vietnam. Les combats en Algérie sont _____ les Français se souviennent.

4. Voilà un livre pour tous _____ veulent comprendre les différences entre Américains et Français.

5. Le cyclisme est le sport français par excellence. Le baseball est _____ les Américains se passionnent.[2]

C. Complétez avec **ce** + relatif.

1. Les Français ont tendance à admirer tout _____ est intellectuel.

2. Est-ce que tu sais _____ les Américains reprochent aux Français ?

3. Dis-moi _____ il s'agit dans cette querelle.

---

[2] se passionner pour

11-11 Vous assistez à une table ronde sur l'influence de la France dans le monde. Complétez ces déclarations avec un des pronoms démonstratifs suivant : **ce que, celui de, ceux que, ceux-ci, ce dont, celles de, celui-ci, celle des, ceux qui, celui qui.**

1. De tous les pays, la France est _____ tient le plus à son influence mondiale.

2. Pourtant, très souvent, les autres pays écoutent à peine _____ dit la France.

3. Les Français veulent affirmer leur puissance face à _____ États-Unis.

4. Les Français sont très fiers de leurs idéaux et veulent diffuser _____ la Révolution a proclamés : liberté, égalité, fraternité.

5. Les Français accordent beaucoup d'importance à leur langue et _____ ils ont peur c'est de la voir remplacée par l'anglais.

6. La France essaie parfois d'influencer les pays francophones, surtout _____ faisaient partie de son empire colonial.

7. On a l'impression que l'antiaméricanisme français est une réaction à l'hégémonie des États-Unis ; mais _____ a toujours existé.

8. Un des mythes auxquels la France est très attachée est _____ son rayonnement culturel.

9. La France peut avoir un rôle actif dans le monde en promouvant les droits de l'homme ; _____ demandent encore à être défendus.

10. Est-ce que les idées de la France influencent _____ l'Europe ?

11-12 Vous et votre partenaire êtes l'attaché(e) culturel(le) d'un pays francophone et son adjoint(e). On vous a convoqué(e)s pour faire une présentation sur la culture de votre pays à un groupe d'étudiants universitaires. Apportez quelques images ou objets en classe qui sont représentatifs de votre culture et présentez-les. Utilisez des adjectifs et pronoms démonstratifs dans votre présentation pour parler de l'importance culturelle de ces objets et images.

Modèle : Regardez ces deux tapisseries ! Celle-ci date du Moyen Âge et a été faite par des jeunes filles au couvent. Celle-là date du XVIème siècle et vient de Lyon, un grand centre du commerce des tissus de soie.
OU
Regardez ces deux sacs qui se ressemblent. Celui-ci vient de chez Hermès. Celui-là est une imitation bon marché.

11-13 Complétez les phrases avec **ce, cette, ces, celui, ceux, celle, celles, c', ceci, cela,** selon le cas. Ajoutez **-ci** et **-là** lorsque c'est nécessaire.

_____ est mon ami Paul qui m'a parlé de l'identité française, disant que _____ n'est jamais une bonne idée de croire les stéréotypes. Selon lui, _____ stéréotypes sont souvent faux et basés sur des exagérations. À mon avis _____ n'est qu'une attitude politiquement correcte qu'il a adoptée. Il y a toujours de la vérité à la base de _____ stéréotypes. _____ dit, je vais essayer de défendre _____ idée. Par exemple, _____ qui voyagent souvent vont certainement vous dire que chaque nationalité montre certaines caractéristiques plus ou moins prononcées. Si vous comparez un groupe de Françaises à un groupe d'Américaines, vous remarquerez tout de suite que _____ sont moins bien habillées que _____. _____ est parce que la mode est plus importante en France qu'aux États-Unis. Il paraît que la mode fait partie de l'identité française parce qu'elle appartient à une longue tradition. _____ n'est pas le cas aux États-Unis.

Napoléon, icône de la grandeur de la France ▶

Stratégie de recherche

1. On parle souvent de francophilie et de francophobie.

    a. Trouvez sur Internet des dessins francophobes. Analysez-les et présentez-les.

    b. Trouvez un clip sur youtube.com au sujet de la fierté des Français. Analysez-le et présentez-le.

    c. Sur le site TV5 monde (TV5.org). Cliquez sur la rubrique *Découvrir le français*, « Les expressions imagées d'Archibald ». Choisissez-en quelques-unes qui vous amusent et partagez-les avec le reste de la classe.

2. Les régions de France sont très variées. Choisissez une région, par exemple l'Alsace, la Bretagne, le Languedoc, la Provence. Trouvez des images ou des clips et présentez-les. TV5 monde a des documentaires sur les régions dans la rubrique *Langue française*, « Ça bouge en France ».

3. Beaucoup d'auteurs et d'artistes nés dans un pays étranger vivent en France.

    a. Qui est Chahdortt Djavann ? Trouvez un entretien avec elle. De quoi parle-t-elle ? Quels aspects de la France l'intéressent ?

    b. Choisissez un artiste ou un auteur francophone dont vous avez entendu parler. Trouvez une petite séquence cinématographique pour l'introduire. Vous pouvez aller sur youtube.com ou sur TV5 monde sous la rubrique *Apprendre le français* pour en trouver.

◄ **Mont-Saint-Michel**

Souvent, lorsque l'on pense à la France, on pense à ses défauts : arrogance, archaïsme, entêtement[1]. Pourtant, la France est un pays de contrastes et de paradoxes que divers pays voient de façon différente. Attachée à sa grandeur passée, la France est soucieuse de son rang dans le monde. Très consciente de la puissance et prédominance américaine, elle veut encore jouer un rôle international. Elle intervient dans les conflits, en particulier en Afrique francophone, et veut défendre et partager ses idéaux de liberté ou de justice. Rayonner dans le monde reste encore une préoccupation française.

1. Quels défauts attribue-t-on à la France ?
2. Quel paradoxe définit la France?
3. Dans quelles parties du monde la France intervient-elle ?
4. Quels idéaux la France veut-elle partager avec les autres pays ?
5. Décrivez l'obsession de la France encore aujourd'hui.

[1] Des livres portant un jugement sévère sur la France sont régulièrement publiés, par exemple, *La France qui tombe* de Nicolas Baverez (2004), *Le complexe de l'autruche* de Pierre Servent (2011), *Le déni français* de Sophie Pedder (2012). Cette autocritique intellectuelle est typique de la France mais ne reflète pas l'opinion du Français moyen qui, malgré les crises, pensent que l'on vit bien en France (sondage du *Monde*, Juin 2013).

« Comment les étrangers voient la France »

. . . .

le rang *rank*

Aucun grand pays n'est aussi soucieux de son image que l'Hexagone[2]. Ah! le "rang° de la France"! Rarement au cœur des campagnes électorales[3], la politique étrangère, domaine réservé par excellence des présidents, fait peu souvent l'objet d'études d'opinion. Un sondage, réalisé en décembre 2011 auprès de 12012 personnes dans 11 pays par TNS Sofres[4] ... livre quelques enseignements. 5

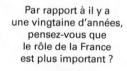

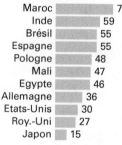
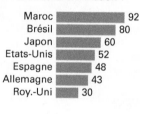

Vous personnellement, diriez-vous que la France est un pays que vous aimez (beaucoup ou assez) ?

Pays	En %
Brésil	82
Pologne	82
Inde	81
Maroc	77
Allemagne	72
Egypte	71
Japon	70
Mali	66
Espagne	66
Etats-Unis	65
Roy.-Uni	54

Par rapport à il y a une vingtaine d'années, pensez-vous que le rôle de la France est plus important ?

Pays	%
Maroc	77
Inde	59
Brésil	55
Espagne	55
Pologne	48
Mali	47
Egypte	46
Allemagne	36
Etats-Unis	30
Roy.-Uni	27
Japon	15

«la France est le pays des droits de l'homme». Vous personnellement, êtes-vous d'accord avec cette affirmation ?

Pays	%
Maroc	92
Brésil	80
Japon	60
Etats-Unis	52
Espagne	48
Allemagne	43
Roy.-Uni	30

[2] La France excelle dans le domaine de la chimie, de la biotechnologie, de la pharmacie, des télécommunications et de l'aéronautique. C'est la cinquième puissance économique.

[3] Il s'agit ici de la dernière élection présidentielle de 2012.

[4] La SOFRES: Institut de sondages qui fait des études de marketing et d'opinions.

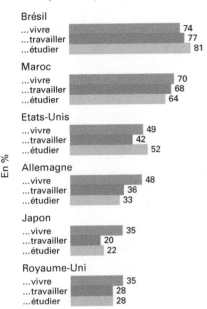

Aimeriez-vous ou auriez-vous aimé
vivre, travailler, étudier... en France ?

Brésil
...vivre 74
...travailler 77
...étudier 81

Maroc
...vivre 70
...travailler 68
...étudier 64

Etats-Unis
...vivre 49
...travailler 42
...étudier 52

Allemagne
...vivre 48
...travailler 36
...étudier 33

Japon
...vivre 35
...travailler 20
...étudier 22

Royaume-Uni
...vivre 35
...travailler 28
...étudier 28

En %

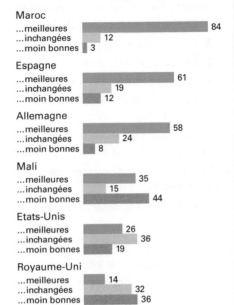

Par rapport à il y a une vingtaine d'années,
diriez-vous que les relations de la France
avec votre pays sont... ?

Maroc
...meilleures 84
...inchangées 12
...moin bonnes 3

Espagne
...meilleures 61
...inchangées 19
...moin bonnes 12

Allemagne
...meilleures 58
...inchangées 24
...moin bonnes 8

Mali
...meilleures 35
...inchangées 15
...moin bonnes 44

Etats-Unis
...meilleures 26
...inchangées 36
...moin bonnes 19

Royaume-Uni
...meilleures 14
...inchangées 32
...moin bonnes 36

Le volontarisme diplomatico-militaire de Paris en 2011 a été remarqué. Intervention en Côte d'Ivoire[5], renversement de Kadhafi en Libye, activisme aux Nations unies contre le régime d'Assad en Syrie: autant d'épisodes qui expliquent sans doute pourquoi, dans tous les pays ouverts à l'enquête, l'opinion juge que le
10 rôle de la France est "plus important" qu'il y a une vingtaine d'années...

Si son poids objectif diminue dans le monde, la France conserve un "soft power" non négligeable. Notre patrimoine culturel, les images du Tour de France, le luxe à la française et les exploits de nos joueurs de football suscitent un mélange de sympathie et d'attraction. La cote d'amour° de la France reste forte, y compris
15 dans des pays lointains qui nous connaissent mal et dont peu de ressortissants° ont visité l'Hexagone (Brésil, Inde).

Toutefois, un certain type d'arrogance française passe mal. Surtout auprès de nos voisins immédiats, ceux qui nous connaissent le mieux. La France, "le pays des droits de l'homme"? Il n'y a pas de majorité chez les Britanniques, les Allemands, les
20 Espagnols pour conforter ce mythe national. Si 48% des Allemands aimeraient "vivre en France", seuls 36% d'entre eux voudraient y "travailler".

Outre-Manche, la francophobie reste une valeur sûre. Seulement 56% des Britanniques disent "aimer beaucoup ou assez" la France. Un paradoxe si l'on considère que notre pays est leur destination touristique favorite. A contrario,
25 ils sont 36% à "ne pas aimer la France" et 1 Britannique sur 2 (49%) juge "mauvaises" les relations entre Paris et Londres ... Quatre mois seulement après la fraternité d'armes franco-britannique qui a conduit à la chute de Kadhafi... Soit les sujets° d'Elisabeth II ont la mémoire courte, soit - c'est le plus probable - le capital de détestation de la France, nourri par l'Histoire, la culture populaire et la
30 psychologie insulaire, reste intact.

Jean-Michel Demetz, *L'Express*

la cote d'amour *popularity rating*
un ressortissant a *national*

un sujet *subject*

---

5 En 2011, sous le mandat de l' ONU, la France est intervenue dans le conflit ivoirien entre les forces du président Ouattara et celles de son prédécesseur Laurent Gbagbo.

Travaillons avec la langue

Expliquez les phrases ou expressions suivantes.
1. La France est soucieuse de son rang.
2. Le volontarisme diplomatico-militaire de Paris.
3. La cote d'amour de la France reste forte
4. La francophobie reste une valeur sûre.
5. Le capital de détestation de la France.

Vérifions notre compréhension du texte

Dites si ces déclarations sont justes. Expliquez en vous référant aux passages spécifiques du texte.
1. Paris veut intervenir dans le monde.
2. Les Français sont intervenus dans la chute de Kadhafi.
3. Les étrangers pensent que la France n'a aucun rôle a joué dans le monde.
4. Les étrangers sont toujours fascinés par la culture française.
5. Le tourisme diminue en France.
6. L'arrogance française est difficilement acceptée, surtout chez les Britanniques.
7. La plupart des Allemands aimeraient travailler en France.
8. Les Anglais sont francophiles.

Discutons ensemble

1. Regardez le premier diagramme, quels sont les pays qui aiment la France ? Quel pays vient en dernier ? Pourquoi, à votre avis ?
2. Que veut dire l'expression : « La France est le pays des droits de l'homme » ? Qui est d'accord avec cette idée ? Qui n'est pas d'accord ?
3. Pourquoi les Marocains pensent-ils que le rôle de la France est plus important aujourd'hui ? Pourquoi les Allemands, les Américains, les Britanniques et les Japonais pensent le contraire ?
4. Quels sont les trois pays qui n'aimeraient pas travailler ou vivre en France ? Pourquoi, à votre avis ?
5. Les Allemands pensent que les relations avec la France sont relativement bonnes. Les Anglais croient que les relations avec la France sont moins cordiales? Est-ce paradoxal ?
6. Les Français interviennent dans la politique d'autres pays, en Afrique, au Moyen-Orient pour défendre les droits humains. Et votre pays intervient-il aussi ? Pensez-vous que les pays aient le droit d'intervenir dans la politique intérieure des autres pays ? Donnez des exemples.
7. Lorsque les touristes évoquent la France, ils pensent aux images traditionnelles. Lesquelles ? Connaissez-vous d'autres images de la France ?
8. Quel est le grand défaut des Français ? Pourquoi attribue-t-on ce défaut aux Français ? Expliquez d'où vient l'arrogance française ?
9. Qu'est-ce que la francophobie ? Connaissez-vous des gens francophobes ? Que reprochent-ils aux Français ? Faites une recherche sur Internet pour trouver des sites francophobes. Essayez d'établir une liste des attaques faites par les francophobes. Sur quoi se basent les plaisanteries et les railleries (moqueries) ?

10. Maintenant faites des recherches sur l'anti-américanisme (français ou autre). Comparez la francophobie anglo-saxonne et l'anti-américanisme. Ont-ils la même origine ? Ont-ils les mêmes fondements ? Ont-ils les mêmes mécanismes ?

Dialogue pratique

Gloria et Bill discutent de la France.

Bill : Les Français m'énervent. Ils sont tous arrogants. Ils se croient toujours supérieurs et veulent constamment donner leurs opinions sur tous les sujets.

Gloria : Je vois ce que tu veux dire mais au moins ils sont passionnés. On ne s'ennuie pas à table. En France, les discussions politiques sont toujours très animées.

Bill : Mais il n'empêche que tout le monde reconnaît la suffisance des Français.

Gloria : Tu exagères un peu, non ? Est-ce que tu crois que les Français sont plus chauvins que les Américains ?

Bill : Évidemment, ils sont fiers de leur passé, se croient aussi puissants qu'au XVIIIème siècle et veulent faire la leçon à tous. J'avoue que cette prétention est difficilement supportable.

Sur le même modèle, vous discutez avec un(e) camarade un peu francophobe de la France et des Français. Vous, vous adorez la France même si quelquefois l'attitude française vous paraît incompréhensible. Vous pouvez incorporer dans votre dialogue des stéréotypes sur les Français que vous connaissez et les expressions suivantes utiles pour contredire quelqu'un :

> J'avoue que …
> Je ne suis pas d'accord.
> Je vois ce que tu veux dire, mais il faut tenir compte de …
> Il faut considérer cette situation du point de vue de …
> Il faut voir tout cela dans une autre optique …
> Considérons/Évaluons cette situation à la lumière de …

◄ Une rue de Bordeaux.
Quel temps fait-il?

Le pronom personnel **il** s'emploie fréquemment en français dans des expressions souvent idiomatiques dont le sujet réel est vague ou suit le verbe **être**. On peut grouper les expressions impersonnelles selon plusieurs catégories :

1 La météorologie

Il fait beau/bon/mauvais.

Il fait chaud/froid/humide/sec.

Il fait de l'orage.

Il fait du soleil.

Il fait du vent.

Il gèle.

Il neige.

Il pleut.

Il y a du brouillard.

2 Il + être + adjectif + **de/que**

Il impersonnel s'emploie avec le verbe **être** + **adjectif** suivi de **de** + **infinitif** ou de **que** + **proposition**. L'infinitif ou la proposition avec **que** est le sujet réel de l'expression impersonnelle. Rappelez-vous que quand il n'y a pas de sujet spécifique, on emploie l'infinitif, qui devient en fait le sujet de la phrase. Quand l'expression impersonnelle exprime **le doute, la nécessité, l'obligation, l'opinion,** ou **la possibilité**, le verbe de la proposition subordonnée est au subjonctif. Révisez les règles sur l'emploi du subjonctif et de l'indicatif après une expression impersonnelle dans le chapitre 7.

Exemples comparatifs :

Il est nécessaire que tu comprennes que ses idées viennent de ses expériences personnelles. (subjonctif)

Il est nécessaire d'essayer de comprendre le comportement des gens d'une culture différente. (infinitif)

Il est possible que certains Français soient arrogants. (subjonctif)

Il est possible de s'intégrer à une nouvelle culture. (infinitif)

Il est probable que ce candidat gagnera l'élection. (indicatif)

Remarque : Seule la forme « il est probable **que** » existe

3 Il impersonnel dans des expressions idiomatiques

Les expressions impersonnelles suivantes ont un sens idiomatique :

A. **Il est** sens temporel :

Il est temps de partir.

Il est trois heures.

Il est déjà tôt.

B. **Il était une fois** est une expression idiomatique employée dans des contes.

Par exemple, le conte « Le Petit chaperon rouge » commence de la façon suivante :
Il était une fois une petite fille du village … (Charles Perrault)

C. **Il est** peut remplacer l'expression impersonnelle **il y a** dans un texte formel ou littéraire.

Par exemple, un vers du poème « Correspondances » de Charles Baudelaire dit, « Il est des parfums frais comme des chairs d'enfants ». Dans la langue courante, ce serait « Il y a des parfums frais … »

D. **Il s'agit de** est une expression impersonnelle qui indique le sujet de la discussion qui s'ensuivra. **Il est question de** est synonyme de **il s'agit de** :

Dans cet article, il s'agit des différences culturelles entre la France et les États-Unis.
Pour bien comprendre l'indépendance française, il s'agit d'étudier l'histoire de la Révolution française …
Dans ce livre, il est question de la fierté nationale française.

E. **Il arrive que** annonce ce qui se passe ou une possibilité. L'expression exige le subjonctif :

Il arrive que les Français puissent sembler chauvins, mais il faut comprendre que ce sentiment vient de leur fierté nationale.

F. **Il convient de/que** s'emploie pour exprimer ce qui est approprié ou acceptable. **Il convient que** exige le subjonctif :

Quand on visite un autre pays, il convient de s'adapter aux mœurs de ce pays.
Quand on vous invite à dîner, il convient que vous mangiez tout ce que l'on vous sert, même si vous n'avez jamais essayé un tel plat auparavant.

G. **Il va sans dire** et **il va de soi** sont synonymes et indiquent que le sujet de la discussion est évident :

Il va de soi/Il va sans dire que chaque pays a sa propre culture.

Pratiquons

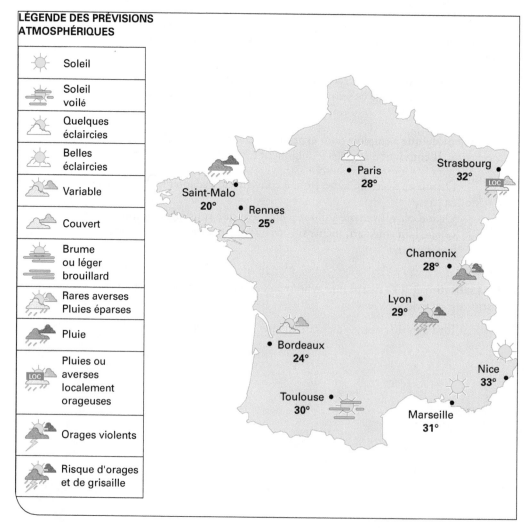

LÉGENDE DES PRÉVISIONS ATMOSPHÉRIQUES

Soleil

Soleil voilé

Quelques éclaircies

Belles éclaircies

Variable

Couvert

Brume ou léger brouillard

Rares averses Pluies éparses

Pluie

Pluies ou averses localement orageuses

Orages violents

Risque d'orages et de grisaille

Strasbourg 32°

Paris 28°

Saint-Malo 20°

Rennes 25°

Chamonix 28°

Lyon 29°

Bordeaux 24°

Nice 33°

Toulouse 30°

Marseille 31°

11-14 La météo. Regardez la carte et sa légende. Dites quel temps il fait.

Modèle : À Paris ? À Paris il fait frais et il fait du vent.

1. À Bordeaux ?
2. À Nice ?
3. À Paris ?
4. À Rennes ?
5. À Toulouse ?

6. À Marseille ?
7. À Lyon ?
8. À Chamonix ?
9. À Strasbourg ?
10. À Saint-Malo ?

11-15 Vous êtes à un cocktail où vous faites la connaissance de quelqu'un. Vous ne savez pas de quoi parler, alors vous parlez du temps qu'il fait chez vous dans toutes les saisons et vous posez des questions sur le temps chez votre nouvel(le) ami(e).

11-16 La France aujourd'hui. Voilà plusieurs phrases décrivant la France. Écrivez, dans chaque phrase, l'expression impersonnelle et le verbe que vous entendez.

1. Il _____ l'anti-américanisme _____ prévalent en France.
2. Il _____ les Français _____ de modestie.
3. Il _____ _____ les valeurs de la République.
4. Il _____ les Français _____ une autre opinion d'eux-mêmes que les étrangers.
5. En France, aujourd'hui, _____ _____ l'identité nationale.
6. Il _____ chaque citoyen français _____ accepter les principes de la République.
7. Il _____ la France _____ en pleine mutation.
8. Il _____ _____ que la France attire toujours beaucoup d'immigrés.

11-17 Vous discutez de l'entente entre pays de cultures différentes. Finissez les phrases suivantes.

1. Il est important de ….
2. Il est essentiel que …
3. Il convient de …
4. Il convient que …
5. Il arrive que …

6. Il est possible que …
7. Il est probable que …
8. Il faut que …
9. Il va de soi que …
10. Il s'agit de …

11-18 Complétez avec l'expression impersonnelle qui convient. Choisissez une expression impersonnelle de la liste suivante. Plusieurs solutions sont possibles.

il est possible	il ne convient pas	il est clair	il va de soi
il est temps	il est nécessaire	il s'agit	il est difficile
il est impossible	il arrive	il faut	

_____ que tous ceux qui s'intéressent à la France lise le livre d'Adam Gopnik *Paris to the Moon*. Dans ce livre, _____ d'un journaliste qui quitte New York pour aller vivre à Paris avec sa femme et son fils. Selon le journaliste, _____ de connaître la culture d'un pays seulement si l'on y vit. Au début de son séjour, _____ que l'auteur juge les Parisiens selon certains stéréotypes positifs. Pour lui, la culture française est supérieure à la culture américaine, et il tient à ce que son fils soit exposé à la culture française. Alors, c'est surtout à cause de son enfant qu'il fait l'effort de s'adapter aux coutumes françaises. Par exemple, selon le journaliste, les enfants français regardent la télévision moins que les enfants américains. Pour lui, _____ qu'un enfant passe des heures devant la télévision à regarder des émissions stupides. _____ qu'un enfant ait des expériences variées dans la vie et qu'il soit exposé à au moins deux cultures différentes. Alors _____ que l'auteur, sa femme, et son enfant décident de visiter autant de cirques, d'expositions et de concerts que possible pendant leur séjour à Paris. Mais, malgré tous ses efforts pour élever son enfant dans un milieu français, l'auteur apprend qu' _____ d'éliminer complètement l'influence américaine de la vie de son enfant. Un jour, le journaliste est horrifié de trouver son fils devant la télévision en train de regarder l'émission « Barney », qu'il déteste. De cet incident, le journaliste apprend une bonne leçon sur la puissance de la culture natale. _____ qu'on puisse sortir un enfant de sa culture natale, mais _____ de sortir la culture natale de l'enfant. Quand _____ que le journaliste et sa famille quittent Paris, c'est avec regret mais aussi avec une plus grande appréciation réaliste de la culture française.

Enfants devant le grand bassin au Jardin du Luxembourg ▶

Chahdortt Djavann

Chahdortt Djavann naît en Iran en 1967. Elle immigre en France en 1993, mais sans bien parler français. Djavann apprend le français par elle-même et s'inscrit à l'université. Sensible aux difficultés d'apprendre une langue seconde, elle commence une thèse de doctorat sur des auteurs qui choisissent d'écrire en langue étrangère. Ses propres expériences en tant que nouvelle immigrée à Paris figurent dans le roman *Comment peut-on être français* (2006) dont vous allez lire un extrait. Djavann publie régulièrement des articles dans *Le Monde*, *Le Figaro*, et *Le Journal du Dimanche*. Elle écrit principalement sur la vie d'oppression qu'elle a subie en Iran. Parmi ses autres œuvres, il faut mentionner: *Je viens d'ailleurs* (2002), *Bas les voiles !* (2003), *À mon corps défendant, l'Occident* (2007), *Je ne suis pas celle que je suis* (2011), et *La Dernière Séance* (2013). En 2003, elle reçoit Le Prix de la Laïcité et en 2004, devient Chevalier des arts et des lettres.

Stratégie de lecture

La personne pour qui on écrit a une grande influence sur la façon dont on écrit. Par exemple, dans un journal intime, l'auteur écrit pour lui-même et est beaucoup plus libre d'exprimer ses pensées, même ses pensées ridicules. Quand on écrit un rapport pour son patron, il faut présenter exactement les faits, et si l'on incorpore ses propres idées, on doit le faire de façon objective. En même temps, il faut aussi tenir compte de la personnalité du patron. Quand un auteur écrit un roman ou un conte, il écrit pour beaucoup de lecteurs anonymes. Néanmoins, l'auteur a une certaine conception des gens qui vont le lire, et il écrit selon son idée générale du lecteur. Quand on écrit une lettre à un ami, on sait très bien à qui on écrit, et on connaît bien la personne. On peut même parfois prédire ses réactions à la lettre. Cette connaissance influence énormément le contenu de la lettre et également ce qu'on y omet.

Stratégie de prélecture

Choisissez un partenaire de la classe de français et écrivez-lui une lettre au sujet de quelque chose qui s'est passé en cours. Maintenant, utilisez le même événement, et écrivez une lettre au doyen ou au président de l'université. Comparez les deux lettres. Quelles différences de **ton**, de **voix**, de **vocabulaire** et de **style** remarquez-vous ?

....

Le texte suivant est une des lettres que Roxane, la narratrice du roman de Djavann *Comment peut-on être français ?* écrit à un **destinataire imaginaire**[1], Charles de Montesquieu, le célèbre philosophe du 18e siècle, auteur des *Lettres persanes*[2] et de *De l'esprit des lois*. Roxane a immigré à Paris où elle ne connaît personne. Comme elle ne parle pas bien français, elle ne peut obtenir que de petits emplois temporaires mal payés. Après avoir essayé plusieurs méthodes pour améliorer son peu de français – cours, enregistrements, lecture, radio – Roxane décide de le pratiquer en écrivant des lettres. Lorsque vous lisez la lettre de Roxane, soyez sensible à l'influence du destinataire sur ce que Roxane écrit et comment elle écrit. Après avoir lu sa lettre, lisez la lettre 30 des *Lettres persanes* ci-incluse. Comparez-les deux lettres.

---

[1] un destinataire est une personne à qui on écrit.
[2] Persan, c'est-à-dire originaire de la Perse, aujourd'hui l'Iran.

Lettre XI
Monsieur Charles de Montesquieu
7 rue Chateaubriand°, 75008 Paris.

Cher Montesquieu,

....

Je vous disais, il y a quelque temps, le plaisir, que dis-je ? le bonheur que 5
m'avaient inspiré mes premiers pas° dans Paris. L'air que j'ai respiré ici me
manquerait trop si - ce qu'à Dieu ne plaise, quel que soit ce Dieu - je devais un
jour retourner d'où je viens ou m'installer dans quelque contrée du même acabit°.
J'y étoufferais°, j'y mourrais. Mon cœur est à Paris. C'est à Paris que je peux vivre.
C'est à Paris que je veux vivre. 10

Mais que la vie est difficile aussi à Paris ! Et que l'on peut s'y sentir seule tant
que le hasard d'une rencontre ou quelque heureuse circonstance ne vous donne pas
l'occasion de nouer une relation°. Encore ce nœud° est-il souvent fragile et risque-
t-il de se défaire au moindre choc, peu serré° qu'il était et plus fait pour enjoliver°
que pour attacher vraiment. 15

J'ai occupé de multiples emplois. En un an, je suis devenue spécialiste des
travaux temporaires. Je ne me plains pas de l'économie, j'arrive à vivre et, après
quelques formalités, j'ai pu bénéficier d'une aide sociale : l'allocation logement°. Je
ne prétends° pas que le système social soit parfait en ce pays, mais je serais ingrate
de dénoncer ses insuffisances, moi qui viens d'un pays où aucune protection 20
sociale n'existe. D'autres s'en chargent, et c'est fort bien ainsi puisque le droit de
critiquer est assurément la condition du progrès. Il suffit, pour s'en convaincre, de
constater la stagnation des États où il ne s'exerce pas.

Je me plains moins du manque d'argent, bien que j'en gagne très peu, que de
la solitude. Pour pleins de bonnes intentions qu'ils soient, beaucoup de Français 25
manquent d'attention et vous pouvez dépérir° à côté d'eux, vous consumer à petit
feu° et glisser insensiblement à la dernière extrémité° sans qu'ils s'en aperçoivent, vous
gratifiant imperturbablement le matin d'un «ça va ? » sans curiosité et le soir d'un
« salut ! » sans attente, trop préoccupés d'eux-mêmes ou trop accablés° de soucis°.

Peut-être suis-je injuste, mais il est vrai que les Français vivent trop vite, 30
occupés qu'ils sont soit° à courir en tous sens pour trouver un travail, soit°
lorsqu'ils en ont trouvé un, à faire le long trajet° qui les y conduit chaque matin et
les en ramène chaque soir. Sans compter qu'avant de rentrer chez eux, ils doivent

François-René de Chateaubriand,
auteur des *Mémoires d'Outre-
Tombe* (1848)

un pas *a step*

une contrée du même acabit
(connotation péjorative) *a
country or region of that type*

étouffer *to suffocate*

nouer une relation *to start a
relationship*

un nœud *a knot, a bond*

serré *tight*

enjoliver *to adorn, to embellish*

une allocation logement *housing
subsidy*

prétendre *to claim*

encore faire leurs courses au supermarché. Ils sont avides° de tout, de voyages, de voitures, de restaurants, de spectacles et, lorsque leurs moyens financiers ne leur permettent pas d'acquérir ce dont ils rêvent, ils se contentent d'en rêver en regardant fort tard la télévision, et qu'importe si la journée qui s'annonce doit être aussi épuisante° que celle qu'ils viennent de vivre ! Il faut toujours participer à quelque chose ou du moins faire semblant, et à la longue ça devient épuisant.

Allez vous étonner, après cela, que certains Français soient déprimés et trop soucieux pour prêter attention aux autres et que les meilleurs d'entre eux soient toujours disposés à sacrifier un peu d'argent aux nobles causes et aux grandes misères° pourvu qu'elles demeurent lointaines!

Bien fatiguée et même déprimée, Roxane[3].

PS: Je suis heureuse d'imaginer que vous pensez à moi. Je vous remercie de toute l'attention que vous me portez.

[3] Roxane: prénom d'origine persane (brillante comme l'aurore)

« Lettres persanes, Lettre 30 »

Dans son roman épistolaire, *Les Lettres persanes*, Montesquieu invente deux personnages, Ibben et Rica, qui visitent Paris et font des commentaires sur tout ce qu'ils y découvrent: les Parisiens eux-mêmes, les mœurs françaises, le gouvernement, le système politique, les injustices[4].

Rica à Ibben

. . . .

Les habitants de Paris sont d'une curiosité qui va jusqu'à l'extravagance. Lorsque j'arrivai, je fus regardé comme si j'avais été envoyé du ciel : vieillards, hommes, femmes, enfants, tous voulaient me voir. Si je sortais, tout le monde se mettait aux fenêtres ; si j'étais aux Tuileries, je voyais aussitôt un cercle se former autour de moi ; les femmes mêmes faisaient un arc-en-ciel nuancé de mille couleurs, qui m'entourait. Si j'étais aux spectacles, je voyais aussitôt cent lorgnettes° dressées contre ma figure : enfin jamais homme n'a tant° été vu que moi. Je souriais quelquefois d'entendre des gens qui n'étaient presque jamais sortis de leur chambre, qui disaient entre eux : Il faut avouer° qu'il a l'air bien persan. Chose admirable ! Je trouvais de mes portraits partout ; je me voyais multiplié dans toutes les boutiques, sur toutes les cheminées : tant on craignait de ne m'avoir pas assez vu.

Tant d'honneurs ne laissent pas d'être à la charge : je ne me croyais pas un homme si curieux et si rare ; et quoique j'aie très bonne opinion de moi, je ne me serais jamais imaginé que je dusse° troubler le repos d'une grande ville où je n'étais point connu. Cela me fit résoudre à quitter l'habit persan, et à en endosser° un à l'européenne, pour voir s'il resterait encore dans ma physionomie quelque chose d'admirable. Cet essai me fit connaître ce que je valais réellement. Libre de tous les ornements étrangers, je me vis apprécié au plus juste. J'eus sujet de me plaindre de mon tailleur, qui m'avait fait perdre en un instant l'attention et l'estime publique ; car j'entrai tout à coup dans un néant° affreux. Je demeurais quelquefois une heure dans une compagnie sans qu'on m'eût regardé, et qu'on m'eût mis en occasion d'ouvrir la bouche ; mais, si quelqu'un par hasard apprenait à la compagnie que j'étais Persan, j'entendais aussitôt autour de moi un bourdonnement° : « Ah ! ah ! monsieur est Persan ? C'est une chose bien extraordinaire ! Comment peut-on être Persan ? »

À Paris, le 6 de la lune de Chalval, 1712.

[4] Vous avez lu un extrait des *Lettres persanes* dans le chapitre 4

Glossary (right margin):

dépérir *to perish*

se consumer à petit feu *to waste away little by little (literally to simmer away)*

glisser insensiblement à la dernière extrémité *to slip into death (literally to slide senselessly into the outer limits)*

accablé *overwhelmed*

souci *worry*

soit ... soit *either ... or*

trajet *journey*

avide *eager, greedy*

épuisant *exhausting*

les grande misères *huge miseries, upsets, tragedies*

des lorgnettes *opera glasses*

tant *so much*

avouer *to admit*

ne manquent pas *d'exagération*

dusse *verbe devoir*

endosser *mettre*

néant *nothingness*

bourdonnement *hum, murmur*

Vérifions notre compréhension du texte

 Répondez aux questions suivantes et justifiez vos réponses.

1. À qui Roxane écrit-elle ? Qui est-ce ?

2. Où envoie-t-elle la lettre ? Qui était Chateaubriand ? Pourquoi a-t-elle choisi ce nom de rue ?

3. Décrivez les sentiments de Roxane quand elle est arrivée à Paris.

4. Comment ses sentiments ont-ils évolué ? Pourquoi est-elle attachée à Paris?

5. Expliquez la phrase : « ce qu'à Dieu ne plaise, quel que soit ce Dieu ».

6. Pourquoi la vie est-elle difficile à Paris ?

7. Qu'est-ce qui est plus difficile à Paris ? La pauvreté ou la solitude ?

8. Que fait Roxane pour gagner sa vie ?

9. Que pense-t-elle de l'aide sociale ?

10. Qu'est-ce que Roxane pense des Français ? Décrivez les relations sociales à Paris.

11. Selon Roxane, quelles sont les préoccupations principales des Français ? Décrivez leur vie quotidienne.

12. Expliquez le paradoxe du dernier paragraphe et la critique que fait Roxane des Français.

Approfondissons notre compréhension du texte

 En petits groupes de trois à cinq personnes, discutez des questions suivantes. Soyez prêts à présenter vos idées au reste de la classe.

1. Pourquoi Roxane écrit-elle à Montesquieu, un auteur mort ? Pourquoi n'écrit-elle pas dans un journal intime ? Pourquoi a-t-elle besoin d'un destinataire spécifique, même un destinataire mort il y a longtemps ?

2. La lettre de Montesquieu place-t-elle celle de Roxane sous une nouvelle optique ? En quoi ces deux lettres se ressemblent-elles et en quoi diffèrent-elles?

3. La vie de Roxane à Paris est dure. Elle n'a pas beaucoup d'amis et elle est pauvre. Alors pourquoi dit-elle que c'est à Paris qu'elle peut vivre et qu'elle veut vivre? Expliquez cette contradiction.

4. Roxane vient d'Iran, un pays musulman, et elle vit en France, un pays avec une longue tradition catholique, mais qui tient fermement aux principes de la laïcité. Dans le premier paragraphe, Roxane espère ne jamais plus avoir à vivre dans un pays tel que l'Iran, en s'exclamant «...ce qu'à Dieu ne plaise, quel que soit ce Dieu». Qu'est-ce que cette citation révèle sur les idées religieuses de Roxane ?

5. Selon Roxane, comment les Francais se comportent-ils avec les autres personnes? Quelles explications trouvez-vous pour expliquer un tel comportement? Est-ce un phénomène des grandes villes?

6. À votre avis, pourquoi les Français doivent-ils toujours participer à quelque chose ou du moins faire semblant de le faire ? Avez-vous observé la même chose à l'école ? Au lycée ? À l'université ? Qu'est-ce qui explique ce besoin ?

7. Est-ce que vous écrivez dans un journal intime ? Quelle est l'importance d'un journal intime ? Est-ce que vous écririez différemment si vous écriviez à une autre personne, même une personne imaginaire ?

Discutons ensemble

 En petits groupes, discutez des questions suivantes :

1. Dans le sondage, des gens de plusieurs nationalités aimeraient vivre en France. Roxane dit aussi la même chose, bien que sa vie soit difficile. Comment expliquez-vous ce désir de vivre en France ? Y a-t-il un rapport entre la nationalité et le désir de vivre en France ?

2. Roxane parle de l'importance du système de protection sociale d'un pays. À votre avis, pourquoi un système d'aide sociale est-il important ? Roxane suggère pourtant que le système français n'est pas parfait. Est-ce qu'un système parfait est possible ? Décrivez ses qualités principales ?

3. Selon Roxane, il est difficile de nouer une relation avec les Parisiens et les relations restent distantes. Cependant, les Français disent plus ou moins la même chose des Américains et que les relations avec eux sont cordiales mais demeurent superficielles. Selon les Français, entamer une relation avec un Américain est facile, mais souvent les rapports manquent de profondeur. Qu'en pensez-vous? Est-ce qu'une nationalité est plus accueillante qu'une autre ? Est-ce que les relations sont plus profondes, moins profondes selon la nationalité des gens ? Qu'est-ce qui pourrait expliquer la nature des relations ?

4. À la fin de sa lettre, Roxane dit que les Français sont prêts à contribuer «aux causes nobles et aux grandes misères pourvu qu'elles demeurent lointaines». Expliquez ce commentaire ? Est-il plus facile d'envoyer de l'aide à un pays pauvre ou aux gens victimes d'un grand désastre que d'aider son propre voisin ? Pourquoi ou pourquoi pas ? Roxane a-t-elle raison ? Pouvez-vous penser à des exemples de bénévolat dans votre ville ? Pouvez-vous penser à des exemples où les voisins s'entraident à la suite d'un désastre ?

◄ McDonald's à Paris

Faire causatif et les verbes de perception laisser, entendre, voir, etc.

1 **Faire** causatif

La structure **faire** + **infinitif** indique que l'action est provoquée par le sujet du verbe **faire** mais que l'action est exécutée par quelqu'un ou quelque chose d'autre, signalé par **à** ou **par.**

> Paul a écrit le rapport hier soir.
> Paul a fait écrire le rapport à Marie.

Dans la phrase, « Paul a écrit le rapport hier soir », c'est Paul qui a lui-même produit son propre rapport. Mais dans la phrase, « Paul a fait écrire le rapport à Marie », c'est Marie qui écrit le rapport, une tâche qui lui a été imposée par Paul.

On peut souvent employer le **faire causatif** à la forme pronominale.

> Elsa **s'est fait expliquer** la position française par le journaliste.
> Il **s'est fait critiquer** par les autres ministres à cause de son arrogance.

Quand on remplace l'objet direct et l'agent par des pronoms, il faut faire attention au rôle grammatical de chacun.

> Le diplomate fait partir **les journalistes.**
> Le diplomate **les** fait partir.
> Le professeur fait analyser **la politique** aux étudiants.
> Le professeur **la** fait analyser **aux étudiants.**
> Le professeur **la leur** fait analyser.

Comparaison linguistique

- Quel verbe est-ce qu'on utilise en anglais pour exprimer la même idée que le **faire causatif** en français ?
- Est-ce qu'on emploie toujours une préposition ? Laquelle ?
- Pensez à la traduction en anglais de « Je me suis fait expliquer ce rapport » et de « Le ministre a fait écrire un rapport à son secrétaire ». Qu'est-ce que vous remarquez ?

Précisions

Comme l'indique l'exemple « Paul a fait écrire le rapport à Marie », la personne qui exécute l'action est l'objet indirect de la phrase, indiqué par **à.** Cependant, dans un cas ambigu, on peut remplacer **à** par **par.** Étudiez l'exemple suivant :

> Le ministre a fait envoyer le rapport au diplomate.

Cette phrase est ambiguë. Est-ce que le rapport est adressé au diplomate ou est-ce que le ministre a demandé au diplomate de transmettre un rapport ?

Remarque : On qu'on ne fait jamais l'accord du participe passé avec le **faire causatif.**

> L'écrivain a fait publier **ses romans** par une maison d'édition canadienne.
> L'écrivain **les** a fait publier par une maison d'édition canadienne.

2 Les verbes de perception laisser, entendre, voir, etc.

Comparaison linguistique

- Quel est l'équivalent des verbes de perception + infinitif en anglais ?
- Pour rendre les expressions idiomatiques **entendre parler de** et **entendre dire que** en anglais, est-ce qu'on est obligé de traduire toute l'expression ? Qu'est-ce qu'on omet en anglais ?
- Quelle différence remarquez-vous entre **entendre parler de** et **entendre dire que** ?

Les verbes de perception comme **écouter, entendre, regarder, sentir** et **voir** suivis d'un infinitif se traduisent en anglais par un participe présent. **Laisser + infinitif** est synonyme de **permettre**. Étudiez les phrases suivantes :

> Nous entendons des Américains parler trop fort dans le métro.
> Paul écoutait souvent ce diplomate parler de ses réformes.
> Elle a vu des Français manifester contre « le mariage pour tous ».
> Les étudiants n'ont pas laissé le ministre expliquer la nouvelle loi. Ils l'ont hué°.

Il y a plusieurs emplois idiomatiques des verbes de perception :

1. **Faire tomber** et **laisser tomber** sont des quasi synonymes.

   > J'ai laissé/fait tomber le vase de ma grand-mère. C'était un accident que je regrette énormément.
   > En arrivant, le journaliste a laissé tomber son stylo.

   Remarque : « Laisser tomber » peut aussi avoir le sens d'abandonner ou de permettre (langue parlée).

2. **Entendre dire que** et **entendre parler de** s'emploient quand on ne peut pas attribuer le message entendu à quelqu'un de spécifique. Étudiez les exemples suivants :

   > Avez-vous jamais entendu parler de Chahdortt Djavann ?
   > Oui, j'ai entendu parler d'elle.
   > J'ai entendu dire que Chahdortt Djavann est un auteur original et intéressant.

booed him

Pratiquons

11-19 Chris vient d'arriver en France. Monique lui fait des suggestions. Utilisez le **faire** causatif.

Modèle : Vous entendez :   Il n'y a pas de téléphone dans ma chambre. (installer)
              Vous écrivez :   **Fais-toi** installer un téléphone.

1. Quelquefois je ne comprends pas la phrase que j'entends. (répéter) _____ la phrase.

2. Je ne comprends rien à la politique. (expliquer) _____ la politique.

3. Mon camarade et moi devrons utiliser le métro. (faire une carte de métro) _____ une carte de métro.

4. Les Français sont toujours moroses. (sourire) _____.

5. Mes amis et moi voulons acheter des fleurs pour une hôtesse (envoyer) _____ les fleurs à l'avance.

11-20 Faites des phrases causatives à partir des fragments de phrases suivants. Mettez le verbe **faire** au temps indiqué entre parenthèses.

Modèle: Je / se faire expliquer le laïcisme / le professeur. (passé composé)
Je me suis fait expliquer le laïcisme par le professeur.

1. Il / publier / son livre sur l'anti-américanisme / en France. (passé composé)
2. Le journaliste / venir / un diplomate canadien. (passé composé)
3. L'intervieweur / le / parler / de l'avenir des relations franco-canadiennes. (passé composé)
4. Notre professeur / nous / discuter / de l'élitisme français. (présent)
5. Il / nous / lire / les articles difficiles deux fois avant d'en parler. (futur)
6. Le professeur / faire / un exposé sur les singularités de la France / chaque étudiant. (futur)
7. La France / souhaiter / respecter / sa souveraineté. (présent)
8. Le professeur / analyser / les stéréotypes français et américains / les étudiants. (passé composé)
9. Il / nous / voir / des films dans lesquels il y a beaucoup de stéréotypes ethniques. (passé composé)
10. Le politicien / analyser / la situation / un groupe de spécialistes. (présent)

11-21 Quand vous étiez plus jeune … Avec votre partenaire, posez les questions suivantes et répondez-y.

1. Quand vous étiez petit(e), est-ce que les instituteurs vous faisaient chanter l'hymne national ?
2. Quelle langue vos parents vous ont-ils fait étudier au lycée ? Pourquoi ?
3. Qu'est-ce que vos parents vous faisaient faire à la maison ?
4. Est-ce que vos parents devaient vous faire faire vos devoirs ou est-ce que vous les faisiez vous-même sans qu'ils vous le disent ?
5. Est-ce que vos parents vous faisaient écrire des lettres de remerciement quand vous receviez un cadeau ?

11-22 Répondez aux questions suivantes avec un verbe de perception : **écouter, entendre, regarder, sentir** et **voir** ou **laisser**.

1. De quels écrivains français ou francophones avez-vous entendu parler ?
2. Avez-vous jamais entendu chanter les Canadiennes Avril Lavigne ou Céline Dion ?
3. À votre avis, quand un gouvernement laisse-t-il tomber ses immigrés ?
4. Avez-vous jamais entendu parler de Chahdortt Djavann avant de lire ce chapitre ?
5. Avez-vous jamais entendu dire que les Français/les Américains sont arrogants ?
6. De quels stéréotypes français avez-vous entendu parler ?
7. De quels stéréotypes américains avez-vous entendu parler ?
8. Avez-vous jamais vu Gérard Depardieu jouer dans un film américain ? Un film français ? Lesquels ?
9. Avez-vous jamais vu un Américain se comporter de façon impolie ? Quelles étaient les circonstances ?
10. Avez-vous jamais fait tomber un objet fragile et cher ? Décrivez ce qui s'est passé.

Stratégie d'écriture : L'essai dialectique

Pour toute analyse (textes, films, œuvres d'art, etc.), plusieurs interprétations sont possibles. Pour cette raison quand on écrit un essai académique, il est important de tenir compte des arguments qui peuvent s'opposer au sien. Si on reconnaît les interprétations contraires d'une question, on peut mieux structurer son argument pour les réfuter.

L'essai dialectique est structuré de façon à tenir compte d'arguments opposés. Après l'introduction, dans laquelle on annonce la problématique (voir chapitres. 1, 2, et 3), on divise l'argument en deux parties: **la thèse** et **l'antithèse. La thèse** est fondamentalement l'interprétation de l'auteur. **L'antithèse** présente une interprétation contraire. Ensuite, on fait **une synthèse** des deux interprétations pour arriver à une interprétation plus complète et riche de l'œuvre. Voilà un schéma possible pour l'essai dialectique :

Introduction : Définition du problème du texte : l'annonce de la problématique/ l'idée directrice
Partie 1 : La thèse : discussion analytique du texte avec exemples spécifiques
Partie 2 : L'antithèse : discussion analytique du texte en réfutant les idées présentées dans la première partie
Partie 3 : Synthèse de la discussion de partie 1 et 2
Conclusion: Récapitulation ou bilan et élargissement du sujet (idée nouvelle)

Quand on écrit un essai dialectique, il est important de faire attention à l'idée directrice. On peut présenter la thèse et l'antithèse à l'aide d'une conjonction de subordination telle que **bien que** ou **quoique**. On peut soit commencer par la thèse (modèle français) soit par l'antithèse (modèle américain). Si on suit le modèle américain, on utilise la formule suivante pour une telle idée directrice : **Bien que/Quoique + l'antithèse, (néanmoins) + la thèse.** Si on prenait la lettre de Roxane comme exemple, on pourrait dire : **Bien que Roxane critique le système d'aide sociale en France, elle reconnaît néanmoins les avantages de ce système, dont elle bénéficie.** Pour l'essai dialectique basé sur cette idée directrice, d'abord, on analyserait le système d'aide sociale en France ; ensuite, on parlerait des avantages de ce système. Dans la troisième partie, on ferait une synthèse des aspects positifs et négatifs du système pour proposer un système d'aide sociale plus compréhensif. La conclusion élargirait le sujet et pourrait se terminer en présentant un système modèle spécifique.

 ## Sujets de composition (500–700 mots)

1. Roxane a beau essayer plusieurs méthodes pour apprendre à parler français, elle fait peu de progrès ; elle décide alors d'écrire des lettres pour maîtriser mieux la langue. En vous basant sur votre propre expérience, écrivez un essai dans lequel vous discuterez des meilleures façons d'apprendre une langue étrangère. Qu'est-ce qui influence le plus l'apprentissage de la langue? L'écriture ? Les échanges verbaux? La lecture ? Les média ?

   Choisissez un point de vue que vous exposerez dans l'introduction pour cet essai qui se prête bien à la dissertation française avec une thèse, antithèse, et synthèse.

2. Roxane déclare que «le droit de critiquer est assurément la condition du progrès. Il suffit, pour s'en convaincre, de constater la stagnation des États où il ne s'exerce pas.» Que pensez-vous de cette déclaration. Le droit de critiquer est-il signe d'un pays qui évolue de manière positive ?

3. Faites une analyse psychologique de Roxane. Qu'est-ce que sa lettre à Montesquieu révèle ?

4. Roxane a-t-elle raison de suggérer qu'il est plus facile de contribuer «aux causes nobles et aux grandes misères pourvu qu'elles demeurent lointaines» que d'aider son voisin ? Écrivez un essai dans lequel vous analyserez cette déclaration. Qu'est-ce qu'une telle attitude révèle quant à la psychologie humaine

5. Roxane choisit le style épistolaire et non pas le journal intime. Pourquoi Roxane a-t-elle besoin d'inventer un destinataire, un auteur célèbre, mais mort il y a plus de deux cents ans ? De quelle manière un destinataire, même imaginaire, change-t-il la qualité de ce qu'on écrit ? En réfléchissant à votre essai, pensez aussi à l'image de Montesquieu qui émerge de la lettre que Roxane lui écrit. Est-ce ainsi qu'on écrirait à un auteur célèbre dont on n'a jamais fait la connaissance ? Bref, quelle est la fonction psychologique de la lettre ?

 **Avant d'écrire**

Avant d'écrire votre essai, pensez d'abord à votre thèse. Maintenant, pensez aux interprétations contraires possibles. Cherchez des exemples pour soutenir ces interprétations. Réfléchissez encore une fois à votre interprétation. Faut-il la modifier en tenant compte des autres arguments possibles ? De quelle façon est-ce que vous la modifieriez ? Essayez d'écrire votre idée directrice selon la formule américaine **Bien que / Quoique + l'antithèse // (néanmoins) la thèse.** Quelle serait la structure de votre essai ?

Ma première interprétation : _____

_____

Les interprétations antithétiques possibles : _____

_____

_____

_____ etc.

Ma nouvelle interprétation : _____

_____

Mon idée directrice exprimée selon la formule **bien que / quoique + l'antithèse // néanmoins + la thèse** : _____

_____

Les idées principales de l'antithèse : _____

_____

_____ etc.

Les idées principales de la thèse : _____

_____

_____

_____ etc.

Les idées principales de ma synthèse : _____

_____

_____

_____ etc.

 Collaborons

Montrez à un ou deux autres étudiants de la classe le plan de votre essai et ce que vous avez fait dans la section **Avant d'écrire**. Est-ce qu'ils peuvent vous suggérer d'autres interprétations possibles dont vous devriez tenir compte ? Lesquelles ? Est-ce que vous pouvez leur suggérer d'autres interprétations pour leur composition ? Lesquelles ? Quels sont les points forts de leur interprétation ? Quels en sont les faiblesses ?

Dans la lettre XI à Charles de Montesquieu, Roxane, l'héroïne du roman de Chahdortt Djavann *Comment peut-on être français,* déclare que « le droit de critiquer est assurément la condition du progrès » . Elle ajoute que l'on peut vérifier la validité de cette déclaration en constatant le manque de progrès, la stagnation, qui existe dans les pays qui privent leurs citoyens de ce droit. Cette déclaration établit donc un rapport entre l'avancement d'une nation et le droit de porter un jugement, un rapport rendu problématique par l'hésitation de Roxane à critiquer le système d'aide sociale dont elle bénéficie en France. En d'autres mots, bien que Roxane souligne l'importance du droit de critiquer, elle hésite à le faire. Qu'est-ce qui explique cette hésitation et quels sont alors les enjeux° de ce droit?

les enjeux *(m.) the stakes*

Pour bien comprendre le lien entre le droit de critiquer et le progrès d'un pays, il faut tout d'abord situer la déclaration de Roxane dans le contexte de son expérience en Iran, son pays d'origine, un pays gouverné par un régime totalitaire. Sous un tel régime, les citoyens n'ont pas le droit d'émettre de critiques sur leur gouvernement, ou s'ils osent le faire, ils risquent la prison. Cette situation est symptomatique d'un état qui doute de sa propre légitimité. De tels états craignent d'être critiqués, parce que toute attaque implique, en fait, une déficience, une insuffisance et une carence°. Indirectement, le pays reconnaît son impuissance et son incapacité à résoudre les problèmes de ses citoyens. Dans le cas d'un état totalitaire, la critique est considérée comme une remise en question du pouvoir en place parce qu'elle sape° son autorité. La rébellion et les manifestations ne peuvent, en effet, que déstabiliser le pouvoir. Donc on supprime le droit de critiquer, ce qui entrave° tout changement et bloque le progrès.

une carence *deficiency*

saper *to sap, undermine*

entraver *to hinder, hamper*

Dans l'autre modèle, représenté par la France, pays d'adoption de Roxane, les citoyens ont le droit de juger leur gouvernement. De tels pays acceptent les critiques de leurs citoyens parce qu'ils sont sûrs de leur légitimité et de leur mandat. De plus, ils sont convaincus de leur capacité à résoudre les problèmes et les besoins de leurs citoyens. Globalement, les mesures prises par le gouvernement visent au bien-être du peuple. À chaque fois qu'un problème se présente, un état fort, non-totalitaire, fait l'effort de le résoudre. Même si la solution est imparfaite, un changement, source de progrès, se produit. Une évolution et un mouvement peuvent, effectivement, engendrer une amélioration. Donc, les critiques mènent directement au progrès, ce qui explique la déclaration de Roxane que « le droit de critiquer est assurément la condition du progrès. Il suffit, pour s'en convaincre, de constater la stagnation des États où il ne s'exerce pas. »

Après avoir souligné l'importance du droit de critiquer pour le progrès d'un pays, curieusement, Roxane hésite à critiquer le système d'aide sociale français. Elle dit, « Je ne prétends pas que le système social soit parfait en ce pays, mais je serais ingrate de dénoncer ses insuffisances, moi qui viens d'un pays où aucune protection sociale n'existe. » Ce scrupule place la discussion dans une autre optique, peut-être plus subtile. Bien sûr, l'hésitation de Roxane s'explique par sa vie antérieure en Iran où les citoyens n'osent pas et n'ont pas l'habitude de critiquer le gouvernement. Mais, comme elle le dit aussi, elle ne veut pas sembler ingrate. Après tout, Roxane bénéficie d'une aide sociale – une allocation logement – bien qu'elle ne soit même pas citoyenne française. Cependant, l'explication de son hésitation va au-delà de sa situation et ses expériences personnelles. Son hésitation suggère que pour être efficace, il faut critiquer tout système de manière modérée, en reconnaissant ses points forts et ses faiblesses. La critique sert à réformer ou à perfectionner mais pour entraîner le progrès elle doit être judicieuse.

Tout comme Montesquieu qui, dans *Les Lettres persanes*, fait des commentaires sur la France et les Français et critique le gouvernement, dans *Comment peut-on être français*, Chahdortt Djavann met en valeur les avantages et les insuffisances des multiples systèmes d'aide sociale français. Et comme Montesquieu dont elle s'inspire, ses analyses sont modérées et ne manquent jamais de gratitude. La déclaration de Roxane sur la relation positive qui existe entre le droit de critiquer et le progrès d'un pays a donc des implications importantes pour tout gouvernement, ainsi que pour ses citoyens. Faire des critiques exagérées, critiquer pour critiquer n'est pas efficace. Toute critique doit être réfléchie ou réalisable, car un gouvernement sûr de sa légitimité ne les craint pas. Il accepte les critiques pour évoluer de façon positive. En défendant ce principe, la lettre XI soutient un des préceptes fondamentaux de la France: la liberté d'exprimer son opinion.

Après avoir lu cet essai, travaillez avec un partenaire en essayant de discuter les éléments suivants :

Quelle est l'idée directrice de l'essai ? Sous quelle forme apparaît-elle ?
Identifiez l'idée principale de chaque paragraphe.
Discutez de la structure et de l'argumentation de l'essai.
Où est la thèse ? L'antithèse ?
Analysez la synthèse de l'essai.
Est-ce que cette structure serait utile pour votre essai ?

12 La France et l'Europe

▲ Les drapeaux européens

LES OBJECTIFS

Vivre en Europe aujourd'hui : futur, échanges, cultures

Réflexion sur l'Union européenne
« Les unions européennes pionnières de l'Europe »
Victor Hugo : « Discours d'ouverture pour le Congrès de la Paix », 1849

Comment composer un discours argumentatif

Orientation culturelle

Créée au lendemain de la Deuxième Guerre Mondiale, en 1957, l'Union européenne a pour mission de soutenir° la paix, d'assurer la sécurité de ses citoyens et d'encourager le développement économique et social des pays membres de la Communauté. Initialement constituée de six pays (la Belgique, la France, l'Italie, le Luxembourg, les Pays-Bas et la République fédérale d'Allemagne), aujourd'hui, l'UE fonctionne avec 28 nations aux identités et cultures très différentes mais qui souscrivent toutes aux principes politiques suivants : démocratie, respect des droits de l'homme et protection des minorités. Outre° ces principes, chaque pays doit adhérer à une économie de marché et appliquer la législation européenne. L'Europe existe en tant qu'entité politique et économique mais n'en est pas moins un amalgame de nations séparées par la langue, l'histoire et la religion et qui ont toutes des difficultés à se fondre° dans une identité européenne. L'intégration est sans doute plus facile pour les jeunes mais souvent l'identité européenne reste élusive et ne se définit qu'en opposition à une autre réalité géopolitique et, aujourd'hui, en particulier, aux États-Unis. Cette définition, en somme négative, ne peut satisfaire tout à fait et c'est plutôt à travers un choix de valeurs et le désir de forger un futur ensemble dans le respect de la différence que doit se comprendre l'identité européenne.

soutenir *to support*

outre *aside from*

se fondre *to fuse, to melt*

1. Quand la Communauté économique européenne a-t-elle été créée ?
2. Aujourd'hui, combien de pays appartiennent à l'Union européenne ?
3. Quels principes définissent cette Union ?
4. Pourquoi le concept d'identité européenne n'est-il pas particulièrement évident ?
5. Comment pourrait-on définir l'identité européenne ?

Apprenons ces mots essentiels

La politique

Noms

une alliance	*alliance*	la justice	*justice*
l'antagonisme *(m.)*	*antagonism*	la loi	*law*
l'autorité *(f.)*	*authority*	la paix	*peace*
la constitution	*constitution*	le parlement	*parliament*
une démocratie	*democracy*	la sécurité	*security*
la diversité	*diversity*	la solidarité	*solidarity*
les droits *(m. pl.)* de l'homme	*human rights*	un traité	*treaty*
un état	*state*	l'unification *(f.)*	*unification*
l'identité *(f.)*	*identity*	l'union *(f.)*	*union*
les institutions *(f. pl.)*	*institutions*	les valeurs *(f. pl.)*	*values*
l'intérêt commun *(m.)*	*common interest*		

Composition de l'Europe

Noms

l'adhésion *(f.)*	*membership*
l'élargissement *(m.)*	*enlargement*
la frontière	*frontier, border*
la souveraineté	*sovereignty*

Verbes

s'engager	*to commit oneself*
rayonner	*to spread, to uphold*
s'unir	*to unite*

Amusons-nous avec les mots

 12-1 Deux par deux. Liez chaque mot à sa définition.

1. _____ la souveraineté
2. _____ la paix
3. _____ un traité
4. _____ la loi
5. _____ les droits de l'homme
6. _____ la frontière

a. situation d'un pays qui n'est pas en guerre
b. limite d'un territoire
c. égalité et liberté civiles
d. indépendance d'un état
e. règle qui s'applique à une société
f. acte juridique signé par des états

12-2 Camille explique à John les grands idéaux de l'Union européenne. Complétez ses phrases avec un des mots suivants :

l'unification   la sécurité   la diversité   la paix

les valeurs   l'identité   le développement

L'UE a pour fonction d'éviter les guerres et d'assurer _____.
Elle veut _____ du continent européen. Elle veut protéger
_____ de ses citoyens. Elle favorise _____
économique. Elle souhaite défendre _____ de tous ses
membres et respecter _____ ethnique.
Elle veut faire rayonner la démocratie et _____ de
l'Europe.

Qu'en pensez-vous ?

12-3 Deux étudiants français, Véronique et Philippe, parlent de leur cours de sciences politiques sur l'Union européenne. Écoutez leur conversation.

A. Répondez aux questions que vous entendez en indiquant la lettre qui correspond à la réponse correcte :

1. a)   b)   c)   d)

2. a)   b)   c)   d)

3. a)   b)   c)   d)

4. a)   b)   c)   d)

B. Répondez aux questions suivantes.

1. Pourquoi Véronique et Philippe trouvent-ils leur cours sur l'Union européenne intéressant ?

2. Pourquoi certains politiciens remettent-ils en question les avantages de l'unification européenne ?

3. Expliquez en quoi et comment la communauté européenne peut s'opposer à l'identité nationale ?

4. À votre avis, est-ce qu'on doit obliger les pays économiquement forts à aider les pays économiquement faibles ? Expliquez votre réponse.

L'économie

Noms

l'acier (m.)	steel	la mondialisation	globalization
une banque	bank	les négociations (f. pl.)	negotiations
le charbon	coal	le niveau de vie	standard of living
le commerce	commerce, business	la production	production
la concurrence	competition	le taux d'intérêt	interest rate
la coopération	cooperation		
la croissance	growth	**Adjectifs**	
un défi	challenge	agricole	agricultural
les échanges (m. pl.)	exchange	économique	economic
l'euro (m.)	euro	financier	financial
les investissements (m. pl.)	investments	monétaire	monetary
le marché	market		

Mission de l'Union

Noms

l'aide (f.) économique	economic aid	le réchauffement planétaire	global warming
la biotechnologie	biotechnology	la sauvegarde des espèces animales menacées	endangered species protection
les énergies (f. pl.) renouvelables	renewable energy resources	la sécurité alimentaire	food safety
l'éthique (f.)	ethics	la solidarité sociale	social solidarity
la protection de l'environnement	environmental protection		

 12-4 Deux par deux. Trouvez le mot de chaque colonne qui n'appartient pas à la liste.

droit	énergie	aide	monétaire
traité	environnement	concurrence	taux d'intérêt
état	réchauffement	amélioration	marché
justice	niveau de vie	solidarité	sécurité
loi	sauvegarde des espèces menacées	protection	investissements

12-5 Deux par deux. Reconstituez les mots en utilisant une syllabe de chaque colonne.

Modèle: économie

SAU	**CO**	FE	LE
SÉ	GRI	**NO**	CE
A	VE	TAI	MENT
CON	NÉ	CO	**MIE**
MO	CU	REN	DE
RÉ	CUR	GAR	TÉ
É	CHAUF	RI	RE

 ## Qu'en pensez-vous ?

12-6 Après leur cours de sciences économiques, Philippe et Véronique continuent leur discussion. Écoutez leur conversation.

A. Indiquez si les phrases suivantes sont vraies (Vrai) ou fausses (Faux).

1. Vrai / Faux
2. Vrai / Faux
3. Vrai / Faux
4. Vrai / Faux
5. Vrai / Faux

B. Répondez aux questions suivantes.

1. Pourquoi, selon Véronique, les négociations commerciales internationales sont-elles si compliquées ?
2. Pourquoi, selon Philippe, faut-il tenir compte des effets de l'industrialisation sur l'environnement ?
3. À votre avis, qu'est ce qui est plus important : l'économie ou l'environnement ? Pourquoi ?

◀ **L'Union européenne**

En petits groupes, posez quelques questions à vos partenaires en vous servant du vocabulaire des pages précédentes. Ensuite, présentez vos idées à toute la classe.

1. Pour vous, quand vous entendez le mot « Europe », quelles images surgissent dans votre esprit ?

2. Même si vous savez peu de choses sur l'Union européenne, quelles sont les difficultés auxquelles doit faire face l'Union ? Est-ce que l'augmentation du nombre de pays membres est source de problèmes ? Pourquoi, à votre avis ?

3. Les pays de l'Union parlent des langues différentes (24 langues pour 28 pays). Comment remédier à ce problème, si c'en est un ?

4. Pour vous, existe-t-il une identité européenne ? Comparez un jeune Européen à un jeune Américain, par exemple. Qu'est-ce qui les différencie ?

5. Voulez-vous faire un voyage en Europe ? Quels pays voudriez-vous visiter ? Pourquoi ?

6. Avez-vous vu le film « L'Auberge espagnole » de Cédric Klapisch ? En quoi ce film est-il européen ?

7. Observez la carte de l'Europe à la page précédente. Quels pays appartiennent à l'Union européenne ? Quels pays n'en font pas partie ? Pourquoi, à votre avis ? http://europa.eu/about-eu/countries/index_fr.htm

   Quels pays voudraient faire partie de l'UE ? À votre avis, quel pays est le plus sujet à controverses ? Pourquoi ?

8. Regardez les objectifs de l'Union européenne, les principes auxquels adhèrent tous les pays (L'UE par thème). Sont-ils originaux ? Sont-ils différents de ceux d'autres cultures ?

▲ **Le Parlement européen à Strasbourg**

La voix passive

À la voix active, le sujet du verbe fait l'action :

En 1993, tous les pays ont signé le traité.

À la voix passive, le sujet du verbe subit (reçoit) l'action :

En 1993, le traité a été signé par tous les pays.

1 Formation du passif

Auxiliaire **être** + **participe passé**

Chaque Européen **est** protégé par les lois de l'Union. (présent)
L'Union européenne **a été** créée en 1957. (passé composé)
Le budget **sera** voté par le Parlement et le Conseil européen. (futur)

Remarques :

A. À la forme passive, le temps du verbe **être** correspond au temps du verbe dans la phrase active homologue.

Phrase active : Les lois de l'Union **protègent** chaque Européen.
  (**protéger** est au présent)
Phrase passive : Chaque Européen **est** protégé par les lois de l'Union.
  (**être** est au présent)
Phrase active : Le Parlement **votera** la loi.
  (**voter** est au futur)
Phrase passive : La loi **sera** vot**é**e par le Parlement européen.
  (**être** est au futur)

B. Le participe passé s'accorde en genre et en nombre avec le sujet :

Les lois *(f. pl.)* sont vot**ées** par le Parlement.

C. La forme passive peut s'employer à l'infinitif :

Les ministres vont **être** interrogé**s** par le journaliste.

D. La préposition **par** introduit le complément d'agent (la personne ou la chose qui fait l'action) :

La constitution n'a pas été signé**e** **par** la France ni **par** les Pays-Bas.

E. Avec les verbes **aimer, connaître** et **respecter**, on utilise **de** devant le complément d'agent :

Le Président est respecté **de** tous.

F. Souvent l'agent n'est pas précisé :

Le budget a été voté à l'unanimité.

12-7 Janine est passionnée par l'Europe et explique à ses amis pourquoi. Transformez ses phrases en utilisant la voix passive. N'oubliez pas les accords.

Modèle : Vous entendez : L'Union défend les droits de l'homme.
 Vous écrivez : Les droits de l'homme sont défendus par l'Union.

1. L'Union a adopté une politique de solidarité.
2. L'Union corrigera les déséquilibres économiques.
3. L'Union encourage la mobilité professionnelle et géographique.
4. L'Union protègera l'environnement et la nature.
5. L'Union a ouvert ses frontières intérieures.
6. L'Union va favoriser la croissance des pays moins développés.

12-8 Quelques faits sur l'Europe. Mettez les phrases suivantes à la forme passive.

1. L'Europe choisit un idéal humaniste et pacifique.
2. Après la Deuxième Guerre Mondiale, de grands hommes politiques ont conçu les conditions de la paix.
3. L'Union européenne a favorisé la réunification de l'Allemagne.
4. L'Union européenne doit assurer la sécurité des états membres.
5. Dès sa création, l'Europe protégeait les intérêts de ses citoyens.
6. L'Union aide les victimes des catastrophes naturelles.
7. L'UE établira des règles pour préserver l'environnement.

2 Utilisation du passif

Seuls les verbes transitifs (qui ont un **objet direct**) peuvent être mis à la forme passive.

On utilise le passif

A. pour mettre en valeur l'objet direct du verbe :

> Des droits de douane sur les importations **seront** perçus par chaque pays.
> Chaque pays percevra des droits de douane. (actif)

B. pour mettre en valeur un fait historique ou un événement :

> Le traité de Maastricht **a été signé** en 1993.
> Le marché commun **a été institué** en 1957.

C. pour donner un ton objectif à une déclaration :

> Le discours du ministre **est** violemment **critiqué** dans la presse.

Remarque : En français, à l'oral, on préfère souvent la forme active. Si le verbe n'est pas suivi d'un complément d'agent on utilise « **on** » :

> En classe, un texte sur la création de l'Union européenne **a été analysé**.
> En classe, **on** a analysé un texte sur la création de l'Union européenne.

> **Comparaison linguistique**
>
> Les verbes intransitifs (avec un objet indirect) ne peuvent pas être mis à la forme passive. Certains verbes transitifs en anglais sont intransitifs en français (dire à, plaire à, etc.) Comment traduiriez-vous ces phrases ?
> - I have been told that …
> - She is pleased by the decision …
> - The participants were read the speech …

Pour exprimer **un fait général** on peut utiliser la forme pronominale au lieu de la forme passive ou du **on :**

Vingt-quatre langues **se parlent** au sein de l'Union européenne.
On parle vingt-quatre langues au sein de l'Union européenne.
Vingt-quatre langues **sont parlées** au sein de l'Union européenne.

Pratiquons

12-9 Jeanne-Marie est la présidente d'une association estudiantine qui s'intéresse à la politique. Elle fait l'annonce d'une conférence aux autres membres de l'association. Mettez ses phrases à la forme active. N'oubliez pas d'utiliser « on » s'il n'y a pas d'agent spécifique.

1. Une grande conférence est prévue pour vendredi soir.
2. Un expert sur l'Union européenne a été invité par notre association.
3. La situation politique actuelle sera présentée par lui au cours de son intervention.
4. Son discours aura été préparé bien à l'avance par son cadre de chercheurs.
5. Je suis sûre que son discours sera bien reçu par tous nos membres.
6. Un cocktail en son honneur va être offert après la conférence.

12-10 Vous êtes journaliste et vous préparez un article sur l'histoire de l'UE. Mettez les phrases suivantes à la forme passive. Utilisez le présent.

Modèle : 1951 : **Création** de la Communauté européenne du charbon et de l'acier.
En 1951, la Communauté européenne du charbon et de l'acier **est créée**.

1957 : **Signature** du Traité de Rome instituant un marché commun.

1973 : **Agrandissement** de la Communauté.

1973 : **Développement** des politiques communes.

1979 : **Élection** du Parlement européen au suffrage universel direct.

1993 : **Ouverture** du grand marché intérieur.

1993 : **Institution** de l'Union européenne par le traité de Maastricht.

2002 : **Mise** en circulation de l'euro.

2004 : **Inclusion** de dix nouveaux pays membres dans l'Union.

2013 : **Passage** de l'UE à 28 États membres.

12-11 Ce jeune journaliste emploie trop souvent la forme passive. Transformez ses phrases en utilisant la forme **active, on** ou la forme **pronominale.**

En Europe, la sécurité alimentaire a toujours été favorisée. Les règles draconiennes de l'Union ont été encore renforcées cette année. Aujourd'hui, tous les aliments sont soumis à des contrôles stricts. Tout risque est examiné par les services de la santé. Les meilleurs experts sont consultés par les autorités. Les « organismes génétiquement modifiés » sont souvent interdits. Les règles seront appliquées à tous les aliments, pour les humains et les animaux, quelle que soit leur origine. La qualité des produits va être encouragée. Les produits régionaux sont défendus par le droit européen. Ainsi, les consommateurs seront protégés.

12-12 Le multilinguisme est une caractéristique essentielle de l'Europe. Préparez quelques arguments que vous pouvez présenter au reste de la classe sur l'utilité du multilinguisme. Utilisez la voix passive.

Modèle: La diversité des langues doit être respectée parce que la culture d'un pays s'exprime à travers sa langue, ses chansons et sa littérature.

Manifestation à
Francfort 2011 ▶

Stratégie de recherche

1. Vingt-huit pays font partie de l'Union européenne.

a. Allez sur le site de l'Union, europa.eu. Choisissez le français comme langue. Allez dans la rubrique *Informations générales* et faites un résumé des buts de l'UE.

b. Allez dans le *Coin des enfants*, qu'est-ce que l'on apprend aux enfants sur l'UE ? Faites un des jeux proposés.

c. Sur TV5 Monde, allez dans la rubrique *Apprendre le français*, sélectionnez un clip sur l'Europe que vous présenterez au reste de la classe.

2. Beaucoup de jeunes étudiants européens partent faire des études dans un autre pays que le leur.

a. Cherchez sur youtube.com un extrait ou la bande annonce du film *L'Auberge espagnole* que vous présenterez en classe.

b. Le film *Les Poupées russes* est la suite du film précédent. Présentez-le à vos camarades.

c. Erasmus est un programme qui permet aux jeunes Européens d'étudier ou de faire des stages dans un pays de l'Union. Faites une recherche soit Google, soit youtube.com sur ce programme. Pourquoi ce programme a-t-il tant de succès ?

Le 25 mars 2007, l'Union européenne a fêté son cinquantenaire en réaffirmant sa volonté de persévérer et en rappelant ses valeurs : refus du racisme, solidarité sociale, dignité de l'homme. Pourtant, pour beaucoup, aujourd'hui, l'Union européenne est en panne° ou en danger, d'une part, parce que la Constitution européenne qui aurait renforcé le libéralisme économique de l'Union a été rejetée en 2005 et, d'autre part, parce que l'euro est en crise. De nombreux pays européens ont une énorme dette nationale et risquent de rester fragilisés tant que leur déficit public ne sera pas jugulé°. Après avoir institué, initialement, avec succès, une zone économique de libre-échange, et avoir augmenté le nombre de ses membres, l'Union se voit maintenant contrainte à imposer des règles budgétaires et de la discipline à tous ses membres, tout en stimulant leurs économies. Malgré ces difficultés, l'intégration de l'Europe se poursuit notamment à travers les couples intra-européens qui ne cessent d'augmenter. Dans leur vie de tous les jours, ces couples inventent une citoyenneté européenne concrète.

1. Depuis combien de temps l'Union européenne existe-t-elle ?
2. Quelles valeurs l'Union européenne défend-elle ?
3. Pourquoi l'Union est-elle en danger aujourd'hui ?
4. Quelles règles l'Union doit-elle imposer à ses membres pour sortir de la crise ?
5. Qu'est-ce qui facilite la mise en place d'une citoyenneté européenne ?

être en panne *to be stuck*
juguler *to curb*

Les unions européennes pionnières de l'Europe

« Notre mariage, c'est, à l'origine, une histoire d'amour. C'est tout de même ce qui fait tourner le monde avant les traités ! », souligne Sylvie, française, 40 ans, mariée à Maciek, polonais, 45 ans. Reste que leur mariage, en 1987, n'a pas pu faire abstraction de la politique. « Ma mère a fondu en larmes°, en pensant que
5 Maciek m'emmènerait de l'autre côté du rideau de fer°[1] et qu'on ne pourrait plus se revoir ! » C'est le contraire qui s'est produit. Maciek a commencé une thèse en France et a renoncé à rentrer en Pologne tant qu'elle ne serait pas finie, de peur d'être interdit de retour. Et Sylvie est partie visiter la famille et le pays de son futur mari, seule, comme une simple touriste. Elle se souvient de son passage à Berlin,
10 « devant des militaires, armes au poing ». Le mariage s'est fait en France, où le couple est resté, elle devenant enseignante, et lui trouvant un emploi d'ingénieur. Chacun a appris la langue de l'autre et désormais, avec leurs enfants, Jan, Anna et Philip, ils goûtent° pleinement le plaisir de « pouvoir voyager librement et d'être français aux yeux des Français et polonais aux yeux de la famille polonaise ».
15   … Les unions européennes « ordinaires » font aujourd'hui figure de pionnières. Claire, 24 ans, française, fiancée à Christopher, 26 ans, allemand, évoque un couple d'amis, franco-allemand lui aussi, d'une soixantaine d'années. « À l'époque, juste après la guerre, on les jugeait bizarres. Contrairement à nous, les couples Erasmus°, ils ont dû traverser beaucoup d'obstacles. » Le père de la
20 mariée n'a pas voulu aller à son mariage avec un Allemand. Les choses ont bien changé, analyse la revue *Paris-Berlin* dans son numéro de mars 2006

fondre en larmes *to burst into tears*
le rideau de fer *Iron Curtain*

goûter *to taste*

Erasmus *European university exchange program*

[1] Le rideau de fer, symbolisé par le mur de Berlin, marquait la frontière entre les pays de l'Ouest et les pays de l'Est pendant la Guerre Froide. Le mur de Berlin est tombé en 1989.

« Les mariages franco-allemands constituent aujourd'hui en Allemagne 85 % des mariages binationaux. En France, environ un mariage sur 300 est une union franco-allemande. » Elles sont désormais aussi fréquentes que les mariages franco-britanniques, nettement mieux perçus après guerre. 25

• • •

Même très proches par la géographie, la culture, les valeurs, et la religion souvent, les couples d'Européens doivent harmoniser deux cultures différentes, comme tous les couples mixtes. Il faut apprendre la langue de l'autre, il faut décider dans quel pays on vivra, de quelle famille on sera la plus proche géographiquement, quels grands-parents on ira voir tous les dimanches et lesquels 30 seulement pour Noël et l'été. Ces choix peuvent provoquer de nombreux heurts°.

des heurts *(m.) clashes*

• • •

Se parler, et dans quelle langue, choisir un prénom, opter pour une nationalité, élever dans une religion, pour les couples européens, tout est à réinventer … François et Ruth, un couple franco-allemand d'une cinquantaine d'années auraient aimé appeler leur fils Matthieu. « Mais ça sonne de façon désastreuse en allemand », 35 explique Ruth. Leurs deux enfants portent donc des prénoms « bilingues », Lea et Philippe. Parfois, le nom lui-même pose problème. Ainsi Mikkel, journaliste danois° de 33 ans, qui vit avec Africa, médecin, espagnole, 31 ans, depuis neuf ans, explique : « En Espagne, il existe toujours deux noms de famille, le premier, le plus important étant celui du père et le second celui de la mère. Mais au Danemark, 40 le plus important est le second, ce sera donc un nom espagnol ! » Africa rétorque, amusée : « Et en Espagne, ce sera un nom danois qui sera le plus utilisé, notre enfant sera un étranger dans les deux pays ! »

danois *Danish*

La nationalité de l'enfant est également un choix à faire ensemble, sauf si les deux pays acceptent la double nationalité. Ce n'est le cas ni en Espagne ni au 45 Danemark.

Claire, la fiancée française de l'Allemand Christopher, qui partira vivre en Allemagne avec lui cette année, s'est posé la question de la religion. « Nos parents sont très européens, donc notre futur mariage est très bien vu, mais mon père a tiqué° quand je lui ai dit que nos enfants seraient protestants ». Décidée à « vivre 50 l'œcuménisme » en conservant son attachement catholique, la jeune femme ne voulait pas « faire une sauce-salade des deux religions pour les enfants, ce qui n'aurait pas grand sens ». Elle continue à s'interroger sur ce que sera sa vie de femme et de mère en Allemagne. « Les différences d'éducation compteront, c'est sûr. En France, on parle de mère poule°, pour celles qui couvent° trop leurs petits, 55 en Allemagne, c'est le contraire qui est péjoratif, c'est d'être une « mère corbeau° », qui part travailler et ne s'en occupe pas assez ». Mais, ajoute avec optimisme la jeune femme, « j'ai expérimenté le fait que, quand on est étranger en Allemagne, on a certains droits que les Allemands n'ont pas ! »

tiquer *(familier) to frown upon*

mère poule *mother hen*
couver *to sit on (eggs)*
mère corbeau *mother crow*

Nathalie Lacube, *La Croix*

Travaillons avec la langue

Expliquez les phrases ou expressions suivantes.

1. les unions européennes pionnières de l'Europe
2. son passage à Berlin, « devant des militaires, armes au poing »
3. Le père de la mariée n'a pas voulu aller à son mariage avec un Allemand.
4. vivre l'œcuménisme
5. mère poule, mère corbeau

Vérifions notre compréhension du texte

Dites si ces déclarations sont justes. Expliquez en vous référant aux passages spécifiques du texte.

1. Sylvie, française, est mariée à un Allemand.
2. Les parents de Sylvie n'avaient aucune inquiétude sur son mariage.
3. Les enfants de Sylvie sont bilingues.
4. Après la Deuxième Guerre Mondiale, les couples franco-allemands étaient mal vus.
5. Les mariages franco-allemands sont moins bien acceptés que les mariages franco-britanniques.
6. Pour les couples mixtes européens, il est très facile de vivre en harmonie.
7. Donner un prénom à un enfant à double nationalité n'est pas toujours facile.
8. Claire a décidé que ses enfants seraient catholiques.
9. L'éducation à l'allemande et l'éducation à la française sont identiques.

Discutons ensemble

1. D'après l'article, les mariages européens augmentent. Qu'est-ce que cela révèle sur l'Union européenne et sur les changements qui s'y produisent ? En matière d'ouverture ? D'intégration ?
2. L'article parle de beaucoup de couples européens binationaux. À votre avis, pour quelles nationalités est-il plus facile de former une union ? Pourquoi ?
3. Quelles sont les obstacles auxquels doivent faire face les couples mixtes, européens ou autres ?
4. Est-ce que la langue que l'on parle est importante en matière d'identité ? Imaginez que vous soyez marié(e) à une personne d'une autre nationalité, apprendrez-vous la langue de votre époux/épouse ? Vos enfants seront-ils bilingues ?
5. Si deux jeunes Européens, par exemple un Italien et une Anglaise ou un Grec et une Française, se marient, qu'est-ce que cela signifie en matière d'identité ? Vont-ils être obligés de renier leur identité nationale ? Qu'est-ce qu'ils vont devoir faire pour que leur couple et leur famille réussissent ?
6. Quelles sont les difficultés que peut rencontrer l'enfant d'un couple mixte ? Devra-t-il faire des choix ? Aura-t-il un problème d'identité ? Imaginez des cas précis.
7. Pour un enfant, quels sont les avantages d'avoir une double nationalité ? Avez-vous une double nationalité?
8. Les pays de l'Union ont tous des lois différentes. La création de couples binationaux a-t-elle des conséquences légales ? En matière de droits de la famille, par exemple ? Pouvez-vous imaginer des situations où la question légale serait prédominante ?

Stratégie orale

Comment exprimer son accord et aboutir° à une décision ou à une solution adéquate. Notez la manière dont chaque interlocuteur reprend des fragments de phrases de l'autre pour montrer qu'il acquiesce.

Dialogue pratique

Françoise et Giancarlo, sur le point de se marier, sont en train de parler de leur futur mariage.

Giancarlo : Mes parents ne parlent pas français.

Françoise : Les miens ne parlent pas italien. Si nous nous marions en France, tes parents ne comprendront pas la cérémonie, il nous faudra un traducteur.

Giancarlo : Tu sais, si c'est une cérémonie de mariage catholique, il n'y aura pas de problèmes.

Françoise : Est-ce que nous allons avoir ce type de mariage traditionnel ?

Giancarlo : Je suppose. Tu es catholique, moi aussi.

Françoise : Oui, c'est vrai et pour ma famille et la tienne, il est important de respecter les traditions. Ce que nous pouvons faire, c'est traduire les textes à l'avance et nous pouvons ainsi avoir une ou deux lectures en italien.

Giancarlo : Mes parents apprécieraient la traduction. Maintenant, il nous reste à trouver les textes et les chants.

Sur le même modèle, imaginez une conversation entre deux jeunes Européens sur le point de se marier. Inspirez-vous de l'article que vous venez de lire pour composer votre dialogue. Voici quelques phrases utiles :

Dans quels pays allons-nous nous installer ?
Il faudra que tu apprennes l'allemand, l'italien, le polonais, etc.
Il faudra que l'un de nous trouve un travail dans le pays de l'autre.
Si nous avons des enfants ou quand nous en aurons, dans quelle religion allons-nous les élever ?
Et les fêtes, où les passerons-nous ?

Famille italienne. Quels pays de l'UE pouvez-vous nommer ? ▶

Les adjectifs et les pronoms indéfinis

1 Les adjectifs indéfinis

L'adjectif indéfini exprime la quantité ou la qualité d'un nom et s'accorde en genre et en nombre avec ce nom.

A. Formes :

signification	masculin singulier	féminin singulier	masculin pluriel	féminin pluriel
quantité négative	aucun nul	aucune nulle		
quantité indéterminée	certain quelque	certaine quelque	certains quelques plusieurs différents divers	certaines quelques plusieurs différentes diverses
totalité	chaque tout	chaque toute	tous	toutes
différence	autre	autre	autres	autres
similarité	même	même	mêmes	mêmes

B. Utilisation et sens des adjectifs indéfinis :

1. Aucun et nul

   Aucun est généralement accompagné de la négation **ne** et signifie « pas un ».
   Nul, toujours négatif, se construit avec **ne** ou **sans.**

   > Il **n'**a visité **aucun** pays de l'Europe de l'Est.
   > Elle **n'**a **nulle** envie de s'installer hors de l'Europe.

   Remarque : On n'utilise jamais « pas » avec **aucun.**

2. Certain, plusieurs, quelque

   Certain à un sens indéterminé. Au pluriel, il signifie une partie de l'ensemble. Au singulier, il modère une déclaration trop absolue.

   > **Certains** pays s'opposent à ce que la Turquie entre dans l'UE.
   > Ceux qui avaient voté non à la constitution révélaient une **certaine** peur en l'avenir.

   Plusieurs exprime une pluralité assez importante.

   > Cet été, je voyagerai dans **plusieurs** pays européens : l'Italie, la Grèce, la Bulgarie et la Roumanie.

Quelque au pluriel désigne une petite quantité. Au singulier, il marque une indétermination.

> **Quelques** personnalités politiques s'opposent à la mondialisation.
> **Quelque** traité doit être mis en place pour que l'Union européenne fonctionne. (un traité quelconque)

3. Différents, divers

Différents et **divers** suivis d'un nom au pluriel indiquent une quantité variée.

> Les pays de l'Union ont **différentes** idées sur son rôle.
> Les Allemands s'opposent au soutien financier européen pour **diverses** raisons.

4. Chaque, tout

Chaque a un sens distributif et exprime la totalité.

> **Chaque** pays devra ratifier le traité.

Tout marque l'ensemble dans sa totalité ou l'intégralité.

> **Tous** les pays de l'Union ont un système démocratique.
> **Toute** sa vie, il a œuvré pour la paix.

5. Autre

Autre indique une distinction entre plusieurs choses.

> Elle veut travailler dans un **autre** pays de l'Union européenne.
> Les Allemands utilisent une **autre** pédagogie que les Français.

Remarque : L'article indéfini pluriel **des** devient **d'** devant **autres.**

> Il faut **d'autres** solutions à cette crise de confiance.

6. Même

Même exprime l'identité et la ressemblance.

> On entend toujours les **mêmes** critiques pessimistes.
> C'est toujours la **même** histoire !

Pratiquons

12-13 Blog de Sabrina : ses projets de voyage en Europe. Complétez ses phrases avec un des adjectifs indéfinis suivants : **aucun, chaque, autre, même, tout.**

Je partirai de Paris début juillet. Je voyagerai seule parce qu' _____ ami n'a ni le temps ni l'argent pour faire ce grand voyage. Je compte visiter beaucoup de pays : l'Allemagne, le Danemark, la Suède, la Pologne et la République tchèque. Dans _____ pays, je resterai dans une auberge de jeunesse à moins qu'une _____ solution d'hébergement se présente. Mes parents ont des amis en Suède et en Pologne et sans doute, _____ famille m'invitera. J'espère aussi rencontrer beaucoup de jeunes parce que nous avons souvent le _____ goût de l'aventure. Il faut que je finisse _____ mes préparatifs cette semaine. Pour l'instant, je n'ai fait _____ réservation. Je voyagerai en train ou en car pour visiter _____ les villes qui m'intéressent mais, de Stockholm à Varsovie et de Prague à Paris, je prendrai l'avion.

12-14 Sabrina parle de ses amis européens. Utilisez **certains** ou **d'autres** selon le cas.

1. _____ amis parlent allemand, _____ amis parlent anglais.

2. _____ copines vont aller étudier en Allemagne, _____ copines vont étudier à Londres.

3. _____ amis se sentent européens, _____ amis se sentent français.

12-15 Sabrina revient de son voyage en Europe et parle de ses expériences. Complétez les phrases avec l'adjectif indéfini qui convient à la forme qui convient.

Quand j'ai fait mes projets de voyages, j'avais l'idée peu réaliste de visiter _____ les pays de l'Europe du nord pour découvrir autant de _____ cultures que possible. Après _____ efforts pour réaliser ce rêve, je me suis rendu compte qu'il n'était pas possible de visiter _____ pays. Pendant mes voyages, j'ai fait la connaissance de _____ personnes et _____ personne avait _____ idées sur ce que je devrais faire et voir. Je n'ai pas pu suivre _____ leurs conseils, et par ailleurs, je n'avais pas toujours les _____ idées qu'eux. Alors, j'ai décidé de visiter _____ pays et pas d' _____ pays. Je suis revenue très contente de mes vacances. J'ai visité _____ coins et j'ai eu des contacts avec _____ cultures intéressantes. De toute façon, j'aurai encore _____ pays à visiter la prochaine fois. Après tout, _____ voyage n'est jamais absolument parfait !

12-16 Erica parle des étudiants de son cours de sciences politiques. Complétez les phrases avec l'adjectif indéfini que vous entendez. Faites attention aux accords.

Dans mon cours, _____ étudiants ne sont pas français mais viennent d'un pays d'Europe. _____ étudiants sont de langue maternelle anglaise et _____ participants du programme Erasmus viennent de loin, de la Roumanie et de la République tchèque. Tous les étrangers ont _____ talents et parlent souvent _____ langues. Nous nous intéressons tous à la politique internationale et sommes enthousiastes au sujet de l'Europe même si nous ne sommes pas d'accord sur _____ prises de position de l'Union. Nous avons _____ idées sur l'adhésion de la Turquie, sur le rôle politique de l'Europe et sur les questions de défense. _____ étudiants veulent une plus grande coopération ; _____ étudiants préfèrent des liens moins forts. Néanmoins, nous voulons tous lutter contre les discriminations et j'ai _____ amis qui participent régulièrement à des colloques sur ce sujet.

12-17 Imaginez que vous allez voyager dans un pays d'Europe. Préparez ce voyage. Qu'apportez-vous avec vous ? Combien d'argent ? Quels vêtements ? Quelles villes allez-vous visiter ? Où allez-vous loger ? etc. Utilisez les adjectifs indéfinis du tableau dans vos phrases.

2 Les pronoms indéfinis

Les pronoms indéfinis font allusion à des personnes ou des choses de manière vague ou imprécise.

A. Formes :

signification	masculin singulier	féminin singulier	masculin pluriel	féminin pluriel	neutre
grandeur négative	aucun nul	aucune nulle			
quantité indéterminée			certains plusieurs quelques-uns	certaines plusieurs quelques-unes	
totalité	chacun	chacune	tous	toutes	tout
différence	l'autre	l'autre	les autres	les autres	
indétermination					quelqu'un quelque cho: quelque part

B. Utilisation des pronoms indéfinis :

1. Aucun, nul

Aucun et **nul** sont accompagnés de la négation **ne.** Souvent **aucun** est suivi de la préposition **de.**

> Je voulais acheter un livre sur l'Union européenne mais **aucun ne** me semblait clair et facile.
> **Aucun de** mes amis **ne** parle russe.

2. Certains, plusieurs, quelques-uns

Certains, plusieurs et **quelques-uns** désignent un nombre indéterminé de personnes en ordre décroissant.

> Beaucoup de jeunes Français veulent étudier à l'étranger. **Certains** vont en Espagne, d'autres en Angleterre et d'autres encore en Allemagne. **Plusieurs** vont en Irlande et **quelques-uns** en Pologne.
> Beaucoup de jeunes se sentent Européens mais **certains** sont plus attachés à leur nationalité et **plusieurs** se disent d'abord ou Allemand ou Français ou Italien. **Quelques-uns** s'identifient même en premier à leur région.

3. Chacun

Chacun est toujours au singulier. Il désigne chaque personne ou chaque chose d'un groupe ou d'un ensemble. Souvent, il est suivi de la préposition **de.**

> Les pays de l'Union ont des idéaux identiques mais **chacun** conserve sa culture.
>
> **Chacune** des difficultés que rencontre l'Union européenne aujourd'hui provient de son succès et de sa croissance.

4. Tout, tous, toutes

Tout au singulier est un pronom neutre qui exprime la totalité de l'ensemble.

> Elle a **tout** compris sur le futur traité.

Tous, toutes expriment l'intégralité et souvent reprennent un nom utilisé dans la phrase précédente.

> L'égalité pour **tous** est un des idéaux de l'Union.
>
> Les pays de l'UE se sont rencontrés à Berlin. **Tous** ont signé un accord de principe sur un projet de traité.

Remarque : Lorsque **tous** est pronom, on prononce le **s** final.

5. L'autre, les autres

L'autre, les autres servent de distinction ou de différenciation par rapport à une première personne ou chose.

> Cet été, la moitié de mes amis vont en Allemagne, **les autres** voyagent en Angleterre.
>
> Durant ce colloque, un groupe examinera le concept d'identité européenne, **l'autre** la question de l'Europe sociale.

Remarque : Les expressions idiomatiques **l'un ... l'autre ..., les uns ... les autres ...** indiquent une opposition entre deux entités ou deux groupes.

> Les jeunes ont divers buts pour l'Europe. **Les uns** souhaitent que l'Union lutte contre le chômage, **les autres** veulent que l'Union travaille au maintien de la paix.

6. Quelqu'un, quelque chose, quelque part

Quelqu'un désigne une personne non identifiée.

> Il va interviewer **quelqu'un** mais je ne sais pas qui.
>
> **Quelqu'un** fera certainement un discours sur la sécurité en Europe.

Quelque chose, le contraire de **rien,** indique un objet ou une réalité indéterminée.

> Vas-tu répondre **quelque chose** ?
>
> **Quelque chose** me gêne dans son discours.

Quelque part indique un lieu indéterminé.

> Si on allait **quelque part** au Danemark pour les vacances ?
>
> J'ai mis ce rapport sur l'Europe **quelque part** ; je ne sais plus où.

Remarque : Quelqu'un, **quelque chose, quelque part** employés avec un adjectif, sont suivis de la préposition **de.**

> C'est vraiment **quelqu'un d**'intelligent, ce ministre !
>
> Il a dit **quelque chose d**'intéressant sur l'exclusion sociale en Europe.
>
> On devrait aller **quelque part** d'agréable pour les vacances.

12-18 Gaël, un jeune élève français, est dans une école allemande pour 15 jours. Il écrit un courriel (un mail) à une amie restée en France. Complétez ses phrases avec **chacun** et **aucun**.

Salut Laure,

Ici l'école est plus faite pour les élèves. Il existe une grande liberté en classe. L'atmosphère est beaucoup plus relax. Tous les élèves répondent aux questions. _____ n'a peur de dire ce qu'il pense. Souvent, les élèves ne lèvent pas le doigt et quelquefois ils se déplacent en classe sans que les professeurs ne se fâchent. _____ sait qu'il est en classe pour apprendre. Quelquefois, les élèves mangent en classe mais _____ ne distrait le reste de la classe en faisant du bruit. En Allemagne, les élèves restent dans la même classe toute la journée et la décorent eux-mêmes. _____ participe à la décoration. _____ peut apporter un poster ou une plante. Je n'ai vu _____ d'entre eux triste ou isolé. En Allemagne, il y a des cours de religion. Tous les élèves les suivent. _____ choisit son sujet, religion catholique, protestante ou éthique. Bien sûr, il y a des règles mais elles semblent plus faciles qu'en France.

Bon, à plus

Gaël

12-19 Patrice explique ce que ses copains pensent de l'Union européenne. Complétez ses déclarations avec **certains, plusieurs, quelques-uns.**

En général mes amis sont europhiles. _____ veulent une intégration plus grande, _____ souhaitent que les pays de l'Union signent un traité simplifié mais _____ veulent même une fédération. La majorité des jeunes croient au rôle de l'Europe mais dans différents domaines. J'ai _____ de mes amis, mais peu, qui pensent surtout aux questions de sécurité mais _____ s'intéressent surtout à l'écologie et à la solidarité sociale. Néanmoins, la construction de l'Europe crée _____ inquiétudes parmi nous. _____ de mes amis craignent que le chômage augmente et que la criminalité s'accroisse avec l'ouverture de toutes les frontières. Dans l'ensemble, cependant, nous sommes optimistes sur l'avenir de l'Europe.

12-20 Deux par deux. Sur le modèle précédent, décrivez vos propres amis en utilisant **certains, plusieurs, quelques-uns.**

12-21 Stéréotypes européens. Comment voyez-vous les jeunes de l'UE ? Décrivez-les en utilisant **certains … d'autres**

Modèle: Certains boivent de la bière, d'autres boivent du vin.
Certains parlent anglais, d'autres parlent français.

12-22 Sébastien est enthousiaste au sujet de l'Europe. Complétez ses phrases avec **tout, tous, toutes.**

1. Pour moi, l'Europe c'est avant _____ la possibilité de voyager et de travailler dans un autre pays.

2. Nous, les jeunes, nous avons _____ envie de liberté et d'aventure.

3. L'Union a un rôle politique à jouer. Les vingt-huit pays doivent s'entendre sur les questions de sécurité. _____ doivent travailler à maintenir la paix.

4. L'économie européenne est florissante. L'Union fait _____ pour rester compétitive.

5. Nos cultures et coutumes sont différentes mais _____ défendent la liberté et les droits de l'homme.

12-23 Simon est négatif, Camille voit la vie du bon côté. Mettez les phrases à la forme affirmative en utilisant **quelqu'un, quelque chose, quelque part.**

Simon : Personne ne m'aidera avec la préparation de ce voyage.
Camille : Mais si, _____ t'aidera.
Simon : Je ne veux m'arrêter nulle part en Belgique durant ce voyage.
Camille : Mais si, arrêtons-nous _____ .
Simon : Rien ne me plaît en Allemagne.
Camille : Mais si, _____ va te plaire.
Simon : Nous ne rencontrerons personne pendant notre voyage.
Camille : Mais si, _____ va sûrement nous inviter.
Simon : Nulle part, il n'y aura de chambres dans les auberges de jeunesse.
Camille : Mais si, on en trouvera certainement _____ .
Simon : Avec le peu d'argent que j'ai, je ne pourrai rien acheter.
Camille : Mais si, tu pourras acheter _____ .

▲ **Groupe de jeunes Européens en Allemagne**

Victor Hugo

▲ Victor Hugo

Victor Hugo est sans aucun doute un des auteurs français les plus illustres non seulement en France mais aussi dans le monde entier. Né à Besançon en 1802, il passe sa jeunesse principalement à Paris où il suit des cours au célèbre lycée Louis-le-Grand. C'est là où il connaît ses premiers succès en poésie, ce qui détermine sa future carrière en littérature. Après le lycée, Hugo participe activement à différents cercles littéraires à Paris et après avoir publié plusieurs œuvres, dont les plus importantes sont *Les Orientales* (poésie), *Hernani* (pièce de théâtre), *Le Dernier jour d'un Condamné* (essai), et *Notre Dame de Paris* (roman), sa réputation littéraire est certaine. En 1822, il épouse Adèle Foucher, et ils ont quatre enfants : Léopoldine, Charles, François et Adèle. À la suite de la mort tragique de Léopoldine, qui se noie dans la Seine dans un accident de bateau, Hugo se tourne principalement vers la politique. Ses idées pourtant lui créent des problèmes et il doit s'exiler à l'île de Jersey et ensuite de Guernesey pendant plus de quinze ans. C'est là où il finit *Les Contemplations* (recueil de poésie dédié à Léopoldine) et plusieurs autres œuvres littéraires parmi lesquelles figure, le mieux connu de ses romans : *Les Misérables*. En 1870, Hugo revient en France et continue sa carrière littéraire et politique. Il meurt en 1885. Sa mort plonge toute la France dans le deuil.

Stratégie de lecture

Le discours est un genre oral dont le but principal est de convaincre un auditoire. Pour cela, l'auteur du discours emploie plusieurs stratégies rhétoriques. D'abord, il définit clairement le **but** du discours. Ensuite, pour convaincre son auditoire de ses idées, il peut utiliser des **questions rhétoriques** (questions dont la réponse est évidente), **faire appel à d'autres autorités** qui se sont penchées sur la même question (écrivains du passé par exemple) ou **à des preuves** (événements historiques, textes religieux), **flatter** son auditoire, employer des **exemples** frappants, faire très attention au **vocabulaire** et à **l'élocution, analyser** la situation, utiliser des **statistiques et des faits,** utiliser des **paradoxes, tenir compte des divergences d'opinion,** utiliser des **exhortations**, ou **faire appel à la raison** ou aux **émotions** de son auditoire.

Stratégie de prélecture

En 1849, Victor Hugo a écrit le discours d'ouverture suivant à l'occasion du Congrès de la Paix. Ce discours anticipe les idéaux de l'Union européenne plus de cent ans avant sa fondation. Après une première lecture rapide du texte, travaillez avec deux autres partenaires et essayez de déterminer quelles stratégies rhétoriques Hugo emploie pour convaincre les participants au Congrès de la possibilité réelle de la paix et de la coopération économique en Europe. Dressez une liste des stratégies utilisées par Hugo.

1. But principal du discours : _____
2. Stratégies de rhétorique
    Stratégie : _____
      Exemple spécifique du texte : _____
    Stratégie : _____
      Exemple spécifique du texte : _____
    Stratégie : _____
      Exemple spécifique du texte : _____
    Continuez …

Congrès de la Paix à Paris 1849

Discours d'ouverture

21 août 1849.

M. Victor Hugo est élu président. M. Cobden est élu vice-président.

M. Victor Hugo se lève et dit :

(1) Messieurs, beaucoup d'entre vous viennent des points du globe les plus éloignés, le cœur plein d'une pensée religieuse et sainte ; vous comptez dans vos rangs des publicistes, des philosophes, des ministres des cultes chrétiens, des écrivains éminents, plusieurs de ces hommes considérables, de ces hommes publics
5 et populaires qui sont les lumières de leur nation. Vous avez voulu dater de Paris les déclarations de cette réunion d'esprits convaincus et graves, qui ne veulent pas seulement le bien d'un peuple, mais qui veulent le bien de tous les peuples. Vous venez ajouter aux principes qui dirigent aujourd'hui les hommes d'état, les gouvernants, les législateurs, un principe supérieur. [...] vous venez proclamer la
10 fraternité des hommes.

[...]

(2) Un jour viendra où les armes vous tomberont des mains, à vous aussi !
Un jour viendra où la guerre paraîtra aussi absurde et sera aussi impossible entre Paris et Londres, entre Pétersbourg et Berlin, entre Vienne et Turin, qu'elle serait impossible et qu'elle paraîtrait absurde aujourd'hui entre Rouen et Amiens°, entre
15 Boston et Philadelphie. Un jour viendra où vous France, vous Russie, vous Italie, vous Angleterre, vous Allemagne, vous toutes, nations du continent, sans perdre vos qualités distinctes et votre glorieuse individualité, vous vous fondrez étroitement dans une unité supérieure, et vous constituerez la fraternité européenne, absolument comme la Normandie, la Bretagne, la Bourgogne, la Lorraine, l'Alsace, toutes
20 nos provinces, se sont fondues dans la France. Un jour viendra où il n'y aura plus d'autres champs de bataille° que les marchés s'ouvrant au commerce et les esprits s'ouvrant aux idées. — Un jour viendra où les boulets et les bombes seront remplacés par les votes, par le suffrage universel des peuples, par le vénérable arbitrage d'un grand sénat souverain qui sera à l'Europe ce que le parlement est à l'Angleterre, ce
25 que la diète est à l'Allemagne, ce que l'Assemblée législative est à la France ! Un jour viendra où l'on montrera un canon dans les musées comme on y montre aujourd'hui un instrument de torture, en s'étonnant que cela ait pu être ! Un jour viendra où l'on verra ces deux groupes immenses, les États-Unis d'Amérique, les États-Unis d'Europe, placés en face l'un de l'autre, se tendant la main par-dessus les mers,
30 échangeant leurs produits, leur commerce, leur industrie, leurs arts, leurs génies, défrichant° le globe, colonisant les déserts, améliorant la création sous le regard du Créateur, et combinant ensemble, pour en tirer le bien-être de tous, ces deux forces infinies, la fraternité des hommes et la puissance de Dieu !

(3) Et ce jour-là, il ne faudra pas quatre cents ans pour l'amener, car nous
35 vivons dans un temps rapide, nous vivons dans le courant d'événements et d'idées le plus impétueux qui ait encore entraîné les peuples, et, à l'époque où nous sommes, une année fait parfois l'ouvrage d'un siècle.

(4) Et Français, Anglais, Belges, Allemands, Russes, Slaves, Européens, Américains, qu'avons-nous à faire pour arriver le plus tôt possible à ce grand jour ?
40 Nous aimer. [...]

Rouen et Amiens *cities in France*

le champ de bataille *battlefield*

défricher *to clear (in preparation for something)*

approfondir *to deepen*
un concours *convergence*

l'entretien *(m.) maintenance, upkeep*
moindre *less*

défier *to challenge*

ni landes, ni jachères, ni marais *neither moors, nor fallow land, nor swamps*
creuser *to dig*
un écueil *reef*
jaillir *to spurt, to gush*
s'évanouir *to vanish, to disappear; to faint*
se déchirer *to tear apart*
se répandre *to spread*

désespérer *to lose hope*
effrayer *to frighten*
une secousse *jolt*
l'enfantement *birth, bringing forth*

une chute *fall*
l'effacement *erasure, blotting out*
l'adoucissement *softening, toning down*

(5) Ici, messieurs, quand j'approfondis° ce vaste ensemble, ce vaste concours° d'efforts et d'événements, tous marqués du doigt de Dieu ; quand je songe à ce but magnifique, le bien-être des hommes, la paix ; quand je considère ce que la Providence fait pour et ce que la politique fait contre, une réflexion douloureuse s'offre à mon esprit. 45

(6) Il résulte des statistiques et des budgets comparés que les nations européennes dépensent tous les ans, pour l'entretien° de leurs armées, une somme qui n'est pas moindre° de deux milliards, et qui, si l'on y ajoute l'entretien du matériel des établissements de guerre, s'élève à trois milliards. Ajoutez-y encore le produit perdu des journées de travail de plus de deux millions d'hommes, les plus 50 sains, les plus vigoureux, les plus jeunes, l'élite des populations, produit que vous ne pouvez pas évaluer à moins d'un milliard, et vous arrivez à ceci que les armées permanentes coûtent annuellement à l'Europe quatre milliards[2]. Messieurs, la paix vient de durer trente-deux ans, et en trente-deux ans la somme monstrueuse de cent vingt-huit milliards a été dépensée pendant la paix pour la guerre ! Supposez 55 que les peuples d'Europe, au lieu de se défier° les uns des autres, de se jalouser, de se haïr, se fussent aimés ; supposez qu'ils se fussent dit qu'avant même d'être Français, ou Anglais, ou Allemand, on est homme, et que, si les nations sont des patries, l'humanité est une famille ; et maintenant, cette somme de cent vingt-huit milliards, si follement et si vainement dépensée par la défiance, faites-la dépenser 60 par la confiance ! Ces cent vingt-huit milliards donnés à la haine, donnez-les à l'harmonie ! Ces cent vingt-huit milliards donnés à la guerre, donnez-les à la paix ! Donnez-les au travail, à l'intelligence, à l'industrie, au commerce, à la navigation, à l'agriculture, aux sciences, aux arts, et représentez-vous le résultat. Si, depuis trente-deux ans, cette gigantesque somme de cent vingt-huit milliards avait été 65 dépensée de cette façon, l'Amérique, de son côté, aidant l'Europe, savez-vous ce qui serait arrivé ? La face du monde serait changée ! Les isthmes seraient coupés, les fleuves creusés, les montagnes percées, les chemins de fer couvriraient les deux continents, la marine marchande du globe aurait centuplé, et il n'y aurait plus nulle part ni landes, ni jachères, ni marais° ; on bâtirait des villes là où il n'y 70 a encore que des solitudes ; on creuserait° des ports là où il n'y a encore que des écueils° ; l'Asie serait rendue à la civilisation, l'Afrique serait rendue à l'homme ; la richesse jaillirait° de toutes parts de toutes les veines du globe sous le travail de tous les hommes, et la misère s'évanouirait° ! Et savez-vous ce qui s'évanouirait avec la misère ? Les révolutions. Oui, la face du monde serait changée ! Au lieu 75 de se déchirer° entre soi, on se répandrait° pacifiquement sur l'univers ! Au lieu de faire des révolutions, on ferait des colonies ! Au lieu d'apporter la barbarie à la civilisation, on apporterait la civilisation à la barbarie !

[...]

(7) Messieurs, ne désespérons° pas pourtant. Au contraire, espérons plus que jamais ! Ne nous laissons pas effrayer° par des commotions momentanées, 80 secousses° nécessaires peut-être des grands enfantements°. Ne soyons pas injustes pour les temps où nous vivons, ne voyons pas notre époque autrement qu'elle n'est. C'est une prodigieuse et admirable époque après tout, et le dix-neuvième siècle sera, disons-le hautement, la plus grande page de l'histoire. Comme je vous le rappelais tout à l'heure, tous les progrès s'y révèlent et s'y manifestent 85 à la fois, les uns amenant les autres : chute° des animosités internationales, effacement° des frontières sur la carte et des préjugés dans les cœurs, tendance à l'unité, adoucissement° des mœurs, élévation du niveau de l'enseignement

---

[2] Un franc 1849 équivalait à 15,75 francs aujourd'hui, soit 2,40 euros. 4 milliards de francs 1849 = 9, 6 milliards d'euros par an et 307 milliards pour 32 ans.

et abaissement° du niveau des
90 pénalités, domination des langues
les plus littéraires, c'est-à-dire les
plus humaines ; tout se meut° en
même temps, économie politique,
science, industrie, philosophie,
95 législation, et converge au même
but, la création du bien-être et de
la bienveillance, c'est-à-dire, et c'est
là pour ma part le but auquel je
tendrai° toujours, extinction de la
100 misère au dedans, extinction de la
guerre au dehors.

(8) Oui, je le dis en terminant,
l'ère des révolutions se ferme, l'ère
des améliorations commence. Le
105 perfectionnement des peuples
quitte la forme violente pour
prendre la forme paisible ; le
temps est venu où la Providence va
substituer à l'action désordonnée
110 des agitateurs l'action religieuse et
calme des pacificateurs.

(9) Désormais°, le but de la
politique grande, de la politique
vraie, le voici : faire reconnaître
115 toutes les nationalités, restaurer
l'unité historique des peuples et
rallier cette unité à la civilisation
par la paix, élargir sans cesse le groupe civilisé, donner le bon exemple aux peuples
encore barbares, substituer les arbitrages aux batailles ; enfin, et ceci résume tout,
120 faire prononcer par la justice le dernier mot que l'ancien monde faisait prononcer
par la force.

(10) Messieurs, je le dis en terminant, et que cette pensée nous encourage,
ce n'est pas d'aujourd'hui que le genre humain est en marche dans cette voie
providentielle. Dans notre vieille Europe, l'Angleterre a fait le premier pas, et par
125 son exemple séculaire elle a dit aux peuples : Vous êtes libres. La France a fait le
second pas, et elle a dit aux peuples : Vous êtes souverains. Maintenant faisons le
troisième pas, et tous ensemble, France, Angleterre, Belgique, Allemagne, Italie,
Europe, Amérique, disons aux peuples : Vous êtes frères !

Glossary (right margin):
l'abaissement *lowering*

se mouvoir *to move*

tenir *to cling to*

désormais *from now on, henceforth*

Vérifions notre compréhension du texte

Répondez aux questions suivantes et justifiez vos réponses.

1. **Premier paragraphe :** Qui sont les participants au Congrès de la Paix ? D'où viennent-ils ? Que veulent-ils ?
2. **Deuxième paragraphe :** Quels pays sont mentionnés ? Décrivez la vision de l'Europe que Victor Hugo présente. Quels sont les deux groupes principaux que Victor Hugo voit ? Est-ce que ces deux groupes existent aujourd'hui ? Y en a-t-il d'autres ? Lesquels ? Quel serait le rapport entre les deux groupes mentionnés ?

3. **Troisième paragraphe :** Quand est-ce que la vision de l'organisation de l'Europe se réalisera ?

4. **Sixième paragraphe :** Quel est le thème principal de ce paragraphe ? Si on ne dépensait pas autant d'argent pour la défense, qu'en résulterait-il pour l'Europe ? Comment le monde changerait-il ?

5. **Septième paragraphe :** À quels doutes et à quelles craintes Hugo fait-il allusion au début de ce paragraphe ? Comment caractérise-t-il le dix-neuvième siècle ?

6. **Huitième paragraphe :** Quelle ère se termine ? Quelle ère commence ?

7. **Neuvième paragraphe :** Quel est le but de la politique, selon Hugo ?

8. **Dixième paragraphe :** Quel pays a fait le premier pas vers la paix ? Quel est ce pas ? Quel pays fait le deuxième pas ? Quel est ce pas ? Quels pays doivent faire le troisième pas ? Quel est ce pas ?

Approfondissons notre compréhension du texte

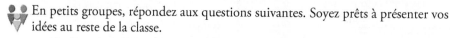 En petits groupes, répondez aux questions suivantes. Soyez prêts à présenter vos idées au reste de la classe.

La structure du discours : Faites le plan argumentatif du discours.

A. L'introduction — paragraphe 1 : Quels sont les éléments de l'introduction ? Quel est le but principal du discours ? Quelle phrase présente ce but ?

B. Premier mouvement du discours — paragraphe 2 : Quel est le sujet principal de cette partie ? Quels exemples est-ce que Hugo utilise pour convaincre les gens de son point de vue ? Quel leitmotiv revient constamment dans ce paragraphe, c'est-à-dire, quelle phrase est-ce que Hugo répète au cours du paragraphe ? Quelle est la fonction du leitmotiv ? Quels sont les noms et les adjectifs les plus importants de ce paragraphe ? Comment influencent-ils notre attitude envers ce que Victor Hugo dit ?

C. Deuxième mouvement — paragraphes 3–5 : Quelle est l'idée principale de ce mouvement ? Que faut-il faire pour réaliser la paix universelle ? À qui et/ou à quoi est-ce que Hugo fait appel pour convaincre son auditoire que ses idées sur la paix universelle sont réalisables ?

D. Troisième mouvement — paragraphe 6 : Quel est le sujet principal de ce mouvement ? De quoi est-ce que Hugo veut convaincre son auditoire ? Quels types d'exemples est-ce que Hugo emploie pour défendre ses idées ? Quels types d'analyses fait-il ? Est-ce que ses analyses et exemples sont efficaces ? Pourquoi ? Hugo utilise aussi des paradoxes pour appuyer ses idées. Nommez quelques situations paradoxales qu'il présente. Quel est l'effet de ces paradoxes ?

E. Quatrième mouvement — paragraphe 7 : Dans ce paragraphe, Hugo prend en considération les objections possibles à ses idées, c'est-à-dire qu'il s'adresse aux gens qui diraient que la paix universelle et la coopération économique en Europe ne sont pas des buts réalisables. Quelles stratégies rhétoriques Hugo emploie-t-il pour tenir compte de l'opposition et quelles stratégies utilise-t-il pour la vaincre ? Quelle image du XIXème siècle présente-t-il ? Est-ce que cette image est optimiste ou pessimiste ? Comment cette image l'aide-t-elle à convaincre son public ?

F. Conclusion — paragraphes 8–10 : Comment Hugo termine-t-il son discours ? Comment exhorte-t-il les participants au Congrès à l'action ? Comment les convainc-t-il que la paix est possible ? Que dit-il pour rallier les gens ?

En petits groupes, discutez des questions suivantes :

1. Dans son discours, Hugo dit que tout ce qu'il faut pour réaliser la paix universelle est de s'aimer. Le texte « Les unions européennes pionnières de l'Europe » parle de la vie des couples binationaux qui se sont mariés parce que les deux personnes s'aiment. Est-ce que les couples modernes binationaux réalisent dans une certaine mesure ce que Victor Hugo voulait dire ? Comparez et contrastez les deux types d'amour dans les deux textes. Quel type d'amour serait le plus efficace pour l'Union européenne ?

2. L'image que Victor Hugo a de l'Union européenne est très idéaliste. Discutez des idéaux à la base de sa vision de l'Union européenne. Est-ce que Hugo est réaliste ? Quelles différences voyez-vous entre son concept de l'Union européenne et l'Union européenne telle qu'elle existe aujourd'hui ?

3. Hugo parle de la paix universelle et de la coopération économique sur le plan national et international. Nathalie Lacube, l'auteur de « Les unions européennes pionnières de l'Europe », parle de la coopération sur le plan personnel et familial. À votre avis, quelle proposition est la plus efficace ? Pourquoi ?

4. Dans son article, Nathalie Lacube présente quelques difficultés et obstacles auxquels les couples binationaux doivent faire face pour avoir un mariage harmonieux et durable. Dans son discours, Hugo semble ne pas tenir compte des difficultés qu'il faut surmonter pour réaliser la paix universelle et la coopération économique internationale. Quelles sont les faiblesses de la proposition de Hugo ? Est-il trop naïf ? Trop idéaliste ? Pourquoi ?

◄ **Rodin : Buste de Victor Hugo**

Les prépositions

Une préposition sert à introduire un complément de lieu, de temps, de manière, etc.

1 Les prépositions de lieu

A. En, au, aux :

En, **au** et **aux** sont utilisés devant des noms géographiques.
   En français, les noms de pays, de régions, de départements et d'états sont masculins ou féminins et précédés d'un article.

le Danemark	la Roumanie	l'Espagne	les Pays-Bas
le Portugal	la Suède	l'Italie	
le Gard	la Bretagne	l'Aude	
le León	la Galicie	l'Aragon	

Remarque : En général, les pays qui se terminent par **e** sont féminins.
         Exceptions : le Cambodge, le Mozambique, le Mexique
Si vous n'êtes par sûr(e), vérifiez dans un dictionnaire le genre des pays ou des états.

Emploi : On utilise **en** devant les noms géographiques féminins pour préciser où on est, où on va :

         Nous allons **en** Finlande cet été.
         Ils habitent **en** Grèce depuis un an.

On utilise **en** devant un nom de pays qui commence par une voyelle :

         en Autriche, en Estonie, en Iraq, en Uruguay

On utilise **au** devant les noms géographiques masculins :

         Nous irons **au** Portugal à Pâques.
         Mes amis feront un voyage **au** Danemark

On utilise **aux** devant les noms pluriels :

         Il voudrait vivre **aux** Pays-Bas.
         (aux Caraïbes, aux États-Unis, aux Philippines)

B. La préposition **à** :

En français, les noms de villes n'ont pas d'article : Stockholm, Bruxelles, Athènes.
         Exceptions : Le Havre, La Haye, La Rochelle, Le Caire, La Nouvelle-Orléans, La Havane

On utilise **à** devant les noms de ville :

         Christelle va étudier **à** Dublin pendant un an.
         Hans fait un stage **à** La Rochelle cet été.

C. Autres prépositions **de lieu, de, à côté de, près de, loin de, chez, vers** :

On utilise **de** pour indiquer l'origine et l'endroit d'où l'on vient.

> Elle vient **de** Rome.
> Ils arrivent **de** Pologne et ne parlent pas un mot de français.
> Mes grands-parents viennent **du** Portugal.

Remarque : Pour les pays masculins et les pays au pluriel, on conserve l'article défini après la préposition **de.**

À côté de et **près de** indiquent la proximité.

> L'Alsace est **près de** l'Allemagne.
> À Londres, l'Hôtel Stafford est **à côté du** Palais Saint-James.

Loin de indique l'éloignement.

> La Sicile est **loin de** la Finlande.
> Ils ont quitté leur pays, et maintenant, ils habitent **loin de** leurs parents.

Chez signifie « dans la maison de ».

> Nous irons **chez** mes parents pour Noël.
> Il habite **chez** sa cousine, pour l'instant, car il vient de débarquer à Madrid.

Remarque : Notez l'emploi de **chez** dans les phrases suivantes :

> Demain après-midi, j'ai rendez-vous **chez** le dentiste.
> **Chez** les poètes romantiques, on trouve beaucoup de références à la nature.

Vers indique une direction.

> Elle marche **vers** la plage.
> Les coureurs se dirigent **vers** la ville de Nantes.

◄ **Le Parlement européen en session à Bruxelles**

Pratiquons

12-24 Dites où se trouvent les monuments et les musées suivants :

Modèle : Le Musée d'Orsay (Paris / France)
Le Musée d'Orsay est **à** Paris **en** France

1. Big Ben (Londres / Angleterre)
2. Le Musée Van Gogh (Amsterdam / Pays-Bas)
3. Le Reichstag (Berlin / Allemagne)
4. Le Parthénon (Athènes / Grèce)
5. L'Alhambra (Grenade / Espagne)
6. Le Manneken Pis (Bruxelles / Belgique)
7. Le Musée national de l'Azulejo (Lisbonne / Portugal)
8. La rue Karlova (Prague / République tchèque)

12-25 Voyage en Europe. Fabrizio, Anna, Jack et Kate ont préparé ce voyage. Utilisez la préposition qui convient : **à, en, au, aux, de.** C'est Fabrizio qui parle.

Anna et moi nous partirons _____ Lisbonne pour rejoindre Jack et Kate _____ Londres. Nous y resterons deux jours, histoire de nous remettre à l'anglais, et ensuite nous prendrons l'avion pour aller _____ Copenhague. Nous avons décidé de prendre l'avion jusqu' _____ Danemark plutôt que d'atterrir _____ Allemagne parce qu'il y a un festival de jazz légendaire _____ Copenhague en juillet. Ensuite nous prendrons le train pour aller _____ Berlin, le vrai départ de notre voyage. Nous y passerons plusieurs jours parce que la ville regorge de monuments et tient une place historique importante. Après Berlin, nous nous rendrons _____ Goslar, petite ville impériale qui doit sa richesse à des mines d'argent. _____ Goslar, nous louerons une voiture pour aller _____ Cologne et _____ Bonn. Nous finirons notre voyage _____ Pays-Bas. Nous nous quitterons _____ Amsterdam, Anna et moi, pour retourner _____ Portugal et Jack et Kate _____ Angleterre.

12-26 Jeu. Trouvez une carte de l'Europe avec ses capitales. Chacun à votre tour demandez dans quel pays se trouve telle ou telle capitale.

2 Autres prépositions

A. Prépositions de temps : **à, avant, après, en, jusqu'à, à partir de, vers, environ :**

1. **À** indique un point précis dans le temps.

Le train pour Bonn part **à** 18h30.
Nous serons à Bruxelles **à** 9h.

2. **Avant** et **après** sont des antonymes. **Avant** indique l'antériorité, **après** indique la postériorité.

Il travaille à Varsovie mais **avant** il avait un poste au Luxembourg.
En Allemagne, les élèves quittent l'école **après** 13h30.

3. En est utilisé pour une date (une année).

Le Traité de Rome a été signé **en** 1957.

Remarque : On utilise **au** devant un siècle.
Au XIXème siècle

En est utilisé pour indiquer le temps nécessaire pour faire une action.

On va de Paris à Londres **en** 3 heures par le train à grande vitesse.
(Il faut trois heures pour faire ce voyage.)

4. Dans est utilisé pour indiquer une action future.

Le train arrive à la Gare du Nord **dans** une demi-heure.
(Nous sommes à une demi-heure de l'arrivée.)

5. Jusqu'à et **à partir de** sont des antonymes. **Jusqu'à** marque la limite d'une action ; **à partir de** indique un point de départ.

Elle travaille sans arrêt du matin **jusqu'au** soir.
Il sera à Prague **à partir du** 20 septembre.
(Il arrive à Prague le 20.)

Jusqu'à et **à partir de** s'emploient également avec des noms de lieux.

Ils iront **jusqu'**en Finlande pour les vacances.
On peut aller à Londres **à partir de** Paris en train.

6. Vers et **environ** indiquent une approximation. **Environ** exprime une idée quantitative (on peut compter).

Ils arriveront **vers** 20h pour dîner.
Chaque jour elle travaille **environ** dix heures, c'est trop !

B. **Parmi, entre, outre, en outre :**

1. Entre signifie « au milieu de » ou indique une relation entre deux entités.
Parmi indique une unité dans un ensemble.

Leur fils se sent pris **entre** deux cultures : allemande et italienne.
Elle passe son temps **entre** Londres et Paris.
Parmi les pays de l'Union, lequel a le plus besoin d'aide économique ?

Entre s'emploie également avec des noms de lieux.

La Lettonie est **entre** la Lituanie et l'Estonie.
Son appartement se trouve **entre** la rue Bonaparte et la rue Férou.

2. Outre + nom signifie « en plus de », **en outre** + proposition signifie « de plus ».

Outre l'anglais et le français, leurs enfants parlent espagnol.
Les jeunes souhaitent plus d'intégration au niveau européen. **En outre**, ils sont convaincus du pouvoir économique de l'Union.

C. Les prépositions avec les moyens de locomotion :

On dit aller		
	à pied	en avion
	à cheval	en train
	à bicyclette	en voiture
	à vélo	en car
	à moto	en métro

Remarques :

On peut dire **par** bateau ou **en** bateau.
On utilise **par** avion pour indiquer un envoi postal.

D. Verbes + prépositions :

Beaucoup de verbes sont suivis de la préposition **à** ou **de.** Il faut tout simplement apprendre la construction de ces verbes en la vérifiant dans un dictionnaire.

    Voici une liste très partielle de ces verbes.

1. Verbes + à + nom

appartenir à	jouer à	plaire à
croire à	penser à	s'intéresser à

2. Verbes + de + nom

avoir besoin de	s'approcher de	se servir de
avoir peur de	se méfier de	se souvenir de
jouer de + instrument	s'occuper de	se tromper de
rêver de		

3. Verbes + nom + à + nom

dire quelque chose **à** quelqu'un	montrer quelque chose **à** quelqu'un
écrire quelque chose **à** quelqu'un	offrir quelque chose **à** quelqu'un
emprunter quelque chose **à** quelqu'un	promettre quelque chose **à** quelqu'un
envoyer quelque chose **à** quelqu'un	raconter quelque chose **à** quelqu'un

4. Verbes + nom + à + verbe

aider quelqu'un **à** faire quelque chose	forcer quelqu'un **à** faire quelque chose
encourager quelqu'un **à** faire quelque chose	obliger quelqu'un **à** faire quelque chose

5. Verbes + nom + de + verbe

empêcher quelqu'un **de** faire quelque chose	remercier quelqu'un **de** faire quelque chose
persuader quelqu'un **de** faire quelque chose	

6. Verbes + à +nom + de faire quelque chose

défendre **à** quelqu'un **de** faire quelque chose	interdire **à** quelqu'un **de** faire quelque chose
demander **à** quelqu'un **de** faire quelque chose	permettre **à** quelqu'un **de** faire quelque chose
dire **à** quelqu'un **de** faire quelque chose	promettre **à** quelqu'un **de** faire quelque chose

7. Verbes + avec

s'entendre **avec**	se marier **avec**

Pratiquons

12-27 Journée de travail de Hans. Écoutez ce petit récit et complétez-le avec la préposition que vous entendez.

Je commence à travailler _____ 9h et je suis
au bureau _____ 18h. _____
midi, mais quelquefois plus tard, je sors du bureau pour déjeuner.
J'ai _____ une heure pour déjeuner. Souvent,
_____ mon repas, je fais une promenade dans le jardin
de Tivoli. Ensuite, je rentre au bureau. Parfois, je dois préparer un rapport
_____ moins d'une heure pour pouvoir le présenter à
mes collègues. Je quitte le bureau _____ 18 heures mais
je ne retourne pas chez moi tout de suite. _____ le dîner,
je vais prendre un pot avec mes copains ou je vais faire du sport.

12-28 Hans parle de son emploi du temps et de son travail. Complétez ces phrases avec **en** ou **dans.**

Le matin je suis toujours pressé. Je prends mon petit déjeuner
_____ 15 minutes pour pouvoir être à l'heure au train.
Je fais le voyage _____ 45 minutes et je suis au bureau
à 9 heures. Quelquefois, je rate mon train ou le train a du retard. Alors,
j'appelle mon patron pour lui dire que j'arrive _____ une
petite demi-heure. Il me dit toujours de me dépêcher, que notre réunion
du matin doit commencer _____ quelques minutes et
que l'on a besoin de moi. En général, nos réunions sont courtes. Nous
pouvons aborder tous les sujets _____ une heure.
Ensuite, je m'enferme dans mon bureau pour travailler. Je ne vois pas le
temps passer et je suis souvent étonné quand un collègue me dit qu'il part
déjeuner _____ dix minutes et me demande si je veux
l'accompagner.

12-29 Hans vient de décrire sa journée de travail. Vous voulez plus de précisions. Posez-lui les questions suivantes. Ses réponses sont approximatives et complétez ses phrases avec **vers** ou **environ.**

Vous : À quelle heure te lèves-tu le matin ?
Hans : Tous les jours, je me lève _____ 7 heures.
Vous : Combien de temps te faut-il pour venir au boulot ?
Hans : Il me faut _____ 45 minutes.
Vous : Combien de temps est-ce que tu prends pour déjeuner ?
Hans : Je prends _____ une demi-heure.
Vous : À quelle heure finis-tu ta journée ?
Hans : Je finis _____ 18 heures, quelquefois plus tard.

12-30 Sur le modèle précédent posez des questions à un ou une camarade.

12-31 Histoire de l'Union européenne. Complétez ce paragraphe avec **avant, après, en, jusqu'à, à partir de, vers, environ.**

_____ la Deuxième Guerre Mondiale, l'idée d'une collaboration entre les pays d'Europe naît. Une union économique se forme _____ 1950 : la Communauté européenne du charbon et de l'acier. _____ 1957, six pays (l'Allemagne, la Belgique, la France, l'Italie, le Luxembourg et les Pays-Bas) signent un traité pour renforcer leur coopération économique. C'est aussi le début de la Guerre Froide. Bien que le commerce entre les six pays se développe rapidement, aucun autre pays n'adhèrera au Marché commun _____ l'année 1973. _____ 1973, le Danemark, l'Irlande et le Royaume-Uni se joignent à la Communauté européenne. Déjà, les pays pensent à une monnaie unique. _____ 1970–1971, la stabilité monétaire entre les pays devient un objectif de l'Union. La première élection au suffrage universel du Parlement européen a lieu _____ 1979. Les années quatre-vingts sont des années de changement. Bien _____ la chute du mur de Berlin, _____ 1989, des révoltes ouvrières se sont produites en Pologne pendant l'été 1980. L'intégration européenne augmente aussi pendant ces années et les frontières intérieures de l'Union sont éliminées _____ 1993. _____ cinquante ans après ses débuts, l'Union adopte une monnaie unique, l'euro, mais, aujourd'hui, 17 pays seulement l'utilisent. Aujourd'hui, l'UE comprend vingt-huit pays qui œuvrent vers une coopération et une solidarité entre les peuples.

12-32 Renseignements sur l'Union européenne. Complétez les phrases avec **parmi** ou **entre.**

1. _____ les vingt-huit pays de l'Union européenne, seuls dix-sept d'entre eux utilisent l'euro.
2. _____ 1957 et 1986, l'Union est passée à douze membres.
3. La collaboration _____ tous les pays de l'Europe et les États-Unis est nécessaire pour résoudre les diverses crises mondiales.
4. La sécurité et le terrorisme sont _____ les préoccupations les plus importantes de l'Union.
5. Il existe un écart économique important _____ l'Allemagne et la Bulgarie.
6. L'optimisme est commun _____ les jeunes Européens.

 12-33 En Europe on utilise plusieurs moyens de locomotion : la bicyclette (le vélo), la moto, la voiture, le bus, le car, le train et l'avion. Répondez aux questions suivantes.

1. Comment se déplace-t-on dans beaucoup de villes européennes, à Amsterdam, à Paris, par exemple ?
2. Comment peut-on aller de Paris à Londres ?
3. Si on aime l'aventure, comment voyage-t-on ?
4. Comment peut-on aller d'Italie en Grèce ?
5. Quel mode de transport peut-on utiliser pour faire un circuit touristique en Allemagne ? On peut voyager …

Inventez vos propres questions.

12-34 Arthur vient d'obtenir son diplôme en sciences politiques et voudrait faire des études supérieures pour devenir politicien. Aidez-le à penser aux démarches qu'il doit entreprendre pour être accepté. Complétez les phrases avec la préposition qui convient.

Pour faire des études supérieures, j'ai besoin _____ plusieurs choses : de bonnes notes et de lettres de recommandation. Les lettres m'inquiètent le plus. D'abord, je dois demander _____ mes meilleurs profs _____ écrire mes lettres. Je vais surtout penser _____ ceux qui s'intéressaient le plus _____ moi et qui m'encourageaient _____ poursuivre mes études. Quand j'irai voir mes profs, je leur promettrai _____ faire de mon mieux une fois accepté. J'espère persuader tous les profs _____ qui je m'entendais le mieux _____ écrire une bonne lettre _____ chef du comité de sélection de chaque école. Je ne veux forcer personne _____ écrire une lettre de recommandation et j'ai peur _____ leur refus, mais tous mes profs étaient très sympathiques et, d'habitude, ils aiment aider leurs étudiants _____ être admis dans les meilleurs programmes. Bien sûr, je vais me rappeler _____ les remercier _____ avoir accepté d'écrire mes lettres.

▲ Eurostar à la Gare du Nord. Dans quelle ville va l'Eurostar ?

Stratégies d'écriture

Pour réussir, **le discours** exige toute l'éloquence et tous les talents rhétoriques de l'écrivain, réunissant toutes les leçons de composition présentées jusqu'à présent. Comme pour n'importe quel essai, il faut une idée claire du but de l'essai ; c'est-à-dire il faut savoir de quoi vous voulez convaincre votre auditoire (ou lecteurs). Cependant, avant de commencer, il faut penser à votre propre voix d'auteur. Quelle image de vous-même voulez-vous présenter ? Ensuite, il faut penser à l'auditoire. Qui sont les gens qui vont vous écouter ? À quoi s'intéressent-ils ? Quelles sont leurs valeurs politiques ?

Dans **l'introduction** d'un texte argumentatif, on **expose le problème**, en définissant clairement le but de l'essai (pour faire cela, il est utile d'avoir une idée précise de la conclusion à venir). Dans tout texte argumentatif, chaque paragraphe fait avancer l'argument, alors chaque paragraphe doit avoir **une seule idée-clé** que l'écrivain soutient par des exemples et une discussion. Il faut bien enchaîner les paragraphes pour qu'ils s'ensuivent de **manière logique**. Dans le texte argumentatif, on présente non seulement un problème, mais aussi un moyen pour résoudre le problème. (Pour Hugo, par exemple, le problème est comment réaliser la paix universelle. Le moyen le plus simple est de s'aimer.) En outre, il ne faut pas oublier de tenir compte de la réfutation possible de votre prise de position. Quels seraient les arguments de quelqu'un qui n'est pas d'accord avec votre point de vue ? **La conclusion** doit réunir tous les fils de l'argument et convaincre l'auditoire de la validité du but et des idées de l'essai. Pour être persuasif, il faut faire attention à son style et à la tournure des phrases. L'emploi de plusieurs stratégies rhétoriques rend le raisonnement plus fort.

Sujets de composition (600-750 mots)

1. Analysez les idées de Victor Hugo sur le type d'Union européenne qu'il propose.

2. Quelles sont les difficultés d'une Union européenne ? Est-ce que Hugo est trop simpliste et naïf dans son discours ?

3. Hugo parle d'un état harmonieux et coopératif multinational sur le plan gouvernemental. Nathalie Lacube parle d'un état binational ou multinational harmonieux sur le plan personnel. À votre avis, quel concept est le plus puissant ? Lequel a le plus de chance de réussir ?

4. Analysez les difficultés auxquelles les couples binationaux doivent faire face. Que devraient-ils faire pour réussir dans leur mariage ?

5. Choisissez un principe de l'Union européenne et écrivez un discours dans lequel vous présenterez non seulement votre opinion et point de vue mais aussi un moyen de réaliser votre idée.

6. Vous habitez un pays où il y a des préjugés contre les mariages binationaux. Écrivez un discours pour convaincre les citoyens des avantages des mariages binationaux.

7. Suite à une crise budgétaire, l'école où vous envoyez vos enfants a décidé d'éliminer l'enseignement des langues étrangères. Écrivez un discours pour convaincre les directeurs de l'école de l'importance de l'enseignement des langues étrangères aux enfants.

 Avant d'écrire

Avant d'écrire votre discours ou essai, répondez aux questions suivantes et montrez vos réponses à votre/vos partenaire(s).

1. Le groupe auquel je vais adresser la parole a les intérêts et/où les valeurs suivantes :

_____

2. Le but de mon discours:

_____

3. Mon discours s'enchaîne ainsi. Voici les points de mon raisonnement : _____

_____

_____

_____

4. Je dois tenir compte d'une réfutation possible de ma théorie/de mon discours. Voilà quelques arguments contraires :

_____

_____

5. Je veux terminer le discours de la manière suivante : _____

_____

6. Les exemples, statistiques, analyses suivants pourraient être utiles pour convaincre l'auditoire de mon point de vue : _____

_____

_____

7. J'aimerais employer les stratégies rhétoriques suivantes : _____

_____

Collaborons

Après avoir écrit le brouillon de votre discours, montrez-le à vos partenaires. Demandez-leur de jouer le rôle d'un groupe de personnes qui n'est pas d'accord avec vos idées. Quels aspects de votre discours ne trouvent-ils pas persuasifs ? Est-ce que l'argument évolue logiquement ? Est-ce que votre logique est convaincante ? Est-ce que vos stratégies rhétoriques sont efficaces ou sont-elles trop exagérées ? Faites également l'analyse de leurs discours.

Modèle d'écriture : discours basé sur le sujet de composition 7

Messieurs et mesdames,

Aujourd'hui nos écoles régionales font face à une crise qui risque de priver nos enfants d'un des éléments de base de leur éducation. Comme nous le savons tous, actuellement, les directeurs des écoles sont confrontés à une crise budgétaire qu'ils doivent résoudre. Cette crise n'est pas illusoire. Elle est réelle et grave. Les directeurs de nos écoles seraient donc irresponsables s'ils n'essayaient pas de faire des économies à tous les niveaux et de réduire ce que chaque département, chaque programme dépense pour l'éducation de nos enfants.

Cependant, j'apparais devant vous, aujourd'hui, pour vous mettre au courant de la proposition budgétaire la plus radicale et la plus négative qui soit, pour m'y opposer, et pour vous encourager également à vous y opposer. Quelle est cette proposition ? Les directeurs des écoles régionales proposent d'éliminer entièrement du curriculum l'enseignement des langues étrangères !

Au premier abord, cette proposition vous choque tous. Comment peut-on proposer une chose pareille, pensez-vous ? Mais, je vous dis que les directeurs ont trouvé des moyens de rendre cette proposition, aussi radicale et insensée qu'elle semble, normale, nécessaire, et logique. Quelles sont alors les justifications de cette proposition ? D'abord, l'argent économisé par la fermeture de tous les programmes de langues justifie cette proposition. Qui pourrait nier que la suppression d'une cinquantaine de postes dans toutes les écoles régionales représente une somme importante ? Bien sûr, face à une crise budgétaire, il ne faut pas penser à tous ces professeurs qui ont dédié leur vie à nos enfants, dans certain cas, depuis plus de trente ans. C'est bien dommage, mais c'est nécessaire. Deuxièmement, les directeurs justifient cette proposition en disant que la vaste majorité de nos enfants sont déjà bilingues. Selon les statistiques les plus récentes, plus de 98 % de nos enfants parlent couramment plus d'une langue — la langue nationale à l'école ou dans la vie de tous les jours, et la langue de leurs parents et ancêtres chez eux. Par rapport au reste du pays où la plupart des enfants sont monolingues et par conséquent ont besoin d'apprendre une deuxième langue, le bilinguisme dans notre région devrait être une source de fierté. Nos enfants ont déjà réalisé un des buts d'une bonne éducation. Pourquoi devraient-ils être trilingues ? Doivent-ils être supérieurs à leurs semblables dans d'autres régions du pays moins avantagées que la nôtre ? Nos élèves ne seront aucunement défavorisés par l'élimination de l'enseignement des langues étrangères, et ce pas logique résoudra d'un coup notre crise budgétaire et sauvera d'autres programmes. Selon les directeurs, il n'y aura aucun désavantage (sauf pour les professeurs de langue qui semblent ne pas compter dans cette proposition) et il y a beaucoup à gagner.

Cependant, j'apparais devant vous, aujourd'hui, pour vous dire que les directeurs, quelles que soient leurs bonnes intentions, n'ont pas pensé aux conséquences négatives à long terme de cette proposition. D'abord il y a le 2 % de nos enfants qui ne sont pas bilingues. Que va-t-on faire pour ne pas les défavoriser ? Ensuite, les directeurs n'ont pas réfléchi aux bénéfices cognitifs, intellectuels, culturels et économiques de l'apprentissage d'une langue étrangère.

Depuis longtemps nous entendons dire que nos enfants manient mal la langue officielle de ce pays. Ils ne savent pas la grammaire, se plaignent les professeurs et les cadres. À une époque où la communication orale et écrite est cruciale pour la réussite professionnelle, faire des fautes de grammaire et de vocabulaire est un grand désavantage pour nos enfants. Depuis longtemps les chercheurs en linguistique savent qu'un des meilleurs moyens d'apprendre la grammaire de sa propre langue est d'apprendre une langue étrangère. Il va de soi qu'il est bon d'étudier la grammaire de sa langue maternelle, mais c'est en étudiant la grammaire d'une langue étrangère avec laquelle on peut comparer les structures linguistiques qu'on apprend le mieux la façon dont les langues fonctionnent. Garder les programmes de langues étrangères dans nos écoles est en fait le moyen le plus efficace et économique d'enseigner non seulement la langue choisie par l'élève mais aussi sa propre langue maternelle.

Nous savons tous que le monde est en train de changer et nous avons tous vu les effets de la mondialisation. Il n'est plus réaliste de dire qu'on peut rester dans son coin et ignorer ce qui se passe ailleurs. L'économie, les affaires, les recherches sont devenues internationales ; et ceux qui vont réussir dans ce nouveau monde sont ceux qui peuvent communiquer avec le plus possible de gens de cultures différentes. Nous savons tous que l'apprentissage d'une langue étrangère comprend l'étude d'une ou, dans le cas de certaines langues, de plusieurs cultures différentes. Les directeurs pourraient répliquer qu'avec des enfants déjà bilingues, on y est déjà. Mais si nous examinons la situation de près, nous voyons que la culture des parents et des grands-parents a été influencée et même transformée par la culture dominante de notre pays. Ce n'est pas du tout étudier la culture d'un pays tout à fait étranger. Si nos enfants connaissent déjà plus ou moins deux cultures, pourquoi pas une troisième ? En apprenant une troisième langue ne seraient-ils pas d'autant plus prêts à participer pleinement à l'économie, aux recherches, aux affaires mondiales ? Ne serait-ce pas un avantage de plus pour nos enfants ?

Finalement, en voulant faire des économies en éliminant les programmes de langues étrangères, nos directeurs des écoles semblent négliger les liens cognitifs et intellectuels entre l'apprentissage d'une langue et d'autres domaines d'études. Pouvoir lire un texte dans sa version originale est toujours un avantage, ce qui justifie les exigences traditionnelles d'apprendre une autre langue dans certains domaines comme l'histoire, l'histoire de l'art, la musique et la littérature. Mais plus que cela, l'apprentissage d'une langue étrangère est étroitement lié sur le plan cognitif avec d'autres domaines moins évidents. Dans une large mesure, l'informatique, et surtout l'intelligence artificielle, sont basées sur la connaissance des principes grammaticaux. Les découvertes en sciences cognitives dérivent directement de la linguistique. On sait depuis longtemps que les élèves qui étudient une langue étrangère comprennent et manient mieux non seulement leur langue maternelle mais aussi les mathématiques.

Chers collègues, parents, amis, professeurs et directeurs, en terminant je vous supplie de bien réfléchir à toutes les implications de la proposition qui se trouve devant vous. Éliminer les programmes de langues étrangères de nos écoles implique beaucoup plus qu'il ne paraît au premier abord. On ne peut pas justifier l'élimination de ces programmes en disant tout simplement que la plupart de nos enfants parlent déjà une autre langue. Non, éliminer ces programmes privera nos enfants de l'expérience, essentielle, de l'étude d'une autre langue et culture en tant que sujets intellectuels. Éliminer ces programmes défavorisera nos enfants intellectuellement et aura des conséquences cognitives négatives. Éliminer ces programmes désavantagera nos enfants dans un monde devenu de plus en plus international. Pourquoi ne pas donner à nos enfants tous les avantages que l'apprentissage d'une langue étrangère comprend ? Pourquoi défavoriser nos enfants pour quelques économies ? À la longue, l'élimination des programmes de langues étrangères coûtera beaucoup plus non seulement en argent mais en capital intellectuel et culturel. Êtes-vous prêts à payer ce prix ?
Je vous remercie de votre attention.

Après avoir lu le modèle, discutez-en en petits groupes. Essayez d'évaluer les éléments suivants :

> La structure de l'argument
> La façon dont l'auteur tient compte des divergences d'opinion
> Les stratégies que l'auteur emploie pour convaincre son auditoire de son point de vue
> L'influence du discours de Victor Hugo sur l'auteur du modèle
> Y a-t-il une répétition de structures rhétoriques ? Est-ce que les deux auteurs utilisent les questions rhétoriques de la même manière ? Sont-elles efficaces ? Pourquoi ?

Appendice

Comment évaluer une composition

Plan :

- Avez-vous conçu un plan (écrit ou mental) pour votre composition ?
- Est-ce que votre composition a un but ? Quel est l'objectif de votre composition ?
- Qu'est-ce que vous voulez démontrer ?

Organisation Générale :

- Y a-t-il un plan général, ou est-ce que vous avez rassemblé des idées disparates ?
- Est-ce qu'un paragraphe passe logiquement à un autre ?
- Avez-vous fait des digressions ?
- Y a-t-il des paragraphes hors sujet ?
- Est-ce que chaque paragraphe aide à faire avancer l'argument ?

Argument :

- Avez-vous une théorie à prouver ?
- Est-ce que vous tenez compte des autres arguments possibles ? De la thèse contraire ?
- Est-ce que vos preuves sont trop générales ?
- Sont-elles trop attachées aux événements contemporains ou aux perceptions contemporaines ?
- Avez-vous évité des commentaires du genre « De tout temps l'homme a été... » ?
- Est-ce que votre argument est trop influencé par vos préjugés ?
- Est-ce que vous racontez l'histoire au lieu de l'analyser ?

Idée Directrice/Thèse :

- Est-ce que votre composition offre *une interprétation* de l'œuvre que vous analysez ?
- Y a-t-il une idée directrice ?
- Est-ce que l'idée directrice est assez limitée, trop limitée ?
- Y a-t-il un problème à résoudre ?
- Y a-t-il une question à laquelle répondre ?
- Est-ce qu'il y a un aspect problématique du texte que vous voulez étudier ?

Introduction :

- Est-ce que vous orientez suffisamment votre lecteur ?
- Est-ce que vous présentez un problème à résoudre ?

- Avez-vous une idée directrice ?
- Est-ce que vous piquez la curiosité du lecteur ?
- Est-ce que vous avez présenté votre argument entier, ce qui risque d'ennuyer votre lecteur ?

Paragraphes :

- Y a-t-il une idée dans chaque paragraphe ?
- Vous êtes-vous rappelé que dans un paragraphe vous avez « une idée par paragraphe et un paragraphe par idée » ?
- Est-ce que vous avez assez développé votre idée ?
- Est-ce que le paragraphe est cohérent ?
- Y a-t-il assez de preuves tirées du texte pour soutenir l'hypothèse exprimée dans le paragraphe ?
- Avez-vous analysé vos exemples ?
- Avez-vous discuté de l'importance de vos exemples ?
- Les avez-vous justifiés ?
- Y a-t-il trop de citations du texte ? Avez-vous analysé, expliqué leur importance ? Les avez-vous justifiées ?
- Est-ce que vous passez logiquement d'un aspect à un autre ?
- Avez-vous utilisé des transitions entre vos phrases et dans vos phrases ?

Conclusion :

- Présentez-vous la résolution du problème que vous avez exposé dans l'introduction ?
- Est-ce que vous répétez trop ce que vous avez déjà dit dans le corps de la composition ?
- Est-ce que vous ouvrez une perspective limitée sur un problème voisin ?
- Vous êtes-vous rappelé que dans la conclusion on veut « fermer une porte et ouvrir une fenêtre » ?

Ton :

- Est-ce que le ton est objectif et modéré ?
- Est-il trop subjectif ?
- Avez-vous évité de dire « je » dans la composition ?
- Portez-vous trop de jugements de valeur ?

Lecteur :

- Avez-vous une idée mentale de votre lecteur idéal ?
- Est-ce que vous supposez que votre lecteur est quelqu'un comme vous qui a lu le texte ?

Style :

- Est-ce que les phrases sont spécifiques et concises ?
- Sont-elles trop courtes ? Trop longues ?
- Est-ce que vous avez varié la structure et la longueur de vos phrases ?
- Avez-vous utilisé des pronoms relatifs, des phrases prépositionnelles, des gérondifs, et des conjonctions de subordination pour rendre vos idées et vos phrases plus claires ?
- Y a-t-il trop de clichés, d'euphémismes, d'abstractions ?
- Avez-vous employé trop de tournures passives ?
- Avez-vous écrit principalement au présent de l'indicatif ?

Titre (si nécessaire)* :

- Y a-t-il un titre ?
- Est-ce que le titre fournit des indications qui concernent le sujet de la composition ?
- Est-ce qu'il pique la curiosité du lecteur ?
- Est-il intéressant ?
- Est-il gauche ? Banal ?

---

* Remarquez que dans la dissertation française sur un sujet littéraire ou analytique, on n'utilise pas de titre. C'est une différence entre la dissertation à la française (pas de titre) et la dissertation à l'américaine (un titre). Demandez à votre professeur s'il/elle préfère le style français ou américain.

Symboles de correction

Grammaire

acc./adj.	accord incorrect entre le nom et l'adjectif
acc./v.	accord incorrect entre le sujet et le verbe
adv.	adverbe incorrect
ang.	anglicisme
art.	article
c.o.d	complément d'objet direct
c.o.i.	complément d'objet indirect
g.	problème de genre
gér.	gérondif
mod.	mode du verbe
nég.	négation incorrecte
part.	partitif
pl.	forme plurielle nécessaire
poss.	formation incorrecte du possessif
prép.	préposition incorrecte
pr./com.	pronom complément d'objet
pr./réf.	pronom réfléchi
pr./rel.	pronom relatif
pr./suj.	pronom sujet
réf.	problème de référence
r.c.	rupture de construction (sentence fragment)
s.	forme singulière nécessaire
sub.	faute de subordination (conjonction de subordination)

orth.	faute d'orthographe
syn.	syntaxe incorrecte
tps.	temps incorrect du verbe
vb.	forme incorrecte du verbe
voc.	vocabulaire

Organisation/ Contenu

√	bonne idée
??	incompréhensible
log.	logique problématique
§	nouveau paragraphe
§/con.	manque de continuité dans le paragraphe
§/dév.	manque de développement dans le paragraphe

Style

amb.	ambiguïté
√	bien formulé/bonne idée
circ.	circonlocution
déc.	décousu (rambling)
ell.	elliptique
euph.	euphémisme
exag.	exagération
fam.	familier
h.s.	hors sujet
id.	expression idiomatique
incoh.	incohérent
jar.	jargon

log.	logique problématique
m.d.	mal dit
//	parallélisme de structure
pass.	voix passive
para.	paraphrase
p.l.	phrase longue
rép.	répétition
sac.	phrase saccadée (choppy)
s.s.	style simpliste
ζ	superflu/inutile
trans.	transition problématique
vag.	vague
ver.	verbosité

Ponctuation

«/»	guillemets
~	inverser l'ordre des mots
ital.	écrire en italique
maj.	lettre majuscule
min.	lettre minuscule
()	parenthèses
.	point
!	point d'exclamation
?	point d'interrogation
;	point virgule
-	tiret/trait d'union
,	virgule

Lexique

à travail égal, salaire égal	equal pay for equal work
Acadie f.	Acadia (name originally applied to an area that includes present-day Nova Scotia)
aborder (un sujet)	approach/broach (a subject)
accessoires m.pl.	props
accueil m.	welcome
accueillant adj.	hospitable
accueillir (chaleureusement)	to welcome (warmly)
s'acclimater à	to adapt
acculturation f.	cultural adaptation
acier m.	steel
acteur m., actrice f.	actor
s'adapter à un pays	to adapt to a country
s'adapter aux coutumes/ habitudes d'un peuple	to adapt to the customs/ habits of a people
adhésion f.	membership
admirer	to admire
adversaire m., f.	opponent
affinité f.	affinity
affligeant adj.	pathetic
affreux, -euse adj.	ugly
agence de voyages f.	travel agency
agent de voyages m.	travel agent
agréable adj.	pleasant
agresser	to assault
agricole adj.	agricultural
aide économique f.	economic aid
aîné m., aînée f.	the elder, the eldest
aisé	well-off
Algérie f.	Algeria
alliance f.	alliance
américaniser	to Americanize
amitié f.	friendship
amusant adj.	amusing
s'amuser bien	to have fun, to have a good time
anarchie f.	anarchy
angliciser	to Anglicize
animé adj.	lively
anonyme adj.	anonymous
anorak m.	parka
antagonisme m.	antagonism
appareil (appareil photo) m.	camera
appareil numérique m.	digital camera
appareil photo m.	camera
appartement de trois pièces m.	two-bedroom apartment with living room
appartenir à	to belong to
apprécier quelque chose	to enjoy something
aquarelle f.	watercolor
arc-boutant m.	flying buttress
architecte m., f.	architect
argile f.	clay
arrière-plan/à l'arrière-plan m.	background/in the background
arrière-grands-parents m. pl.	great-grandparents

arriviste m, f.	social climber
artiste m., f.	artist
ascenseur m.	elevator
atelier m.	studio
attaquer	to attack, to mug
attristant adj.	saddening
autorité f.	authority
avis m.	opinion
avoir	to have
avoir bon genre ou mauvais genre	to be distinguished or vulgar
avoir de bonnes manières	to be well-bred
avoir de bons (mauvais) rapports avec	to have a good (bad) relationship with
avoir de la classe	to have class
avoir droit à	to have a right to
avoir l'esprit ouvert/fermé	to be open-minded/ close-minded
avoir la nationalité irlandaise, espagnole, etc.	to be of Irish, Spanish nationality
avoir le droit de	to have the right to
avoir le mal du pays	to be homesick
avoir quelque chose à déclarer	to have something to declare
avoir une activité professionnelle	to have a career
avoir des enfants	to have children
avoir lieu	to take place
avortement m.	abortion
ballet m.	ballet
bande annonce f.	trailer
banlieue f.	suburbs
banque f.	bank
baroque adj.	baroque
bâtir	to build
beau-frère m.	brother-in-law
beau-père m.	father-in-law
béton m.	concrete
beur m., beurette f.	young Maghrebin whose parents were immigrants
belle-mère f.	mother-in-law or stepmother
belle-soeur f.	sister-in-law
bien conçu adj.	well conceived
bien élevé adj.	well behaved
bien équipé adj.	well equipped
bilingue adj.	bilingual
bilinguisme m.	bilingualism
biotechnologie f.	biotechnology
blouson m.	jacket (windbreaker)
blush m.	blush
bobine f.	reel
boîte de nuit f.	nightclub
bon marché adj. inv.	cheap
bonne bouffe (fam.) f.	good food
bourgeois adj.	belonging to the upper middle class
bourgeoisie f.	upper middle class

boutique *f.*	boutique; shop	comédie *f.*	comedy
bricoler	to putter	comédie musicale *f.*	musical
bruit *m.*	noise	commerce *m.*	commerce
bruitage *m.*	sound effects	compagne *f.*	companion
bruyant *adj.*	noisy	compagnon *m.*	companion
bulletin de vote *m.*	ballot	complaisant *adj.*	accommodating
cadre *m.*	frame	complexe (d'infériorité/	inferiority/
cadre moyen/supérieur *m.*	middle/senior management	de supériorité) *m.*	superiority complex
	executive	comportement *m.*	behavior
Cameroun *m.*	Cameroon	compréhensif, compréhensive *adj.*	understanding
campagne publicitaire *f.*	advertising campaign	concert *m.*	concert
candidat, *m.*, candidate *f.*	candidate	concurrence *f.*	competition
Caraïbes *f. pl.*	the Caribbean	condescendance *f.*	condescension
carte *f.*	card; map; menu	condescendant *adj.*	condescending
carte d'identité *f.*	ID card	confiance en soi *f.*	self-confidence
carte postale *f.*	postcard	conformiste *adj.*	conformist
carte d'embarquement *f.*	boarding pass	conjoint *m.*	spouse
cascadeur *m.*	stuntman	conjointe *f.*	spouse
casser	to break	conservateur, conservatrice *adj.*	conservative
catholique *adj.*	Catholic	constitution *f.*	constitution
centre commercial *m.*	shopping center	contraire à la loi *adj.*	against the law
centre-ville *m.*	downtown	contrôle *m.*	quiz
chanson *f.*	song	controversé	controversial
chanter	to sing	coopération *f.*	cooperation
chantier *m.*	construction site	coquet, coquette *adj.*	cute; coquettish
chapeau *m.*	hat	costume *m.*	suit (for men)
charbon *m.*	coal	Côte d'Ivoire *f.*	Ivory Coast
charges *f. pl.*	utility bill	couple *m.*	couple
chauvinisme *m.*	chauvinism,	cours *m.*	class, course
	superpatriotism	cours magistral *m.*	lecture course
chauffage *m.*	heat	cousin *m.*	cousin
chef d'œuvre *m.*	masterpiece	cousine *f.*	cousin
chemise *f.*	shirt	court métrage *m.*	short film
chemisier *m.*	blouse	couturier *m.*	fashion designer
chèque de voyage *m.*	traveler's check	créateur, -trice *adj.*	creative
cher, chère *adj.*	expensive	créativité *f.*	creativity
chercher	to look for	crèche *f.*	day-care center
chercher un poste/un emploi	to look for a position/job	créer	to create
chevalet *m.*	easel	créer un produit ou	to create a product or
chic *adj. inv.*	chic	une mode	a style
chômage *m.*	unemployment	se créer une nouvelle	to create a new identity
chômeur *m.*	unemployed person	identité	for oneself
cinéma *m.*	movies, cinema	crime *m.*	crime
circulation *f.*	traffic	criminalité *f.*	crime, criminality
citadin *m.*	city dweller	crise *f.*	crisis
cité *f.*	housing project	critiquer	to criticize
citoyen, *m.*, citoyenne *f.*	citizen	croissance *f.*	growth
citoyenneté *f.*	citizenship	cubiste *adj.*	cubist
clair-obscur *m.*	chiaroscuro, half-light	cuisiner	to cook
clandestin *m.*	illegal worker	danser	to dance
classe *f.*	class	de droite *adj.*	rightist
classe moyenne *f.*	middle class	de gauche *adj.*	leftist
classe ouvrière *f.*	working class	défendre	to defend
classes défavorisées *f. pl.*	underprivileged classes	défi *m.*	challenge
classes privilégiées *f. pl.*	privileged classes	défilé de mode *m.*	fashion show
classique *adj.*	classic	délabré *adj.*	dilapidated
clochard *m.*, clocharde *f.*	bum	démarches	administrative
coiffeur *m.*, coiffeuse *f.*	hairdresser	administratives *f.*	procedures
coiffure *f.*	hairstyle	demi-frère *m.*	half-brother
collège *m.*	junior high school	démissionner	to resign
colon *m.*	colonist	demi-soeur *f.*	half-sister
colonie *f.*	colony	démocratie *f.*	democracy

se démoder	to become outdated, to go out of style
dénigrement *m.*	denigration
dénigrer	to denigrate
dénoncer	to denounce
dépaysé *adj.*	out of one's element, lost
déplorable *adj.*	deplorable
député *m.*	representative
déraciné *adj.*	uprooted
déroutant *adj.*	confusing
désagréable *adj.*	unpleasant
se déshabiller	to undress
désobéir à	to disobey
despotisme *m.*	despotism
dessin *m.*	drawing
dessin animé *m.*	cartoon
dessiner	to draw
devanture *f.*	store front
dictature *f.*	dictatorship
discipliné *adj.*	disciplined
discrimination *f.*	discrimination
discuter avec quelqu'un de quelque chose	to discuss, argue with someone about something
dispute *f.*	quarrel
se disputer	to quarrel
dissertation *f.*	essay, paper
distractions *f. pl.*	entertainment
diversité *f.*	diversity
divorcer (de quelqu'un)	to divorce (someone)
don *m.*	gift
douanier *m.*	customs officer
doubler	to dub
doué *adj.*	gifted, talented
doux, douce *adj.*	sweet
doyen *m.*	
doyenne *f.*	dean
dramaturge *m.*	playwright
drame psychologique *m.*	psychological drama
droit *m.*	law; right
droit d'asile *m.*	right of asylum
droit de vote *m.*	right to vote
droits de l'homme *m. pl.*	human rights
drôle *adj.*	funny
dynamique *adj.*	dynamic
dynamisme *m.*	dynamism
échanges *m. pl.*	exchanges
écharpe *f.*	scarf
échec *m.*	flop
éclairage *m.*	lighting
école élémentaire *f.*	elementary school
école maternelle *f.*	kindergarten
économique *adj.*	economic
écran *m.*	screen
écrire	to write
écriture créative *f.*	creative writing
écrivain *m.*	writer
éducation *f.*	upbringing
effets spéciaux *m. pl.*	special effects
efficace *adj.*	efficient, effective
effrayant *adj.*	terrifying
égal *m.* (*pl.* égaux)	equal
égalité *f.*	equality

élaboré *adj.*	elaborate
élargissement *m.*	enlargement
élections *f. pl.*	elections
élégant *adj.*	elegant
élève *m. f.*	student (pre-university
élever des enfants	to bring up children
élire	to elect
élite *f.*	elite
embouteillage *m.*	traffic jam
embrasser	to kiss
embrouiller	to confuse
émeute *f.*	riot
émigrant *m.*, émigrante *f.*	emigrant
émouvant *adj.*	touching
encombré *adj.*	busy, crowded
endroit *m.*	place
énergies renouvelables *f. pl.*	renewable energy sources
enfant *m., f.*	child
enfant unique *m., f.*	only child
s'engager	to commit oneself
ennui *m.*	boredom
s'ennuyer	to be bored
ennuyeux *adj.*	boring
enregistrer ses bagages	to check one's baggage
enseignant *m.*	instructor
enseignement *m.*	teaching, instruction
s'entendre (bien) (avec quelqu'un)	to get along (well) with (someone)
s'épanouir dans son travail	to find fulfillment in one's job
épouser	to marry (someone)
épousseter	to dust
espace *m.*	space
espaces verts *m. pl.*	parks, green spaces or areas
esquisse *f.*	sketch
estompé *adj.*	shaded, blurred
étage *m.*	floor (of a building)
étalage *m.*	display
étaler des marchandises	to display merchandise
état *m.*	state
éthique *f.*	ethics
ethnicité *f.*	ethnicity
étranger *m.*, étrangère *f.*	foreigner
être	to be
être aisé	to be affluent, well-off
être attaché à	to be attached to
être bien accueilli	to be welcomed
être bien/mal élevé	to be well/badly behaved
être bien reçu	to be well received
être chauvin	to be superpatriotic
être conscient de	to be conscious of
être coupé de	to be cut off from
être d'origine	to be of … origin
être dans la vie active	to be in the workforce
être dépaysé	to be lost, out of one's element
être élu	to be elected
être en croisière	to be on a cruise
être enceinte	to be pregnant
être fier (fière) de	to be proud of
être juste/injuste envers	to be fair/unfair to
être mal reçu	to be badly received
être originaire de	to be from
être pauvre	to be poor

être situé — to be located
être snob — to be snobbish
être traité de (+ épithète) — to be called a name
être, arriver au pouvoir — to be in, to come to power
être amoureux, amoureuse de — to be in love with
être inscrit(e) — to be registrered
étroit *adj.* — narrow, crowded
étude *f.* — study
euro *m.* — Euro
exécrable *adj.* — atrocious
exercer un métier — to have a profession
exigeant *adj.* — demanding
existentialiste *adj.* — existentialist
s'expatrier — to emigrate, to become an expatriate
exploité *adj.* — exploited
expulser — to expel, to deport
façon *f.* — way
faire — to do; to make
　　faire de l'équitation — to ride horseback
　　faire de l'escrime — to fence
　　faire de la natation/nager — to swim
　　faire de la voile — to sail
　　faire des achats — to go shopping
　　faire des courses — to shop
　　faire des préparatifs — to make preparations
　　faire des projets — to make plans
　　faire des randonnées — to hike
　　faire des réformes — to make reforms
　　faire des sacrifices pour — to make sacrifices for
　　faire du camping — to camp
　　faire du lèche-vitrines — to window shop
　　faire du shopping — to go shopping
　　faire la charité — to give to charity
　　faire la cour à quelqu'un — to court someone
　　faire la cuisine — to do the cooking, to cook
　　faire la lessive — to do the laundry
　　faire la vaisselle — to do the dishes
　　faire le jardinage — to do the gardening, to garden
　　faire le lit — to make the bed
　　faire le marché — to do the grocery shopping
　　faire le ménage — to do the housework
　　faire les courses — to shop
　　faire partie de — to belong to
　　faire sa valise — to pack one's suitcase
　　faire un discours — to make a speech
　　faire un voyage — to take a trip
　　faire une croisière — to take a cruise
　　faire une distinction — to distinguish
　　faire une excursion accompagnée — to take a guided tour
　　faire une photo — to take a picture
　　faire une sortie en famille — to go on a family outing
　　se faire teindre les cheveux — to have one's hair dyed
faculté (de lettres et de sciences) *f.* — division of letters and sciences (university level)
faire escale — to make a stopover
famille nucléaire/élargie/ monoparentale — nuclear/extended/ single-parent family
féministe *m., f.* — feminist
femme au foyer *f.* — homemaker

femme *f.* — wife
　　femme d'affaires *f.* — businesswoman
　　femme politique *f.* — politician
fiancé(e) — fiancé
se fiancer à — to get engaged to
fidèle *adj.* — faithful
fierté nationale *f.* — national pride
fille *f.* — daughter
film *m.* — movie
　　film à suspense *m.* — thriller
　　film comique *m.* — comedy
　　film d'aventure *m.* — adventure movie
　　film d'épouvante *m.* — horror movie
　　film de science fiction *m.* — science fiction movie
　　film en noir et blanc *m.* — black and white movie
　　film en version originale *m.* — movie in the original language
　　film muet *m.* — silent movie
　　film policier *m.* — detective movie
fils *m.* — son
financier, -ère *adj.* — financial
flâner — to stroll
flirter — to flirt
fond de teint *m.* — foundation
fonder un foyer — to set up a household
formalités d'entrée dans un pays *f. pl.* — procedures to enter a country
fossé entre les générations *m.* — generation gap
fouiller — to search (a person, a suitcase, etc.)
foulard *m.* — scarf
foule *f.* — crowd
foyer *m.* — home; shelter
Français de souche *m.* — old stock French
franciser — to Frenchify
francophile *m., f.* ou *adj.* — lover of all things French; French-loving
francophobe *m., f.* ou *adj.* — French hater; French-hating
francophone *m., f.* ou *adj.* — French speaker; French-speaking
fraternité *f.* — fraternity
fréquenter (un café, un bar, etc.) — to frequent (a café, a bar, etc.)
frontière *f.* — frontier
gare *f.* — train station
garer une voiture — to park a car
gargouille *f.* — gargoyle
gâté *adj.* — spoiled
générique *m.* — credits
génial (*fam*) *adj.* — excellent
genre *m.* — type, genre, sort
gestion des affaires *f.* — business administration, management
gosse (*fam.*) *m., f.* — kid
gothique *adj.* — gothic
goût *m.* — taste
gouvernement *m.* — government
grand ensemble *m.* — housing project
grand magasin *m.* — department store
grands-parents *m. pl.* — grandparents
gratte-ciel *m.* — skyscraper
gratuit *adj.* — free
gravir les échelons de la hiérarchie sociale — to move up the social ladder

gravure *f.*	engraving	jean *m.*	jeans
gronder	to scold	jouer à + article défini	to play a game, sport
gros plan *m.*	close-up	jouer un role	to play a part, act (in a movie, play, etc.)
guide *m.*	tour guide; guidebook		
s'habiller	to get dressed	juif, juive *adj.*	Jewish
habitude *f.*	habit	jumeau *m.*, jumelle *f.*	twin
Haïti *n.*	Haiti	jupe *f.*	skirt
harcèlement sexuel *m.*	sexual harassment	justice *f.*	justice
haut fonctionnaire *m.*	top civil servant	laïcité *f.*	secularism
haute couture *f.*	high fashion	lancer	to throw
héberger	to lodge, to house	lancer un nouveau produit	to launch a new product
héritage *m.*	inheritance	se lancer	to throw oneself (into something)
hériter de	to inherit	se lancer dans la politique	to go into politics
héritier *m.*, -ère *f.*	heir	se lancer dans les affaires	to go into business
hexagone *m.*	nom donné à la France, basé sur sa forme géographique	lent *adj.*	slow
		lentille *f.*	lens
hiérarchie *f.*	hierarchy	libéral *adj.*	liberal
HLM (habitation à loyer modéré) *f.*	housing projects	libéré *adj.*	liberated, free
		liberté *f.*	liberty, freedom
homme *m.*	man	liberté sexuelle *f.*	sexual freedom
homme macho *m.*	male chauvinist	lien *m.*	tie
homme politique *m.*	politician	limitation des naissances *f.*	birth control
homme d'affaires *m.*	businessman	locataire *m., f.*	tenant
hospitalité *f.*	hospitality	logis *m.*	home
s'identifier à	to identify with	loi *f.*	law
identité *f.*	identity	look *m.*	look, fashion image
immeuble *m.*	apartment building	louche *adj.*	shady, suspicious
immigrant(e) *m., f.*	an immigrant who has just arrived	louer (un appartement)	to rent (an apartment)
		loyer *m.*	rent
immigration *f.*	immigration	lumière *f.*	light, lighting
immigré(e) *m., f.*	immigrant	lune de miel *f.*	honeymoon
immigrer	to immigrate	machisme *m.*	male chauvinism
imperméable *m.*	raincoat	Maghreb *m.*	the Maghreb (area encompassing Algeria, Morocco, and Tunisia)
impressionniste *adj.*	impressionist		
indépendant *adj.*	independent		
indigène *m., f.* ou *adj.*	native	Maghrébin(e) *m., f.*	person from the Maghreb (Algeria, Morocco, Tunisia)
indiscipliné *adj.*	unruly		
indulgent *adj.*	lenient	maillot de bain *m.*	bathing suit
inégalités sociales *f. pl.*	social inequities	main d'œuvre *f.*	labor
inférieur *adj.*	inferior	maintenir le statu quo	to maintain the status quo
infériorité *f.*	inferiority	maîtriser	to master
ingrat *adj.*	ungrateful	mal élevé *adj.*	badly brought up
inhumain *adj.*	inhuman	mandat *m.*	mandate, term of office
s'inscrire à un cours	to enroll in a course	manière *f.*	way
insécurité *f.*	insecurity, lack of safety	manifester	to show
institutions *f. pl.*	institutions	manifestation *f.*	demonstration
instruit *adj.*	educated	mannequin *m.*	fashion model
s'intégrer à une culture, un pays	to integrate oneself into a culture, country	manque *m.*	lack, shortage
		manque de communication *m.*	lack of communication
intégration *f.*	integration	manquer	to miss, lack, be absent
intellectuel, -le *adj.*	intellectual	manquer à quelqu'un	to miss someone (Il me manque. I miss him.)
interdire	to forbid		
intérêt commun *m.*	common interest	manquer de bonnes manières	to be ill-bred
intrigue *f.*	plot	manquer de confiance en soi	to lack self-confidence
inventer un produit ou une mode	to invent a product or a style	manteau *m.*	coat
		manuel *m.*	textbook
investissements *m. pl.*	investments	maquillage *m.*	makeup
irresponsable *adj.*	irresponsible	se maquiller	to put on makeup
islamique *adj.*	Islamic	marbre *m.*	marble
lycée *m.*	high school	marché *m.*	market
lycéen *m.*	highschool student	marché aux puces *m.*	flea market
jaloux, jalouse *adj.*	jealous		
jazz *m.*	jazz		

mari *m.*	husband
marié *m.*	groom
mariée *f.*	bride
se marier avec	to marry (someone)
marketing *m.*	marketing
Maroc *m.*	Morocco
mascara *m.*	mascara
se méfier de	to distrust
membre *m.*	member
membres des professions	professionals
libérales *m. pl.*	
mémoire *m.*	mini thesis
mendiant *m.*	beggar
mendier	to beg
méprisant *adj.*	contemptuous
mère *f.*	mother
mériter l'amour de	to deserve/earn the love of
message publicitaire *m.*	advertisement
métier *m.*	profession, job, career
métro *m.*	subway
metteur en scène *m.*	director
mettre	to put, place; (un vêtement)
	to put on
mignon, mignonne *adj.*	cute
milieu social *m.*	social environment
ministre *m.*	minister
mise en scène *f.*	direction
mode *f.*	fashion
mode *m.*	way, method
mode de vie *m.*	lifestyle
mœurs *f. pl.*	mores, customs
monarchie *m.*	monarchy
à mon avis	in my opinion
monde *m.*	world
monde des affaires *m.*	business world
mondialisation *f.*	globalization
monétaire *adj.*	monetary
montage *m.*	film editing
moyen, -enne *adj.*	middle, average
musicien *m.*, musicienne *f.*	musician
musique de fond *f.*	background music
musulman *adj.*	Muslim
nation *f.*	nation
nationalité *f.*	nationality
navet *m.*	bad movie
navrant *adj*	distressing
négligé *adj.*	neglected
négliger	to neglect
négociations *f.*	negotiations
neuf *m.*, neuve *f. adj.*	brand new
neveu *m.*	nephew
nièce *f.*	niece
nier	to deny
niveau *m.*	level
niveau d'instruction *m.*	education level
niveau de vie *m.*	standard of living
nombril *m.*	navel
nombrilisme *(fam.) m.*	the feeling of being at the center of the universe
nouveau (nouvel) *m.*, nouvelle *f. adj.*	new
nouveau riche *m.*	nouveau riche
nul *(fam.) adj.*	very bad, worthless

obéir à	to obey
obtenir son diplôme	to graduate
occidental *adj.*	Western
s'occuper des enfants	to take care of the children
œuvre d'art *f.*	work of art
office de tourisme *m.*	tourist office
ombre *f.*	shadow
ombre à paupières *f.*	eye shadow
oncle *m.*	uncle
opéra *m.*	opera
oriental *adj.*	Oriental, Asian
orphelin *m.*, orpheline *f.*	orphan
osé	risqué
ôter	to take off
ouvrier, -ière *adj.*	worker (blue collar)
paisible *adj.*	peaceful
paix *f.*	peace
palette *f.*	palette, range of colors
pantalon *m.*	pants
parenté *f.*	kinship
parents *m. pl.*	relatives
parfum *m.*	perfume
parfumeur *m.*	perfumer
parlement *m.*	parliament
partager	to share
parti *m.*	party
partisan *m.*, partisane *f.*	supporter, follower
parvenir	to reach
parvenu(e) *m.*, *f.*	nouveau riche
passeport *m.*	passport
passer	to pass
passer à la douane	to pass through customs
passer un examen	to take an exam
passer l'aspirateur	to vacuum
passer un film (sur l'écran)	to show a film
passer un examen	to take an exam
paternaliste *adj.*	paternalistic
patrie *f.*	homeland
patrie d'adoption *f.*	adopted homeland
pauvre *adj.*	poor
pauvreté *f.*	poverty
pays *m.*	country
pays en voie de développement *m.*	developing country
pays industrialisé *m.*	industrialized country
paysagiste *m.*	landscape painter
peindre	to paint
peintre *m.*	painter
peinture à l'huile *f.*	oil paint
pellicule *f.*	camera film
percevoir comme	to perceive as
perdre son identité	to lose one's identity
se perdre	to get lost
père *m.*	father
périphérie *f.*	outskirts (of town)
personnage *m.*	character (in a book, play, etc.)
personnage principal *m.*	main character
perspective *f.*	perspective
petit ami *m.*	boyfriend
petite amie *f.*	girlfriend
petites annonces *f. pl.*	classified ads
peuple *m.*	people, nation

peuple français, américain	the French, American people
photo f.	photograph
photographe m.	photographer
photographier	to photographe, take a photograph
pièce f.	room
pièce de théâtre f.	play
pinceau m.	brush (artist's)
piquer (argot)	to steal, pickpocket
plan (de la ville) m.	city map
poète m.	poet
polémique f.	controversy
poli adj.	polite, polished
politique f.	politics, policy
politique migratoire f.	immigration policy
pollution f.	pollution
porter	to carry
porter (un vêtement)	to wear
porter un jugement sur	to give an opinion on
poser sa candidature	to run for office
poursuivre une carrière	to pursue a career
pouvoir m.	power
pouvoir exécutif m.	executive power
pouvoir judiciaire m.	judicial power
pouvoir législatif m.	legislative power
pratique adj.	practical
premier plan m.	foreground
au premier plan adv.	in the foreground
prendre	to take
prendre des photos	to take pictures
prendre en photo	to take a photograph
prendre le métro	to take the metro
prendre l'avion	to take a plane
président m., présidente f.	president
prêt-à-porter m.	ready to wear
prix m.	price; award
prix de vente m.	price
production f.	production
produire un film	to produce a film
programme m.	program, platform
progrès m.	progress
progressiste	liberal
se promener	to take a walk, to walk
propriétaire m., f.	landlord, landlady
protection de l'environnement f.	environmental protection
protestant adj.	Protestant
public m., publique f. adj.	public
puissance f.	power
pull-over m.	pullover sweater
punir	to punish
quartier (riche, pauvre, estudiantin, etc.) m.	(rich, poor, student, etc.) quarter, neighborhood, section
Québec m.	Quebec
rabais m.	discount
raffiné adj.	refined
se raser	to shave
rayonnement m.	influence
rayonner	to spread, to uphold
réactionnaire adj.	reactionary
réagir	to react
réaliste adj.	realist
réchauffement planétaire m.	global warming

reconnaître	to recognize
reconnaître le droit de	to recognize the right to
redaction f.	essay, composition
refouler	to turn back, repress
refuser les rôles féminins traditionnels	to refuse the traditional feminine roles
regarder	to look
regarder les vitrines	to window shop
rendre	to give back, return
rendre + adjectif	to make + adjective (Il me rend heureuse. He makes me happy.)
rendre visite à	to visit (a person)
rentrée f.	return to school for a new academic year
renoncer	to renounce
renoncer à son origine	to renounce one's origins
rénové adj.	renovated
reprocher quelque chose à quelqu'un	to reproach someone for something
république f.	republic
réputation f.	reputation
respecter	to respect
responsable	responsible
réussir	to succeed
réussir professionnellement	to have a successful career, to succeed professionally
réussir un examen	to pass an exam
réussite f.	success
révéler	to reveal
revendication f.	demand
revenu m.	income
rêver de	to dream of
rez-de-chaussée m.	ground floor
robe f.	dress
robe d'été f.	sundress
robe de chambre f.	dressing gown, bathrobe
robe du soir f.	evening dress
rôle m.	part
romantique adj.	romantic
rouge à lèvres m.	lipstick
S.D.F (sans domicile fixe) m.	homeless
sage adj.	well-behaved
sale adj.	dirty
salle f.	room
salle de cinéma f.	movie theater
sanctionner	to sanction
sans intérêt	uninteresting
sans-logis m.	homeless person
sans-papiers m.	person residing in France without a residence permit
sauvegarde des espèces animales menacées f.	endangered species protection
savoir-faire m.	savoir faire, practical knowledge
scénario m.	script, screenplay
scénariste m.	scriptwriter, screenwriter
scrutin m.	ballot
sculpter	to sculpt
sculpteur m., sculptrice f.	sculptor
sculpture f.	sculpture
séance f.	showing
sécurité f.	security
sécurité alimentaire f.	food safety

séduisant *adj.*	attractive, seductive
seminaire *m.*	seminar
séjour *m.*	stay
sénateur *m.*	senator
Sénégal *m.*	Senegal
se sentir + adjectif	to feel + adjective (Je me sens fatigué. *I feel tired.*)
se sentir à l'aise	to feel at ease
se sentir bien dans sa peau	to feel good about oneself, to be happy with oneself
se sentir étranger (à)	to feel alienated (from), alien (to)
se sentir mal à l'aise	to feel ill at ease, lost
se séparer de	to break away from
sexy *adj.*	sexy
short *m.*	shorts
silencieux, -euse *adj.*	silent
simple *adj.*	simple
sinistre *adj.*	sinister
smoking *m.*	tuxedo
snob *adj.*	snobbish
snob *m.*	snob
snobisme *m.*	snobbery
soigner	to care for, to take care of
soirée *f.*	party
soldes *f. pl.*	sale
être en solde	to be on sale
solidarité *f.*	solidarity
solidarité sociale *f.*	social solidarity
sombre *adj.*	somber, dark
sondage *m.*	a poll
sophistication *f.*	sophistication
sophistiqué *adj.*	sophisticated
sortir	to go out
sortir avec	to go out with
souhaiter	to wish
souhaiter la bienvenue à quelqu'un	to welcome someone
souligner	to emphasize, underline
sous-titre *m.*	subtitle
souvenir *m.*	souvenir
souveraineté *f.*	sovereignty
spacieux *adj.*	spacious
stéréotype féminin *m.*	feminine stereotype
stimulant *adj.*	stimulating
strict *adj.*	strict
styliste *m., f.*	designer
sublime *adj.*	sublime
succès *m.*	success
suffisance *f.*	self-importance
suivre un cours	to take a course
supérieur *adj.*	superior
supériorité *f.*	superiority
sûr *adj.*	safe
surréaliste *adj.*	surrealist
tableau *m.*	painting
Tahiti *n.*	Tahiti
tailleur *m.*	suit (for women)
tante *f.*	aunt
tapisserie *f.*	tapestry
taudis *m.*	hovel, slum
taux d'intérêt *m.*	interest rate
tee-shirt *m.*	T-shirt
tempérament *m.*	character

se teindre les cheveux	to dye one's hair (oneself)
tenue *f.*	dress
tenue correcte *f.*	smart or appropriate clothing
tenue de soirée *f.*	evening dress
tenue de sport *f.*	sports clothing, activewear
terrain vague *m.*	vacant lot
texture *f.*	texture
théâtre *m.*	theater
these *f.*	doctoral dissertation
timbre (timbre-poste) *m.*	postage stamp
titre de séjour *m.*	le titre de séjour permet de travailler ou d'étudier
toile *f.*	canvas
toile de fond *f.*	backdrop (theater)
tomber	to fall
tomber amoureux, amoureuse de	to fall in love with
tondre la pelouse	to mow the lawn
touriste *m., f.*	tourist
tourner (un film)	to shoot (a film)
tragédie *f.*	tragedy
traité *m.*	treaty
tranquille *adj.*	quiet
transports en commun *m. pl.*	public transportation
travailler	to work
travailler à mi-temps/à temps partiel	to work part-time
travailler à plein temps	to work full-time
travaux dirigés *m. pl.*	study section (to complement large lecture courses)
travaux ménagers *m. pl.*	household chores
tricot *m.*	sweater
trompe l'œil (en ...) *m.*	trompe l'œil
tromper	to cheat on, to deceive
trottoir *m.*	sidewalk
trouver	to find
trouver un poste/un emploi	to find a position/a job
se trouver	to be located
trucage *m.*	special effects
Tunisie *f.*	Tunisia
unification *f.*	unification
union *f.*	union
Union européenne *f.*	European Union
s'unir	to unite
valeurs *f. pl.*	values
vedette *f.*	movie star (male or female)
veste *f.*	jacket (sport jacket)
vêtements *m. pl.*	clothing
vie *f.*	life
vie culturelle *f.*	cultural life
vieux (vieil) *m.*, vieille *f. adj.*	old
villa *f.*	villa, second residence usually in the country or by the sea
visa *m.*	visa
visiter	to visit (a place)
vitrail *m.*	stained glass window
vitrine *f.*	store window
vivre	to live
voiture *f.*	car
voter (pour, contre)	to vote (for, against)
voyou *m.*	hoodlum, thug
xénophobie *f.*	xenophobia

Conjugaisons

Verbes réguliers en -er

Modèle : travailler	
Présent	je travaille, tu travailles, il/elle/on travaille, nous travaillons, vous travaillez, ils/elles travaillent
Impératif	travaille, travaillons, travaillez
Passé composé	j'ai travaillé, tu as travaillé, il/elle/on a travaillé, nous avons travaillé, vous avez travaillé, ils/elles ont travaillé
Imparfait	je travaillais, tu travaillais, il/elle/on travaillait, nous travaillions, vous travailliez, ils/elles travaillaient
Plus-que-parfait	j'avais travaillé, tu avais travaillé, il/elle/on avait travaillé, nous avions travaillé, vous aviez travaillé, ils/elles avaient travaillé
Passé simple	je travaillai, tu travaillas, il/elle/on travailla, nous travaillâmes, vous travaillâtes, ils/elles travaillèrent
Subjonctif	je travaille, tu travailles, il/elle/on travaille, nous travaillions, vous travailliez, ils/elles travaillent
Subjonctif passé	j'aie travaillé, tu aies travaillé, il/elle/on ait travaillé, nous ayons travaillé, vous ayez travaillé, ils/elles aient travaillé
Futur	je travaillerai, tu travailleras, il/elle/on travaillera, nous travaillerons, vous travaillerez, ils/elles travailleront
Futur antérieur	j'aurai travaillé, tu auras travaillé, il/elle/on aura travaillé, nous aurons travaillé, vous aurez travaillé, ils/elles auront travaillé
Conditionnel	je travaillerais, tu travaillerais, il/elle/on travaillerait, nous travaillerions, vous travailleriez, ils/elles travailleraient
Conditionnel passé	j'aurais travaillé, tu aurais travaillé, il/elle/on aurait travaillé, nous aurions travaillé, vous auriez travaillé, ils/elles auraient travaillé

Quelques autres **verbes réguliers en -er :** adorer, aimer, apprécier, arriver, chanter, danser, détester, discuter, donner, écouter, gérer, intéresser, jouer, louer, marcher, parler, penser, préparer, rester, se brosser, se coiffer, se contenter de, se coucher, s'habiller, se parler, se raser, se reposer, se réveiller, sembler, téléphoner, visiter, etc.

Modèle : finir	
Présent	*je finis, tu finis, il/elle/on finit, nous finissons, vous finissez, ils/elles finissent*
Impératif	*finis, finissons, finissez*
Passé composé	*j'ai fini, tu as fini, il/elle/on a fini, nous avons fini, vous avez fini, ils/elles ont fini*
Imparfait	*je finissais, tu finissais, il/elle/on finissait, nous finissions, vous finissiez, ils/elles finissaient*
Plus-que-parfait	*j'avais fini, tu avais fini, il/elle/on avait fini, nous avions fini, vous aviez fini, ils/elles avaient fini*
Passé simple	*je finis, tu finis, il/elle/on finit, nous finîmes, vous finîtes, ils/elles finirent*
Subjonctif	*je finisse, tu finisses, il/elle/on finisse, nous finissions, vous finissiez, ils/elles finissent*
Subjonctif passé	*j'aie fini, tu aies fini, il/elle/on ait fini, nous ayons fini, vous ayez fini, ils/elles aient fini*
Futur	*je finirai, tu finiras, il/elle/on finira, nous finirons, vous finirez, ils/elles finiront*
Futur antérieur	*j'aurai fini, tu auras fini, il/elle/on aura fini, nous aurons fini, vous aurez fini, ils/elles auront fini*
Conditionnel	*je finirais, tu finirais, il/elle/on finirait, nous finirions, vous finiriez, ils/elles finiraient*
Conditionnel passé	*j'aurais fini, tu aurais fini, il/elle/on aurait fini, nous aurions fini, vous auriez fini, ils/elles auraient fini*

*Quelques autres **verbes réguliers en -ir** : aboutir, accomplir, choisir, fleurir, grandir, grossir, maigrir, maudire, obéir, réfléchir, réjouir, réussir, rougir, se réunir, vieillir, etc.*

Modèle : vendre	
Présent	je vends, tu vends, il/elle/on vend, nous vendons, vous vendez, ils/elles vendent
Impératif	vends, vendons, vendez
Passé composé	j'ai vendu, tu as vendu, il/elle/on a vendu, nous avons vendu, vous avez vendu, ils/elles ont vendu
Imparfait	je vendais, tu vendais, il/elle/on vendait, nous vendions, vous vendiez, ils/elles vendaient
Plus-que-parfait	j'avais vendu, tu avais vendu, il/elle/on avait vendu, nous avions vendu, vous aviez vendu, ils/elles avaient vendu
Passé simple	je vendis, tu vendis, il/elle/on vendit, nous vendîmes, vous vendîtes, ils/elles vendirent
Subjonctif	je vende, tu vendes, il/elle/on vende, nous vendions, vous vendiez, ils/elles vendent
Subjonctif passé	j'aie vendu, tu aies vendu, il/elle/on ait vendu, nous ayons vendu, vous ayez vendu, ils/elles aient vendu
Futur	je vendrai, tu vendras, il/elle/on vendra, nous vendrons, vous vendrez, ils/elles vendront
Futur antérieur	j'aurai vendu, tu auras vendu, il/elle/on aura vendu, nous aurons vendu, vous aurez vendu, ils/elles auront vendu
Conditionnel	je vendrais, tu vendrais, il/elle/on vendrait, nous vendrions, vous vendriez, ils/elles vendraient
Conditionnel passé	j'aurais vendu, tu aurais vendu, il/elle/on aurait vendu, nous aurions vendu, vous auriez vendu, ils/elles auraient vendu

Quelques autres **verbes réguliers en -re** : défendre, descendre, entendre, fondre, pendre, perdre, rendre, répondre, se détendre, s'entendre, se rendre compte, etc.

Verbes irréguliers

	aller	appeler
Présent	je vais, tu vas, il/elle/on va, nous allons, vous allez, ils/elles vont	j'appelle, tu appelles, il/elle/on appelle, nous appelons, vous appelez, ils/elles appellent
Impératif	va, allons, allez	appelle, appelons, appelez
Passé composé	je suis allé(e), tu es allé(e), il/elle/on est allé(e), nous sommes allé(e)s, vous êtes allé(e)(s), ils/elles sont allé(e)s	j'ai appelé, tu as appelé, il/elle/on a appelé, nous avons appelé, vous avez appelé, ils/elles ont appelé
Imparfait	j'allais, tu allais, il/elle/on allait, nous allions, vous alliez, ils/elles allaient	j'appelais, tu appelais, il/elle/on appelait, nous appelions, vous appeliez, ils/elles appelaient
Passé simple	j'allai, tu allas, il/elle/on alla, nous allâmes, vous allâtes, ils/elles allèrent	j'appelai, tu appelas, il/elle/on appela, nous appelâmes, vous appelâtes, ils/elles appelèrent
Subjonctif	j'aille, tu ailles, il/elle/on aille, nous allions, vous alliez, ils/elles aillent	j'appelle, tu appelles, il/elle/on appelle, nous appelions, vous appeliez, ils/elles appellent
Subjonctif passé	je sois allé(e), tu sois allé(e), il/elle/on soit allé(e), nous soyons allé(e)s, vous soyez allé(e)(s), ils/elles soient allé(e)s	j'aie appelé, tu aies appelé, il/elle/on ait appelé, nous ayons appelé, vous ayez appelé, ils/elles aient appelé
Futur	j'irai, tu iras, il/elle/on ira, nous irons, vous irez, ils/elles iront	j'appellerai, tu appelleras, il/elle/on appellera, nous appellerons, vous appellerez, ils/elles appelleront
Futur antérieur	je serai allé(e), tu seras allé(e), il/elle/on sera allé(e), nous serons allé(e)s, vous serez allé(e)(s), ils/elles seront allé(e)s	j'aurai appelé, tu auras appelé, il/elle/on aura appelé, nous aurons appelé, vous aurez appelé, ils/elles auront appelé
Conditionnel	j'irais, tu irais, il/elle/on irait, nous irions, vous iriez, ils/elles iraient	j'appellerais, tu appellerais, il/elle/on appellerait, nous appellerions, vous appelleriez, ils/elles appelleraient
Conditionnel passé	je serais allé(e), tu serais allé(e), il/elle/on serait allé(e), nous serions allé(e)s, vous seriez allé(e)(s), ils/elles seraient allé(e)s	j'aurais appelé, tu aurais appelé, il/elle/on aurait appelé, nous aurions appelé, vous auriez appelé, ils/elles auraient appelé

Autres verbes comme **appeler :** *jeter, rejeter*

	s'asseoir	avoir
Présent	je m'assoie (m'assieds), tu t'assoies (t'assieds), il/elle/on s'assoit (s'assied), nous nous asseyons, vous vous asseyez, ils/elles s'assoient (s'asseyent)	j'ai, tu as, il/elle/on a, nous avons, vous avez, ils/elles ont
Impératif	assieds-toi, asseyons-nous, asseyez-vous	aie, ayons, ayez
Passé composé	je me suis assis(e), tu t'es assis(e), il/elle/on s'est assis(e), nous nous sommes assis(es), vous vous êtes assis(e)(s), ils/elles se sont assis(es)	j'ai eu, tu as eu, il/elle/on a eu, nous avons eu, vous avez eu, ils/elles ont eu
Imparfait	je m'asseyais, tu t'asseyais, il/elle/on s'asseyait, nous nous asseyions, vous vous asseyiez, ils/elles s'asseyaient	j'avais, tu avais, il/elle/on avait, nous avions, vous aviez, ils/elles avaient
Passé simple	je m'assis, tu t'assis, il/elle/on s'assit, nous nous assîmes, vous vous assîtes, ils/elles assirent	j'eus, tu eus, il/elle/on eut, nous eûmes, vous eûtes, ils/elles eurent
Subjonctif	je m'assoie (m'asseye), tu t'assoies (t'asseyes), il/elle/on s'assoie (s'asseye), nous nous asseyions, vous vous asseyiez, ils/elles s'assoient (s'asseyent)	j'aie, tu aies, il/elle/on ait, nous ayons, vous ayez, ils/elles aient
Subjonctif passé	je me sois assis(e), tu te sois assis(e), il/elle/on se soit assis(e), nous nous soyons assis(es), vous vous soyez assis(e)(s), ils/elles se soient assis(es)	j'aie eu, tu aies eu, il/elle/on ait eu, nous ayons eu, vous ayez eu, ils/elles aient eu
Futur	je m'assiérai, tu t'assiéras, il/elle/on s'assiéra, nous nous assiérons, vous vous assiérez, ils/elles s'assiéront	j'aurai, tu auras, il/elle/on aura, nous aurons, vous aurez, ils/elles auront
Futur antérieur	je me serai assis(e), tu te seras assis(e), il/elle/on se sera assis(e), nous nous serons assis(es), vous vous serez assis(e)(s), ils/elles se seront assis(es)	j'aurai eu, tu auras eu, il/elle/on aura eu, nous aurons eu, vous aurez eu, ils/elles auront eu
Conditionnel	je m'assiérais, tu t'assiérais, il/elle/on s'assiérait, nous nous assiérions, vous vous assiériez, ils/elles s'assiéraient	j'aurais, tu aurais, il/elle/on aurait, nous aurions, vous auriez, ils/elles auraient
Conditionnel passé	je me serais assis(e), tu te serais assis(e), il/elle/on se serait assis(e), nous nous serions assis(es), vous vous seriez assis(e)(s), ils/elles se seraient assis(es)	j'aurais eu, tu aurais eu, il/elle/on aurait eu, nous aurions eu, vous auriez eu, ils/elles auraient eu

	boire	conduire
Présent	je bois, tu bois, il/elle/on boit, nous buvons, vous buvez, ils/elles boivent	je conduis, tu conduis, il/elle/on conduit, nous conduisons, vous conduisez, ils/elles conduisent
Impératif	bois, buvons, buvez	conduis, conduisons, conduisez
Passé composé	j'ai bu, tu as bu, il/elle/on a bu, nous avons bu, vous avez bu, ils/elles ont bu	j'ai conduit, tu as conduit, il/elle/on a conduit, nous avons conduit, vous avez conduit, ils/elles ont conduit
Imparfait	je buvais, tu buvais, il/elle/on buvait, nous buvions, vous buviez, ils/elles buvaient	je conduisais, tu conduisais, il/elle/on conduisait, nous conduisions, vous conduisiez, ils/elles conduisaient
Passé simple	je bus, tu bus, il/elle/on but, nous bûmes, vous bûtes, ils/elles burent	je conduisis, tu conduisis, il/elle/on conduisit, nous conduisîmes, vous conduisîtes, ils/elles conduisirent
Subjonctif	je boive, tu boives, il/elle/on boive, nous buvions, vous buviez, ils/elles boivent	je conduise, tu conduises, il/elle/on conduise, nous conduisions, vous conduisiez, ils/elles conduisent
Subjonctif passé	j'aie bu, tu aies bu, il/elle/on ait bu, nous ayons bu, vous ayez bu, ils/elles aient bu	j'aie conduit, tu aies conduit, il/elle/on ait conduit, nous ayons conduit, vous ayez conduit, ils/elles aient conduit
Futur	je boirai, tu boiras, il/elle/on boira, nous boirons, vous boirez, ils/elles boiront	je conduirai, tu conduiras, il/elle/on conduira, nous conduirons, vous conduirez, ils/elles conduiront
Futur antérieur	j'aurai bu, tu auras bu, il/elle/on aura bu, nous aurons bu, vous aurez bu, ils/elles auront bu	j'aurai conduit, tu auras conduit, il/elle/on aura conduit, nous aurons conduit, vous aurez conduit, ils/elles auront conduit
Conditionnel	je boirais, tu boirais, il/elle/on boirait, nous boirions, vous boiriez, ils/elles boiraient	je conduirais, tu conduirais, il/elle/on conduirait, nous conduirions, vous conduiriez, ils/elles conduiraient
Conditionnel passé	j'aurais bu, tu aurais bu, il/elle/on aurait bu, nous aurions bu, vous auriez bu, ils/elles auraient bu	j'aurais conduit, tu aurais conduit, il/elle/on aurait conduit, nous aurions conduit, vous auriez conduit, ils/elles auraient conduit

Autres verbes comme **conduire :** *construire, cuire, nuire*

	connaître	courir
Présent	je connais, tu connais, il/elle/on connaît, nous connaissons, vous connaissez, ils/elles connaissent	je cours, tu cours, il/elle/on court, nous courons, vous courez, ils/elles courent
Impératif	connais, connaissons, connaissez	cours, courons, courez
Passé composé	j'ai connu, tu as connu, il/elle/on a connu, nous avons connu, vous avez connu, ils/elles ont connu	j'ai couru, tu as couru, il/elle/on a couru, nous avons couru, vous avez couru, ils/elles ont couru
Imparfait	je connaissais, tu connaissais, il/elle/on connaissait, nous connaissions, vous connaissiez, ils/elles connaissaient	je courais, tu courais, il/elle/on courait, nous courions, vous couriez, ils/elles couraient
Passé simple	je connus, tu connus, il/elle/on connut, nous connûmes, vous connûtes, ils/elles connurent	je courus, tu courus, il/elle/on courut, nous courûmes, vous courûtes, ils/elles coururent
Subjonctif	je connaisse, tu connaisses, il/elle/on connaisse, nous connaissions, vous connaissiez, ils/elles connaissent	je coure, tu coures, il/elle/on coure, nous courions, vous couriez, ils/elles courent
Subjonctif passé	j'aie connu, tu aies connu, il/elle/on ait connu, nous ayons connu, vous ayez connu, ils/elles aient connu	j'aie couru, tu aies couru, il/elle/on ait couru, nous ayons couru, vous ayez couru, ils/elles aient couru
Futur	je connaîtrai, tu connaîtras, il/elle/on connaîtra, nous connaîtrons, vous connaîtrez, ils/elles connaîtront	je courrai, tu courras, il/elle/on courra, nous courrons, vous courrez, ils/elles courront
Futur antérieur	j'aurai connu, tu auras connu, il/elle/on aura connu, nous aurons connu, vous aurez connu, ils/elles auront connu	j'aurai couru, tu auras couru, il/elle/on aura couru, nous aurons couru, vous aurez couru, ils/elles auront couru
Conditionnel	je connaîtrais, tu connaîtrais, il/elle/on connaîtrait, nous connaîtrions, vous connaîtriez, ils/elles connaîtraient	je courrais, tu courrais, il/elle/on courrait, nous courrions, vous courriez, ils/elles courraient
Conditionnel passé	j'aurais connu, tu aurais connu, il/elle/on aurait connu, nous aurions connu, vous auriez connu, ils/elles auraient connu	j'aurais couru, tu aurais couru, il/elle/on aurait couru, nous aurions couru, vous auriez couru, ils/elles auraient couru

Autres verbes comme **connaître** *: apparaître, disparaître, paraître, se connaître*

Autres verbes comme **courir** *: parcourir, secourir*

	craindre	croire
Présent	*je crains, tu crains, il/elle/on craint, nous craignons, vous craignez, ils/elles craignent*	*je crois, tu crois, il/elle/on croit, nous croyons, vous croyez, ils/elles croient*
Impératif	*crains, craignons, craignez*	*crois, croyons, croyez*
Passé composé	*j'ai craint, tu as craint, il/elle/on a craint, nous avons craint, vous avez craint, ils/elles ont craint*	*j'ai cru, tu as cru, il/elle/on a cru, nous avons cru, vous avez cru, ils/elles ont cru*
Imparfait	*je craignais, tu craignais, il/elle/on craignait, nous craignions, vous craigniez, ils/elles craignaient*	*je croyais, tu croyais, il/elle/on croyait, nous croyions, vous croyiez, ils/elles croyaient*
Passé simple	*je craignis, tu craignis, il/elle/on craignit, nous craignîmes, vous craignîtes, ils/elles craignirent*	*je crus, tu crus, il/elle/on crut, nous crûmes, vous crûtes, ils/elles crurent*
Subjonctif	*je craigne, tu craignes, il/elle/on craigne, nous craignions, vous craigniez, ils/elles craignent*	*je croie, tu croies, il/elle/on croie, nous croyions, vous croyiez, ils croient*
Subjonctif passé	*j'aie craint, tu aies craint, il/elle/on ait craint, nous ayons craint, vous ayez craint, ils/elles aient craint*	*j'aie cru, tu aies cru, il/elle/on ait cru, nous ayons cru, vous ayez cru, ils/elles aient cru*
Futur	*je craindrai, tu craindras, il/elle/on craindra, nous craindrons, vous craindrez, ils/elles craindront*	*je croirai, tu croiras, il/elle/on croira, nous croirons, vous croirez, ils/elles croiront*
Futur antérieur	*j'aurai craint, tu auras craint, il/elle/on aura craint, nous aurons craint, vous aurez craint, ils/elles auront craint*	*j'aurai cru, tu auras cru, il/elle/on aura cru, nous aurons cru, vous aurez cru, ils/elles auront cru*
Conditionnel	*je craindrais, tu craindrais, il/elle/on craindrait, nous craindrions, vous craindriez, ils/elles craindraient*	*je croirais, tu croirais, il/elle/on croirait, nous croirions, vous croiriez, ils/elles croiraient*
Conditionnel passé	*j'aurais craint, tu aurais craint, il/elle/on aurait craint, nous aurions craint, vous auriez craint, ils/elles auraient craint*	*j'aurais cru, tu aurais cru, il/elle/on aurait cru, nous aurions cru, vous auriez cru, ils/elles auraient cru*

*Autres verbes comme **craindre** : contraindre, plaindre*

	devoir	**dire**
Présent	je dois, tu dois, il/elle/on doit, nous devons, vous devez, ils/elles doivent	je dis, tu dis, il/elle/on dit, nous disons, vous dites, ils/elles disent
Impératif	dois, devons, devez	dis, disons, dites
Passé composé	j'ai dû, tu as dû, il/elle/on a dû, nous avons dû, vous avez dû, ils/elles ont dû	j'ai dit, tu as dit, il/elle/on a dit, nous avons dit, vous avez dit, ils/elles ont dit
Imparfait	je devais, tu devais, il/elle/on devait, nous devions, vous deviez, ils/elles devaient	je disais, tu disais, il/elle/on disait, nous disions, vous disiez, ils/elles disaient
Passé simple	je dus, tu dus, il/elle/on dut, nous dûmes, vous dûtes, ils/elles durent	je dis, tu dis, il/elle/on dit, nous dîmes, vous dîtes, ils/elles dirent
Subjonctif	je doive, tu doives, il/elle/on doive, nous devions, vous deviez, ils/elles doivent	je dise, tu dises, il/elle/on dise, nous disions, vous disiez, ils/elles disent
Subjonctif passé	j'aie dû, tu aies dû, il/elle/on ait dû, nous ayons dû, vous ayez dû, ils/elles aient dû	j'aie dit, tu aies dit, il/elle/on ait dit, nous ayons dit, vous ayez dit, ils/elles aient dit
Futur	je devrai, tu devras, il/elle/on devra, nous devrons, vous devrez, ils/elles devront	je dirai, tu diras, il/elle/on dira, nous dirons, vous direz, ils/elles diront
Futur antérieur	j'aurai dû, tu auras dû, il/elle/on aura dû, nous aurons dû, vous aurez dû, ils/elles auront dû	j'aurai dit, tu auras dit, il/elle/on aura dit, nous aurons dit, vous aurez dit, ils/elles auront dit
Conditionnel	je devrais, tu devrais, il/elle/on devrait, nous devrions, vous devriez, ils/elles devraient	je dirais, tu dirais, il/elle/on dirait, nous dirions, vous diriez, ils/elles diraient
Conditionnel passé	j'aurais dû, tu aurais dû, il/elle/on aurait dû, nous aurions dû, vous auriez dû, ils/elles auraient dû	j'aurais dit, tu aurais dit, il/elle/on aurait dit, nous aurions dit, vous auriez dit, ils/elles auraient dit

	écrire	essayer
Présent	j'écris, tu écris, il/elle/on écrit, nous écrivons, vous écrivez, ils/elles écrivent	j'essaie, tu essaies, il/elle/on essaie, nous essayons, vous essayez, ils/elles essaient
Impératif	écris, écrivons, écrivez	essaie, essayons, essayez
Passé composé	j'ai écrit, tu as écrit, il/elle/on a écrit, nous avons écrit, vous avez écrit, ils/elles ont écrit	j'ai essayé, tu as essayé, il/elle/on a essayé, nous avons essayé, vous avez essayé, ils/elles ont essayé
Imparfait	j'écrivais, tu écrivais, il/elle/on écrivait, nous écrivions, vous écriviez, ils/elles écrivaient	j'essayais, tu essayais, il/elle/on essayait, nous essayions, vous essayiez, ils/elles essayaient
Passé simple	j'écrivis, tu écrivis, il/elle/on écrivit, nous écrivîmes, vous écrivîtes, ils écrivirent	j'essayai, tu essayas, il/elle/on essaya, nous essayâmes, vous essayâtes, ils/elles essayèrent
Subjonctif	j'écrive, tu écrives, il/elle/on écrive, nous écrivions, vous écriviez, ils/elles écrivent	j'essaie, tu essaies, il/elle/on essaie, nous essayions, vous essayiez, ils/elles essaient
Subjonctif passé	j'aie écrit, tu aies écrit, il/elle/on ait écrit, nous ayons écrit, vous ayez écrit, ils/elles aient écrit	j'aie essayé, tu aies essayé, il/elle/on ait essayé, nous ayons essayé, vous ayez essayé, ils/elles aient essayé
Futur	j'écrirai, tu écriras, il/elle/on écrira, nous écrirons, vous écrirez, ils/elles écriront	j'essaierai, tu essaieras, il/elle/on essaiera, nous essaierons, vous essaierez, ils/elles essaieront
Futur antérieur	j'aurai écrit, tu auras écrit, il/elle/on aura écrit, nous aurons écrit, vous aurez écrit, ils/elles auront écrit	j'aurai essayé, tu auras essayé, il/elle/on aura essayé, nous aurons essayé, vous aurez essayé, ils/elles auront essayé
Conditionnel	j'écrirais, tu écrirais, il/elle/on écrirait, nous écririons, vous écririez, ils/elles écriraient	j'essaierais, tu essaierais, il/elle/on essaierait, nous essaierions, vous essaieriez, ils/elles essaieraient
Conditionnel passé	j'aurais écrit, tu aurais écrit, il/elle/on aurait écrit, nous aurions écrit, vous auriez écrit, ils/elles auraient écrit	j'aurais essayé, tu aurais essayé, il/elle/on aurait essayé, nous aurions essayé, vous auriez essayé, ils/elles auraient essayé

Autres verbes comme **écrire** *: décrire, récrire, s'inscrire, souscrire*
Autres verbes comme **essayer** *: envoyer, nettoyer, renvoyer, payer, s'ennuyer.*
Remarque : Les verbes en **-ayer** peuvent se conjuguer avec un *y* au lieu d'un *i* devant un *e (j'essaye).*

	être	faire
Présent	je suis, tu es, il/elle/on est, nous sommes, vous êtes, ils/elles sont	je fais, tu fais, il/elle/on fait, nous faisons, vous faites, ils/elles font
Impératif	sois, soyons, soyez	fais, faisons, faites
Passé composé	j'ai été, tu as été, il/elle/on a été, nous avons été, vous avez été, ils/elles ont été	j'ai fait, tu as fait, il/elle/on a fait, nous avons fait, vous avez fait, ils/elles ont fait
Imparfait	j'étais, tu étais, il/elle/on était, nous étions, vous étiez, ils/elles étaient	je faisais, tu faisais, il/elle/on faisait, nous faisions, vous faisiez, ils/elles faisaient
Passé simple	je fus, tu fus, il/elle/on fut, nous fûmes, vous fûtes, ils/elles furent	je fis, tu fis, il/elle/on fit, nous fîmes, vous fîtes, ils/elles firent
Subjonctif	je sois, tu sois, il/elle/on soit, nous soyons, vous soyez, ils/elles soient	je fasse, tu fasses, il/elle/on fasse, nous fassions, vous fassiez, ils/elles fassent
Subjonctif passé	j'aie été, tu aies été, il/elle/on ait été, nous ayons été, vous ayez été, ils/elles aient été	j'aie fait, tu aies fait, il/elle/on ait fait, nous ayons fait, vous ayez fait, ils/elles aient fait
Futur	je serai, tu seras, il/elle/on sera, nous serons, vous serez, ils/elles seront	je ferai, tu feras, il/elle/on fera, nous ferons, vous ferez, ils/elles feront
Futur antérieur	j'aurai été, tu auras été, il/elle/on aura été, nous aurons été, vous aurez été, ils/elles auront été	j'aurai fait, tu auras fait, il/elle/on aura fait, nous aurons fait, vous aurez fait, ils/elles auront fait
Conditionnel	je serais, tu serais, il/elle/on serait, nous serions, vous seriez, ils/elles seraient	je ferais, tu ferais, il/elle/on ferait, nous ferions, vous feriez, ils/elles feraient
Conditionnel passé	j'aurais été, tu aurais été, il/elle/on aurait été, nous aurions été, vous auriez été, ils/elles auraient été	j'aurais fait, tu aurais fait, il/elle/on aurait fait, nous aurions fait, vous auriez fait, ils/elles auraient fait

*Autres verbes comme **faire** :* défaire, refaire, satisfaire

	interdire	**lever**
Présent	j'interdis, tu interdis, il/elle/on interdit, nous interdisons, vous interdisez, ils/elles interdisent	je lève, tu lèves, il/elle/on lève, nous levons, vous levez, ils/elles lèvent
Impératif	interdis, interdisons, interdisez	lève, levons, levez
Passé composé	j'ai interdit, tu as interdit, il/elle/on a interdit, nous avons interdit, vous avez interdit, ils/elles ont interdit	j'ai levé, tu as levé, il/elle/on a levé, nous avons levé, vous avez levé, ils/elles ont levé
Imparfait	j'interdisais, tu interdisais, il/elle/on interdisait, nous interdisions, vous interdisiez, ils/elles interdisaient	je levais, tu levais, il/elle/on levait, nous levions, vous leviez, ils/elles levaient
Passé simple	j'interdis, tu interdis, il/elle/on interdit, nous interdîmes, vous interdîtes, ils/elles interdirent	je levai, tu levas, il/elle/on leva, nous levâmes, vous levâtes, ils/elles levèrent
Subjonctif	j'interdise, tu interdises, il/elle/on interdise, nous interdisions, vous interdisiez, ils/elles interdisent	je lève, tu lèves, il/elle/on lève, nous levions, vous leviez, ils/elles lèvent
Subjonctif passé	j'aie interdit, tu aies interdit, il/elle/on ait interdit, nous ayons interdit, vous ayez interdit, ils/elles aient interdit	j'aie levé, tu aies levé, il/elle/on ait levé, nous ayons levé, vous ayez levé, ils/elles aient levé
Futur	j'interdirai, tu interdiras, il/elle/on interdira, nous interdirons, vous interdirez, ils/elles interdiront	je lèverai, tu lèveras, il/elle/on lèvera, nous lèverons, vous lèverez, ils/elles lèveront
Futur antérieur	j'aurai interdit, tu auras interdit, il/elle/on aura interdit, nous aurons interdit, vous aurez interdit, ils/elles auront interdit	j'aurai levé, tu auras levé, il/elle/on aura levé, nous aurons levé, vous aurez levé, ils/elles auront levé
Conditionnel	j'interdirais, tu interdirais, il/elle/on interdirait, nous interdirions, vous interdiriez, ils/elles interdiraient	je lèverais, tu lèverais, il/elle/on lèverait, nous lèverions, vous lèveriez, ils/elles lèveraient
Conditionnel passé	j'aurais interdit, tu aurais interdit, il/elle/on aurait interdit, nous aurions interdit, vous auriez interdit, ils/elles auraient interdit	j'aurais levé, tu aurais levé, il/elle/on aurait levé, nous aurions levé, vous auriez levé, ils/elles auraient levé

Autres verbes comme **interdire** *:* contredire, médire, prédire

Autres verbes comme **lever** *:* acheter, amener, élever, emmener, mener, se lever

	lire	manger
Présent	je lis, tu lis, il/elle/on lit, nous lisons, vous lisez, ils/elles lisent	je mange, tu manges, il/elle/on mange, nous mangeons, vous mangez, ils/elles mangent
Impératif	lis, lisons, lisez	mange, mangeons, mangez
Passé composé	j'ai lu, tu as lu, il/elle/on a lu, nous avons lu, vous avez lu, ils/elles ont lu	j'ai mangé, tu as mangé, il/elle/on a mangé, nous avons mangé, vous avez mangé, ils/elles ont mangé
Imparfait	je lisais, tu lisais, il/elle/on lisait, nous lisions, vous lisiez, ils/elles lisaient	je mangeais, tu mangeais, il/elle/on mangeait, nous mangions, vous mangiez, ils/elles mangeaient
Passé simple	je lus, tu lus, il/elle/on lut, nous lûmes, vous lûtes, ils/elles lurent	je mangeai, tu mangeas, il/elle/on mangea, nous mangeâmes, vous mangeâtes, ils/elles mangèrent
Subjonctif	je lise, tu lises, il/elle/on lise, nous lisions, vous lisiez, ils/elles lisent	je mange, tu manges, il/elle/on mange, nous mangions, vous mangiez, ils/elles mangent
Subjonctif passé	j'aie lu, tu aies lu, il/elle/on ait lu, nous ayons lu, vous ayez lu, ils/elles aient lu	j'aie mangé, tu aies mangé, il/elle/on ait mangé, nous ayons mangé, vous ayez mangé, ils/elles aient mangé
Futur	je lirai, tu liras, il/elle/on lira, nous lirons, vous lirez, ils/elles liront	je mangerai, tu mangeras, il/elle/on mangera, nous mangerons, vous mangerez, ils/elles mangeront
Futur antérieur	j'aurai lu, tu auras lu, il/elle/on aura lu, nous aurons lu, vous aurez lu, ils/elles auront lu	j'aurai mangé, tu auras mangé, il/elle/on aura mangé, nous aurons mangé, vous aurez mangé, ils/elles auront mangé
Conditionnel	je lirais, tu lirais, il/elle/on lirait, nous lirions, vous liriez, ils/elles liraient	je mangerais, tu mangerais, il/elle/on mangerait, nous mangerions, vous mangeriez, ils/elles mangeraient
Conditionnel passé	j'aurais lu, tu aurais lu, il/elle/on aurait lu, nous aurions lu, vous auriez lu, ils/elles auraient lu	j'aurais mangé, tu aurais mangé, il/elle/on aurait mangé, nous aurions mangé, vous auriez mangé, ils/elles auraient mangé

Autres verbes comme **lire :** élire, réélire, relire

Autres verbes comme **manger :** changer, nager, ranger, se venger, voyager

	mentir	mettre
Présent	je mens, tu mens, il/elle/on ment, nous mentons, vous mentez, ils/elles mentent	je mets, tu mets, il/elle/on met, nous mettons, vous mettez, ils/elles mettent
Impératif	mens, mentons, mentez	mets, mettons, mettez
Passé composé	j'ai menti, tu as menti, il/elle/on a menti, nous avons menti, vous avez menti, ils/elles ont menti	j'ai mis, tu as mis, il/elle/on a mis, nous avons mis, vous avez mis, ils/elles ont mis
Imparfait	je mentais, tu mentais, il/elle/on mentait, nous mentions, vous mentiez, ils/elles mentaient	je mettais, tu mettais, il/elle/on mettait, nous mettions, vous mettiez, ils/elles mettaient
Passé simple	je mentis, tu mentis, il/elle/on mentit, nous mentîmes, vous mentîtes, ils/elles mentirent	je mis, tu mis, il/elle/on mit, nous mîmes, vous mîtes, ils/elles mirent
Subjonctif	je mente, tu mentes, il/elle/on mente, nous mentions, vous mentiez, ils/elles mentent	je mette, tu mettes, il/elle/on mette, nous mettions, vous mettiez, ils/elles mettent
Subjonctif passé	j'aie menti, tu aies menti, il/elle/on ait menti, nous ayons menti, vous ayez menti, ils/elles aient menti	j'aie mis, tu aies mis, il/elle/on ait mis, nous ayons mis, vous ayez mis, ils/elles aient mis
Futur	je mentirai, tu mentiras, il/elle/on mentira, nous mentirons, vous mentirez, ils/elles mentiront	je mettrai, tu mettras, il/elle/on mettra, nous mettrons, vous mettrez, ils/elles mettront
Futur antérieur	j'aurai menti, tu auras menti, il/elle/on aura menti, nous aurons menti, vous aurez menti, ils/elles auront menti	j'aurai mis, tu auras mis, il/elle/on aura mis, nous aurons mis, vous aurez mis, ils/elles auront mis
Conditionnel	je mentirais, tu mentirais, il/elle/on mentirait, nous mentirions, vous mentiriez, ils/elles mentiraient	je mettrais, tu mettrais, il/elle/on mettrait, nous mettrions, vous mettriez, ils/elles mettraient
Conditionnel passé	j'aurais menti, tu aurais menti, il/elle/on aurait menti, nous aurions menti, vous auriez menti, ils/elles auraient menti	j'aurais mis, tu aurais mis, il/elle/on aurait mis, nous aurions mis, vous auriez mis, ils/elles auraient mis

*Autres verbes comme **mettre** : admettre, commettre, compromettre, permettre, promettre, remettre, soumettre, transmettre*

	ouvrir	partir
Présent	j'ouvre, tu ouvres, il/elle/on ouvre, nous ouvrons, vous ouvrez, ils/elles ouvrent	je pars, tu pars, il/elle/on part, nous partons, vous partez, ils/elles partent
Impératif	ouvre, ouvrons, ouvrez	pars, partons, partez
Passé composé	j'ai ouvert, tu as ouvert, il/elle/on a ouvert, nous avons ouvert, vous avez ouvert, ils/elles ont ouvert	je suis parti(e), tu es parti(e), il/elle/on est parti(e), nous sommes parti(e)s, vous êtes parti(e)(s), ils/elles sont parti(e)s
Imparfait	j'ouvrais, tu ouvrais, il/elle/on ouvrait, nous ouvrions, vous ouvriez, ils/elles ouvraient	je partais, tu partais, il/elle/on partait, nous partions, vous partiez, ils/elles partaient
Passé simple	j'ouvris, tu ouvris, il/elle/on ouvrit, nous ouvrîmes, vous ouvrîtes, ils ouvrirent	je partis, tu partis, il/elle/on partit, nous partîmes, vous partîtes, ils/elles partirent
Subjonctif	j'ouvre, tu ouvres, il/elle/on ouvre, nous ouvrions, vous ouvriez, ils/elles ouvrent	je parte, tu partes, il/elle/on parte, nous partions, vous partiez, ils/elles partent
Subjonctif passé	j'aie ouvert, tu aies ouvert, il/elle/on ait ouvert, nous ayons ouvert, vous ayez ouvert, ils/elles aient ouvert	je sois parti(e), tu sois parti(e), il/elle/on soit parti(e), nous soyons parti(e)s, vous soyez parti(e)(s), ils/elles soient parti(e)s
Futur	j'ouvrirai, tu ouvriras, il/elle/on ouvrira, nous ouvrirons, vous ouvrirez, ils/elles ouvriront	je partirai, tu partiras, il/elle/on partira, nous partirons, vous partirez, ils/elles partiront
Futur antérieur	j'aurai ouvert, tu auras ouvert, il/elle/on aura ouvert, nous aurons ouvert, vous aurez ouvert, ils/elles auront ouvert	je serai parti(e), tu seras parti(e), il/elle/on sera parti(e), nous serons parti(e)s, vous serez parti(e)(s), ils/elles seront parti(e)s
Conditionnel	j'ouvrirais, tu ouvrirais, il/elle/on ouvrirait, nous ouvririons, vous ouvririez, ils/elles ouvriraient	je partirais, tu partirais, il/elle/on partirait, nous partirions, vous partiriez, ils/elles partiraient
Conditionnel passé	j'aurais ouvert, tu aurais ouvert, il/elle/on aurait ouvert, nous aurions ouvert, vous auriez ouvert, ils/elles auraient ouvert	je serais parti(e), tu serais parti(e), il/elle/on serait parti(e), nous serions parti(e)s, vous seriez parti(e)(s), ils/elles seraient parti(e)s

*Autres verbes comme **ouvrir** : découvrir, entrouvrir, offrir, rouvrir, souffrir*
*Autres verbes comme **partir** : répartir, ressortir, sortir*

	peindre	pleuvoir
Présent	je peins, tu peins, il/elle/on peint, nous peignons, vous peignez, ils/elles peignent	il pleut
Impératif	peins, peignons, peignez	(not usable)
Passé composé	j'ai peint, tu as peint, il/elle/on a peint, nous avons peint, vous avez peint, ils/elles ont peint	il a plu
Imparfait	je peignais, tu peignais, il/elle/on peignait, nous peignions, vous peigniez, ils/elles peignaient	il pleuvait
Passé simple	je peignis, tu peignis, il/elle/on peignit, nous peignîmes, vous peignîtes, ils peignirent	il plut
Subjonctif	je peigne, tu peignes, il/elle/on peigne, nous peignions, vous peigniez, ils/elles peignent	il pleuve
Subjonctif passé	j'aie peint, tu aies peint, il/elle/on ait peint, nous ayons peint, vous ayez peint, ils/elles aient peint	il ait plu
Futur	je peindrai, tu peindras, il/elle/on peindra, nous peindrons, vous peindrez, ils/elles peindront	il pleuvra
Futur antérieur	j'aurai peint, tu auras peint, il/elle/on aura peint, nous aurons peint, vous aurez peint, ils/elles auront peint	il aura plu
Conditionnel	je peindrais, tu peindrais, il/elle/on peindrait, nous peindrions, vous peindriez, ils/elles peindraient	il pleuvrait
Conditionnel passé	j'aurais peint, tu aurais peint, il/elle/on aurait peint, nous aurions peint, vous auriez peint, ils/elles auraient peint	il aurait plu

Autres verbes comme **peindre :** *atteindre, dépeindre, feindre*

	pouvoir	préférer
Présent	*je peux (puis-je, inversion irrégulière), tu peux, il/elle/on peut, nous pouvons, vous pouvez, ils/elles peuvent*	*je préfère, tu préfères, il/elle/on préfère, nous préférons, vous préférez, ils/elles préfèrent*
Impératif	*(not usable)*	*préfère, préférons, préférez*
Passé composé	*j'ai pu, tu as pu, il/elle/on a pu, nous avons pu, vous avez pu, ils/elles ont pu*	*j'ai préféré, tu as préféré, il/elle/on a préféré, nous avons préféré, vous avez préféré, ils/elles ont préféré*
Imparfait	*je pouvais, tu pouvais, il/elle/on pouvait, nous pouvions, vous pouviez, ils/elles pouvaient*	*je préférais, tu préférais, il/elle/on préférait, nous préférions, vous préfériez, ils/elles préféraient*
Passé simple	*je pus, tu pus, il/elle/on put, nous pûmes, vous pûtes, ils/elles purent*	*je préférai, tu préféras, il/elle/on préféra, nous préférâmes, vous préférâtes, ils/elles préférèrent*
Subjonctif	*je puisse, tu puisses, il/elle/on puisse, nous puissions, vous puissiez, ils/elles puissent*	*je préfère, tu préfères, il/elle/on préfère, nous préférions, vous préfériez, ils/elles préfèrent*
Subjonctif passé	*j'aie pu, tu aies pu, il/elle/on ait pu, nous ayons pu, vous ayez pu, ils/elles aient pu*	*j'aie préféré, tu aies préféré, il/elle/on ait préféré, nous ayons préféré, vous ayez préféré, ils/elles aient préféré*
Futur	*je pourrai, tu pourras, il/elle/on pourra, nous pourrons, vous pourrez, ils/elles pourront*	*je préférerai, tu préféreras, il/elle/on préférera, nous préférerons, vous préférerez, ils/elles préféreront*
Futur antérieur	*j'aurai pu, tu auras pu, il/elle/on aura pu, nous aurons pu, vous aurez pu, ils/elles auront pu*	*j'aurai préféré, tu auras préféré, il/elle/on aura préféré, nous aurons préféré, vous aurez préféré, ils/elles auront préféré*
Conditionnel	*je pourrais, tu pourrais, il/elle/on pourrait, nous pourrions, vous pourriez, ils/elles pourraient*	*je préférerais, tu préférerais, il/elle/on préférerait, nous préférerions, vous préféreriez, ils/elles préféreraient*
Conditionnel passé	*j'aurais pu, tu aurais pu, il/elle/on aurait pu, nous aurions pu, vous auriez pu, ils/elles auraient pu*	*j'aurais préféré, tu aurais préféré, il/elle/on aurait préféré, nous aurions préféré, vous auriez préféré, ils/elles auraient préféré*

*Autres verbes comme **préférer** : considérer, espérer, posséder, répéter*

	prendre	recevoir
Présent	je prends, tu prends, il/elle/on prend, nous prenons, vous prenez, ils/elles prennent	je reçois, tu reçois, il/elle/on reçoit, nous recevons, vous recevez, ils/elles reçoivent
Impératif	prends, prenons, prenez	reçois, recevons, recevez
Passé composé	j'ai pris, tu as pris, il/elle/on a pris, nous avons pris, vous avez pris, ils/elles ont pris	j'ai reçu, tu as reçu, il/elle/on a reçu, nous avons reçu, vous avez reçu, ils/elles ont reçu
Imparfait	je prenais, tu prenais, il/elle/on prenait, nous prenions, vous preniez, ils/elles prenaient	je recevais, tu recevais, il/elle/on recevait, nous recevions, vous receviez, ils/elles recevaient
Passé simple	je pris, tu pris, il/elle/on prit, nous prîmes, vous prîtes, ils prirent	je reçus, tu reçus, il/elle/on reçut, nous reçûmes, vous reçûtes, ils reçurent
Subjonctif	je prenne, tu prennes, il/elle/on prenne, nous prenions, vous preniez, ils/elles prennent	je reçoive, tu reçoives, il/elle/on reçoive, nous recevions, vous receviez, ils/elles reçoivent
Subjonctif passé	j'aie pris, tu aies pris, il/elle/on ait pris, nous ayons pris, vous ayez pris, ils/elles aient pris	j'aie reçu, tu aies reçu, il/elle/on ait reçu, nous ayons reçu, vous ayez reçu, ils/elles aient reçu
Futur	je prendrai, tu prendras, il/elle/on prendra, nous prendrons, vous prendrez, ils/elles prendront	je recevrai, tu recevras, il/elle/on recevra, nous recevrons, vous recevrez, ils/elles recevront
Futur antérieur	j'aurai pris, tu auras pris, il/elle/on aura pris, nous aurons pris, vous aurez pris, ils/elles auront pris	j'aurai reçu, tu auras reçu, il/elle/on aura reçu, nous aurons reçu, vous aurez reçu, ils/elles auront reçu
Conditionnel	je prendrais, tu prendrais, il/elle/on prendrait, nous prendrions, vous prendriez, ils/elles prendraient	je recevrais, tu recevrais, il/elle/on recevrait, nous recevrions, vous recevriez, ils/elles recevraient
Conditionnel passé	j'aurais pris, tu aurais pris, il/elle/on aurait pris, nous aurions pris, vous auriez pris, ils/elles auraient pris	j'aurais reçu, tu aurais reçu, il/elle/on aurait reçu, nous aurions reçu, vous auriez reçu, ils/elles auraient reçu

Autres verbes comme **prendre :** *apprendre, comprendre, entreprendre, reprendre, s'éprendre de, se méprendre sur, surprendre*
Autres verbes comme **recevoir :** *apercevoir, concevoir, décevoir*

	rire	savoir
Présent	je ris, tu ris, il/elle/on rit, nous rions, vous riez, ils/elles rient	je sais, tu sais, il/elle/on sait, nous savons, vous savez, ils/elles savent
Impératif	ris, rions, riez	sache, sachons, sachez
Passé composé	j'ai ri, tu as ri, il/elle/on a ri, nous avons ri, vous avez ri, ils/elles ont ri	j'ai su, tu as su, il/elle/on a su, nous avons su, vous avez su, ils/elles ont su
Imparfait	je riais, tu riais, il/elle/on riait, nous riions, vous riiez, ils/elles riaient	je savais, tu savais, il/elle/on savait, nous savions, vous saviez, ils/elles savaient
Passé simple	je ris, tu ris, il/elle/on rit, nous rîmes, vous rîtes, ils/elles rirent	je sus, tu sus, il/elle/on sut, nous sûmes, vous sûtes, ils/elles surent
Subjonctif	je rie, tu ries, il/elle/on rie, nous riions, vous riiez, ils/elles rient	je sache, tu saches, il/elle/on sache, nous sachions, vous sachiez, ils/elles sachent
Subjonctif passé	j'aie ri, tu aies ri, il/elle/on ait ri, nous ayons ri, vous ayez ri, ils/elles aient ri	j'aie su, tu aies su, il/elle/on ait su, nous ayons su, vous ayez su, ils/elles aient su
Futur	je rirai, tu riras, il/elle/on rira, nous rirons, vous rirez, ils/elles riront	je saurai, tu sauras, il/elle/on saura, nous saurons, vous saurez, ils/elles sauront
Futur antérieur	j'aurai ri, tu auras ri, il/elle/on aura ri, nous aurons ri, vous aurez ri, ils/elles auront ri	j'aurai su, tu auras su, il/elle/on aura su, nous aurons su, vous aurez su, ils/elles auront su
Conditionnel	je rirais, tu rirais, il/elle/on rirait, nous ririons, vous ririez, ils/elles riraient	je saurais, tu saurais, il/elle/on saurait, nous saurions, vous sauriez, ils/elles sauraient
Conditionnel passé	j'aurais ri, tu aurais ri, il/elle/on aurait ri, nous aurions ri, vous auriez ri, ils/elles auraient ri	j'aurais su, tu aurais su, il/elle/on aurait su, nous aurions su, vous auriez su, ils/elles auraient su

Autres verbes comme **rire** *: sourire*

	sentir	servir
Présent	je sens, tu sens, il/elle/on sent, nous sentons, vous sentez, ils/elles sentent	je sers, tu sers, il/elle/on sert, nous servons, vous servez, ils/elles servent
Impératif	sens, sentons, sentez	sers, servons, servez
Passé composé	j'ai senti, tu as senti, il/elle/on a senti, nous avons senti, vous avez senti, ils/elles ont senti	j'ai servi, tu as servi, il/elle/on a servi, nous avons servi, vous avez servi, ils/elles ont servi
Imparfait	je sentais, tu sentais, il/elle/on sentait, nous sentions, vous sentiez, ils/elles sentaient	je servais, tu servais, il/elle/on servait, nous servions, vous serviez, ils/elles servaient
Passé simple	je sentis, tu sentis, il/elle/on sentit, nous sentîmes, vous sentîtes, ils/elles sentirent	je servis, tu servis, il/elle/on servit, nous servîmes, vous servîtes, ils/elles servirent
Subjonctif	je sente, tu sentes, il/elle/on sente, nous sentions, vous sentiez, ils/elles sentent	je serve, tu serves, il/elle/on serve, nous servions, vous serviez, ils/elles servent
Subjonctif passé	j'aie senti, tu aies senti, il/elle/on ait senti, nous ayons senti, vous ayez senti, ils/elles aient senti	j'aie servi, tu aies servi, il/elle/on ait servi, nous ayons servi, vous ayez servi, ils/elles aient servi
Futur	je sentirai, tu sentiras, il/elle/on sentira, nous sentirons, vous sentirez, ils/elles sentiront	je servirai, tu serviras, il/elle/on servira, nous servirons, vous servirez, ils/elles serviront
Futur antérieur	j'aurai senti, tu auras senti, il/elle/on aura senti, nous aurons senti, vous aurez senti, ils/elles auront senti	j'aurai servi, tu auras servi, il/elle/on aura servi, nous aurons servi, vous aurez servi, ils/elles auront servi
Conditionnel	je sentirais, tu sentirais, il/elle/on sentirait, nous sentirions, vous sentiriez, ils/elles sentiraient	je servirais, tu servirais, il/elle/on servirait, nous servirions, vous serviriez, ils/elles serviraient
Conditionnel passé	j'aurais senti, tu aurais senti, il/elle/on aurait senti, nous aurions senti, vous auriez senti, ils/elles auraient senti	j'aurais servi, tu aurais servi, il/elle/on aurait servi, nous aurions servi, vous auriez servi, ils/elles auraient servi

Autres verbes comme **sentir** *:* ressentir
Autres verbes comme **servir** *:* desservir, resservir

	suivre	valoir
Présent	je suis, tu suis, il/elle/on suit, nous suivons, vous suivez, ils/elles suivent	je vaux, tu vaux, il/elle/on vaut, nous valons, vous valez, ils/elles valent
Impératif	suis, suivons, suivez	vaux, valons, valez
Passé composé	j'ai suivi, tu as suivi, il/elle/on a suivi, nous avons suivi, vous avez suivi, ils/elles ont suivi	j'ai valu, tu as valu, il/elle a valu, nous avons valu, vous avez valu, ils/elles ont valu
Imparfait	je suivais, tu suivais, il/elle/on suivait, nous suivions, vous suiviez, ils/elles suivaient	je valais, tu valais, il/elle/on valait, nous valions, vous valiez, ils/elles valaient
Passé simple	je suivis, tu suivis, il/elle/on suivit, nous suivîmes, vous suivîtes, ils/elles suivirent	je valus, tu valus, il/elle/on valut, nous valûmes, vous valûtes, ils/elles valurent
Subjonctif	je suive, tu suives, il/elle/on suive, nous suivions, vous suiviez, ils/elles suivent	je vaille, tu vailles, il/elle/on vaille, nous valions, vous valiez, ils/elles vaillent
Subjonctif passé	j'aie suivi, tu aies suivi, il/elle/on ait suivi, nous ayons suivi, vous ayez suivi, ils/elles aient suivi	j'aie valu, tu aies valu, il/elle/on ait valu, nous ayons valu, vous ayez valu, ils/elles aient valu
Futur	je suivrai, tu suivras, il/elle/on suivra, nous suivrons, vous suivrez, ils/elles suivront	je vaudrai, tu vaudras, il/elle/on vaudra, nous vaudrons, vous vaudrez, ils/elles vaudront
Futur antérieur	j'aurai suivi, tu auras suivi, il/elle/on aura suivi, nous aurons suivi, vous aurez suivi, ils/elles auront suivi	j'aurai valu, tu auras valu, il/elle/on aura valu, nous aurons valu, vous aurez valu, ils/elles auront valu
Conditionnel	je suivrais, tu suivrais, il/elle/on suivrait, nous suivrions, vous suivriez, ils/elles suivraient	je vaudrais, tu vaudrais, il/elle/on vaudrait, nous vaudrions, vous vaudriez, ils/elles vaudraient
Conditionnel passé	j'aurais suivi, tu aurais suivi, il/elle/on aurait suivi, nous aurions suivi, vous auriez suivi, ils/elles auraient suivi	j'aurais valu, tu aurais valu, il/elle/on aurait valu, nous aurions valu, vous auriez valu, ils/elles auraient valu

*Autres verbes comme **suivre** : poursuivre*

	venir	vivre
Présent	*je viens, tu viens, il/elle/on vient, nous venons, vous venez, ils/elles viennent*	*je vis, tu vis, il/elle/on vit, nous vivons, vous vivez, ils/elles vivent*
Impératif	*viens, venons, venez*	*vis, vivons, vivez*
Passé composé	*je suis venu(e), tu es venu(e), il/elle/on est venu(e), nous sommes venu(e)s, vous êtes venu(e)(s), ils/elles sont venu(e)s*	*j'ai vécu, tu as vécu, il/elle/on a vécu, nous avons vécu, vous avez vécu, ils/elles ont vécu*
Imparfait	*je venais, tu venais, il/elle/on venait, nous venions, vous veniez, ils/elles venaient*	*je vivais, tu vivais, il/elle/on vivait, nous vivions, vous viviez, ils/elles vivaient*
Passé simple	*je vins, tu vins, il/elle/on vint, nous vînmes, vous vîntes, ils/elles vinrent*	*je vécus, tu vécus, il/elle/on vécut, nous vécûmes, vous vécûtes, ils/elles vécurent*
Subjonctif	*je vienne, tu viennes, il/elle/on vienne, nous venions, vous veniez, ils/elles viennent*	*je vive, tu vives, il/elle/on vive, nous vivions, vous viviez, ils/elles vivent*
Subjonctif passé	*je sois venu(e), tu sois venu(e), il/elle/on soit venu(e), nous soyons venu(e)s, vous soyez venu(e)(s), ils/elles soient venu(e)s*	*j'aie vécu, tu aies vécu, il/elle/on ait vécu, nous ayons vécu, vous ayez vécu, ils/elles aient vécu*
Futur	*je viendrai, tu viendras, il/elle/on viendra, nous viendrons, vous viendrez, ils/elles viendront*	*je vivrai, tu vivras, il/elle/on vivra, nous vivrons, vous vivrez, ils/elles vivront*
Futur antérieur	*je serai venu(e), tu seras venu(e), il/elle/on sera venu(e), nous serons venu(e)s, vous serez venu(e)(s), ils/elles seront venu(e)s*	*j'aurai vécu, tu auras vécu, il/elle/on aura vécu, nous aurons vécu, vous aurez vécu, ils/elles auront vécu*
Conditionnel	*je viendrais, tu viendrais, il/elle/on viendrait, nous viendrions, vous viendriez, ils/elles viendraient*	*je vivrais, tu vivrais, il/elle/on vivrait, nous vivrions, vous vivriez, ils/elles vivraient*
Conditionnel passé	*je serais venu(e), tu serais venu(e), il/elle/on serait venu(e), nous serions venu(e)s, vous seriez venu(e)(s), ils/elles seraient venu(e)s*	*j'aurais vécu, tu aurais vécu, il/elle/on aurait vécu, nous aurions vécu, vous auriez vécu, ils/elles auraient vécu*

*Autres verbes comme **venir** : appartenir à, devenir, retenir, revenir, tenir*
*Autres verbes comme **vivre** : revivre, survivre*

	voir	vouloir
Présent	je vois, tu vois, il/elle/on voit, nous voyons, vous voyez, ils/elles voient	je veux, tu veux, il/elle/on veut, nous voulons, vous voulez, ils/elles veulent
Impératif	vois, voyons, voyez	veuille, veuillons, veuillez
Passé composé	j'ai vu, tu as vu, il/elle/on a vu, nous avons vu, vous avez vu, ils/elles ont vu	j'ai voulu, tu as voulu, il/elle/on a voulu, nous avons voulu, vous avez voulu, ils/elles ont voulu
Imparfait	je voyais, tu voyais, il/elle/on voyait, nous voyions, vous voyiez, ils/elles voyaient	je voulais, tu voulais, il/elle/on voulait, nous voulions, vous vouliez, ils/elles voulaient
Passé simple	je vis, tu vis, il/elle/on vit, nous vîmes, vous vîtes, ils/elles virent	je voulus, tu voulus, il/elle/on voulut, nous voulûmes, vous voulûtes, ils/elles voulurent
Subjonctif	je voie, tu voies, il/elle/on voie, nous voyions, vous voyiez, ils/elles voient	je veuille, tu veuilles, il/elle/on veuille, nous voulions, vous vouliez, ils/elles veuillent
Subjonctif passé	j'aie vu, tu aies vu, il/elle/on ait vu, nous ayons vu, vous ayez vu, ils/elles aient vu	j'aie voulu, tu aies voulu, il/elle/on ait voulu, nous ayons voulu, vous ayez voulu, ils/elles aient voulu
Futur	je verrai, tu verras, il/elle/on verra, nous verrons, vous verrez, ils/elles verront	je voudrai, tu voudras, il/elle/on voudra, nous voudrons, vous voudrez, ils/elles voudront
Futur antérieur	j'aurai vu, tu auras vu, il/elle/on aura vu, nous aurons vu, vous aurez vu, ils/elles auront vu	j'aurai voulu, tu auras voulu, il/elle/on aura voulu, nous aurons voulu, vous aurez voulu, ils/elles auront voulu
Conditionnel	je verrais, tu verrais, il/elle/on verrait, nous verrions, vous verriez, ils/elles verraient	je voudrais, tu voudrais, il/elle/on voudrait, nous voudrions, vous voudriez, ils/elles voudraient
Conditionnel passé	j'aurais vu, tu aurais vu, il/elle/on aurait vu, nous aurions vu, vous auriez vu, ils/elles auraient vu	j'aurais voulu, tu aurais voulu, il/elle/on aurait voulu, nous aurions voulu, vous auriez voulu, ils/elles auraient voulu

Autres verbes comme **voir** : entrevoir, revoir

Credits

Photo

p. 2 William Mandigo; **p. 4** Marie-Paule Tranvouez; **p. 7** William Mandigo; **p. 8** Richard Lucas/The Image Works; **p. 16** William Mandigo; **p. 20** William Mandigo; **p. 23** Keystone/Staff/Getty Images; **p. 27** Marie-Paule Tranvouez; **p. 30** William Mandigo; **p. 32** Business / Alamy; **p. 36** David R. Frazier Photolibrary, Inc./Alamy; **p. 39** Directphoto.org/Alamy; **p. 47** Directphoto.org/Alamy; **p. 52** William Mandigo; **p. 57** Business/Alamy; **p. 58** Gisele Freund/Photo Researchers Inc.; **p. 62** Ranald Mackechnie/Getty Images; **p. 67** Cultura RM/Alamy; **p. 68** William Mandigo; **p. 70** Aleksey Stemmer/Shutterstock; **p. 74** William Mandigo; **p. 74** Scirocco340/Shutterstock; **p. 75** William Mandigo; **p. 82** William Mandigo; **p. 83** William Mandigo; **p. 84** William Mandigo; **p. 84** William Mandigo; **p. 92** William Mandigo; **p. 92** William Mandigo; **p. 95** Pack-Shot/Shutterstock; **p. 100** Anton Hlushchenko/Shutterstock; **p. 102** Eric Meacher/Dorling Kindersley; **p. 105** JEWEL SAMAD/AFP/Getty Images/Newscom; **p. 108** Peter Cavanagh/Alamy; **p. 109** epa european pressphoto agency b.v./Alamy; **p. 115** FER737NG/Shutterstock; **p. 119** Keystone/Stringer/Getty Images; **p. 123** Directphoto.org / Alamy; **p. 131** Everett Collection Inc/Alamy; **p. 136** Megapress/Alamy; **p. 139** Michel Euler/AP Photo; **p. 144** Kevin Galvin/Alamy; **p. 147** BSTAR/Alamy; **p. 150** Scott Hortop Travel/Alamy; **p. 151** sebastian arnoldt/Alamy; **p. 158** William Mandigo; **p. 163** Chris Harvey/Getty Images; **p. 167** Richard Sowersby/Alamy; **p. 168** SIMON ISABELLE/SIPA/Newscom; **p. 171** George W. Hales/Stringer/Getty Images; **p. 173** Christian Musat/Shutterstock; **p. 177** Robert Fried/Alamy; **p. 182** CHRISTOPHE KARABA/EPA/Newscom; **p. 184** Peter Bowater/Photo Researchers, Inc.; **p. 187** epa european pressphoto agency b.v./Alamy; **p. 189** Michael Newman/PhotoEdit Inc.; **p. 194** William Mandigo; **p. 195** Steve Finn / Splash News/Newscom; **p. 198** Nicola De Carlo/Alamy; **p. 198** PHB.cz (Richard Semik)/Shutterstock; **p. 202** Carlo Bollo/Alamy; **p. 203** Stapleton Collection/Corbis; **p. 211** William Mandigo; **p. 213** JoeFox/Alamy; **p. 214** Jonathan Larsen/Diadem Images/Alamy; **p. 216** Peter Horree/Alamy; **p. 220** William Mandigo; **p. 221** Sylvain Grandadam/AGE Fotostock America Inc.; **p. 227** Visions of America, LLC/Alamy; **p. 231** William Mandigo; **p. 232** David Hanover/Getty Images; **p. 238** Robert Fried/Alamy; **p. 239** Andia/Alamy; **p. 244** William Mandigo; **p. 249** David R. Frazier/Science Source; **p. 254** Friedrich Stark/Alamy; **p. 257** Hemis/Alamy; **p. 261** Mereghetti Africa/Alamy; **p. 268** Florian Kopp/Alamy; **p. 269** BERTRAND LANGLOIS/AFP/Getty Images/Newscom; **p. 272** Bruce Corbett/Alamy; **p. 273** Horizon International Images Limited/Alamy; **p. 277** Peter Willi/SuperStock; **p. 282** Peter Eastland/Alamy; **p. 286** William Mandigo; **p. 292** William Mandigo; **p. 294** William Mandigo; **p. 296** classicpaintings/Alamy; **p. 298** Peter Barritt/Alamy; **p. 300** Stock Connection Blue / Alamy; **p. 301** William Mandigo; **p. 308** Chris Hellier/Alamy; **p. 309** Image Asset Management Ltd./Alamy; **p. 310** Didier ZYLBERYNG/AlamyWilliam Mandigo; **p. 312** William Mandigo; **p. 313** INTERFOTO/Alamy; **p. 314** Kevin George/Alamy; **p. 322** Keystone Pictures USA / Alamy; **p. 330** The Bridgeman Art Library International Ltd.; **p. 337** The State Hermitage Museum; **p. 340** ZUMA/Alamy; **p. 342** Directphoto.org / Alamy; **p. 346** Everett Collection Inc / Alamy; **p. 347** Idealink Photography / Alamy; **p. 353** BSTAR IMAGES/Alamy; **p. 355** VILLARD/SIPA/Newscom; **p. 358** Everett Collection Inc/Alamy; **p. 366** Andia/Alamy; **p. 367** AF archive/Alamy; **p. 369** MARKA/Alamy; **p. 372** ZUMA Press, Inc./Alamy; **p. 376** The Everett Collection; **p. 382** Lourens Smak/Alamy; **p. 387** lsantilli/Shutterstock; **p. 388** FRANCK CAMHI/Alamy; **p. 394** William Mandigo; **p. 395** Ivan Smuk/Alamy; **p. 399** William Mandigo; **p. 404** Marion Kaplan/Alamy; **p. 404** Tom Craig/Alamy; **p. 405** Gamma-Rapho via Getty Images; **p. 409** Alibi Productions / Alamy; **p. 413** BL Images Ltd/Alamy; **p. 418** Boguslaw Mazar/Shutterstock; **p. 424** Rolf Haid/dpa/Corbis; **p. 428** M.Flynn/Alamy; **p. 432** Marco Secchi/Alamy; **p. 439** Juice Images202/Alamy; **p. 440** john norman/Alamy; **p. 445** William Mandigo; **p. 447** Nicolas Maeterlinck/AFP/Getty Images/Newscom; **p. 453** Matthew Richardson/Alamy

Text

pp. 26–28 Gilles Asselin & Ruth Mastron. Co-auteurs, Françias-Américains: Ces différences qui nous rapprochent. Éditions Alban, Paris 2005. Used with permission.; **pp. 38–41** Eugène Ionesco, « Conte n°4 », recueilli dans Contes 1.2.3.4. © Éditions Gallimard. Used with permission; **pp. 26–29** François-Xavier Maigre et Loup Besmond de Senneville, « Théorie du genre au lycée, la crainte de dérives », paru dans le journal la Croix du 19 juillet 2011. Used with permission.; **pp. 44–45** Simone de Beauvoir, Les Deuxieme Sexe (extrait), © Éditions Gallimard. Used with permission; **pp. 27–29** Solenn de Royer, « Dans les banlieues françaises, le fossé des discriminations » paru dans le journal la Croix du 20 juin 2005. Used with permission.; **pp. 44–45** Honoré de Balzac; **pp. 22–23** Voltaire.; **pp. 27–29** Thierry Richard, « Le message du Général de Gaulle reste d'actualité », Ouest-France, 9 novembre 2010. Used with permission.; **p. 31** Charles de Gaulle, « Les mots de Charles de Gaulle » (extrait), Mémoires de guerre, tome 1. Plon, 1954. Used with permission.; **pp. 46–47** Gabrielle Roy, La detresse et l'enchantement (extraits). © Fonds Gabrielle Roy. Used with permission; **pp. 26–29** Yann Ohnona, « Semblant de domicile fixe », dans L'Express, le 11/10/2004. © Yann Ohnona / L'Express / 2004. Used with permission.; **pp. 43–45** Annie Ernaux, Une femme (extrait), © Éditions Gallimard. Used with permission; **pp. 22–25** Dominique Simonnet, « Jean-Paul Guerlain: un parfum c'est toujours une histoire d'amour interview », parue dans L'Express le 31/10/2002. © Dominique Simonnet / L'Express / 2002. Used with permission.; **pp. 37–38** Baudelaire.; **pp. 40–41** Baudelaire; **pp. 23–25** Sami Naïr, L'immigration expliquée à ma fille, © Éditions du Seuil, 1999, Éditions du Seuil; **pp. 43–46** Azouz Begag, Catherine Louis, Extrait, Les voleurs d'ecriture, © Editions du Seuil, 1990, Éditions du Seuil; **pp. 26–28** Dany Laferrière, « Je ne suis pas obligé de crier ma créolité sur tous les toits », Télérama.fr, 11 June 2011. Used with permission.; **pp. 40–45** Assia Djebar, Femmes d'Alger dans leur appartement (extrait). © Editions Albin Michel. Used with permission; **pp. 27–30** Annick Colonna-Césari, « Cézanne l'incompris », paru le

Index